浙江大学中国语文研究中心

中国语言学前沿丛书

02

汉语情态
理论与事实

彭利贞　张寒冰　主编

商务印书馆
The Commercial Press

图书在版编目 (CIP) 数据

汉语情态：理论与事实 / 彭利贞, 张寒冰主编 . —
北京：商务印书馆, 2022
（中国语言学前沿丛书）
ISBN 978-7-100-21733-0

Ⅰ . ①汉… Ⅱ . ①彭… ②张… Ⅲ . ①汉语－语言学
－研究 Ⅳ . ① H1

中国版本图书馆 CIP 数据核字（2022）第 174539 号

中国语言学前沿丛书
汉语情态
理论与事实

彭利贞　张寒冰　主编

商 务 印 书 馆 出 版
（北京王府井大街 36 号　邮政编码 100710）
商 务 印 书 馆 发 行
江苏凤凰数码印务有限公司印刷
ISBN 978-7-100-21733-0

2023 年 1 月第 1 版　　　　开本 880×1240　1/32
2023 年 1 月第 1 次印刷　　印张 15⅛

定价：98.00 元

总　序

王云路

　　"中国语言学前沿丛书"是浙江大学中国语文研究中心近期的重要工作。中心的前身是浙江大学周有光语言文字学研究中心,于2015年5月成立,经过六年的建设,基本完成了以"周有光语言文字学"整理与研究为主题的使命。为了适应新形势和中长期可持续发展的需要,实现向语言文字学相关领域拓展和纵深发展的目标,2020年12月,中心正式更名为"浙江大学中国语文研究中心"。

　　语言文字是一个国家、一个民族的灵魂。考察中华文明发展与演变的历史,我们会清楚地看到语言文字研究所起到的巨大的、基础性的作用。语言文字不仅仅是情感交流的工具,更是文化传承的载体,是国家繁荣发展的根基,是民族身份的象征和标志。现在是研究语言文字的大好时机,近年召开的全国语言文字工作会议体现了国家对语言文字工作的高度重视。我们汉语研究者应该更多地立足和回应社会需求,更加积极有为地投身语言文字研究和文化建设。

　　有鉴于此,我们中心新的发展目标是:响应国家以语言文字凝聚文化自信、增进民族认同的号召,充分发挥浙江大学语言学研究重镇的影响力,汇聚全国语言学研究力量,强化语言学全方位的学术研究、交流与合作,着力构建具有中国特色和国际视野的语言学理论体系,打造具有前沿性、权威性、引领性的语言学研究品牌。为此,中心决定启动以学术传承为基调的"浙大学派语言学丛书"和以学术发展为基调的"中国语言学前沿丛书"两个项目。现在出版的"中国语言学前沿丛书"第一辑,正是这一规划的首批成果。

中国语言学是一门古老的学科。传统的中国语言学根据汉语汉字是形音义结合体的特点,形成了训诂学、文字学和音韵学三个学科,统称为"小学"。正如马提索夫所说:"世界上没有别的语言像汉语研究得这么深,研究的时间有那么长。"(《藏缅语研究对汉语史研究的贡献》)可以说,系统总结、反思汉语言文字一直是中国传统语言学研究的优良传统。19世纪末20世纪初,西方语言学思想传入中国,与传统语言学发生碰撞,有识之士便在比较的视野下,开始对中国传统语言学进行反思与总结。比如章太炎先生在《论语言文字之学》中认为,"小学"这一古称应当改为"语言文字之学":"此语言文字之学,古称小学。……合此三种,乃成语言文字之学。此固非儿童占毕所能尽者,然犹名为小学,则以袭用古称,便于指示,其实当名语言文字之学,方为塙切。"这种观念体现出当时学者对传统语言学现代化的思考与尝试,也标志着中国语言学开始走上现代化的道路。

近二三十年来,语言学研究观念不断拓展、理论不断创新、内涵与外延不断丰富,这些都是我们编纂这套丛书的基础。秉承着梳理、总结与审视学术历史发展的传统,我们也需要回顾这一阶段,总结我国语言学研究又有哪些新的起点、新的成果。推出"中国语言学前沿丛书"正是基于这样的考虑:展现当代中国语言学诸领域专家学者的经典论文,让我们重温经典;集中呈现某个领域的进展,让我们深化对学科本质的认识;引入新思想、新观念,甚至新的学科,让我们视野更开阔。我们的做法是:邀请在自己的研究领域精耕细作、有独到见解的专家,挑选并汇总一批在本领域、本选题研究中具有代表性的学术论文。这既是对既往研究的回顾总结,也是为新开端扬帆蓄力,正所谓承前启后、继往开来。同时,通过集中呈现前沿成果,读者能够了解、掌握该研究方向的最新动态和代表性成果,"辨章学术,考镜源流",得参考借鉴之利。

本丛书编选有三个标准:创新性、前沿性、专题性。这三点同时也是我们编纂这套丛书的目的,更是我们编纂此丛书的难点。编选之难,首先在于鉴别是否具有创新性。陈寅恪先生在陈垣《敦煌劫余录·序》中说:"一时代之学术,必有其新材料与新问题。"研究成果必须具备相当的深度和水准,可以代表这一领域的最新进展。学术研究贵在有所创造,周有光先生曾说:"学问有两种,一种是把现在的学问传授给别人,像许多大学教授做的就是贩卖学问;第二种是创造新的学问。现在国际上看重的是创造学问的人,不是贩卖学问的人。贩卖学问是好的,但是不够,国际上评论一个学者,要看他有没有创造。"创造绝非无源之水、向壁虚构。创造之可贵,正在于它使得人类已有认知的边界再向前拓展了一步。

编选之难,其次在于如何鉴别前沿性。前沿代表了先进性,是最新的经典研究。时至今日,各学科的知识总量呈指数级增长,更兼网络技术飞速发展,人们获取信息的途径日益便利,使人应接不暇。清人袁枚已经感叹:"我所见之书,人亦能见;我所考之典,人亦能考。"如今掌握学术动态的难点主要不在于占有具体的资料,而在于如何穿越海量信息的迷雾,辨别、洞察出真正前沿之所在。我们请专业研究者挑选自己本色当行的研究领域的经典成果,自然可以判断是否具有前沿性。

编选之难,最后在于如何把握专题性。当前国内的语言学研究正处在信息爆炸的阶段。仅以古代汉语的研究为例,近几十年来,无论在研究材料上还是研究方法上均取得了长足的发展。从材料来说:其一,各种地下材料如简帛、玺印、碑刻等相继出土和公布，这一批"同时资料"由于未经校刻窜乱，即便只有一些断简残篇，也足以掀开历史文献千年层累的帷幕，使人略窥古代文献的本来面目；其二，许多旧日的"边缘"材料被重新审视，尤其是可以反映古代日常生活的农业、医药、法律、宗教、经济、档案、博物等文献受到了普遍关注，因而研究结论会更接近语言事实；其三，还有学者将目光投向域外，从日本、韩国、越南、印度，乃至近代欧美的文献记载观察本土，使得汉语史研究不再是一座孤岛，而是与世界各民族的语言密切联系在了一起。从方法和工具上看：其一，由于方法和手段的先进，从田野调查中获得的材料变得丰富和精准，也成为研究汉语的鲜活证据；其二，随着认识的加深，学者对于材料可靠性的甄别日趋严谨，对于语料的辨伪、校勘、考订时代等工作逐渐成为语言研究中的"规范流程"；其三，由于计算机技术的发达，研究者掌握大数据的能力更加强大，接受国际语言学界的新理论更及时、更便捷，交叉融合不同学科的能力也越来越强，借助认知语言学、计算语言学等新兴领域的方法也流行开来。由此，鉴别专题性的工作就变得纷繁复杂了。

曾国藩说得有道理："用功譬若掘井，与其多掘数井而皆不及泉，何若老守一井，力求及泉，而用之不竭乎？"只有强调专题性，才能够鲜明突出，集中呈现某一专题的最新见解。

学术是相通的，凡是希望有所创见的研究者，不但要熟悉过去已有的学问，对于学界的最新动态也要足够敏锐，要不断地拓展思想的疆界和研究的视野。同时，在日新月异的信息浪潮之中，学术的"前沿"似乎也在一刻不停地向前推进，作为研究者个人，或许更便捷的门径是精读、吃透一些专门的经典成果，以此作为自身研究的路标和导航。这也是我们丛书编纂的目的之一。

这是一套开放性、连续性丛书,欢迎中国语言学各领域的学者参与编纂。第一辑我们首先邀请浙江大学中国语文研究中心的专家,让他们从各自的研究领域出发,以独特视角和精心阐释来编辑丛书,每个专题独立成卷。以后会逐步邀请更多学者根据自己的研究专长确定专题,分批出版。各卷内容主要分三部分:一为学术性导言,梳理本研究领域的发展历程,聚焦其研究内容与特点,并简要说明选文规则;二为主体部分,选编代表性文章;三为相关主题的论文索引。最后一部分不是必选项,看实际需求取舍。我们选编文章时将尽可能保持历史原貌,也许与今日的要求不尽相同,但保留原貌更有助于读者了解当时的观点。而且,更加真实地再现作者的研究历程和语言研究的发展轨迹,对于历史文献的存留也有特殊的意义。

这就是浙江大学中国语文研究中心编纂这套"中国语言学前沿丛书"的缘起与思考,也是我们的努力方向。希望本丛书能够兼具"博学"与"精研",使读者尽可能把握特定领域、范畴的最新进展,并对学界的热点前沿形成初步印象。

2022 年 7 月 22 日于杭州紫金西苑

目　录

第三编　汉语的情态构式

前　言

　　情态是言者关于可能、必然或许可、必要的主观态度,在汉语语法中有非常复杂的表现,也是近年来汉语语法研究的热点。本书收入的是几位以汉语情态为主要研究对象的学者近年来就此论题发表的论文,从一些方面反映了汉语情态研究的新进展。内容所及,既有对汉语情态系统的理论探讨,又有对表现情态的语言事实的深入分析,特别是在不同情态表达手段及其相互关系、情态的主观性、情态与相邻或相关范畴的同现互动限制关系、情态的语用驱动等方面研究的新成果,部分地反映了几位作者在推动汉语情态研究上所作的努力。

　　本文集共分为三编。

　　第一编"汉语情态的语义分析和语用解释",共收录 8 篇文章。这部分主要讨论了汉语的主观情态与客观情态、同类情态的组配及情态的否定问题。除了理论探讨外,更有对汉语事实的深入分析。在情态的定义中,"说话人的态度"是最为关键的因素,因此一般认为情态的根本特征就是"主观性"。然而,还是有很多学者主张区分主观情态与客观情态。这一观点具有理论价值,对语言事实也有一定的补充解释。比如不同类型情态动词连续同现遵循的 EDD 规则,就要求主观性强的情态类型要先于主观性弱的情态类型排列;而之所以会存在同义类型情态动词的同现,正是因为存在情态主客观的差异。情态的否定问题也是值得关注的重点与热点。否定可以单独或与其他句法环境一同消除情态歧义;否定对情态语义演变也有重要影响,某些情态语义演变现象常常首先发生在否定形式中;此外,否定也是情态强度变化的显色剂。本书收录的这些成果都反映了作者对情态系统的理论思考，以及对语言事实细致入微的剖析。

第二编"情态与相关范畴的同现互动"，共收录 10 篇文章。语言是一个动态的系统，从历时的角度看，从单个的语言成分到整个语言系统都处于动态的变化过程中；从共时的角度看，单个的语言成分和与之同现的其他成分处于一种动态的互动中，某个成分表义与功能上的变化，一定也会引起与之同现的那些成分的表义和功能上的变化，反之亦然。情态范畴也不例外，它与现代汉语的其他范畴诸如情状、体、人称等，都处在一种互动关系中。把范畴互动的观念引入句法研究，可以为观察对象提供更多的视角，从而寻求更充分的解释，这也是语言的系统性在更高层次上的反映。

第三编"汉语的情态构式"，共收录 4 篇文章。现代汉语表达情态的手段，除了情态动词、情态副词外，还有构式。这些情态构式大多具有多义性，如"V 不了""非 X 不可"等。不同的情态解读需要不同的句法条件，比如动词的情状类型、主语的意愿、句子的现实性等。除了现代汉语中常见的情态构式外，也收录了就一些新兴构式进行探讨的论文。相比于情态动词、情态副词，我们对情态构式的关注才刚刚开始，无论是在系统性上，还是在对个案的挖掘上，都还需要作更多努力。

编者和作者想趁此机会再次感谢语言学前辈和同道对我们学习和研究的指导和帮助，特别感谢浙江大学中国语文研究中心提供出版机会和资助，感谢本书编辑为本书的出版所做的出色工作。

第一编

◆

汉语情态的语义分析和语用解释

汉语的主观情态和客观情态[*]

彭利贞　刘翼斌[*]

1. 引　言

　　情态(modality)是说话人对句子表达的命题的真值或事件的现实性状态所表现的主观态度。在情态定义中,一般都有说话人的"观点与态度",是说话人对句子表示的命题的态度的语言表现(Lyons,1977：452,787—849；Quirk et al.,1985：219；Palmer,1986：16,2001；汤廷池,1997；彭利贞,2007：41)。情态定义的关键因素是"说话人的态度",而"态度"当然是主观的。因此,情态总是与说话人的主观性有关,因为情态是在"客观"的命题之外由说话人强加上去的对该命题的"主观"限制或修饰。从这种意义上看,情态的根本特征就是"主观性"。

　　帕尔默(Palmer,1986：16)认为,传统逻辑不考虑说话人,而更关心所谓的客观情态。但是,语言中的情态,特别是当它以语法形式标记出来后,看起来主要是主观的。它关注的主要是句子的主观特征,也就是说,情态可以定义为说话人(主观)态度或意见的语法表现,因此,主观性才是情态的本质标准。

　　* 本文原载于 *Chinese as a Second Language Research*,2012,Volume 1, Issue 2(《汉语作为第二语言研究》2012 年第 1 卷第 2 期)。

　　** 彭利贞,浙江大学文学院、汉语史研究中心、中国语文研究中心、语言与认知研究中心教授,博士生导师。刘翼斌,浙江工商大学外国语学院教授,硕士生导师。

　　莱昂斯(Lyons,1977)虽然详细论述了主观情态与客观情态的区别,但是他也强调,在对情态的理解中最重要的还是它的主观性。

　　尽管对情态的讨论都强调其主观性,然而,还是有很多学者主张区分主观与客观的情态,虽然这种区别——或者说对这种区别的论述,直到现在也并不是非常清楚。

　　莱昂斯(Lyons,1977:797 以次)主张情态存在主观情态与客观情态的区别,并对此进行过较详细的讨论。他认为,对(1)的解释,存在主观与客观的区别。

　　(1)*Alfred may be unmarried.* (Alfred 可能未婚。)

　　按主观情态的解释,(1)是根据说话人自己的不确定性对句子命题可能性的确信程度的主观认定。按这种理解,说话人可以在(1)之后加上诸如:"我对此表示怀疑"或"我认为多半就是这样的"。这时,(1)几乎与(2)一样,强调的是说话人的主观推定。

　　(2)*Perhaps Alfred is unmarried.* (也许 Alfred 未婚。)

　　但是,如果说话人说(1)的时候不是仅仅根据自己的主观猜测,而是根据以某种客观事实为基础的推理结果,那么(1)也会得到客观情态的解释,这时(1)所要表达的是"Alfred 未婚的可能性是存在的,而说话人也可能希望把它当作一个客观事实说出来"。这时,说话人可能有理由说,他"知道",而不仅仅是"认为"或"相信"存在 Alfred 未婚的可能性。因此,假如在已经知道包括 Alfred 在内的某一群人中未婚人数的比例,我们也可以用(3)来宣称知道"Alfred 未婚"这个命题必然真,也就表达了客观认识情态。虽然在其他情况下,比如在"武断"或"臆断"的情况下,也可以从主观认识情态的角度来解释(3)。

　　(3)*Alfred must be unmarried.* (Alfred 一定未婚。)

　　莱昂斯(Lyons,1977:799—805)进一步指出,主观情态与客观情态的主要区别似乎在于,客观情态化的句子,包含一个直言的"(依)我说"(I-say-so)成分,即说话人用这种句子保证他所表达命题的事实性。也就是说,他正施行一个"告诉"的言语行为。听话人可以对他的陈述进行否认或怀疑(比如:不是那样;是这样吗?我不相信你说的;等等);也可以作为一个事实来接受(比如:我同意。是的,我知道。等等);这种陈述还可以在一个真实条件陈述中被假定,或者由叙实谓词(factive predicate)的补足语(宾语)来表示(比如:我知道 Alfred 一定未婚)。

莱昂斯(Lyons,1977)认为,与这种表示"告诉"的言语行为(acts of telling)不同,主观情态化的句子的语力(illocutionary force)有点儿像疑问句,是非叙实的。因此,主观认识情态是说话人对句中的 I-say-so 成分的限定,而客观情态化的句子中 I-say-so 成分未加限定。在客观情态化的句子中,倒是存在一个从可能性的某种程度上进行限定的 it-is-so 成分。如果对这种可能性进行量化,那么可以表示为从 1 到 0 的不同等级。比如说,如果一个认识情态化的句子的事实性(factuality)的等级是 1,就是认识的必然;如果事实性为 0,则是认识的不可能。莱昂斯指出,在日常话语中,一般不对这种事实性用数字来量化,但也有一些看似量化的手段。比如,英语 certainly、probably、possibly 这三个情态副词表达了三种不同的事实性程度,而 probably 和 possibly 之间的区别在于:当它们用作客观情态叙述的时候,大致可以认为前者大于 0.5,后者则小于 0.5。

有趣的是,汉语在这一点上似乎有更"数字化"的表达倾向,除了与英语相应的表达外,汉语还有一些对事实性程度"量化"的表达,如"多半""八成""十有八九""八九不离十",都是以"数字"的形式来"量化"事件事实性的大小。

正如莱昂斯所说,关键之处在于,客观认识情态原则上可从必然与不可能的两端之间的量(scale)上进行限定,而且不同的语言系统很可能根据程度的不同对这个量进行不同的语法与词汇表现。

但是,莱昂斯(Lyons,1977)也认为,情态的这种主观与客观的区分无关宏旨。原因在于,情态的这种主观与客观的区别在日常语言中并不是非常清楚的,而且在认识论上也不一定能得到证明;更重要的是,逻辑上所谓的真值情态与客观情态之间也很难划出一条非常明确的界线。尽管如此,莱昂斯还是认为,区分客观情态与主观情态的确会有一些理论价值。

按莱昂斯的看法,认识情态的主观与客观之间的区别,与作为说话人认识基础的证据的状态有关(Nuyts,2001:393),换言之,如果说话人的认识有可靠证据可循,认识情态就带有客观性;而如果说话人的认识源于某种直感的猜测,认识情态则具有主观性。按这种观点,主客观的区别只与认识情态有关。

从以上分析可以看出,莱昂斯的讨论还无法帮助我们比较透彻地理解情态的主客观区别。

此后的很多学者也讨论过情态的主客观问题。帕尔默(Palmer,1986)把情态的主客观区别看作说话人对命题的确信程度(commitment)的大小。纳茨(Nuyts,1992,2001)则在认识的范围内考察过情态的主观性与客观性的区别。他在分析莱昂斯(Lyons,1977)关于情态主客观区别的观点后,认为不能把主观性与说话人的确信程度等同起来,而应该把情态主客观的区别理解为证据来源上的对立。也就是说,如果证据只为说话人所知,那么,说话人据此来表达认识时,该情态是主观的;如果证据在一定程度上为说话人与听话人所共享,或者说为整个语言社团所共有,那么,说话人据此来表达认识时,该情态则具有客观的特征。当然,只为说话人所知的证据,也可能是在不同程度上共享的或公共的证据。因此,纳茨更倾向于把客观性理解为主观间性(intersubjectivity)。

勒凯莱(Le Querler,1996：63以次,转引自Herslund,2005)分出三种情态:主观情态、主观间情态、客观情态。其中的主观情态大致对应于认识情态,主观间情态大致对应于道义情态,而客观情态则对应类似于(4)表示的某种隐含意义。

(4)*Pour grandir*, *il faut manger.*(为了长大,得吃饭。)

(4)中"得(děi)吃饭"是从"为了长大"这个从句中推出来的,这种情态意义是在设定某种条件下得出的,是一种隐含意义,从而具有客观性。把客观情态限制为"隐含"意义,范围可能太窄了,所以勒凯莱也承认某种更宽的解释,如:

(5)*Il faut qu'une porte soit ourerte ou fermée.*(门一定开着或关着。)

(5)可以重构为类似"每个事物都有它存在的地方"的命题。"门开着或者关着"是"门"存在的两种状态,而这两种状态涵盖了"门"可能存在的状态的总和(把"半开半关、虚掩着"等"非关"的状态都看作"开")。全部的"存在",隐含了"必然"性。也就是说,在"门"的状态中,所有的"可能"都是存在的。但是,与(4)不同的是,这种必然性不是通过说话人的推理得出的。从这个角度看,(5)中的"一定"表达的［必然］当然是一种客观情态。下边的句子,同样隐含了这种客观必然性的存在:

(6)或者把老虎打死,或者被老虎吃掉,二者必居其一。

在说话人看来,在那种情境下,"打死老虎"和"被老虎吃掉"就是这一事件发展的全部可能性,这时的必然性命题"二者必居其一"具有客观色彩。

还有一种对情态的主客观区别的理解出自汉森和哈尔托夫特

(Hansen & Heltoft,1999:5—122,转引自 Herslund,2005)。他们认为,情态的主观功能(subjective function)只限于第一人称的句子、带有命题态度限制(neustic)或说话方式限制(tropic)的句子,而其他情形都被看作属于情态的客观(objective)功能。

韦斯特拉特(Verstraete,2001)以情态施为性(modal performativity)为标准,以条件句、疑问句和时态为参照,讨论了情态的主观与客观的区别,结果得到表1。

表1 认识情态、道义情态、动力情态的主客观区别(Verstraete,2001)

情态类型	主观	客观
认识情态(epistemic modality)	+	−
道义情态(deontic modality)	+	+
动力情态(dynamic modality)	−	+

赫尔斯隆德(Herslund,2005)则认为,主观与客观的区别是贯穿整个直言性情态(categoricity-modality)领域的普遍的区别,并把所有的直陈句分为两类:一类是表客观陈述的,一类是表主观陈述的。

以上分析表明,在情态有主观与客观的区别这一点上有比较一致的意见,但是在主观情态和客观情态存在的范围及方式、区分主观情态与客观情态的标准、存在主观情态与客观情态区别的原因等方面,依然没有一致的意见。在很多场合,对这些问题的认识还不是非常清晰。

本文拟主要以现代汉语的情态动词为观察对象,从如下一些方面来探讨主观情态与客观情态的区别:A. 从表达不同类型情态的情态动词连续同现顺序来观察不同类型情态的主观特征与客观特征,从而证明情态的主客观区别首先表现为不同类型的情态不同程度的主观、客观特征;B. 从表达相同类型的情态动词,特别是表达同义的不同的情态动词的连续同现顺序、表达相同情态的不同情态构式的功能差异,来考察相同类型情态的下位情态的主观与客观的区别,从情态来源上证明主观情态与客观情态的区别;C. 考察情态的客观化表达,以此进一步展现同类型情态主观与客观区别的存在,同时也说明情态出现主客观区别的动因。

2. 不同类型情态的主观与客观

在情态的主观与客观之区别的讨论中,主要涉及同类型的情态内部是否存在主观与客观的区别,即是否存在主观认识情态和客观认识情态、主观道义情态和客观道义情态之间的区别。但是,也有学者注意到不同类型的情态之间似乎也存在主观与客观的区别。

从表 1 可以看到,认识情态只有主观特征,动力情态只有客观特征,而道义情态则主观、客观特征兼有。这说明不同类型情态之间存在着主客观的差异。观察汉语的情态动词表达的情态,也可以看到这种不同类型情态之间主客观的差异,而且在形式上也可以找到更直观的表现。

与英语的情态动词(Palmer,2001)一样,汉语的情态动词也表达三类不同类型的情态:动力情态、道义情态、认识情态。现代汉语情态动词表达情态的情况,如表 2。

表 2　现代汉语主要情态动词及其表达的情态（根据彭利贞,2007:160）

情态	语义	语用及用词	语义	语用及用词	语义	语用及用词
认识情态	［必然］	［推定］: 必然、肯定、一定、准、得、要 ［假定］:要	［盖然］	［推断］:会、应该（应当、应、该、当）	［可能］	［推测］:可能、能（能够）
道义情态	［必要］	［命令］: 必须、得 ［保证］: 肯定、一定、准	［义务］	［指令］:应该、要 ［承诺］:会	［许可］	［允许］: 能、可以、准、许 ［允诺］:可以
动力情态	［能力］（无障碍）:可以 ［意愿］（强）:要 ［勇气］:敢	［能力］（恒定）:会 ［意愿］（被动）:肯		［能力］:能 ［意愿］（一般）:想、愿意		

现代汉语情态动词表达的三种不同类型的情态,其主观与客观的区别可以从如下三个方面得到较充分的证明:现代汉语多个情态动词连续同现时的语序受主观性程度的控制;多义情态动词的几个语义的历时发展,符合从客观到主观的所谓主观化路线;动力情态的特殊句法表现也能证明该类情态的客观特征。

2.1　主观性控制下的情态动词的同现顺序

作为汉语情态动词的重要特征之一,很多语言学家提到汉语的情态动词可以连用。帕尔默(Palmer,2001:100)提到,标准英语的情态动词的一个非常明显的句法表现是,情态动词之间不可连续同现。两种语言在这一点上似乎带有类型学意义上的区别。当然,杨慧(1997)与黄和斌、戴秀华(2000)也指出,英语的某些方言也存在情态动词并用的现象,在苏格兰和美国中部、中南部的一些方言里,这种所谓的双重情态(double modal,简称为 DM 结构)则更为常见,而且 DM 结构中的两个情态动词的语序,也遵循严格排列规则。帕尔默(Palmer,1986:35)也指出,法语的情态动词也是可以连用的。这样看来,情态动词的连用并非汉语的区别特征,更有可能是人类语言中一种较为普遍的现象。

汉语情态动词的连续同现古已有之(段业辉,2002:61)。现代汉语情态动词连续同现也较早就引起了汉语语法学家的注意。赵元任(Chao,1968:609)、吕叔湘(1980)都注意到助动词一起使用的现象。刘月华等(1983:106)指出,只要意义上允许,能愿动词可以连用。当然,这些研究较少涉及这种连续同现的原因和规则,比如,刘月华等只说到连用的条件是"意义上允许",但也没有说明什么情况下是"意义上允许",什么情况是"意义上"不"允许"。

较早探讨汉语情态动词同现规则的是马庆株(1988)。他首先把能愿动词分为①可能 A、②必要、③可能 B、④愿望、⑤估价、⑥许可 6个小类,然后考察了各小类能愿动词连用形成的各种格式。他在分析了 5 类能愿动词开头(以可能动词 A 类开头、以必要动词开头、以可能 B 类动词开头、以愿望动词开头、以估价动词开头)的连续同现情形以后,得出了规则(7):

(7)①可能 A > ②必要 > ③可能 B > ④愿望 > ⑤估价 > ⑥许可①

_____

① "＞"意为"先于"。

马庆株认为,汉语情态动词的连续同现,会遵循规则(7)。但是,因为马庆株对能愿动词的语义归类本身存在一些问题,正如齐沪扬(2003)所指出的那样,规则(7)存在反例。

随着对汉语情态动词表达的情态类型认识的发展,从不同角度提出的汉语情态动词的同现规则也随之不断出现。

何万顺(Her,1990)把汉语情态动词表达的情态分为说话人取向(speaker-oriented)和主语取向(subject-oriented)。前者包括[可能]与[义务],后者包括[意愿]和[能力]。情态动词连用时,遵循规则(8):

(8)说话人取向 > 主语取向

何万顺(Her,1990)这样做的主要问题是分出的两类情态存在交叉,比如,"说话人取向"并不能概括[可能]和[义务],因为有的"义务"是否属于"说话人取向"可以有不同的理解。

郭建生(Guo,1995)指出,汉语情态动词的连用有一定的顺序,可表示为(9):

(9)认识情态 > 道义情态 > 动力情态

后来,黄郁纯(1999:132—133)把汉语情态动词语义归纳为五类,即潜力(capacity)、习性(generic)、道义(deontic)、认识(epistemic)、意愿(volition),并把这几类情态语义以取向为标准归为三类,即认识情态属逻辑取向(logic-oriented),道义情态属话语取向(discourse-oriented),潜力、习性、意愿则属于主语取向。以此为基础,得出汉语能愿动词的连用限制规则(10):

(10)逻辑取向 > 话语取向 > 主语取向

(10)与(9)本质上并无太多的差别,但因为(10)的情态分类采取了不同的角度,就汉语情态动词这一分析对象而言,反而不如(9)

简明。

再后来,宋永圭(2004:113—119)考察情态动词"能"在否定的句法环境下与其他情态动词连用的情况,进一步证明了(9)。他指出,"情态动词连用否定式(以双重否定为主)也遵循肯定情态动词连用的规律,即'认识情态>道义情态>动力情态'"。

在此基础上,彭利贞(2007:372—437)更全面地探讨了现代汉语情态动词连续同现的语义组配,认为规则(9)对汉语情态动词的连续同现有较强的解释力,不同情态语义类的情态动词的连续同现一般都遵循(9)这一 EDD① 规则。

在观察了大量的情态动词连续同现的用例之后,彭利贞(2007:406—419)得到了多义情态动词同现时可能出现的语义组配:

(11) 应该能:[盖然]>[能力],[义务]>[能力],[盖然]>[可能]

应该不:[盖然]>¬[能力],[义务]>¬[许可],[盖然]>¬[可能]

不应该能:¬[盖然]>[能力],¬[义务]>[许可],¬[盖然]>[可能]

不应该不能:¬[盖然]>¬[能力],¬[义务]>¬[许可]

(12) 应该会:[盖然]>[盖然];[盖然]>[能力]

应该不会:[盖然]>¬[盖然]

应该不会不:[盖然]>¬[盖然]¬

不应该会:¬[盖然]>[盖然]

不应该不会:¬[盖然]>¬[盖然];¬[盖然]>¬[能力]

———————————

① 即 epistemic>deontic>dynamic 的情态动词的连续同现的顺序规则。

(13) 应该要:[义务]＞[义务]

　　应该不要:[义务]＞¬[义务]

　　应该不要不:[义务]＞¬[义务]¬

(14) 要能:[必然]＞[能力];[义务]＞[能力]

　　要不能:[必然]＞¬[能力]

　　要不能不:[?][义务]＞¬[许可]¬

(15) 要会:[义务]＞[能力],[?][必然]＞[能力]

　　要不会:[必然]＞¬[能力]

(16) 能会:[可能]＞[盖然];

　　能不会:[可能]＞¬[能力];[许可]＞¬[能力]

　　不能会:¬[可能]＞[盖然];[?]¬[可能]＞[能力]

　　不能不会:¬[许可]＞¬[能力];[?]¬[可能]＞¬[能力]

(17) 会能:[盖然]＞[能力]

　　彭利贞(2007:372—437)利用 EDD 规则,进一步考察了汉语情态动词连续同现时多义情态动词的语义呈现问题,认为依靠这一规则,可以利用单义情态动词的"定位作用",即"前定位"的"挤压"和"阻断"功能和"后定位"功能,也可以利用多义情态动词之间的相互索引机制,来为连续同现中的多义情态动词提供情态呈现的组配限制,从而反过来证明 EDD 规则的有效性。

　　然而,EDD 规则只说明了汉语情态动词同现时语义组配控制,即情态的不同类型决定了相应的情态动词出现的句法位置,却没有从根本上说明为什么表达不同情态类型的情态动词会出现特定的句法位置。也就是说,EDD 规则还需要从形成的原因上得到更充分的解释。

　　福利和范瓦林(Foley & Van Valin,1984)曾在"小句结构的分层模式"(layered model of clause structure)下来讨论不同类型的情态的句法位置。他们认为小句结构包括层层递加的三层,每一层都有一组与之相联系的语法算子。第一层叫句核(nucleus),由谓词及与之相伴的、表示体(aspect)和方向(direction)的算子组成;第二层叫句心(core),其组成成分包括句核及其核心论元(core arguments),加上与之相随的表示道义、动力情态的算子;第三层叫句边(periphery),由句心及其附加成分(adjuncts)组成,与之相随的是表示时态、认识情态、示证(evidentiality)和语力的语法算子。在分析英语的情态动词时,非认识情态算子,即那些表示义务、许可、能力、意愿的情态成分,属于句心算子,它们属于句心的内部;而认识情态算子,则属于句心的外部,是所谓的句边算子。亨格维尔德(Hengeveld,1987,1988,1989)提出了与此相似的小句结构分层模式,而且进一步指出不同的句法层存在主观与客观的差异。

我们认为,汉语情态动词的连续同现顺序正好与福利和范瓦林(Foley & Van Valin,1984)以及基斯·亨格维尔德(Hengeveld,1987,1988,1989)的小句结构分层模式相合。因此,我们有理由认为,汉语情态动词之所以按 EDD 规则(9)配列,原因是受到句法分层的控制,而句法分层也正好体现了主观与客观的不同:越内层的情态类型越客观,越外层的情态类型越主观。这也符合莱昂斯(Lyons,1977)等的分析,即动力情态带有明显的客观性,道义情态有表达主观性的时候,也有表达客观性的时候,而认识情态主要的特征是其主观性。因此,情态动词的同现顺序其实是一种主观性强弱顺序,情态动词的同现,按照它们表达的情态语义,主观性强的情态类型在句子的前边,而动力情态则出现在道义情态或认识情态之后。

综合以上分析,汉语情态动词的连续同现的语序是一种在主观性强弱控制下出现的分层排列,它从形式上体现了不同情态类型的主观与客观的差异。

　　汉语不同类型的情态处于不同的主客观地位，还可以从汉语情态动词的历时发展、儿童语言习得顺序、动力情态的现实性特征得到证明。

2.2　汉语多义情态动词表义的历时发展

　　同一个情态动词可以表达认识情态、道义情态和动力情态三种类型的情态，这是一个跨语言的现象（Palmer，1986，2001；Sweetser，1990：49）。同一个情态动词表达的几个不同类型的情态之间存在密切的联系，从历时的角度看，它们之间存在同一个语言符号的几个意义之间的历时演变的先后关系。

　　情态动词表达情态都遵循这样的演变规律，即认识情态是根情态（root modality）的引申。埃尔曼（Ehrman，1966）、谢泼德（Shepherd，1981）的研究表明，英语的情态动词是从非情态，如表示"强大、有能力"之类的意义（如古英语的 magen）发展出"道义"情态，再发展出认识情态。谢泼德（Shepherd，1981）在安提瓜的克里奥尔语（Antiguan Creole）找到的证据也表明，这种语言先发展出根情态，然后再引申发展出认识情态。

　　汉语情态动词的语义演变同样遵循了这样的规律。太田辰夫（1987：187）、白晓红（1997）、朱冠明（2002：84）对"能"的分析，李明（2001：26—27）、朱冠明（2002：85—87）对"须"的分析都表明，情态动词的几个情态语义之间存在着历时演变的关系，多义的情态动词一般先有动力情态，然后发展出道义情态或认识情态。

　　太田辰夫（1987：187）指出，"能"原来表示有某种能力，现代也有表示事态的可能性的用法。白晓红（1997）认为，先秦时代的"能"是及物动词,表示"能够做到""胜任"之义,后来虚化,表示"可能"。朱冠明(2002:84)认为,"能"先有"能力"义,再发展出表示"外界客观条件限制"的"中性可能性",并由此发展出"能"的道义意义或认识意义。

根据李明(2001:26—27)、朱冠明(2002:85—87)对"须"的分析,"须"的情态语义的发展呈现了同样的轨迹:"须"到东汉发展成情态动词,表示道义的"须要",至唐初发展出表"一定、会"这种认识情态的必然性意义。

语法化理论(Hopper & Traugott,2003)认为,语义演变一般都遵循意义从实到虚的道路,这种演化其实是一种主观化进程。越后来出现的意义,越有可能带上主观性。这正好能从一个侧面说明为什么动力情态具有边缘情态的特征:动力情态是"前语法化"的,因而具有较明显的客观性特征。

有趣的是,儿童对不同类型的情态的习得(acquisition of modality),与情态动词的语义类型的历时发展有着整齐的对应。一些学者(Kuczaj & Daly,1979;Shepherd,1981)对儿童的情态习得的研究表明,儿童在习得情态时,先习得情态动词的道义意义,然后再习得情态动词的认识意义(参见 Sweetser,1990:50)。郭建生(Guo,1994)考察汉语情态动词的儿童习得,得出了同样的结论。他指出,对于汉语"能"所表达的情态,3岁儿童习得"能力"义,到5岁时习得"许可"义,到7岁时才习得认识情态的用法。

这可能与人类认知机制有关,即人类认识事物存在从具体到抽象的隐喻机制。比如,在人类语言中,普遍存在着语言成分表义从空间到时间的隐喻映射,因为空间是具体可感的,时间则要抽象得多。认识的对象越抽象,花费的认知努力就越大,而认知的结果也就越具有主观性。

情态动词表义的历时演变和儿童语言的情态习得,从一个侧面证明了不同类型的情态存在主观与客观的区别,认识情态具有明显的主观特征,而动力情态的客观特征也比较突出。

关于动词情态的客观特征,我们还可以作进一步的说明。

2.3　动力情态的客观特征

前文的分析表明,情态动词表达的三类不同的情态:认识情态、道义情态、动力情态在主观性上存在差别。再审视一下情态的定义,"主观性"是其关键的标签。以"主观性"为标准看动力情态,动力情态的情态地位似乎已经动摇,因为动力情态在主观性上就不是那么充分。在情态分析的文献中,有一些学者把动力情态排除在情态范畴之外。比如,有学者(Tsang,1981)就认为,按照情态的主观性定义,动力情态的情态范畴地位是令人怀疑的。原因在于,动力情态是所谓"句子主语所控制"的,它直接与句子表达的命题的真值有关,而与说话人的态度无关。

更重要的是,动力情态在句法上的种种表现,也呈现出与另外两类情态不同的客观性特征。下面仅就情态动词与汉语的否定标记同现现象作一简要的分析。

在与否定标记同现时,动力情态表现出客观性倾向。彭利贞(2005a,2005b,2007)指出,"没"只能外部否定"能""能够""敢""肯""要""想""愿意",是因为只有动力情态与"没"的现实特征没有冲突。"没"不能否定表达具有非现实特征的道义情态和认识情态的情态动词。

下列句子中的多义情态动词受"没"否定后,却都只表动力情态:

(18)芬尼在悉尼,她没能赶回来。

(19) 最可惜的是,丈夫<u>没能</u>够同她一起活到今天,默默带走了她生活中的一半……

(20) 可我当时也<u>没要</u>完全置你于死地。

　　动力情态受"没"否定,除了它的现实性特征外,也与它的客观性有关。一般认为,"没"与"不"的区别之一,就是"没"否定的事件带有客观性,而"不"否定的事件也可带主观性(聂仁发,2001)。证据之一是,"没"是对现实体"了"与经历体"过"的否定,而这类体标记表达的事件都是已经发生的(或者是在可能世界中已经发生的)事件,具有客观的特征。在语气上,带"没"的句子只会有直陈表达,而没有典型的主观介入的祈使之类的表达。

　　这一节先分析了汉语情态动词的连续同现现象,目的是要探讨控制汉语情态动词连续同现的语义组配的机制。分析结果表明,汉语情态动词连续同现之所以呈现规则(9)所控制的语义组配,原因在于不同类型的情态存在主观与客观的差异,表达的情态越客观,该情态动词越有可能占据句法的核心层,反之,则越有可能出现在句法的外层。规则(9)的实质,在于三种类型的情态不同的主观性特征:认识情态最主观,动力情态倾向于客观,而道义情态的主观性则介于二者之间。不同情态类型的这种主观与客观的差异,还可以从多义情态动词的语义历史演变、儿童的情态习得等方面得到佐证;而动力情态在与否定词"没"同现时表现出的现实性特征,也从一个侧面证明了它的客观性。

3. 同类型情态内部的主客观差异

　　本节我们想换一个角度来分析情态的主观与客观的差异:同类型的情态是否也有主观与客观的区别?

郭建生(Guo,1995)指出,汉语情态动词的连续同现遵循规则(9),但这似乎强调的是连续的两个情态动词不会属于同一情态语义类。也就是说,在汉语情态动词的连续同现的语义组配中,不会存在"认识情态 > 认识情态"或"道义情态 > 道义情态"。

另外,按照表1,认识情态总是主观的、动力情态总是客观的,只有道义情态存在同一种情态内部主观与客观区别(Verstraete,2005)。如果先不讨论动力情态,那认识情态内部是否有主观与客观的区别?

彭利贞(2007:419—437,2009)发现,在现代汉语中,同一情态语义类情态动词的同现也是很普遍的。

现代情态动词的同现,不但存在异类情态之间的语义组配,而且也存在大量同义情态之间的语义组配。在认识情态的内部,存在[必然] > [必然]、[必然] > [盖然]、[必然] > [可能]、[盖然] > [盖然]、[盖然] > [可能]等多种方式;在道义情态内部,也存在[必要] > [必要]、[必要] > [义务]、[义务] > [义务]、[义务] > [许可]等多种组配方式(彭利贞,2007:419—437,2009)。在这些组配中,两个看似同义的组配尤其引人注目。因为,从概念结构上说,两个语义范畴、语义强度都相同的意义,没有必要同时出现。从语言的经济原则看,说话人为什么常常在这类情态表达中"浪费"一个情态成分呢? 我们认为,这也可以用情态的主客观差异进行解释。

3.1　认识情态:推论基础的主观与客观

彭利贞(2007:419—437,2009)考察了认识情态内部下位语义之间的组配,并总结出规则(21):

(21)认识情态内部下位情态之间的情态组配,主观情态先于客观情态。

两个认识情态成分的多种组配形式中,[必然]>[必然]的语义组配是比较引人注目的一种,因为组配的两个语义成分至少从表面上看是"同义"的。[必然]>[必然]的语义组配,表现之一是"肯定得(děi)"。如:

(22)她结了婚肯定得挨揍。

(23)这么漂亮的汤盆砸了,伯母回来肯定得说我的不是。

(24)大姑娘家的大了肚子,在小胡同里还是一个很大的新闻,肯定得有人戳你的脊梁骨。

"肯定得(děi)"的[必然]>[必然]组配,从概念结构上看,[必然]已经处于认识情态的最强等级,如果说是为了加强情态,再加上一个[必然],无非还是[必然]。即"[必然]+[必然]=[必然]"。从语言的经济性原则上看,也没有必要连续出现两个[必然]。这就有必要从其他角度来解释何以存在"肯定得(děi)"组合表达的[必然]>[必然]情态组配。

"肯定得(děi)"中的两种[必然]存在着主观和客观上的差别。"肯定"做出的[必然]推断,推断的基础是说话人自身主观感受或感觉,是一种主观情态。说话人用"肯定"表达推断时,不一定注重说话的证据,而主要从主观认识出发,或者说,这种认识源自说话人自己直觉的推断。而用"得(děi)"时做出的[必然]推断,推断的基础往往是可及的证据。从证据的来源上看,这是一种客观情态。说话人用"得(děi)"做出推断时,注重证据,带有示证的意味。用"肯定"时,有时候给人的感觉可能是武断、臆断,而用"得(děi)"时,说话人表达的认识给人的感觉是在某种客观证据基础之上的唯一结论,即必然性结论。这一分析印证了莱昂斯(Lyons,1977)和纳茨(Nuyts,2001)关于主观认识情态与客观认识情态的区别的认识,即认识情态的主客观区别,在于说话人在得出该结论时所依据的证据在主客观特征上的区别。

　　说话人以"肯定"表达[必然]时，一般直截了当，如(25)(26)；而以"得(děi)"表达[必然]时，常常有设定的条件。当然，这种条件有时候是隐性的。如(27)(28)。

　　(25) 你肯定认错了。

　　(26) 他肯定没说这话，这都是你瞎编的。

　　(27) 你嚷嚷一声倒没什么，弄不好我得让人家当流氓抓了。

　　(28) 好在她还是个人，要是只鸡，卖出去也得叫顾客退回来，以为好部位被售货员贪污了。

　　说话人以"得(děi)"表达的[必然]可以用表猜测、估量等意义的词语修饰，而"肯定"表达的[必然]因为其典型的主观性特征一般不再受其他具有主观性的手段限制。如：

　　(29) 你要是人恐怕就得属于层次比较低的那种……

　　(30) 你有肝炎，不吃你，起码也得让人咬死。

　　除了(29)(30)中的"恐怕"和"起码"之外，"也许""大概""多半""八成"等表可能性大小的情态副词也可用来修饰表[必然]的"得(děi)"，这些词也具有典型的主观性特征。然而，"肯定"本身就是具有典型主观性特征的情态动词，所以它也就没有与(29)(30)中"得(děi)"一样的句法表现。

　　以上分析表明，"肯定"与"得(děi)"虽然表达了"相同"的[必然]，但这两种[必然]却存在主观与客观的区别。正因为存在这种区别，"肯定得(děi)"形成的[必然]>[必然]的语义组配中也就不存在"浪费"。实际上，该语义组配准确地说，应该是[主观的必然]>[客观的必然]。

3.2　道义情态：道义来源的主观与客观

彭利贞(2007:419—437,2009)也考察了道义情态内部下位语义之间组配的可能性,并在此基础上得到规则(31):

(31)道义情态的两种下位情态的组配,说话人来源的道义情态先于环境来源的道义情态。

根据韦斯特拉特(Verstraete,2001)的标准,(31)可以改写为(32):

(32)道义情态内部下位情态之间的情态组配,主观情态先于客观情态。

在所有可能出现的道义情态的下位情态的组配中,[必要]>[必要]的语义组配也是最值得拿来作特别说明的。原因在于,从逻辑结构看,"[必要]+[必要]=[必要]",按语言的经济原则,其中有一个[必要]是冗余的,或者说是被"浪费"的。[必要]>[必要]组配的表现之一是"必须得(děi)"。如:

(33)但是你必须得听!

(34)吃面浇什么,不论,但是必须得有蒜。

(35)你必须得同叶桑好好谈谈,她有些不太正常。

"必须得(děi)"同现,形成"[必要]>[必要]"组配;已经出现了"必须"的[必要],紧跟着又出现另一个"得(děi)"的[必要],是不是存在羡余? 其实,这一组配还是在规则(32)控制下出现的正常组配,即前后两个[必要],虽然"同义",但前者是主观的,后者是相对客观的。这种主客观的区别,源自情态来源的差异。

在[必要]>[必要]组配中,前后两个情态的来源存在区别。在"必须得(děi)"组合中,"必须"表达的[必要]情态源于说话人,"你必须去!"是从说话人的主观出发对听话人发出的强指令,存在说话人的强烈介入;而"得(děi)"表达的[必要]的来源则是外在的环境,是说话人从环境要求的角度对听话人提出强烈的要求。

从主观性上说,前者是主观情态,后者则倾向于客观情态;从言语行为上说,前者在发出指令,而后者则重在对指令内容的陈述;从话语的得体性而言,用"得(děi)"要比用"必须"礼貌,因为用"得(děi)"的时候,说话人是在情态之外,从客观的角度"告诉"听话人该[必要]性的存在,而不是像"必须"那样,直接对听话人发出最强烈的指令(directive)。这从下面这组句子可以看出些端倪:

(36)a. 马林生……把他按坐在桌子旁,"今天你必须吃饭。"

　　 b. 肖科平坐下说:"我没那么严重,喝点板蓝根就好了。""板蓝根管什么用?"韩丽婷拍手叫,"你得吃西药。"

(36a)的"必须"表达的是具有"父亲"这一权威的说话人"马林生"对儿子直截了当的命令;然而,(36b)的"得(děi)"表达的更可能是说话人对听话人就"吃西药"的必要性的陈述。(36a)用"必须"发出指令,在语力上属于"命令";而(36b)用"得(děi)"是在"告诉"这种"命令"的存在,在言语行为上属于"陈述"。

因为"得(děi)"的情态来源于外在的客观环境,所以说话人对"得(děi)"表达的[必要]还可以加上表猜测、估量之类缓和语气的情态副词,使"得(děi)"表达的[必要]显得缓和,在听话人看来则显得有礼貌,似乎还有商量的余地。如:

(37)咱们的书大概得烧!

(38)看来这恐怕还得去和《大众生活》解释一下。

(39)真想跟这种人干,起码也得使刮刀。

"必须"是说话人直接用来表达指令的,又因为是处于情态的最强等级,是一种最强的命令,所以"必须"都不会有(37)—(39)所示的用法。"得(děi)"的这种客观环境来源特征还表现为,迫于情势和设定条件的情况,一般用"得(děi)";如用"必须",则在当时的情境下会显得不得体。迫于情势者如(40),设定条件者如(41)。

(40)抱歉,我得去趟茅房。

(41)既然走了,就得走下去。

另外,从"得(děi)"与"必须"的否定形式也可以看出它们的区别。"得(děi)"的外部否定是"甭"或"不用",是从外部环境的要求上说的;"必须"的外部否定形式是"不必"或"不须",是从说话人的权威出发而言的。"必须"可以接一个否定命题,形成"必须不"的组合,即说话人用"必须"不仅可以命令听话人去做什么,也可以命令听话人不去做什么;而"得(děi)"是从环境的要求而言的,所以不出现环境要求句子主语不去做什么的情况。

总之,因为道义情态来源的区别,"必须"和"得(děi)"表达的看似同义的[必要],也存在主观与客观的区别。主观的[必要]源自说话人,语力上表现为直接的命令;客观的[必要]则源自外在环境,是外在环境对听话人提出的要求,而说话人只是"转述"这种[必要],语力上表现为陈述。

3.3　同义情态构式的主客观差异

有些情态构式表面上看起来表达了相同的情态,"不能不"与"不得不"就是这种情态构式。

武惠华(2007)认为,"作为双重否定形式的'不得不'和'不能不'大致相同,都含有'必须'的词义"。但是,武惠华只看到"不能不"与"不得不"与"必须"的有机联系,却没有考虑到"不能不"与"不得不"之间的差异。谭惠敏(2006)对"不能不"与"不得不"进行了专门的辨析,既注意到"不能不"与"不得不"之间的同,也注意到二者之间的异。

但是,在关键的问题上,即"不能不"与"不得不"有时不能互相替换的原因,很有必要作进一步的讨论。

"不能不"与"不得不"的差异,首先表现为多义与单义的区别,即"不能不"是多义的,它既可以表达类似于[必然]的认识情态,也能表达道义情态[必要];而"不得不"是单义的,只能表达道义情态[必要]。这一点与本文的讨论没有直接关系,故不再深入。

本文感兴趣的是表达道义情态[必要]时的"不能不"和"不得不"的联系与区别。它们都能表达道义情态[必要],但并不是任何时候都能互换。例如:

(42)a. 我也<u>不能不</u>对国内语法学的前辈大师赵元任先生,吕叔湘先生,朱德熙先生表示由衷的敬佩之情。(沈家煊《不对称和标记论·前言》)

　　b. 麦凯恩受到中间派支持,逼得布什<u>不得不</u>向共和党传统保守派靠拢。

"不能不"与"不得不"在(42)中表示了相同的语义范畴,即道义情态[必要],在这一点上它们是同义的。那么,为什么(42a)中的"不能不"不能说成"不得不",而(42b)中的"不得不"也一般不说成"不能不"?

其实,"不能不"和"不得不"虽然都可以表达道义情态[必要],存在表面上的同义,然而,"不能不"与"不得不"并非可以互换使用。原因在于,"不能不"与"不得不"表达的道义情态,存在情态来源上的区别:"不能不"的道义情态,源于说话人,带有较强的主观色彩,表达的是主观道义情态;而"不得不"的道义情态主要来自客观环境,表达的是客观道义情态。也就是说,"不能不"和"不得不"虽然都表示[必要],但"不能不"是主观的[必要],而"不得不"是客观的[必要]。这种主客观差异可以从如下几个方面得到进一步证明。

首先，"不能不"与"不得不"表示的［必要］存在意愿与非意愿的区别。

"不能不"与主语的意愿有关，所以，(42a)的说话人显然不是要表达完全为外在客观环境所迫而不得已做出的被动"表示"，也就是说，这种"敬佩"之情的"表示"是有主观的内在意愿的。这个句子的"不能不"如果换成"不得不"，虽然也能有［必要］"表示"，但表示的效果却是相反的，也就是说，如果换成"不得不"，意思就成了："我是不想""表示"的，但迫于情势，只得出于无奈而"表示"。而(42b)的"不得不"与说话人的意愿无关，"不得不"前的"逼得"非常直观的说明"不得不"表示的［必要］来自外部环境而不是说话人的主观意愿。这也说明，"不能不"的［必要］是说话人取向的，属于主观情态；而"不得不"的［必要］则是非说话人取向的，属于客观情态。

其次，"不能不"与"不得不"表示的［必要］存在祈使与陈述语力上的区别。

"不能不"与"不得不"表示的［必要］在道义来源上的区别还表现在"不能不"和"不得不"生成的句子的语力区别。它们表达的同样是［必要］这种强道义情态，但是，用"不能不"是给听话人实施某种行为的"指令"，而用"不得不"主要是"告诉"听话人这种［必要］的存在。从语气的分别上，前者是祈使（imperative）的，而后者则是直陈（declarative）的。

典型祈使句的主语为第二人称。通过"你不能不"与"你不得不"的差异分析，能更清楚看到这种直陈与祈使的区别。"不能不"句和"不得不"句都可以有第二人称主语，所不同的是，"不能不"是对"你"发出指令，而"不得不"是告诉"你"某种［必要］道义的存在。如果从言

外之意的角度二者都表达了指令,那也应该说,"不能不"表达的祈使
是直接的,而"不得不"表达的祈使是间接的。通过下边几组在相同句
法环境中出现的"不能不"与"不得不"的对比,可以比较清楚地看到这
一点:

(43)a. 你**不能不**佩服人家那爹妈会养孩子。

　　b. 当年的假设敌人现在可成了真正的敌人,你**不得不**佩服丁
　　　伟的战略预见性和勇气。

(44)a. 金枝这丫头的聪明,你**不能不**服。

　　b. 爱情心理学,那是够科学的,叫你**不得不**服。

(45)a. 你**不能不**承认石根先生的野心是美妙的野心。

　　b. 你**不得不**承认,这位画家的这两幅作品足够他鉴赏、体味
　　　整整一生。

(43)—(45)这三组句子中的"不能不"与"不得不"出现在基本相
同的句法环境中,特别是它们所在的句子的主要动词是一样的。在这
些句子中,二者都表达道义情态[必要],表示听话人"你"有[必要]施
行主要动词表示的行为。但是,"不能不"是说话人对"你"发出施行该
行为的"指令",而"不得不"只是"告诉""你"有这种客观的[必要]性
存在。也就是说,"不能不"是说话人取向的,而"不得不"是环境取向
的,前者主观,后者客观。

再次,"不能不"和"不得不"的[必要]存在直接祈使和间接祈使的
区别。

当"不能不"所造成的句子是明显的祈使句时,由于"不能不"的直
接"指令"的语用意义,在这种句子中,"不能不"不能替换成"不得不"。
这从一个侧面表明"不能不"中主观[必要]的存在和"不得不"中主观
性的缺失。如:

(46) 你得还, 你<u>不能不</u>理!

(47) 你<u>不能不</u>回来!

(48) 你<u>不能不</u>讲理。

这些句子都是说话人直接发出指令, 道义情态源于说话人, 符合韦斯特拉特(Verstraete, 2005)所说的具有施为性(performative)的特点, 具有明显的主观特征, 而这正是"不得不"所不具备的。

这些句子都有明显的命令句的特征, 如句子都有显性的主语"你", 句子的主要动词都是施为动词。因为这些句子都是直接的命令句, 所以, 句子中的"不能不"都不能在换成"不得不"后还保持句子原有的直接命令的语气。或者说, 这些句子中的"不能不"如果换成"不得不", 就成了非完整句, 还得加上其他成分如表示客观环境的说明成分, 句子才显得完整。如:

(49) 有时候你<u>不得不</u>含混一点, 将就一点, 入乡随俗, <u>否则</u>, 那就不好办!

(50) <u>为了</u>写出新意, 你<u>不得不</u>看看别人都写过些什么。

这两个句子或前或后都有说明环境要求的分句, 原因在于, 说话人只是要告诉听话人这种[必要]的存在, 而不是直接下达某种指令。如果说这也是一种指令, 那也只是"间接"的。

最后, 与祈使的直接和间接的区别密切相关的, 是"不能不"与"不得不"的[必要]在祈使强度上也存在区别。

有时候, 说话人为了表示更直接、更强烈的祈使语气, 还可以加上副词来达到这一语用效果。现代汉语的祈使句常常用一些表现主体性的主观副词以加强命令的强度, 这些副词主要有"可、千万、绝、决、绝对、总"等。因为"不能不"与"不得不"在语效上的差异, 所以, 它们在与这些副词同现上表现出明显的对立, "不能不"前可出现这些副词加

强祈使的强度,而"不得不"前则一般不出现这类副词。如:

(51)年轻轻的,<u>可不能不</u>讲信义!

(52)你提别的都可以,但<u>千万不能不</u>让我说话!

(53)你可以骂我,但<u>绝对不能不</u>理我!

(51)的"可"、(52)的"千万"、(53)的"绝对"等等,都起到了加强祈使强度的作用,使得这些句子表达的指令更加直接,祈使语气更得到加强,说话人的主观介入更得到凸显。正因此,"不得不"就很少出现在这种句法环境中,因为"不得不"的情态来源是外在的客观世界,而这些表示祈使强度的副词表达的主要是主体取向的主观情绪,二者存在概念结构上的冲突。这从一个侧面证明了"不得不"情态的客观性质。

总之,"不能不"与"不得不"表达的[必要]存在意愿与非意愿的区别、祈使与陈述上的区别、直接祈使与间接祈使上的区别以及祈使强度上的区别,原因都在于两种[必要]的主观与客观的差异。

综上所述,同类型情态内部也存在主观与客观的区别,本节讨论的三种比较特殊的现象都证明了这种区别。看似完全"同义"的两个情态动词连续同现,其实并非同义,因为两个情态动词表示了主观和客观两种情态,就像"肯定得(děi)"的语义组配[必然]>[必然]和"必须得(děi)"的语义组配[必要]>[必要]一样,其实都是[主观情态]>[客观情态]的组配。而看似同义的两种情态表达式,其实也存在主观与客观的区别,"不能不"和"不得不"表达的[必要]就存在这种区别,前者是主观的,而后者是客观的。

4. 情态的客观化表达

情态在无标记时被认为主要是主观的,但是,有时候说话人为了某种特殊需要,会选择不同的情态表达方式来表达语义上等值的情态,导致现代汉语中"可能"与"有可能"、"必须"与"有必要"、"应该"与"有义务"在使用上并存的现象。这种并存现象,也可以用情态的主观与客观的差别进行解释。

4.1 认识情态的客观化表达

在现代汉语中,"可能"表达的[可能]在一般情况下是表达说话人对事件可能性的主观推测,是一种典型的主观性范畴。但是,[可能]的表达,还有别的方式。说话人为了某种特别的目的,故意把自己从前景隐藏到背景,使说出的句子显得"客观",从而达到使主观的情态判断"客观化"的目的。例如:

(54) 他同时表示相信,巴以双方在经历了戴维营会谈之后,<u>有可能</u>在 9 月 13 日之前达成和平协议。

(55) 有关专家指出,如不采取保护措施,死海<u>有可能</u>成为名副其实的死海。

(54) 和(55)中表达[可能],用是的"有可能","有"在此处的语义是"存在",说话人用"有可能"是想强调,事件发生的"可能性是存在的"。说话人用"可能"来对事件的发生进行[可能]性的推测时,说话人是情态的来源;用"有可能"时,说话人从前景退为背景,使听话人感觉到事件发生的可能性的确是存在的。这些句子的"有可能"都可以换成"可能"。也就是说,"可能"与"有可能"存在语义上的等值。但是,在让听话人相信事件发生的可能性的确存在的语用效果上,二者却存在差别。纯粹出于主观限定的命题,听话人对该命题的相信程度可能最低,当"可能性"带上客观色彩后,就增加了听话人相信这种可能性的分量。

4.2　道义情态的客观化表达

道义情态在现代汉语也存在"客观化"的表达方式,那就是与"必须"等值的"有必要"、与"应该"等值的"有义务"等。如:

(56)你<u>有必要</u>知道真相。

(57)你觉得婚前<u>有必要</u>做婚检吗?

(58)根据诉讼法第六十四条,你<u>有义务</u>如实供述涉及你的一切。

(59)你<u>有义务</u>承担起这个责任。

"有必要"相当于"必须","有义务"相当于"应该",这些句子中的"有必要"和"有义务"可以换成相应的"必须"和"应该"。但是,在语用上存在区别。原因就在于说话人出于特殊的语用目的,有意地把道义情态通过"有M"的格式"客观化"了。用"有必要""有义务"时,至少可以看出如下不同:道义的来源是非说话人的,而是"客观存在的";因为这种情态来源上的客观性特征,所以会有这样的会话含义:句子表达的要求并不出于说话人的主观强制,道义的客观要求使道义的承担者更无法不履行句子表达的道义;因为情态并非出于说话人,所以这种句子都不表示直接的命令,从这种意义上说,这种道义情态客观化的说法是礼貌原则的表现。

综上所述,情态在无标记时都能贴上主观性的标签,但是,出于礼貌原则或其他语用目的,现代汉语中却存在情态的客观化表达。认识情态的客观化,是因为说话人的故意隐藏,导致认识情态来源的客观化,从而使得情态所辖命题更具可信度。道义情态的客观化表达,是因为说话人出于语用目的从前景退为背景,导致道义来源从说话人变为客观环境,从而使得指令显得更为间接,语力也从祈使完全变成了陈述,即说话人"告诉"听话人该道义情态是存在的。

原本主观的情态表达,出于增加命题可信度之目的或出于礼貌的考虑,可以变换为客观的表达。这从交际的角度证明了同类情态存在主观与客观的区别,也揭示了情态主客观区别出现的原因在于交际的需要,而这可能也就是语言中存在主观情态与客观情态的语用动因。

5. 结 语

情态研究中关于主观情态与客观情态的区别认识还不是非常清楚,本文的讨论目的就在于通过对汉语情态表达的考察来深化对情态主观与客观区别的认识。

汉语情态主观与客观的区别,首先表现为不同类型情态存在主观和客观的差别,即情态动词表达的三类不同的情态:认识情态、道义情态、动力情态在主观性上存在程度差别。汉语不同类型情态动词连续同现表现的语义组配,比较充分地证明了这一点。

汉语情态动词连续同现表现出的语义组配,遵循"认识情态 > 道义情态 > 动力情态"的 EDD 规则。汉语情态动词的连续同现之所以呈现 EDD 所控制的语义组配,在于不同类型的情态之间存在主观与客观的差异。EDD 规则其实是一个体现情态主客观差异的规则:越客观的情态动词越有可能占据句法的核心层;反之,则越有可能出现在句法的外层。因此,EDD 规则的实质,在于三种类型情态的不同的主观性特征：认识情态最主观，动力情态倾向于客观，而道义情态的主观性则介于二者之间。也就是说，不同类型情态动词的同现顺序其实是一种主观性的强弱顺序。情态动词的同现，按照它们表达的情态语义，主观性强的情态类型在前，而动力情态则出现在道义情态或认识情态之后。不同情态类型的这种主观与客观的差异，还可以从多义情态动词的语义历史演变、儿童的情态习得等方面得到佐证：认识情态具有明显的主观特征，而动力情态的客观特征也比较突出；动力情态在与否定词"没"同现时表现出的现实性特征，也从一个侧面证明了它的客观性。

汉语情态动词的主观与客观的区别，也表现为同类情态内部存在主观情态与客观情态的区别。看似"同义"的两种情态的语义组配，比较充分地体现了同类情态内部主观情态与客观情态的区别。

"肯定得(děi)"表达的认识情态"［必然］＞［必然］"的语义组配之所以会出现，原因在于两种认识情态［必然］内部存在主观与客观的区别，该语义组配其实是［主观的必然］＞［客观的必然］。

同样，"必须得(děi)"表达的道义情态"［必要］＞［必要］"组配之所以会存在，也是因为前后两个［必要］有不同的情态来源，前者主观，后者客观。这一组配，其实也是［主观的必要］＞［客观的必要］。主观的［必要］源自说话人，语力上表现为直接的命令；客观的［必要］则源自外在环境，说话人只是"转述"这种［必要］，语力上表现为陈述。

另外，看似"同义"的两个情态构式，其实也表现了同类型情态存在的主观与客观差异。"不能不"和"不得不"虽然都表示［必要］，但"不能不"是主观的［必要］，而"不得不"是客观的［必要］。这种主客观差异可以从两种［必要］的几方面区别得到证明：A. 意愿与非意愿的区别；B. 祈使与陈述的区别；C. 祈使语力的直接与间接的区别；D. 祈使强度的区别。

　　汉语情态主观与客观的区别,还表现为汉语情态的客观化表达。原本是主观的情态,为了某种特殊语用目的,比如出于礼貌原则,说话人会选择情态客观化的表达。在认识情态的客观化中,说话人故意从前景隐为背景,导致认识情态证据来源的客观化,从而使情态所辖命题更具可信度。至于道义情态的客观化,也是因为说话人从前景退为背景,导致道义来源从说话人变为客观环境,从而使得指令显得更为间接,从祈使完全变为陈述,即说话人"告诉"听话人该道义情态的存在。情态的客观化表达,一方面证明了同类情态甚至同一种情态内部存在主观与客观的差别,另一方面也揭示了情态存在主观与客观区别的语用动因。

参考文献

白晓红, 1997,《先秦汉语助动词系统的形成》,《语言研究论丛》第七辑,北京:语文出版社。

段业辉, 2002,《中古汉语助动词研究》,南京:南京师范大学出版社。

黄和斌、戴秀华, 2000,《双重情态动词的句法、语义特征》,《外语与外语教学》第 3 期。

黄郁纯, 1999,《汉语能愿动词之语义研究》,台湾师范大学硕士学位论文。

李明, 2001,《汉语助动词的历史演变研究》,北京大学博士学位论文。

刘月华等, 1983,《实用现代汉语语法》,北京:外语教学与研究出版社。

吕叔湘, 1980,《现代汉语八百词》,北京:商务印书馆。

马庆株, 1988,《能愿动词的连用》,《语言研究》第 1 期。

聂仁发, 2001,《否定词"不"与"没有"的语义特征及其时间意义》,《汉语学习》第 1 期。

彭利贞，2005a，《现代汉语情态研究》，复旦大学博士学位论文。

彭利贞，2005b，《情态动词受"没"外部否定现象考察》，《现代中国语研究》第 7 期。

彭利贞，2007，《现代汉语情态研究》，北京：中国社会科学出版社。

彭利贞，2009，《论同类情态的组配规则》，《汉语语法研究的新拓展（四）》，北京：北京大学出版社。

齐沪扬，2003，《语气系统中助动词的功能分析》，《中国语言学报》第 11 期。

宋永圭，2004，《现代汉语情态动词"能"的否定研究》，复旦大学博士学位论文。

太田辰夫，1987，《中国语历史文法》，蒋绍愚、徐昌华译，北京：北京大学出版社。

谭惠敏，2006，《不得不"与"不能不"的辨析》，辽宁师范大学硕士学位论文。

汤廷池，1997，《华语情态词序论》，《汉语语法论集》，台北：金字塔出版社。

武惠华，2007，《"不由得"和"不得不"的用法考察》，《汉语学习》第 2 期。

杨慧，1997，《英美方言中的双重情态动词刍议》，《荆州师专学报（社会科学版）》第 1 期。

朱冠明，2002，《〈摩诃僧祇律〉情态动词研究》，复旦大学博士学位论文。

Chao, Yuen Ren 1968 *A Grammar of Spoken Chinese*. Berkeley and Los Angeles: University of California Press.

Ehrman, M. E. 1966 *The Meaning of the Modals in Present-day American English*. The Hague: Mouton.

Foley, W. & Van Valin, R. 1984 *Functional Syntax and Universal Grammar*. Cambridge: Cambridge University Press.

Guo, Jiansheng 1994 *Social Interaction, Meaning, and Grammatical Form: Children's Development and Use of Madal Auxiliaries in Mandarin Chinese*. Ph. D. dissertation, University of Californiae.

Guo, Jiansheng 1995 The Interactional Basis of the Mandarin Modal neng "can". In Bybee, J. & Fleischman, S. (eds.), *Modality in Grammar and Discourse*.

Amsterdam: John Benjamins.

Hansen, E. & Heltoft, L. 1999 *Grammatik over det Danske Sprog.* Roskilde Uiversitets Center.

Hengeveld, Kees 1987 Clause Structure and Modality in Functional Grammar. In Johan van der Auwera & Louis Goossens (eds.) , *The Ins and Outs of the Predication.* Dordrecht: Foris.

Hengeveld, Kees 1988 Illocution, Mood and Modality in a Functional Grammar of Spanish. *Journal of Semantics* 6(1).

Hengeveld, Kees 1989 Layers and Operators in Functional Grammar. *Journal of Linguistics* 25(1).

Her, One-Soon 1990 *Grammatical Functionas and Verb Subcategorization in Mandarin Chinese.* Ph. D. dissertation, University of Hawaii.

Herslund, M. 2005 Subjective and Objective Modality. In Klinge, A. & Müller, H. H. *Modality: Studies in Form and Function.* London: Equinox.

Hopper, P. J. & Traugott, E. C. 2003 *Grammaticalization* (2nd edition). Cambridge: Cambridge University Press.

Kuczaj, Stan A. & Daly, Mary J. 1979 The Development of Hypothetical Reference in the Speech of Young Children. *Journal of Child Language* 6(3).

Le Querler, N. 1996 *Typologie des Modalités.* Caen: Presses Universitaires de Caen.

Lyons, J. 1977 *Semantics(Vol. 2).* Cambridge: Cambridge University Press.

Nuyts, Jan. 1992 Subjective vs. Objective Modality: What is the Difference? In Fortescue, M. , et al. (eds.) , *Layered Structure and Reference in a Functional Perspective.* Amsterdam: John Benjamins.

Nuyts, Jan. 2001 *Epistemic Modality, Language and Conceptualization: A Coginitive-Pragmatic Perspective.* Amsterdam: John Benjamins.

Palmer, F. R. 1986 *Mood and Modality* (1st edition). Cambridge: Cambridge

University Press.

Palmer, F. R. 2001 *Mood and Modality* (2nd edition). Cambridge: Cambridge University Press.

Quirk, Randolph, et al. 1985 *A Comprehensive Grammar of the English Language*. New York: Longman.

Shepherd, S. C. 1981 *Modals in Antiguan Creole, Child Language Acquisition and History*. Ph. D. dissertation, Stanford University.

Sweetser, E. 1990 *From Etymology to Pragmatics: Metaphorical and Cutural Aspects of Semantic Structure*. Cambridge: Cambridge University Press.

Tsang, Chui Lim 1981 *A Semantic Study of Modal Auxiliary Verbs in Chinese*. Ph. D. dissertation, Stanford University.

Verstraete, J. -C. 2001 Subjective and Objective Modality: Interpersonal and Ideational Functions in the English Modal Auxiliary System. *Journal of Pragmatics* 33(10).

论同类情态的组配规则[*]

彭利贞

1. 引　言

　　本文考察和分析现代汉语表达同一类型情态的情态动词同现时出现的语义组配,并分析这些组配表现出来的控制规则。

　　这里所说的情态,指的是说话人对句子表达的事件事实性或命题的真值所持的主观态度。现代汉语主要的情态表现手段是情态动词,按照帕尔默(Palmer,2001)的情态分类框架,现代汉语情态动词及其表达的情态可以纳入表1的情态表达系统。

表1　现代汉语情态动词及其表达的情态系统(彭利贞,2007:160)

情态	语义	语用及用词	语义	语用及用词	语义	语用及用词
认识情态	[必然]	[推定]:必然、肯定、一定、准、得、要 [假定]:要	[盖然]	[推断]:会、应该(应当、应该、当)	[可能]	[推测]:可能、能(能够)

　　* 本文原载于《汉语语法研究的新拓展(四)》,北京:北京大学出版社,2009 年。

续　表

情态	语义	语用及用词	语义	语用及用词	语义	语用及用词
道义情态	[必要]	[命令]:必须、得	[义务]	[指令]:应该、要	[许可]	[允许]:能、可以、准、许
		[保证]:肯定、一定、准		[承诺]:会		[允诺]:可以
动力情态		[能力](无障碍):可以		[能力](恒定):会		[能力]:能
		[意愿](强):要		[意愿](被动):肯		[意愿](一般):想、愿意
		[勇气]:敢				

　　情态成分可以连续同现,在人类语言中是一种普遍现象(Lyons,1977:807 以次;Palmer,1986:35;杨慧,1997;黄和斌、戴秀华,2000)。汉语情态动词的连用是一种古已有之(段业辉,2002:61),而且到现在仍广泛存在的语法现象(丁勉哉,1956;Chao,1968:609;吕叔湘,1980;刘月华等,1983:106)。现代汉语情态动词的同现有一定的顺序规则(吕叔湘,1980;刘月华等,1983:106;马庆株,1988;Her,1990;Guo,1994;黄郁纯,1999:132—133;齐沪扬,2003;宋永圭,2004:113—119)。

　　郭建生(Guo,1994)提出的 EDD 规则对情态动词同现顺序有较强的解释力,基本上能解释表达不同类型情态的情态动词的共现语序:现代汉语的情态动词一般都按认识情态 > 道义情态 > 动力情态这样的规则排列。已有的研究,主要分析表达不同类型的情态动词之间的同现,但是,没有分析表达同一类型情态的情态动词可否组合、如何组合、是否存在规律,这些都是需要进一步解决的问题。

　　根据我们的观察,动力情态、道义情态和认识情态内部都存在表达同一类型情态的情态动词同现的情况,形成种种语义组配,从这些语义组配中可以得出控制这些组配的规则。

2. 动力情态内部组配

　　动力情态内部组配的表现并不多见,但从已经发现的少量用例来看,动力情态内部组配也存在一定的规则。

　　在找到的动力情态内部组配用例中,主要是"能"的[能力]义与其后的[意愿]义或[勇气]义的组配。[能力]>[意愿]情态组配表现在"能肯"与"能愿意"组合上。如:

　　(1)能肯陪我喝酒,你已经很给面子了。

　　(2)如果你能愿意和我在一起,就算再苦再累我也愿意。

　　[能力]>[勇气]情态组配表现为"能敢"组合。例如:

　　(3)自身正,才能不信邪,也能敢碰硬。

　　从我们找到的实例来看,动力情态内部组配有两种情形,即[能力]>[意愿]、[能力]>[勇气]①。它们遵循[能力]优先的规则,即:

　　(4)动力情态内部组配,[能力]先于其他动力情态。

3. 道义情态内部组配

　　道义情态的下位情态之间存在多种组配方式,从这些方式中可归

---

　　①　还有一种可能的解释是两个情态动词之间的并列,但是这种解释无法说明为什么有"能肯""能愿意",而没有"肯能""愿意能"这种组合。

纳出一定的规则。

3.1　道义情态内部组配方式

道义情态的内部组配主要有[必要]>[必要]、[必要]>[义务]、[必要]>[许可]、[义务]>[义务]、[义务]>[许可]。

[必要]>[必要]这种语义组配表现为"必须得(děi)",如:

(5)我觉得自己必须得说点什么。

[必要]>[义务]这种语义组配由"必须要"呈现,如:

(6)我知道你不会,但是我必须要告诉你。

有时候"必须可以"会形成[必要]>[许可]的语义组配,如:

(7)谁都可以写,什么都必须可以写。

[义务]>[义务]在"应该要"及其带否定形式的"应该不要(应该别)""应该不要不"等组合中得到体现,如:

(8)孩子发热时应该要少吃点糖果。

(9)遇到困难应该不要退缩。

[义务]>[许可]组配表现在"应该可以""应该不能""不应该能"和"不应该不能"等组合中,如:

(10)我们中学生应该可以拥有自己的"隐私权"。

(11)要求学生不迟到、早退,自己应该不能迟到、早退。

(12)从立法角度来说不应该能同时经商。

3.2　道义情态内部组配规则

分析前边可能出现的道义情态的下位情态之间的主要语义组配方式,可以初步得出一些组配规则。

3.2.1 强弱规则

总体来看,组配中的前后两个情态呈现出这样一种格局,即组配中的后一个情态在强度上不会强于前一个情态。有[必要]>[义务],而无[义务]>[必要];有[义务]>[许可],而无[许可]>[义务]。这是道义情态内部组配的强>弱规则,可以表述为(13):

(13)道义情态下位情态之间的组配,情态强度高的先于强度低的。

3.2.2 道义情态来源的主客观规则

在道义情态的下位情态组配方式中,有两种组配没有强弱之分,那就是[必要]>[必要]和[义务]>[义务],不可以用强弱规则来解释。而且,两个完全相同的语义成分连续出现,表面上看,不符合语言的经济原则。但是,我们发现,[必要]>[必要]、[义务]>[义务]两种组配中,前后两个情态的来源是有区别的。

在"必须得(děi)"组合中,"必须"的情态源于说话人,"你必须去"是从说话人的主观出发对听话人发出的强指令;"得(děi)"的情态来源则是外在的环境,是说话人从环境要求的角度来对听话人提出强烈的要求。从主观性上说,前者带有较强的主观性,后者则倾向于客观情态;从语力上说,前者在于发出指令,而后者则重在对指令内容的陈述;从话语的得体性而言,后者要比前者礼貌。这从(14)这组句子可以看出些端倪。

(14)a. 马林生一跃而起,飞身一把揪住他,拖了回来,把他按坐在桌子旁,"今天你必须吃饭。"(王朔《我是你爸爸》)

b. 肖科平坐下说:"我没那么严重,喝点板蓝根就好了。""板蓝根管什么用?"韩丽婷拍手叫,"你得吃西药。"(王朔《无人喝彩》)

(14a)的"必须"表达的是具有"父亲"这一权威的说话人"马林生"对儿子直截了当的命令,(14b)的"得(děi)"表达的更可能是说话人对听话人就"吃西药"的必要性的陈述。

因为"得(děi)"的情态源于外在的客观环境,所以说话人对"得(děi)"表达的[必要]还可以加上表猜测、估量之类缓和语气的情态副词,使"得(děi)"表达的[必要]显得缓和,在听话人看来则显得有礼貌,似乎还有商量的余地,如:

(15)恐怕还得改。

(16)看来这恐怕还得去和《大众生活》解释一下。

(17)真想跟这种人干,起码也得使刮刀。

"必须"是说话人直接用来表达指令的,又因为是处于情态的最高等级,是一种最强的命令,所以"必须"一般都没有(15)—(17)所示的用法。

"得(děi)"的这种客观环境来源特征还表现为,迫于情势和设定条件的情况下,一般用"得(děi)"。用"必须"当然也可说,但在当时的情境下则显得不一定得体。迫于情势者如(18),设定条件者如(17)和下面的(19):

(18)抱歉,我得去趟茅房。

(19)当然啦,既然是轧马路,当然得找那感觉。

另外,从"得(děi)"与"必须"的否定形式也可以看出它们的区别。"得(děi)"的外部否定是"甭"或"不用",是从外部环境的要求上说的;"必须"的外部否定形式是"不必"或"不须",是从说话人的权威而发的。"必须"可以带一个否定命题,形成"必须不"的组合,即说话人用"必须"不仅可以命令听话人去做什么,也可以命令听话人不去做什么;而"得(děi)"是从环境的要求而言的,所以不出现环境要求句子主语不去做什么的情况。

"应该要"的[义务]>[义务]组配中,前后两个[义务]与"必须得(děi)"的前后两个[必要]存在平行性的区别。其实,即使不是同一强度情态组配的前后两种道义情态,也存在这种情态来源上的区别,这大概是因为道义情态强度越高,越会表现出说话人来源这一特征。

根据以上分析,我们可以得出如下规则(20):

(20)道义情态两种下位情态的组配,说话人来源的道义情态先于环境来源的道义情态。

3.2.3 最弱的道义情态间不组配的规则

我们还发现,道义情态内部组配中不存在[许可]>[许可]这一方式。大概因为[许可]是最弱的道义情态。如果这也作为一条规则,则可以表述为(21):

(21)道义情态内部不存在两种最弱的下位情态之间的组配。

(13)(20)和(21)这三条规则,大致能概括道义情态的内部语义组配。

4.认识情态内部组配

认识情态内部各下位情态可相互组配,而且也表现出一定的规则。

4.1　认识情态内部组配方式

认识情态的下位情态之间可出现如下一些组配:[必然]>[必然]、[必然]>[盖然]、[必然]>[可能]、[盖然]>[盖然]、[盖然]>[可能]、[可能]>[必然]、[可能]>[盖然],下面分别举例说明。

[必然]>[必然]的组配表现在"肯定得(děi)""肯定要"等组合

中,如:

(22)她结了婚<u>肯定得</u>挨揍。

(23)大清国是<u>肯定要</u>完,完在谁手里不一样?

[必然]>[盖然]的组配在"肯定会"和"肯定应该"等组合中都有呈现。如:

(24)但你<u>肯定会</u>死……

(25)不管怎么说,她<u>肯定应该</u>知道她所做的事情是违反法律的。

[必然]>[可能]的组配可表现为"肯定可能""肯定能"等组合,如:

(26)事实上,相反的情况也<u>肯定可能</u>存在。

(27)现在国内动漫发展很快……今后<u>肯定能</u>出现更多好作品。

(28)不存在的事情<u>肯定不能</u>存在于任何地方。

(29)她可能会犯错误,不,她<u>肯定不能</u>避免错误。

[盖然]>[盖然]的组配在"应该会"等组合中等到了表现。如:

(30)在普京的领导下,俄罗斯<u>应该会</u>变得较为稳定,前景可以
预测。

[盖然]>[可能]的组配,在"应该可能"①"应该能""应该不能"
"不应该能"这几个组合中都有表现,如:

(31)到2010年,中国<u>应该可能</u>成为世界第二大商品进口国。

(32)如果……那么即使羊毛毯包也<u>应该能</u>变成寺庙。

(33)理论上,针头暴露时间这么长,<u>应该不能</u>传染。

---

①　马庆株(1988)认为"作为能愿动词的'可能'不能放在'应该'之后",因为"'应该可能'后面不能再加上动词性成分"。但现在可以找到很多"应该可能 Vp"的用例。当然,此时的"应该"只能表认识情态[盖然],按马庆株的能愿动词分类,应与"可能"分在一类,即"可能 A"类。

(34)地铁经过的地方不是很吵吗？一般来说<u>不应该能</u>听到鸟叫的声音啊。

［可能］＞［必然］组配体现在"可能得(děi)"和"可能要"中,如:

(35)你们带上伞快走吧,一会儿<u>可能得</u>下雨。

(36)今天<u>可能要</u>下雨,一大早起来,便有点闷热。

［可能］＞［盖然］组配在"可能应该""可能会"和"能会"等组合中得到体现。如:

(37)你搞心理学的,<u>可能应该</u>更清楚。

(38)我的意志不会动摇,但我的手指<u>可能会</u>发抖。

(39)没想到自己的腿<u>能会</u>这样的不吃力……

4.2　认识情态内部组配规则

认识情态内部的下位情态之间的组配方式除［盖然］＞［必然］和［可能］＞［可能］之外,几乎包括了所有可能的排列组合。仔细分析这些组配方式,我们还是能发现一些比较突出的特征。

与道义情态内部的下位情态之间的组配不一样,认识情态内部的下位情态之间的组配中,情态的强度似乎不起任何控制作用。有［必然］＞［可能］,也有［可能］＞［必然］;有［盖然］＞［可能］,也有［可能］＞［盖然］。

4.2.1 最弱的认识情态间不组配规则

认识情态内部组配中,同样不存在情态强度最低的情态之间的组配,即不存在［可能］＞［可能］之间的组配,这可以看作与道义情态平行的一条规则,即:

(40)认识情态内部不存在两种最弱的下位情态之间的组配。

结合规则(21),(40)可以改写为适合于道义情态和认识情态的规则(40'),即：

(40')同一情态内部不存在两种最弱的下位情态之间的组配。

4.2.2 认识情态组配的主观优先规则

我们还是得从看似非常规的组合着手分析。"肯定得(děi)"的[必然]>[必然]组配,从概念结构上看,[必然]已经处于认识情态的最强等级,如果说是为了加强情态,再加上一个[必然],无非还是[必然]。从语言的经济性原则上看,也没有必要让两个[必然]连续出现。这就有必要从其他角度来看"肯定得(děi)"组合表达的[必然]>[必然]情态组配。

4.2.2.1 推断基础的主观与客观

其实,"肯定得(děi)"中的两种[必然]存在着主观和客观上的差别。"肯定"做出的[必然]推断,推断的基础是说话人自身主观感受或感觉,是一种主观情态。说话人用"肯定"表达推断时,不一定注重说话的证据,而主要从主观认识出发,是比较纯粹的认识情态。而"得(děi)"做出的[必然]推断,推断的基础往往是可及的证据,是一种客观情态。说话人用"得(děi)"做出推断时,注重证据,带有示证的性质。"肯定"有时候给人的感觉是武断、臆断,而"得(děi)"给人的感觉是唯一的结论。

因为有上边的区别,所以,说话人以"肯定"表达[必然]时,一般直截了当,如(41)(42);而以"得(děi)"表达[必然]时,常常有设定的(有时候是隐性的)条件,如(43)(44)。

(41)你肯定认错了。

(42)他肯定没说这话,这都是你瞎编的。

(43)你嚷嚷一声倒没什么,弄不好我得让人家当流氓抓了。

(44)好在她还是个人,要是只鸡,卖出去也得叫顾客退回来,以为好部位被售货员贪污了。

也因为上边的这种区别，所以，说话人以"得（děi）"表达的［必然］可以用表猜测、估量等意义的词语修饰，而"肯定"表达的［必然］因为它典型的主观性特征一般不再受其他带主观性的手段限制，如：

(45)南希，你要是人恐怕就<u>得</u>属于层次比较低的那种……

(46)你有肝炎，不吃你，起码也<u>得</u>让人咬死。

除了(45)(46)中的"恐怕"和"起码"之外，"也许""大概""多半""八成"等表可能性大小的情态副词也可用来修饰表［必然］的"得（děi）"，这些词也具有典型的主观性特征。而"肯定"本身就是一个具有典型主观性特征的情态动词，所以它一般没有与(45)(46)中"得（děi）"一样的句法表现。

4.2.2.2　时间因素的客观性

表［必然］的"得（děi）"还有一个明显特征，那就是"得（děi）"有时间方面的句法要求：它不和"曾经""已经"等与过去时间有关的词语同现，也不跟表现实体的"了"、表经历体的"过"、表进行体的"正（在）"等与过去、现在时间有天然联系的体标记同现，它只对发生在绝对时的将来或相对时的后时中的事件进行［必然］性的推断。这说明"得（děi）"本身带有时间信息，而时间是具有客观性的。

另外，我们也发现，"得（děi）"与别的情态动词同现时，它的位置都在别的情态动词之后，如"可能得（děi）""准得（děi）"等，这大概也与"得（děi）"表达的［必然］义的客观性有关。

与"得（děi）"一样，在表认识情态时与另一个表认识情态的情态动词同现时只居于后的情态动词还有"要"和"会"。"要"表认识情态［必然］时，与别的表认识情态的情态动词同现，"要"居于后，如表"［必然］>［必然］"的"肯定要"，表"［可能］>［必然］"的"可能要"等。

"会"表认识情态[盖然]时,与别的表认识情态的情态动词同现,"会"也居于后,如表"[必然]>[盖然]"的"肯定会",表"[盖然]>[盖然]"的"应该会",表"[可能]>[盖然]"的"可能会"等。

表[必然]的"要"与"肯定"的[必然]组配成"[必然]>[必然]",表[盖然]的"会"与"应该"的[盖然]组配成"[盖然]>[盖然]",同样存在两种同等的情态叠加同现的问题。如果认为它们是本质相同的语义成分,那么,这种组配既不符合与现实对应的概念结构,也与语言的经济性原则相悖。

我们还是认为,表认识情态的"要"与"会"在与其他表认识情态的情态动词组合时总是居于后位,也与"要"与"会"表达的认识情态的客观性有关。我们可以主要从"要"与"会"的时间性特征来认识它们的客观性。

我们注意到,"要"与"会"表认识情态时,在无标记的情况下,所辖事件在时间上总是指向将来,以此可初步认定,表认识情态的"要"与"会"与将来时间有某种必然的联系。这种与将来时间的联系,也在句法上得到反映,如:

(47)这块地<u>肯定</u>很快<u>要</u>升值 | 再下去警察<u>肯定</u>马上<u>要</u>到了 | 那个记者<u>肯定</u>立刻<u>要</u>吓得溜掉 | 对入世毫不在意或漫不经心,<u>肯定</u>将来<u>要</u>吃大亏的

(48)<u>可能</u>很快<u>要</u>下雨了 | <u>可能</u>马上<u>要</u>丧失代理资格 | 价值<u>可能</u>立刻<u>要</u>大打折扣 | <u>可能</u>将来<u>要</u>后悔

(49)<u>肯定</u>很快<u>会</u>下岗 | 如果她这么说的话,<u>肯定</u>马上<u>会</u>被轰出去 | 这么大的事儿,儿子<u>肯定</u>立刻<u>会</u>来电话的 | 我觉得它<u>肯定</u>将来<u>会</u>有市场

(50)烦恼<u>应该</u>很快<u>会</u>过去吧 | <u>应该</u>马上<u>会</u>有结果 | 监测仪器<u>应</u>

<u>该立刻会报警</u>｜您这种老板<u>应该将来会</u>有更不错的发展

(51)<u>可能很快会</u>出现新的变种｜<u>可能马上会</u>上市｜<u>可能立刻会</u>出现漏洞｜他的水平还不错,<u>可能将来会</u>超过我

(47)—(51)中的"肯定要""可能要""肯定会""应该会""可能会"组合都表现了认识情态之间的组配。"要"前与"会"前都可以加入表示将来时间的词项,如"很快""马上""立刻"和"将来"。这些时间词项有的可以在原来位置和各个组合之前的位置比较自由地移动,有的以居原来位置为常,更有的只能固定在原来的位置上。而别的情态动词组合要么一般不能再挤入这类带将来时间意义的词项,如"应该可能"和"肯定可能";要么加入这类词项后,后一个情态动词一般不再表达认识情态意义,如"肯定能""应该能""肯定应该""可能应该"。因此,我们可以认定,"要""会"这种句法表现,正是它们本身带有将来时间特征的反映。正如英语的时间特征附加于动词之上表明时间意义参与事件结构而具有典型的客观性特征一样,因为表认识情态的"会"与"要"带时间特征,也就表现出客观性特征。而这正是表[必然]的"要"与表[盖然]的"会"在与其他表认识情态的情态动词同现时总是居于后位的原因。

根据这种分析,我们可以得出认识情态下位情态之间的另一条组配规则,即(52)。

(52)认识情态内部下位情态之间的情态组配,主观情态先于客观情态。

认识情态的下位情态的其他各种组配,亦可由此规则得到解释。这与莱昂斯(Lyons,1977)分析英语的情态副词与情态动词连用时得出的"主观情态的辖域总是宽于客观情态"的规则是相一致的。

5. 结　语

同一情态类型的下位情态之间存在多种形式的语义组配,表现为表达同一类型情态的情态动词的同现。动力情态、道义情态和认识情态内部的情态之间都存在多种形式的组配,表现出一些控制组配的规则。

动力情态内部的组配方式主要有[能力]＞[意愿]、[能力]＞[勇气],表现为"能肯""能愿意"和"能敢"等情态动词组合,动力情态的内部的下位情态组配遵循规则(4)。

道义情态的下位情态之间存在多种组配方式,有"必须得(děi)"表达的[必要]＞[必要],"必须要"表达的[必要]＞[义务],"必须可以"表达的[必要]＞[许可],"应该要"表达的[义务]＞[义务],"应该可以""应该不能""不应该能"和"不应该不能"等表达的[义务]＞[许可]。道义情态的下位情态组配遵循规则(13)(20)和(21)。规则(13)表明,强度高的道义情态优先于强度低的道义情态,这可以看作主观化优先的一种表现。道义情态的强调其实就是提高命令强度,命令强度高,说话人的主体性介入就高。规则(20)也是主观性优先的一种表现,这种主观性表现为情态来源的主观性。(21)说强度最低道义情态不出现组配,可能是因为两种[许可]不存在主客观的区别。

认识情态的下位情态之间也存在多种组配方式,有"肯定得(děi)""肯定要"表示的[必然]＞[必然],"肯定会"和"肯定应该"表示的[必然]＞[盖然],"肯定可能"和"肯定能"表示的[必然]＞[可能],"应该会"表示的[盖然]＞[盖然],"应该可能""应该能""应该不能""不应该能"等表示的[盖然]＞[可能],"可能得(děi)"和"可能要"表示的[可能]>[必然],"可能应该""可能会"和"能会"等表示的[可能]>[盖然]。认识情态的下位情态组配遵循规则(40)和(52)。(40)表明在情态动词的范畴内不存在[可能]>[可能]的组配,也可以认为是情态动词表达的[可能]之间不存在主观性强度的区别。

　　情态动词连用表现出的异类情态的组配遵循"认识情态>道义情态>动力情态"(EDD)的排列规则,这一规则其实也反映了主观性向前渐强、向后渐弱的次序。三类情态在概念结构、情态历时演变(Sweetser,1990)、儿童情态习得上的联系(Guo,1994,1995)都显示,动力情态—道义情态—认识情态是一个主观性渐强的系列。在同类情态组配中,规则(52)反映了主观性优先的组配顺序,规则(20)其实也是主观性强弱的问题,其他各条规则也大致都可在这两条规则之下得到解释。这样,我们就可以结合 EDD 规则和同类情态组配规则作进一步的抽象,得到规则(53)。

　　(53)情态动词的连续同现按它们表达的情态,主观性强者优先。

　　这条规则可以解释所有情态动词的连续同现现象。

参考文献

丁勉哉,1956,《谈助动词的联用》,《语文教学(华东)》第 12 期。

段业辉,2002,《中古汉语助动词研究》,南京:南京师范大学出版社。

黄和斌、戴秀华,2000,《双重情态动词的句法、语义特征》,《外语与外语教学》第 3 期。

黄锦章,1989,《从助动词的句法功能看"中间状态"的归类问题》,《汉字文化》第 3 期。

黄郁纯,1999,《汉语能愿动词之语义研究》,台湾师范大学硕士学位论文。

刘月华、潘文娱、故桦，1983，《实用现代汉语语法》，北京：外语教学与研究
　　出版社。

吕叔湘，1980，《现代汉语八百词》，北京：商务印书馆。

马庆株，1988，《能愿动词的连用》，《语言研究》第 1 期。

彭利贞，2005，《现代汉语情态研究》，复旦大学博士学位论文。

彭利贞，2007，《现代汉语情态研究》，北京：中国社会科学出版社。

齐沪扬，2002，《语气词与语气系统》，合肥：安徽教育出版社。

齐沪扬，2003，《语气系统中助动词的功能分析》，《中国语言学报》第 11 期。

宋永圭，2004，《现代汉语情态动词"能"的否定研究》，复旦大学博士学位
　　论文。

杨慧，1997，《英美方言中的双重情态动词刍议》，《荆州师专学报（社会科学
　　版）》第 1 期。

Chao, Yuen Ren 1968 *A Grammar of Spoken Chinese.* Berkeley and Los Angeles：
　　Uuiversity of California Press.

Guo, Jiansheng 1994 *Social Interaction, Meaning, and Grammatical Form*：
　　Children's Development and Use of Madal Auxiliaries in Mandarin Chinese.
　　Ph. D. dissertation, University of California.

Guo, Jiansheng 1995 The Interactional Basis of the Mandarin Modal Neng"can".
　　In Bybee, J. Fleischman, Suzanne (eds.), *Modality in Grammar and
　　Discourse.* Amsterdam：John Benjamins.

Her, One-Soon 1990 *Grammatical Functionas and Verb Subcategorization in
　　Mandarin Chinese.* Ph. D. dissertation , University of Hawaii.

Lyons, J. 1977 *Semantics(Vol. 2)*. Cambridge：Cambridge University Press.

Palmer, F. R. 1979 *Modality and the English Modals.* New York：Longman.

Palmer, F. R. 1986 *Mood and Modality*(1st edition). Cambridge：Cambridge
　　University Press.

Palmer, F. R. 2001 *Mood and Modality*(2nd edition). Cambridge：Cambridge
　　University Press.

Sweetser, E. 1990 *From Etymology to Pragmatics: Metaphorical and Cultural Aspects of Semantic Structure*. Cambridge: Cambridge University Press.

论"不能不"和"不得不"情态的
主观客观差异 *

彭利贞

1. 引　言

　　"不能不"和"不得不"都是典型的情态①双重否定②构式,它们在形式和表义上有相似性,形式上都是一个单音节的情态动词(modal)处于两个相同的否定标记之间,语义上都可表达相当于[必要]的道义情态。因为这种相似性,即使是母语为汉语的语言使用者,在使用的过程中可能对它们之间的区别也没有比较清楚的认识。③"不能不"和"不得不"的联系,已多有研究涉及,认为二者都可以解释为"必须",在语气上都有强调或委婉的作用(吕叔湘,1986,1999:415;胡裕树,1995:287;卢传福,1997;武惠华,2007);还有学者通过对二者的构成要素、性质、结构、语义、语用等几个方面的分析,认为二者存在相同的一面,但也存

　　* 本文原载于《对外汉语研究》第 20 期,北京:商务印书馆,2019 年。
　　① 关于"情态"的概念和分类,参见 Palmer(1979,1986,2001)、彭利贞(2007)。
　　② 关于双重否定的讨论,参见孟建安(1996,1998)、文贞惠(2003)、芜崧(2003)。
　　③ 谭惠敏(2006)曾就"不得不"和"不能不"的区别和正确使用,以三个高中班的学生为被试做过问卷调查,发现:"对于区分'不得不'和'不能不'不可互换的情况",做出正确选择的只有 60%;对于两可的情况,准确率不到 30%;而"不确定"的情况,正确率低于2%。

在不同的一面(丁声树等,1961:200—201;徐逢春,1996;卢传福,1997;周小兵,1998;叶盼云、吴中伟,1999;张谊生,2000;郭继懋等,2001;宋永圭,2004;谭惠敏,2006)。本文拟从认识情态和道义情态这两种情态种类上的差异及道义情态来源上的不同分析这两个情态构式的差异,并从情态的主观性(subjectivity)与客观性(objectivity)(Nuyts,1992;彭利贞、刘翼斌,2012)差异来解释两种情态构式在句法和功能上的不同表现。本文例句均来自北京大学 CCL 语料库,无其他特别出处时,不再注明出处。

2.“不能不”和“不得不”的语义

已有研究对“不能不”和“不得不”的语义有过不同的解释。

2.1 “不能不”

关于“不能不”的语义,观点并不一致。吕叔湘(1986)认为“我不能不来 = 我必得来 ≠ 我能来”。胡裕树(1995:287)、吕叔湘(1999:415)等认为它的意义是“必须、应该”,不等于“能”。《现代汉语词典》(2002:921)词条“能”中说,“能”跟“不……不……”组成双重否定,“不能不”表示必须,而“不会不”则表示一定,如:你不能不来!|他不会不来的。两者在疑问或揣测的句子里都表示可能,如:他不能(会)不来吧? 丁声树(1961:200—201)、徐逢春(1996)、周小兵(1998)则认为,“不能不”有的时候表示“必须”,有的时候也表示“一定会”,他们已经认识到“不能不”的多义特征。卢传福(1997)也说,“不能不”带有强调肯定的意思,表示必须、应该、一定会、的确能够、实在能够等。宋永圭(2004)还认为,“不能不 Vp”存在着两种不同的句法切分,一种是

[[不能][不 Vp]],另一种是[[不能不][Vp]],作前一种切分时,"能"解释为道义情态,而作后一种切分时,则解释为认识情态。也就是说,"不能不"既有表示道义情态的用法,也有表达认识情态的功能。

郭继懋等(2001)还就表"必然肯定模态"意义时的"必须"与"不能不"的差异进行了分析。他们认为,"不能不"与"必须"只是在逻辑平面上表示相同的"必然模态肯定"意义,但是实际使用上存在分工的问题。两者适用于不同的语义环境:存在"直接选择"与"排他选择"、"增加听话人对世界情况的了解"与"更正人们对世界情况的错误了解"、"表达一个最终结论"与"表达推论过程中的一个初步结论"、"表达比较主观的判断"与"表达比较客观的判断"之间的区别。但是宋永圭(2004)发现,郭继懋等(2001)对"不能不"的语义环境的描写,与人们对该构式停顿上的语感,与带否定极性动词的语言事实不符。我们也认为,"不能不""表达比较客观的判断"的说法值得进一步讨论。

我们认为,"不能不"是对情态动词"能"的双重否定。"能"表认识情态[可能],与外部否定的"不"形成[不可能],再与内部否定的"不"形成所谓"双重否定",表示[不可能不]。"不能不"表达认识情态时的语义是[必然],如(1a)所示。"能"表道义情态时,它的意义是[许可],对它的外部否定,得到[不许可],与内部否定的"不"形成[不许可不]。"不能不"表达道义情态时的语义是[必要],如(1b)所示。

(1)a.　~ ◇ ~ ＝ □

　　b.　~ ◆ ~ ＝ ■①

---

① 逻辑箱号:◇＝[可能],□＝[必然],◆＝[许可],■＝[必要],~＝否定

2.2　"不得不"

关于"不得不",《汉语大词典》"不得不"条的解释为:①不得已,表示无可奈何;②不能不,必须。

董明(1996)认为,因为"只好""只得""不得不"这三个词常可以换用,所以,"只好""只得"都含有"不得不"的意思,只是双重否定"不得不"的语气更重。吕叔湘(1999:156)则在"得(dé)"条下说,"不+得+不",表示客观情况迫使这样做。叶盼云、吴中伟(1999)认为,"不得不"跟"必须"的用法差不多,"不得不"表示主观上并不想这样做,但是客观上要求必须这样做。张谊生(2000)将"不得不"列为带有"将就态"的语气副词。

我们把"不得不"的语义表示为[必要],是道义情态的最高一级。在逻辑上,与"不能不"表示的(1b)同义。

董明(1996)还指出"不得不"有另外一种与"只好""只得"完全一样的意思,表示"由于控制不住感情而终于做某事"。如下边这个句子中的"不得不":

(2)她……真真是自然到了极点,所以我看了不得不伸上手去,向她的下巴底下拨了几拨。(董明,1996 用例)

(2)中的"不得不"的意义与"不由得"相近(叶盼云、吴中伟,1999;武惠华,2007),但是这种用例在现代汉语中并不多见。所以,本文的分析也不再涉及这种意义的"不得不"。

2.3　"不能不"与"不得不"的异同

有些学者注意到"不能不"与"不得不"的异同。

武惠华(2007)认为,作为双重否定形式的"不得不"和"不能不"大致相同,都含有"必须"的词义。她比附郭继懋等(2001)对"不能不"的语义描写,认为"不得不 P"的语义环境是:"(一)在这个语境中已经存在或明显隐含着可以不做某事的合理性;(二)有一个客观情况 X,X 从情理上否定可以不做某事;(三)主语根据 X,否定语境中的'能不 P'命题,从而被动地完成动作。"但是武文的分析同样存在郭继懋等(2001)的问题,并不符合人们对自然语言的语感。另外,武文看到了"不能不"与"不得不"之间存在的与"必须"的有机联系,却没有考虑到"不能不"与"不得不"之间有很大的差异。

谭惠敏(2006)对"不能不"与"不得不"进行了专门的辨析。她认为,由于二者均表示双重否定,且形式相仿,意义相近,所以存在着很多混用、误用的现象。她通过对二者构成要素、性质、结构、语义、语用等几个方面的分析,认为二者存在如下异同:从构成要素的角度上讲,"能"与"得"的主要区别是"得"暗含某种"客观"义,而二者的相同之处则多在表示"可能"义中体现。结构上,它们的功能及位置具有一致性,而在词语搭配上则存在差异;语义上,二者在一定条件下存在着不宜替换和可以替换两种情况;从语用的角度讲,则二者都可以加强肯定或委婉的语气。

谭文既注意到"不能不"与"不得不"之间的同,也注意到二者之间的异,这对二者联系与区别的认识有所深化,但是,在关键的问题上,即关于"不能不"与"不得不"有时不能替换的原因,还非常有必要作进一步的讨论。也就是说,我们应该弄清楚"不能不"与"不得不"之间存在的差异的本质。

3. 情态类型的差异

"不能不"与"不得不"的区别,首先表现为"不得不"的单义和"不能不"的多义之间的不同。"不得不"只表达道义情态[必要],不考虑语用因素时,与"必须"同义。"不能不"除了表达与"不得不"相似的道义情态[必要]外,还能表达认识情态[必然]。所以,"不能不"与"不得不"在语义上并不是等值的。这种不等值导致的直接结果是:当"不能不"表达认识情态时,不能换用为"不得不"。

"不能不"具有认识情态意义,表示言者对事件真实性的[必然]断定。"不能不"表达认识情态对句法环境有特殊的要求。在这些句法环境中,"不得不"一般是不出现的。"不能不"与"不得不"在表达情态类型上的差异,决定了二者在分布上的差异。

"不能不"表达认识情态时存在句法环境的限制,或者说,当"不能不"出现在这种句法环境时,一般会表示认识情态[必然]义,而"不得不"则不出现在这种句法环境中。

下面列举一些比较典型的句法环境,从句子主要动词的一些特征上来看动词"不能不"表认识情态义的倾向性影响。根据初步的观察,动词的情状(situation)特征和自主性(agentive)特征对"不能不"表认识情态有直接的影响。

3.1　动词的情状特征

情状分类(Vendler,1967;戴耀晶,1997)得到的动词小类中,静态动词和瞬间结果动词对"不能不"的语义表达有明显的影响。

3.1.1　静态动词

当句子的主要动词是静态动词时,出现在这种句子中的"不能不"表达认识情态[必然],如:

(3)这不能不是一种不小的遗憾。

(4)黑旋风掉下去了,你不能不知道吧?

(3)(4)中与"不能不"同现的主要动词"是""知道"都是典型的静态动词。"不能不"在这些句子中表示认识情态[必然]。这些句子中的"不能不"都不能换用成"不得不"。

3.1.2 非过程结果动词

在动词的情状分类中,有一类结果动词,这类动词表现[-过程][+结果]的语义特征。在概念结构上,动作的结果即是一种状态,所以,这类动词也有静态动词的性质。与这类动词同现,"不能不"表达认识情态[必然]。如:

(5)什么都是自己对,别人不对,这样的政党或早或晚不能不 垮台。

(6)当一个人因为厌倦的缘故而失去观赏美的东西的愿望的时 候,欣赏那种美的要求也不能不消失。

3.2 动词的非自主特征

动词的自主与非自主(马庆株,1988)的对立对"不能不"的语义表达具有倾向性的影响,当与"不能不"同现的主要动词是非自主动词时,"不能不"解释为认识情态[必然],而这种情况的"不能不"一般不能替换为"不得不"。下面列举几种具有非自主特征的动词,观察句中"不能不"的表义倾向。

3.2.1 出现、变化义动词

句中主动词为表示"出现、变化"等语义的动词时,"不能不"一般表达认识情态意义[必然],如:

(7)由于……,乡土文学不能不发生蜕变。

(8)国内有些人的风言风语,不能不对毛泽东造成一些影响。

(9)……,这不能不引起全社会的震惊和深深的忧虑!

(10)为了应付对手,孟加拉虎不能不<u>变得</u>更加机警、更灵活、更勇敢和更残忍。

(7)—(10)中的"发生、造成、引起"都是表示"出现"义的动词,这些动词都有非自主特征。这些句子中的"不能不"也无法由"不得不"替换。

3.2.2 心理变化或心理状态动词

有些心理动词表示的是一种心理的变化或心理状态,这些心理变化或状态,句子的主语对它们一般没有控制力,是一种非自主心理动词。这类动词与"不能不"同现时,"不能不"表示认识情态[必然]。如:

(11)瞎老太太平时人缘儿不错,说起她的不幸,人们不能不<u>动情</u>。

(12)冠先生虽然没皮没脸,也不能不<u>觉得</u>发僵。

(13)四十四岁的人了,想起那一幕不能不<u>感到</u>肉麻。

除了(11)—(13)中的"动情、觉得、感到"外,我们还发现"感动、紧张、难受、吃惊、动感情、犯疑、感激、激动、苦闷、联想到、想到、想起、心动、疑惑、着急、自负、自信",这些动词,有的表示心理变化,这种变化是主体不能控制的,具有非自主性;有的表示某种心理状态,兼有静态动词的性质。静态一般不能由主体之力进行改变,比如,道义之力也不能对它们产生影响而引起这种静态的改变。无论是非自主的心理变化还是静态的心理状态,都要求与之同现的情态成分表达认识情态意义,"不能不"也一样,在这种句法环境中,不同的句子中的"不能不"也都获得了认识情态[必然]的解释。

3.2.3 非可控动作动词

有些动作动词如果具有非自主非可控特征,与之同现的"不能不"也会得到认识情态[必然]的解释。如:

（14）人吃五谷杂粮，不能不<u>生病</u>，生病不能不用药。

（15）西瓜虽美，可是论香味便不能不<u>输</u>给香瓜一步。

这些句子中的主要动词如"生病、输"都带有非自主、非可控的语义特征。有的动词，还带有消极的语义色彩，如"失败""生病""输"等，在中性语境下，人们一般无意愿去实施这类动作，也可以说这些动词有[-意愿]的语义特征。

3.2.4 遭受义动词

有些动词具有[遭受]义，即这种动词表示的动作、行为或状态不是主语自己发出的，在语义角色上属于经事者(experiencer)。因为这种行为或状态对主语来说是被动的，当然也是非自主的。主语不可能因此通过道义之力去实施这类行为或状态，这也使得这类句子中"不能不"只能得到认识情态的解释，如：

（16）马林生不能不<u>受到</u>这种成千上万台电视机都在强调的欢快情绪的感染。

（17）这样，他们关爱自己子女的自发行为就不能不<u>遭到</u>子女的抱怨。

（18）进了黑店不能不<u>挨宰</u>。

（16）—（18）的"受到、遭到、挨"，都是具有[遭受]义的动词，这类动词表示的不是主语发出的行为，而是说明主语的经历。

综上所述，在以上所列举的句法环境中，"不能不"都表达认识情态[必然]，"不得不"则无法出现在这类句法环境中，那是因为"不得不"只表道义情态，而不表示认识情态。

当然，除句子主要动词的情状与自主性特征外，其他一些句法因素也会对"不能不"的表义倾向产生影响。如被动句：

（19）面对如此浩大的自发送行场面，也不能不<u>被</u>一种崇高的情感所淹没。

(20)楚雁潮<u>不能不被她所感染</u>。

这些句子都是表示主语[遭受]某种行为或状态的,而"不能不"只得到认识情态的解释。

从主观性的角度来看情态动词表达的三类情态:认识、道义和动力,认识情态比其他两类情态具有更高的主观性,而动力情态带有较强的客观性,道义情态则介于二者之间。从概念结构上说,认识情态中的"认识",自然是人的主观态度;动力情态则是使事件成真的各种致能条件(enablement),更多地参与了句子表达事件的核心图式;而道义情态则有所谓的"情理要求"与"事理要求"上的区别,前者来源于言者的权威,后者则来源于物质、社会世界的要求,前者有较强的主观性,而后者则倾向于具有客观性。[①]

从语义演变的角度来看,动力情态总是最先出现,然后可能出现道义情态,而认识情态一般是经过前两种情态发展而来的(Sweetser,1990)。语法化(Hopper & Traugott,2003)的研究表明,语法化过程其实也是主观化的过程,越后来出现的语义,越带有主观性(沈家煊,2001)。从这个角度上看,认识情态最具主观性。

"不能不"的主观性首先表现在它可以表达认识情态,而"不得不"没有这种意义。从这个角度上说,"不能不"比"不得不"显得更具主观性。

4. 道义情态来源的差异

"不能不"和"不得不"都可以表达道义情态,而且也都可以解释为

①　关于情态主观性与客观性的讨论,参见 Nuyts(1992)和彭利贞、刘翼斌(2012)。

[必要],这使人觉得它们是同义的情态构式。其实,它们之间存在明显的区别:"不得不"的道义情态来源于客观环境,带有客观情态的性质,而"不能不"的情态则较多来源于言者自身。我们可从如下几个方面来说明这种区别。

4.1　指令与告诉

"不得不"和"不能不"在道义情态来源上的区别表现为它们所产生的句子有语力上的区别。

帕尔默(Palmer,2001:70)说,道义情态最普通的类型是"指令",也就是塞尔(Searle,1983:166)所说,通过"指令","我们想让别人做事"。虽然都表达[必要]这种强道义情态,但是,"不得不"句主要是"告诉"听者这种道义的存在,而"不能不"则是给听者以实施某种行为的"指令"。

这种"告诉"与"指令"的区别,通过"你不能不"与"你不得不"的差异分析可以看得更清楚。

典型表指令句子的主语在人称上为第二人称。"不能不"句和"不得不"句都可以有第二人称主语,但是,"不能不"是对"你"发出指令,而"不得不"是告诉"你"某种[必要]是存在的。如果说从言外之意的角度上说二者都表达了指令,那么也应该说,"不能不"表达的指令更为直接,而"不得不"表达的指令更为间接。通过下边两组在相同句法环境中出现的"不能不"与"不得不"的对比,可以比较清楚地看到这一点。

(21) a. 你<u>不能不</u>佩服人家那爹妈会养孩子。

　　　b. 当年的假设敌人现在可成了真正的敌人,你<u>不得不</u>佩服丁伟的战略预见性和勇气。

（22）a. 你<u>不能不</u>承认石根先生的野心是美妙的野心。

　　　b. 你<u>不得不</u>承认，这位画家的这两幅作品足够他鉴赏、体味整整一生。

（21）和（22）中的"不能不"与"不得不"出现在基本相同的句法环境中，特别是它们所在的句子的主要动词是一样的。在这些句子中，二者都表达道义情态［必要］，表示听者"你"有［必要］施行主要动词表示的行为。但是，从语力上看，"不能不"是言者对"你"发出施行该行为的"指令"，而"不得不"只是"告诉""你"有这种客观的［必要］性的存在。也就是说，"不能不"是言者取向的，而"不得不"是环境取向的，从这种意义上说，前者是主观的，后者是客观的。

4.2　指令的直接与间接

由于"不能不"的直接"指令"的语用意义，这种句子的"不能不"不能替换成"不得不"，这从一个侧面表明"不能不"中主观［必要］的存在和"不得不"主观性的缺失，也就是说，"不得不"的道义不是源于言者，而是来自客观环境。如：

（23）你<u>不能不</u>回来！

（24）你<u>不能不</u>讲理。

（25）有什么话吃完再说，<u>不能不</u>吃饭！

这些句子都有明显的命令句的特征，如句子都有显性的主语"你"，句子的主要动词都是施为动词。因为这些句子都是较直接的指令，所以句子中的"不能不"都不能在换成"不得不"后还保持句子原有的直接指令。或者说，这些句子中的"不能不"如果换成"不得不"，就成了非完整句，还得加上其他成分，如表示客观环境的说明成分，句子才显得完整。如：

(26) 有时候你<u>不得不</u>含混一点,将就一点,入乡随俗,<u>否则</u>,那就不好办!

(27) <u>为了</u>写出新意,你<u>不得不</u>看看别人都写过些什么。

这两个句子或前或后都有说明环境要求的分句,原因在于,言者只是要告诉听者这种[必要]的存在,而不是直接下达某种指令。直接下达指令时,言者只要直接向听者说出指令即可,而从客观的角度上说明存在某种[必要]性时,言者还有必要在前后文中说出这种[必要]存在的原因,以此向听者证明这种[必要]的确是存在的。从这个角度上说,"不能不"句是可以独立完成交际任务的,而"不得不"则还得借助上下文。当言者在没有上下文支撑的情况下向听者说出一个"不得不"句时,听者会觉得突兀,听者会要求言者继续补足这种[必要]存在的原因何在。(26)中"否则"引出的下文、(27)中"为了"引出的上文,起的就是这种说明客观环境的作用。

4.3 指令的强度

与4.2的直接指令有密切关系的是"不能不"句的指令强度。

有时候,言者为了表示更直接、更强烈的指令,还可以加上副词来达到这一语用效果。现代汉语表指令时常常用一些表现主体性的副词来加强命令的强度,这些副词主要有"可、千万、绝、决、绝对、总"等。比如,典型的否定祈使句"别 Vp"就经常以"可/千万别 Vp"的形式出现。因为"不能不"与"不得不"在语力上的差异,在与这些副词同现上表现出明显的对立,"不能不"前边可出现这些副词加强指令的强度,而"不得不"之前则一般不出现这类副词,如:

(28) 年轻轻的,<u>可</u>不能不讲信义!

(29) 您<u>可千万</u>不能不管我们。

（30）你可以骂我，但绝对不能不理我！

（28）的"可"、（29）的"可千万"、（30）的"绝对"，都起到了加强指令强度的作用，使得这些句子表达的指令更加直接，言者的主观介入更得到凸显。正因为这种原因，"不得不"就很少出现在这种句法环境中。"不得不"的情态来源是外在的客观世界，而这些表示祈使强度的副词表达的主要是主体取向的主观情绪，二者存在概念结构上的冲突。这从一个侧面证明了"不得不"情态的客观性质。

4.4　意愿与反意愿

"意愿"是主体性的基本体现之一。我们发现，"不能不"与"不得不"虽然都有为情势所迫而行某事的意义，但是，从意愿来考虑，"不能不"是因为有发自内心的［必要］而愿意做某事，而"不得不"则是因为有外在客观的［必要］，虽不愿意，还是被迫做某事。因此，"不得不"完全是被迫而无奈的；而"不能不"则可能是因为发自主体内心主观［必要］的推动后有意愿的。这种主观意愿性的区别在第一人称的句子中表现得比较突出。如：

（31）我也不能不对国内语法学的前辈大师，赵元任先生，吕叔湘先生，朱德熙先生表示由衷的敬佩之情。（沈家煊《不对称和标记论·前言》）

这个句子的言者显然不是要表达为外在客观环境所迫而不得已做出的被动"表示"，也就是说，这种"敬佩"之情的"表示"是有主观内在意愿的。这个句子的"不能不"如果换成"不得不"，虽然也能表达有［必要］"表示"，但表达的效果可能是相反的，也就是说，如果换成"不得不"，意思就成了："我是不想""表示"的，但迫于情势，只得出于无奈而"表示"。

在外交辞令中,"不能不"有特殊的表达效果,如:

(32) 对此我国政府<u>不能不</u>表示愤慨,特提出严重抗议。

(32) 的言者代表政府说话,作为一个有主体意识的政府,"表示""愤慨"和"提出""抗议",一方面有外在环境的促使,但当然也涉及内心的意愿。此处如果用"不得不",显然是不得体的。

是否与"意愿"有关,在与下面的(33)对比时,可以看得更清楚:

(33) 为了世界和平与稳定,为了我们自己的国家,我们可能<u>不得不</u>做我们不愿意做的事情。

(33) 里,因为是"做我们不愿意做的事情",所以用了"不得不"。

"不能不"与"不得不"的主体意愿与"不得已"的区别,在下面(34)中也可见一斑:

(34) 当日在青云山,是先要笼络住这姑娘,<u>不得不</u>用些权术;今日在此地,是定要成全这姑娘,<u>不能不</u>纯用正经。(《儿女英雄传》)

这个句子的前一处用"不得不",在言者看来,"用些权术"完全是迫于无奈,因为"用权术"来做某事,在言者所处的语言社团中带有消极的评价意义;后一处的"不能不"正好与此相反,为了"成全"别人,而"纯用正经",这自然是好事,带有积极意义,是言者所处的语言社团想努力做到的。也就是说,"不能不"还带有主语的意愿性。而这种意愿性,也是"不能不"主观性的体现方式之一。

总之,从言语行为的角度看"不能不"与"不得不"的区别,可以得出这样的基本结论:"不能不"句表直接指令,而"不得不"句表间接指令;言者用"不能不"发出一个直接的[必要]指令,直接要求听者去施行某种行为,而用"不得不"时只是"告诉"听者这种[必要]性的存在;"你不能不"句是可独立完成交际任务的完句,而"你不得不"句则需要上下文的帮助;"不能不"可以用表示加强指令的副词来修饰,以使"不能不"的直接指令显得更加强烈,言者的主观介入更加凸显,而具有客观环境来源的"不得不"则不能受这些副词的修饰。

"不能不"与"不得不"还存在意愿与非意愿的差别。"不能不"除有环境所迫的意义之外,还带有句子主语有[意愿]施行某种行为的意义,而"不得不"不存在这种主语的意愿因素。这种区别在第一人称句子中表现得比较清楚,在言者代表政府所说的"外交辞令"中,有时候为了表达政府的主体意愿,也应该用"不能不"才能使这类外交辞令达到得体的交际效果。

5. "不得不"道义情态的客观性

为了更清楚地说明"不能不"与"不得不"道义来源上的区别,下面我们进一步以"不得不"为观察点,来看看"不得不"表达的道义情态的客观性,并以此来印证"不能不"表达的道义情态的主观性。

5.1　道义的客观来源

"不能不"不一定能换成"不得不",相反,"不得不"一般都能换成"不能不",虽然替换之后语用意义会有区别。从这个角度上说,"不能不"覆盖了"不得不"的部分意义因素。但是,因为用"不得不"时有强调情态来源客观性的倾向,所以,当言者凸显这种客观性倾向时,会排斥"不能不"的替换。

对过去事件的平铺直叙,强调客观情境对主体的强制作用,为了突出这种客观情境的作用,一般用"不得不"。如:

(35) 书上说,你们不得不杀出了天津,转到天津外围坚持斗争。

(36) 上课铃一响,他的脸就红了,不得不低着头,假装漫不经心地玩什么。

这些句子都是对已发生事件的平实记叙,"不得不"表示的道义情态也是在过去的情境中完全为环境所迫而出现的,行为施行也完全在"不得已"的状态下进行。这种"不得不"一般不能换成"不能不"。换成"不能不"后,虽然合法,但是语义结构的改变,也导致了语用的不合用。

还有更极端的情况。像下面(37),前边用大量的分句来渲染"单立人"所处的客观情境,因为这种叙述对客观情境的刻意强调,使得情态来源带有浓重的客观色彩,所以,这种情况下的"不得不"如果换成"不能不"在语用上也是不合适的。

(37)单立人提着笨重的皮箱,……步行了数百米后,发觉自己受了愚弄,他进入了一个杂乱无章、迷宫般的破旧居民区,……,他试着凭直觉自个儿闯下去,……,终于迷失了方向,他<u>不得不</u>再次向路边的人打听,……半猜半碰运气地走回车站广场。(王朔《人莫予毒》)

5.2 消极事件与客观道义

另外,正如阿 Q 所说的那样,"人生天地之间,大概有时是'不得不'要杀头的",人们总会碰上一些"非不得已"的事件。当[必要]情态迫使主体做的事是一种非不得已的极端事件时,情境的客观性得到极度的凸显,这时,似乎只能用"不得不",因为,"不能不"中含有的主观意愿因素与极端事件形成极大的矛盾。如下面(38)中的"当众小便":

(38)护士刚为他接过小便,他由<u>不得不当众小便</u>而感到体面扫地,一脸懊丧。

所以,当事件对施事来说具有消极的语义特征时,因为人们一般不会有意愿去施行这种事件,事件的消极性特征一方面增加了对意愿的排斥,另一方面也增加了情势所迫的环境的客观性,所以一般用"不得不"来凸显[必要]情态来自客观情境,例如:

(39)其实我并不喜欢很多人,就因为他们喜欢我,我也<u>不得不</u>装作喜欢他们。

(40)后来康伟业就<u>不得不</u>给林珠道歉:"抱歉林小姐,我太失礼了。"

(41)如果说评奖结果未出来之前印家厚还存有一丝侥幸心理的话,有了结果之后他<u>不得不</u>彻底死心了。

这些句子中"不得不"所辖事件都带有消极特征,主语施行这些事件都是非意愿的,完全出于环境的驱使和逼迫。消极事件与"不能不"中的[意愿]语义要素存在概念结构上的矛盾,所以这种句子一般都排斥"不能不"。

5.3　道义客观来源的突出表达

"不得不"的外在客观情态的来源,有时可以从与"不得不"句同现的上文中找到。这种来源可以通过先行句中的"使""让""叫"等凸显出来。"不得不"与"不能不"都有为环境所迫而出现的[必要]这种意义,所以,在"使""让""叫"等生成的兼语句中,"不能不"与"不得不"都会出现。但是,当外在的环境因素这一道义来源被强调而使用"迫使""逼得"等表示强外力的词时,后续句为了与这种情态客观来源相呼应,一般用"不得不"来对应这种外在的情态客观来源。如(42)中的"迫使"、(43)中的"逼得":

(42)严重的污染迫使曼谷警察在街头执勤时<u>不得不</u>戴上口罩。

(43)麦凯恩受到中间派支持,逼得布什<u>不得不</u>向共和党传统保守派靠拢。

(42)(43)中的"迫使、逼得"（还有类似的"使得、促使"）都有突出客观环境因素的作用，与这些词语同现的一般是"不得不"，我们很少发现其与"不能不"同现的用例。下表反映的是约7000万字的语料中"迫使"类动词与"不得不"及"不能不"同现的频率。

表1　"迫使"类动词与"不得不"及"不能不"同现频率表

	迫使	逼得	使得	促使	总计
不得不	34	10	17	1	62
不能不	1	2	0	0	3

5.4　受其他情态成分的限定

现代汉语的情态成分具有连续同现的功能，这种连续同现，遵循主观性从高到低的语序（彭利贞，2007）。也就是说，主观性越强的情态成分，越有可能出现在几个连续同现项的最前面，客观性强的成分，则越有可能出现在几个连续同现项的最后。

因为"不得不"的情态具有客观的倾向，所以，在它的前边还可以加上其他主观性的情态动词来对"不得不"表达的［必要］进行推测、猜测等方面的限制，而"不能不"因为已经具有强烈的主观性，所以一般也不再接受这类情态成分的限制，例如：

(44)在仁慈之上，还有着一种对人世凄怆乃至人性黑暗的大怜悯，人可能不得不无可避免地面对丑恶、经受厄运……

(45)上届的龙头老大美国队也许不得不采取后发制人之策。

(44)和(45)中的"不得不"前都有"可能"①"也许"这类表示主观推测、推论等认识情态的情态动词或情态副词,它们对"不得不"表达的客观[必要]性进行主观限制。"不能不"因为本身已有较强的主观性,则很少出现在这种句法环境中。

总的来说,情态构式"不得不"表达的情态具有客观性特征,主要是从"不得不"的情态来源来说的。当言者想突出[必要]这种道义的来源是外在的客观环境时,倾向于用"不得不"作情态的载体。这一点在现代汉语中主要表现为:在与消极事件同现时,一般用"不得不"来凸显消极事件的非意愿的客观性;当道义的来源被"迫使"之类的语言成分突出时,也以"不得不"来适应这种被突出的道义的客观来源;"不得不"表达的情态,还可以受主观性更强的别的情态成分的管辖。

6. 结 语

"不能不"和"不得不"的区别首先表现为"不能不"可表达认识情态,而"不得不"没有这一类型的情态意义。"不能不"可表达认识情态[必然],表示言者对事件真实性的[必然]断定,这可看作"不能不"主观性的表现之一。"不能不"表达认识情态对句法环境有特殊的要求,在这些句法环境中,"不得不"一般都不出现。也就是说,当"不能不"表达认识情态时,都不能换用为"不得不"。

"不能不"与"不得不"都表达道义情态[必要],都有迫不得已的意味,但二者表达的情态存在主观与客观的倾向性区别。总的来说,"不能不"表达的[必要]具有主观性,而"不得不"表达的情态具有客观性。

---

① "不能不"前不出现"可能",应该与语音因素也有关。

当"不能不"与"不得不"都表达道义情态［必要］时，"不能不"句表达直接指令，而"不得不"句表达间接指令；言者用"不能不"发出一个较直接的［必要］指令，直接要求听者去施行某种行为，而用"不得不"时只是"告诉"听者这种［必要］性的存在；"你不能不"句是可独立完成交际任务的完句，而"你不得不"句则需要上下文的帮助，才能表达完整的意思；"不能不"可以用表示加强指令的副词来修饰，以使"不能不"的直接指令显得更加强烈，言者的主观介入更加凸显，而具有客观环境来源的"不得不"则不能受这些副词的修饰。

"不能不"与"不得不"还存在意愿与非意愿的差别。"不能不"除有被环境所迫的意义之外，还带有句子主语有［意愿］施行某种行为的意义，而"不得不"不存在这种主语的意愿因素。这种区别在第一人称句子中表现得比较清楚，在言者代表政府所说的"外交辞令"中，有时候为了表达政府的主体意愿，也应该用"不能不"才能使这类外交辞令显得得体。

"不得不"表达的道义情态具有客观性特征，主要是从情态来源上说的。当言者想突出［必要］道义的来源是外在的客观环境时，倾向于用"不得不"。这一点在现代汉语中主要表现为：在与消极事件同现时，一般用"不得不"来凸显消极事件的非意愿的客观性；当道义的来源被"迫使"之类的语言成分突出时，也以"不得不"来适应这种被突出的道义的客观来源；"不得不"表达的情态，还可以受在主观性上更突出的别的情态成分的管辖。"不能不"的道义来源，带有较强的主观色彩，而"不得不"的道义主要来自客观环境，从这种角度上看，"不能不"是主观的，而"不得不"是客观的。

参考文献

戴耀晶,1997,《现代汉语时体系统研究》,杭州:浙江教育出版社。

丁声树等,1961,《现代汉语语法讲话》,北京:商务印书馆。

董明,1996,《"只好、只得、不得不"与"只能、只有"》,《学汉语》第 4 期。

郭继懋等,2001,《表"必然肯定模态"意义时"必须"与"不能不"的差异》,《天津外国语学院学报》第 4 期。

胡裕树,1995,《现代汉语》,上海:上海教育出版社。

卢传福,1997,《对"不能不"的再认识》,《中学语文教学》第 6 期。

吕叔湘,1986,《关于否定的否定》,《中国语文》第 1 期。

吕叔湘,1999,《现代汉语八百词(增订本)》,北京:商务印书馆。

马庆株,1988,《自主动词和非自主动词》,《中国语言学报》第 3 期。

孟建安,1996,《谈双重否定句式》,《修辞学习》第 2 期。

孟建安,1998,《再谈双重否定》,《南都学坛(哲学社会科学版)》第 2 期。

彭利贞,2007,《现代汉语情态研究》,北京:中国社会科学出版社。

彭利贞、刘翼斌,2012,《汉语的主观情态和客观情态》,*Chinese as a Second Language Research*,1(2)。

沈家煊,2001,《语言的"主观性"和"主观化"》,《外语教学与研究》第 4 期。

宋永圭,2004,《现代汉语情态动词"能"的否定研究》,复旦大学博士学位论文。

谭惠敏,2006,《"不得不"与"不能不"的辨析》,辽宁师范大学硕士学位论文。

文贞惠,2003,《现代汉语否定范畴研究》,复旦大学博士学位论文。

芜崧,2003,《重新认识"双重否定"》,《湖北民族学院学报(哲学社会科学版)》第 2 期。

武惠华,2007,《"不由得"和"不得不"的用法考察》,《汉语学习》第 2 期。

徐逢春,1996,《"不能不"刍议》,《中学语文教学》第 12 期。

叶盼云、吴中伟,1999,《外国人学汉语难点释疑》,北京:北京语言大学出版社。

张谊生, 2000,《现代汉语虚词》,上海:华东师范大学出版社。

周小兵, 1998,《两种双重否定句式的语用分析》,载《李新魁教授纪念文集》,北京:中华书局。

Hopper, P. J. & Traugott, E. C. 2003 *Grammaticalization* (2nd edition). Cambridge: Cambridge University Press.

Nuyts Jan. 1992 Subjective vs. Objective Modality: What is the Difference? In Fortescue, M. et al. (eds.), *Layered Structure and Reference in a Functional Perspective*. Amsterdam: John Benjamins.

Palmer, F. R. 1979 *Modality and the English Modals.* New York: Longman.

Palmer, F. R. 1986 *Mood and Modality* (1st edition). Cambridge: Cambridge University Press.

Palmer, F. R. 2001 *Mood and Modality* (2nd edition). Cambridge: Cambridge University Press.

Searle, J. R. 1983 *Intentionality.* Cambridge: Cambridge University Press.

Sweetser, E. 1990 *From Etymology to Pragmatics: Metaphorical and Cultural Aspects of Semantic Structure.* Cambridge: Cambridge University Press.

Vendler, Z. 1967 *Linguistic in Philosophy.* Ithaca: Cornell University Press.

情态动词受"没"外部否定现象考察[*]

彭利贞

1. 引 言

情态是说话人对命题真值或事件的事实性状态所持的态度。情态作为一个语义范畴,具有跨语言特征。但是,以什么样的语言形式来表达情态语义,不同的语言之间又有类型学意义上的区别(Palmer,2001:86 以次)。跟英语等许多语言一样,汉语的情态语义的主要表现手段之一是情态动词。

在情态句中,否定可以有外部否定与内部否定。一般把对情态的直接否定叫做外部否定,把对命题或事件的否定叫做内部否定。现代汉语的外部否定与内部否定的否定标记,在出现的位置上,相对于其他一些语言,显得比较整齐。也就是说,否定标记在与情态动词同现时,否定标记出现在情态动词前时,是对情态的直接否定,即外部否定;否定标记出现在情态动词之后时,是对命题或事件的否定,即内部否定。

现代汉语的情态动词与两个基本的否定标记"不"和"没"的外部否定相容性上表现出这样的特点:能用"没"否定的,也能用"不"否定,

* 本文原载于(日本)《现代中国语研究》2005 年 10 月总第 7 期。

但既可以用"不"进行否定的又能用"没"进行否定的情态动词却只有"能""能够""敢""肯""要""想""愿意"。①下边是一些情态动词受"没"否定的句子。

(1)芬尼在悉尼,她没能赶回来。(赵波《晓梦蝴蝶》)

(2)最可惜的是,丈夫没能够同她一起活到今天,默默带走了她生活中的一半……(向韬《穆舜英与"楼兰美女"的发现》)

(3)没敢给您沏太浓的茶,怕您睡不着。(毕淑敏《预约财富》)

(4)二头真压不住火了:"揍你个狗东西!"他可是还没肯动手。(老舍《抓药》)

(5)可我当时也没要完全置你于死地。(王朔《人莫予毒》)

对于这种语法现象,吕叔湘(1980)、周小兵(1996:42)已有所论及,但为了加深对这一句法现象的认识,有必要对它作更深入和全面的考察。本文拟从语义分析和认知解析出发,考察现代汉语情态动词受"没"外部否定这一语法现象,主要分析哪些情态动词能用"没"外部否定,为什么现代汉语的情态动词中只有部分能用"没"进行外部否定,这种句法现象背后的语义与认知动因是什么,并在此基础上分析情态动词受"没"外部否定这种句法格式的语义结构特点。

2. 现实与非现实

初步的观察显示:现代汉语只有一部分情态动词能受"没"的外部

---

① 周小兵(1996:42)认为,表示有能力、有胆量或主观意愿的助动词(如能₁、可以₁、要₁、肯、敢₁、愿意)可以前加"没"。我们在语料调查中,除"能、敢、肯、要"以外,未发现在其他助动词前加"没"的用例。"没想"用例在文学作品多见,"没愿意"很少,但在互联网搜索中能找到一些用例;然而,"想"和"愿意"的情态动词身份尚存争议。

否定,这与情态动词表达的情态语义类型有关。更确切一点说,是"没"与情态的现实性特征决定了有些情态动词可以受"没"的外部否定,而另一些情态动词则无法接受"没"的外部否定。

2.1 情态类型

帕尔默(Palmer,2001:24 以次)认为,情态动词表达的情态语义有三种类型,即与可能性、必然性有关的认识情态,与允许、义务有关的道义情态和与能力、意愿有关的动力情态。

现代汉语情态动词也表达这三种类型的情态语义,表认识情态的如"一定、应该、会、可能、能"等;表道义情态的如"必须、应该、可以、能"等;表动力情态的如"可以、会、能、敢、要、肯"等。

前文例(1)(2)中的"能"与"能够"的语义是[能力],(3)中的"敢"是[勇气],(4)(5)中的"肯"和"要"则是[意愿],它们指的都是使命题可能成真的动力条件,表达的都是动力情态。从这几个例子来看,只有表动力情态语义的情态动词才能受"没"的外部否定。

2.2 "没"的现实性质

关于"没"的性质,已有文献有的从时(tense)的角度加以说明,如吕叔湘(1980:340)认为,"'没'否定动作或状态已经发生,限于指过去和现在,不能指将来"。更多的则从体的角度来定义,如丁声树等(1961:198)认为,"'没有'加动词,否定行为已经发生"。吕叔湘(1985)也说,"没"是对"完成态(了)和经验态(过)的否定"。戴耀晶(2000)、聂仁发(2001)则认为"没"有[现实]①这种语义特征。聂仁发还强调,"没"的时间意义体现在"体"而不在"时"上。

---

① 聂仁发(2001)称[实现]。

与体标记联系起来,可以认为"没"是对现实体"了"、经历体"过"和持续体"着"①的否定。对此,聂仁发(2001)说,"'没有'对'了、着、过'的否定,都是对实现体的否定",因为"'了'表示对实现体的肯定,'没有'表示对实现体的否定,'没有'与'了'一样,也能表示现代汉语动词的实现体",而"'持续'、'终结'包含有'实现',只有实现了的活动才可能有持续、终结"。

从时的角度来说明的,认为"没"在时间意义上指向过去和现在,具有非未来的特征;从体的角度界定的,则强调"没"是对现实体的否定。

我们认为,还可以从现实与非现实的区别来界定"没"的性质。

有的语言从时角度来对事件进行定位,比如从绝对时的角度把事件定位在过去、现在或将来,或者定位在过去与非过去,或者定位在未来与非未来。也有语言并不存在对事件定位的时态系统,这些语言则从现实(realis)与非现实(irrealis)的区别来对事件进行定位。科姆里(Comrie,1985:39—40)认为,现实指的是已经发生或正在发生的情境,非现实则是现实之外的所有情境。切夫(Chafe,1995:350)则认为,现实指的是通过感知(perception)观察到的已经成为事实的客观现实,非现实指的则是通过想象构建出来的主观想法。米森(Mithun,1999:173)给出过相似的定义,他认为现实与非现实的区别在于,前者描述实现了(actualized)的、一直在发生的或实际上正在发生的情境,它可以通过直接(direct)的感知来了解,而后者描述的情境纯属思维领域,只能通过想象来了解。

对照这种现实与非现实的区别,结合"没"在语言中表现出的否定

---

①　关于"体",参见戴耀晶(1997)。

对象,有理由认为,"没"是对现实情状的否定,也就是说,从现实与非现实的区别来看,"没"具有现实的性质。

2.3　非现实的情态

我们认为表达认识情态与道义情态语义的情态动词之所以不能受"没"外部否定,是因为这两种情态具有非现实的特征,与"没"的现实特征存在语义结构上的冲突。

先看道义情态。

道义情态管辖的事件在时间指示上指向未来,因为说话人不可能就已经发生的事件或正在发生的事件对句子的施事发出道义上的要求。当说话人说出(6)时,在说话人的心理上,"好好学习"是未然的,这样才有可能对"你"发出"应该"所表达的[义务]。而变换成相应表示已然事件的(6'),或者是句子的合格性令人怀疑,或者"应该"所表达的情态语义类型发生了变化,已经不再是道义意义,而是如(7)中的"应该"所示的认识情态,即在一定的前提之下,对已然事件"你看过她的诗"的真实性做出的推断。

(6)你应该好好学习,才对得起妈妈。(毕淑敏《跳级》)

(6')*你应该已经好好学习。

(7)你应该看过她的诗。(钱钟书《围城》)

(7')你应该没看过她的诗。

所以道义情态管辖的事件与非未来的时间意义不匹配,也就是说,当情态动词表达道义情态语义时,它们所管辖的句子中不能出现表示非未来时间意义的成分。就否定成分而言,当"没"出现在情态动词管辖的短语中时,该情态动词就不可能表达道义情态语义。如(7)和(7')所示,当"应该"管辖的短语中出现"过""没"这些与过去时间意义有关的成分时,"应该"表达的就不是道义情态语义[义务],而是认识情态[盖然]。

　　另一方面,道义情态本身的时间指示也是说话时间的现在之后,也就是说,道义的存在,也是在说话时间的现在之后。比如说,当说话人说"必须按时出席"时,听话人施行"按时出席"这一道义要求,只能在说话时间的现在之后,在时间意义上指向将来;而"必须"所表达的[必要]这种道义要求也只能在说话时间那一刹那之后才开始存在。从这种意义上说,道义情态的时间指示具有未来的特征。

　　在虚拟状态下,我们也可以说"你昨天应该来的"。看起来,"应该"表达的[义务]存在于"昨天",也就是说,这种[义务]的时间意义是"昨天"所表示的过去。但是,听话人是无法在"昨天"施行"应该"表达的道义要求的,因为,"应该"所表达的[义务]也是说话人在说话时间的现在所说出,而在说话时间的现在之后才出现的。换句话说,当道义情态管辖的事件存在于过去时间时,说话人是在说话时间的现在"陈述"对过去某一事件本来存在而至今未施行的道义要求。而从语气(mood)角度上看,"你昨天应该来的"明显具有反事实(counterfactual)性,是典型的非现实范畴。

　　综上所述,道义情态具有非现实的特征,正是这一特征决定了表达道义情态的情态动词无法受具有现实特征的"没"的外部否定。

　　再看认识情态。

　　认识情态从可能性上来表达说话人对命题或事件的真值或事实性的态度。在时间意义上认识情态也有其自身的特征,它对事件可能性或必然性的判断本身与时间意义没有直接关系,它可以对各个时间上(过去、现在、将来)发生过、正在发生或将会发生的事件进行可能性大小的判断。但是,做出判断的时间总是与说话时间相重合,也就是说,不管认识情态管辖的命题或事件的时间特征如何,认识情态本身在时间上总是指向现在的。

如(7')所示,"没"的内部否定管辖的已然事件,可以出现在情态动词之后,表示对过去事件真值的推断。例(8)是另一个这样的例子。

(8)我是新来的,你应该没见过我的。

也就是说,如(7')和(8)所示,"没"作为内部否定对句子表达的命题进行否定时,情态动词"应该"所表达的认识情态与内部否定的"没"是相容的,它所表达的是对已然事件事实性缺失的[盖然]推测,但是,这种[盖然]推测的存在则也是在说话时间的现在才出现的。换句话说,认识情态管辖的事件在时间意义上可以指向过去,但这种认识情态本身在时间意义上却是指向现在的。

认识情态的存在总是与说话时间的现在重合,这说明时间指示对认识情态的理解没有意义。或者说,在人们理解认识情态时,由于在时间意义上不存在任何区别,也可以认为认识情态与时间指示无关,或者说认识情态只具有泛时特征。

更重要的是,认识情态具有非事实(nonfactual)特征。当说话人以认识情态来表达对命题或事件的态度时,与说话人说出一个对事实或真实命题的断言(assertion)有本质的区别。我们可以这样说,即使是最大的可能性(即[必然])的表达也不是事实或真命题的断言,它还是只停留在非事实的阶段。

可见,认识情态也具有非现实特征,与"没"的现实特征在语义组合时存在冲突。

2.4 动力情态的边缘地位

动力情态的地位历来存在争议。因为它不像认识情态和部分道义情态那样,直接表达说话人的态度,也就是说,典型的情态语义是说话人取向,而动力情态却是主语取向,特别是有时候是施事取向(agent-oriented)。在句法表现上,表达动力情态的情态动词与表达另外两种类型情态语义的情态动词也不一样,具体表现在动力情态动词对于主语来说是可控的。

从可能世界的角度来看动力情态,则动力情态与另外两种情态同样有非现实的性质,因为,当我们说"他能开大卡车"时,并不意味着"他开大卡车"就是一个事实。

但是,动力情态毕竟与另外两种情态语义有所不同。当说话人说"他能开大卡车"时,在很大程度上具有断言的意味,即对主语"他"能力的断言,而不是表达说话人对"他开大卡车"的主观态度。所以,当说话人就主语的动力做出陈述时,也可以理解为具有现实的性质,即在现实情境中,主语具有做某事的[能力][勇气][意愿]。另外,当说话人对主语的动力做出陈述时,在中性语境下,这种动力的时间指示一般具有非未来的特征,也就是说,说话人是在对主语非未来的动力状态做出判断。这也符合现实情境的时间意义特性。

这样看来,表达[意愿][勇气][能力]的动力情态是非典型的情态,它处于现实与非现实的过渡地带。动力情态表现为现实特征时,它与"没"的现实语义特征没有冲突。我们认为这正是有些表达动力情态的情态动词能受"没"的外部否定的原因。

3. "没"对情态动词的多义滤除

上一节我们从"没"与情态的现实与非现实特征上初步证明了只有表达动力情态的情态动词才能受"没"的外部否定。这一节我们分析现代汉语多义情态动词接受"没"的外部否定之后的单义化,以此来进一步证明只有表达动力情态的情态动词才能受"没"的外部否定。

3.1 情态动词的多义特征

不同语言的情态动词都在不同程度上存在多义(polysemy)特征。英语的情态动词一般都存在两种甚至三种类型情态语义之间的多义(参见 Palmer,1979)。现代汉语的情态动词也在一定程度上存在这种多义现象,但是不像英语的情态动词表现得那么整齐,也就是说,只有部分情态动词表现出两种或三种类型的情态语义之间的多义性。在能受"没"外部否定的情态动词当中,"敢""肯"分别表[勇气][意愿],只涉及一类情态语义,即[动力],是单义的;而"要"和"能(能够)"则能表达不止一类情态语义,其中"要"有[意愿][义务]和[必要]义,而"能"也有[能力]([条件][用途]等与[能力]有相似特征的"物力"义)、[许可]和[可能]义(参见吕叔湘,1980:367)。如,(9)(10)(11)中的"能"就分别表示了这三种情态语义。

(9)不歧视,您刑满后能自食其力,让人敬重。(王朔《你不是一个俗人》)

(10)我不能骗您,我不能说没有,希望没和您的道德观冲突。(王朔《顽主》)

(11)好,好,好得不能再好了。(王朔《千万别把我当人》)

"能"在以上三例中分别表现了三种情态语义,即(9)中的[能力]、(10)中的[义务]和(11)中的[可能],分属三个情态语义类型,即动力情态、道义情态和认识情态。

3.2　情态动词单义化

多义的情态动词在被"没"外部否定后,只剩下一种情态语义,即动力情态语义。下面看一看"能"与"要"被"没"外部否定后的单义化倾向。

3.2.1 "能"的单义化

前文已经提及,"能"是一个多义的情态动词,它可以表达三类情态语义,即动力情态[能力]、道义情态[许可]和认识情态[可能]。

"能"受"没"外部否定后,只表达一种情态语义,即[能力]这种动力情态语义。从这种意义上说,"没"对"能"的三种情态语义起到了过滤作用,即外部否定的"没"滤除了"能"的[可能]和[许可]语义,而只剩下[能力]义,从而使"能"在"没能"这一格式中呈现出单义性(monosemy)。如(1)及下面的(12)(13):

(12)她没能把门撞紧,便昏倒在地。(刘心武《一窗灯火》)

(13)邹安没能给孩子喂成奶的原因,不是邹安。(毕淑敏《天衣无缝》)

这三例"没能"中的"能"都只表示[能力],属于三种情态语义中的动力情态。"能"受"没"外部否定后,只能表达一种情态语义,即动力情态语义,从这种意义上说,外部否定的"没"对"能"的情态语义表达存在强制的选择,即外部否定的"没"只选择与表达动力情态语义的"能"同现,而排斥表达另外两种情态语义的"能"。这一点可以证明只有表达动力情态的情态动词能受"没"的外部否定。

3.2.2 "要"的单义化

"要"也是个多义的情态动词,它可以表达动力情态[意愿]、道义情态[必要]和认识情态[必然]。但是,"要"被"没"外部否定后,只表达动力情态义:[意愿]。也就是说,"要"被"没"外部否定时,"要"被

滤除了两种情态语义,而只剩下[意愿]这一种情态义。如例(5)和下面的例(14)(15):

(14)我上告他,不过想扳平个理,并<u>没要</u>送他去坐牢呀?（陈源斌《万家诉讼》)

(15)我<u>没要</u>和他定婚,是他哀告我的,现在……(老舍《二马》)

这三例中的外部否定标记"没"把多义情态动词"要"的认识情态[必然]义与道义情态[必要]义滤除掉,而只剩下动力情态[意愿]义。这也可以证明只有表动力情态义的情态动词才能受"没"的外部否定。

4. 动力情态的内部差异

与"能"一样,"可以""会"也能表动力情态中的[能力]义,然而,同样表达动力情态[能力]义,"能"可以受"没"的外部否定,而"可以""会"却不能用"没"进行外部否定。看来,并非如前文分析过程所暗示的那样:只要是表达动力情态的情态动词就可以受"没"的外部否定。

对于这一现象,我们初步的解释是:动力情态内部语义成分之间存在差异,有的语义成分与外部否定的"没"相容,有的语义成分与外部否定的"没"不相容,表现到语言形式上,同样是表达动力情态,有的情态动词可以受"没"的外部否定,而有的却不能。

"能""会""可以"表达的动力情态语义都是[能力],下面我们就分析一下"会""可以"表达的[能力]与"能"表达的[能力]之间存在什么差异,看看是否可以从这种差异中找到"会"和"可以"表达[能力]时不能受"没"否定的原因。

4.1 "会"表达的[能力]

表达[能力]的"能"可以受"没"外部否定而"会"却不行,原因在于"会"表达的[能力]具有如下一些特征。

4.1.1 恒定特征

相对于"能"表达的[能力]的变化特征,"会"表达的[能力]具有恒定特征。

渡边丽玲(1999)就"会"与"能"在表[能力]时的区别作过有趣的分析,在论及表[能力]只能用"能",不能用"会"时,提及两种本文认为值得关注的情况:一是表示"特定时间或条件的能力"时,如(16);二是"当要强调在独特、个别状况中的能力,或者强调在数量上发挥"时,关于这一点,吕叔湘(1980:369)也认为,表达达到某种效率,只能用"能",不能用"会",如(17)。

(16)a. 他的病好了,能下床了。

　　b. *他的病好了,会下床了。

(17)a. 小李会刻钢板,一小时能刻一千多字。

　　b. *小李会刻钢板,一小时会刻一千多字。

(16)因为表现了[能力]在时间上的变化,(17)因为强调了数量上的变化,所以只能用"能"而不能用"会",这表明"会"表达的[能力]具有无变化的特征。鲁晓琨(2004:239)也认为,"会"表示的"本领"意义具有"恒常性"特征,也就是说,这种"'本领'是超时空的,不因特定的时间空间而变化"。

4.1.2 习性特征

渡边丽玲(1999)认为,(18a)是因为"强调能耐不大或不好的习性",才不能变换成(18b),也就是说在"强调能耐不大或不好的习性时",只能用"会",而不可以用"能"。如:

(18) a. 这只狗会咬人。

　　b. *这只狗能咬人。

　　c. 这只狗一次能咬很多人。

　　d. 这只狗一次会咬很多人。

其实,这与习性的好坏没有必然的关系,倒是跟"习性"本身有关。如果我们想描写一只特别的狗,有一种特定的本领,则这种"习性"尽管不好,也可以用"能",如(18c)。这是因为,这种能力是经过限定的。而(18d)尽管仍然合语法,但是"会"表达的情态语义已经从[能力]变成了[盖然],属于另一类情态语义,即认识情态。这一事实告诉我们,"能"可以表达经过限定的能力,而"会"表达未经限定的能力。这一点从渡边丽玲对表能力的"能"与"会"在句法上的表现的分析也能得到印证。她发现,"能"与"会"在句法上最大的对立,表现在"能"后的动词可以带状语、补语、数量结构或介词结构,而"会"的宾语里不出现这些句法成分。我们认为,隐藏在这种事实背后的原因,正是"能"表达的"能力"可以从各个不同的角度进行限定,"会"表达的[能力]则不能进行这种限定,而应该保持"习性"的性质。

当然,我们也可以说类似"他会唱三首英文歌"这样的句子。这个句子中"会"后的动词短语中出现了数量结构,似乎与渡边(1999)的分析不合。其实,这与所谓"数量"指向有关。渡边的分析强调的所谓"数量"应该是指向动词本身而不是指向主要动词(main verb)的宾语的。比如,在"他会唱三次英文歌""他会唱三个小时英文歌"中,由于"三次""三个小时"这些"数量"指向的是主要动词,即对这些主要动词本身进行了限定,这两个句子中的"会"也就不再表达[能力],而表达了别类的情态语义。

4.1.3 均质特征

我们可以进一步借用石毓智(2001:31)的离散量与连续量的概念来说明为什么同样表[能力]的"会"不能用"没"进行外部否定。

根据他对"量"的概念的定义,我们认为,表能力的"会"与"能"都是非定量词,所以可以被否定。但是,从"会"表达的能力不能接时空、数量之类的限定词这一点来说,"会"的[能力]在内部结构上不能进行清晰分解,具有"连续量"的均质特征,也就是具有"无界"的特征。所以,"会"可以用"不"进行外部否定而不能用"没"进行外部否定;而"能"的[能力]却可以从不同的角度进行限定,每一种限定都有相对清晰的边界,是一种离散量,每次限定的[能力]都具有"有界"(关于"有界",参见沈家煊,1995:370 以次;Talmy,2000:11 以次)的特性。当"能"的[能力]具有"离散量"或"有界"特征时,"能"可以受"没"的外部否定;当然,语言的使用者也可不对"能"的[能力]进行"有界"化操作,这时,"能"也可以受"不"否定。所以,"能"表示的[能力]具有"连续量"和"离散量"的双重特征。

以上说到的"会"表达[能力]的三种特征,其实只是从三个方面来说明这种[能力]的内部均质性,也正是"会"表达的[能力]的这种内部均质性特征,使得"会"虽然表达动力情态,却不能受"没"的外部否定。

4.2 "可以"表达的[能力]

另一个情态动词"可以"也表[能力],而且,与"能"表达的[能力]一样,也带有离散量特征的[能力]。如(19a)可以变换成(19b),但不能变换成(19c)。

(19)a. 我完全<u>可以</u>养活你嘛。(《北京人在纽约》[电视剧记录]》)

b. 我完全能养活你嘛。

c. *我完全会养活你嘛。

也就是说,按以上的分析,从量的离散性特征来说,"可以"与"能"表达的[能力]是一样的。可见,"可以"不能受"没"的外部否定,应该另有原因。

初步观察表明,表[能力]的"可以"不受"没"的外部否定,与"可以"表达的[能力]之量大特征有关。我们从如下两个方面来说明"可以"表达的[能力]存在这种量大的特征。

4.2.1 [能力]的量级

"能"表达的[能力]与"可以"表达的[能力]之间存在量级差别的关系。这一点可以从表达[能力]的"可以"的否定替补(suppletive)形式上得到证明。也就是说,对表[能力]的"可以"进行否定时,其形式不是"不可以",而是"不能",这说明"可以"和"能"表达的两种[能力]存在量上的级差关系。

"可以"表[能力]时没有相应的否定形式。吕叔湘(1980:302)注意到,"表示可能"(即本文所谓的[能力])的"可以","表示否定时,通常说'不能',不说'不可以'"。所以,(20a)中"可以"相应的否定式是(20b)中的"不能",而不是(20c)中的"不可以"。(20c)中的"可以"被"不"外部否定后,表达的已经不是[能力],而是[许可],成为道义情态,即"可以"与"不"一起施行"禁止"的言语行为。

(20)a. 他说你需要什么帮助,我可以提供。(赵波《晓梦蝴蝶》)

b. 他说你需要什么帮助,我不能提供。

c. 他说你需要什么帮助,我不可以提供。

根据沈家煊(1999:94)、戴耀晶(2000:45)、石毓智(2001:36)得出的"否定的量向大确定"的否定规律,我们可以作这样的分析:因为

"能"表达的[能力]比"可以"表达的[能力]的量小,所以,用"不能"来否定表更大量[能力]的"可以"。

4.2.2 "可以"表达的[能力]的极大量

"可以"表[能力]时,前边既不能受"不"外部否定,也不能受"没"外部否定,这说明表[能力]的"可以"与外部否定完全不相容。

这种现象的出现,我们认为与"可以"表达的[能力]的极大量特征有关。

关于否定与量特征的关系,石毓智(2001:53)认为,"量大的事物肯定性强""语义程度极大的词语,只能用于肯定结构"。情态动词的语义量特征也支持石毓智的看法。现代汉语的"肯定""得(děi)"表达的都是[必然]义,在认识情态中具有最大量特征,对它们的否定都是通过量级比它们低的"可能""一定"等的否定替补来实现的;"必须""得(děi)"①表达的都是[必要],在道义情态中也具有最大量的特征,对它们的否定,也是通过在道义情态中量级比它们低的"应该"或"可以"的替补否定来达到的。看来,在现代汉语表达认识情态与道义情态的情态动词中都存在这种具有语义极大量的情态动词,它们都不能被直接否定。

现在的问题是,表达动力情态(至少是表[能力])的情态动词之间是否也存在这种具有极大量语义特征的成员。要证明这种成员的存在,还得看一看表[能力]的"可以"与"能"在语义量特征上还存在什么区别。

斯威策(Sweetser,1990:51 以次)接受泰尔米(Talmy,1988)关于用

---

① "得(děi)"是多义情态动词,存在认识情态[必然]与道义情态[必要]之间的多义。

"动力与障碍"(force and barrier)概念来解释根情态的分析思路,并以此来解释英语中 can 和 may 这两个情态动词语义上经常出现交叉(overlap)的原因。她用了一个有趣的比喻:can 可以看成汽车中装满汽油的油箱,而 may 则可以看作车库开着的门,二者都会对汽车开出这一情况发挥相似的影响,所不同的是,can 是积极的致能条件,而 may 是对障碍的否定,即无障碍。

这一分析正好在一定程度上可以比附汉语表示能力的"能"与"可以"的分析,即"能"从正面发出致能条件,而"可以"则从负面的角度对"障碍"进行否定。相原茂(1997:47)[①]和鲁晓琨(2002:38)对"能"与"可以"的分析印证了这种看法。相原茂认为,"能"基本上表示主体的内在能力,"可以"则不过是说没有障碍。鲁晓琨则说,表[能力]的"可以"强调客观上无妨碍,"能"强调主体的内在能力及意愿,而"可以"则无意愿义。也就是说,汉语的情态动词"能"与"可以"也可以作这样的理解,即"能"表达的[能力]是一种包括主体意愿的内在能力,而"可以"表达的[能力]则是主体使某一事件成真时无障碍的能力。

表[能力]的情态都是从命题成真的可能性来对命题进行限制的。可以这样理解"能力"和事件的"实现"之间的关系:从"能力"到事件的"实现"存在级差;从"动力与障碍"到事件的实现,存在这样一个理想意象图式(ICM)——有"能力"而又无"障碍"最有实现的可能。

按照这一理想意象图式,"可以"表达[能力]时是最接近现实的,也就是说,从"能"表达的[能力]到"可以"表达的[能力],再到事件的"实现"(即事件成真)这一级差系列中,"可以"表达的[能力]最接近于事件的"实现"。从这种意义上说,"可以"表达的[能力]处于[能

---

① 相原茂的观点转引自鲁晓琨(2002)。

力]系列的最高级,也就是说,表[能力]的"可以"是"语义程度"极大的词。就是因为这一点,表[能力]的"可以"不能受到外部否定,因而也不能受"没"的外部否定。

5. 对"致能条件"的否定

我们可以把"没 ModVp"①的语义结构作如下的概括:"没 ModVp"否定的是事件实现主体的某种致能条件,表达的是主体对过去事件实现的动力缺失。

5.1 "障碍"的映射:"没"

前文已经提及,斯威策(Sweetser,1990)和泰尔米(Talmy,1988)都曾试图以"力量与障碍"这种物质世界的概念来说明情态动词的认知语义特征,他们认为,物质世界的动力和障碍与情态动词所表现的语言使用者的心理空间的概念存在着映射关系。按照他们的说法,"能""敢""肯"等情态动词都含有[致能]的语义属性,即它们都有"力量"的性质。当一定的条件得到满足时,这些致能性力量就能按照说话人或事件的实施主体的意愿实现预期的目标;当这些力量遇到障碍时,这些"致能"力量就会被阻断而不能达成这些目标。在语言形式上,前者表现为对动力情态的肯定,后者表现为对动力情态的否定。而情态动词前的"没"正是这种外在的物质世界的"障碍"映射到心理概念结构后在语言中的表现。

---

① 下文把情态动词记为 Mod,句中的主要动词短语记为 Vp。

5.2 致能条件的表现:"意愿"

这种所谓的"致能"条件在"没 ModVp"格式中常常是以事件实施的主体的"意愿"出现的,也就是说,在"没 ModVp"格式生成的句子中,"致能"常常以"意愿"的方式出现。其句法表现是,这种句子所在的上下文中能找到表达主体意愿的句子。致能条件可以从起始句中找到,这些起始句的意义表明,"没 ModVp"所在的句子的施事都是首先有实施某种行为的意愿,或者有某种外力迫使施事施行某种行为。

(21)陶影拼命心记,还是<u>没能</u>记全作家的话。(毕淑敏《一厘米》)

(22)口中也想说两句知恩感德的话,可是<u>没能</u>说出来。(老舍《四世同堂》)

(23)他想破口大骂,而<u>没敢</u>骂出来。(老舍《四世同堂》)

(24)妈妈哭着递给我她头上的银簪——只有这一件东西是银的。我知道,她拔下过来几回,都<u>没肯</u>交给我去当。(老舍《月牙儿》)

(21)到(24)的起始句表明,句子的施事施行某种行为的愿望,主要表现在"想"做什么这一点上。

5.3 动力的缺失:障碍

与动力相对的是障碍,这种障碍也能从"没 ModVp"格式句所在的上下文中找到其载体。它或以起始句的形式出现,或以后续句的形式出现,预先或补充说明施事最后导致动力缺失的原因。例如:

(25)怕你不要,我刚才就<u>没敢</u>当着众人给你。(毕淑敏《阿里》)

(26)马先生从一进门到现在,始终<u>没敢</u>正眼看温都太太;君子人吗,那能随便看妇人呢。(老舍《二马》)

(27)当天晚上我们都<u>没能</u>吃饭,车咕嘟得太厉害了,大家都有点

头晕。(老舍《开市大吉》)

(28)这最后的称赞,他<u>没肯</u>指出姓名来,怕桌子传给那个人,而他
    的屁股遭殃。(老舍《牛天赐传》)

(25)先说明障碍的出现,(26)至(28)补充说明是什么样的障碍。
就像(25)到(28)所表现的那样,这种障碍常常来自与"意愿"相反的因
素,如"怕"之类。

这种障碍也可由带"致使"义的语言成分来表现。我们发现这样
的现象,即"没 ModVp"格式所生成的句子常充当"使"或表示致使结果
"得"的补足成分,如(29)(30):

(29)瑞丰听到安儿胡同与烤肉,口中马上有一大团馋涎往喉中流
    去,噎<u>得</u>他<u>没能</u>说出话来,而只极恳切的点头。(老舍《四世
    同堂》)

(30)这种自警自惕,<u>使</u>他<u>没敢</u>和任何人瞪眼吵嘴,可也没使他高
    兴。(老舍《蜕》)

在这些句子中,"得"和"使"标示了障碍的来源。

5.4   意愿与障碍的同现

这种"动力与障碍"也可以在上下文中同时出现。一般先出现表
现意愿的小句,后出现说明障碍的小句。如(31)至(33):

(31)晚饭,他到厨房去帮着烙饼,本<u>想</u>和祁少奶奶说些家长里短;
    可是,一提起家中,他就更不放心,所以并<u>没能</u>说得很痛快。
    (老舍《四世同堂》)

(32)大家都觉得这不是买木耳的好时候,而都<u>想</u>责备她一半句。
    可是,大家又都知道她是一片忠心,所以谁也<u>没肯</u>出声。(老
    舍《四世同堂》)

(33) <u>有心</u>试试钢琴,一想天太晚了,<u>没敢</u>弹。(老舍《二马》)

以(33)为例,第一小句的"有心",表示施事有施行某种行为的意愿,第二小句则说明障碍的出现,最后以"没敢"表达这种结果:因障碍的出现而使主体失去致能条件,从而没实现"弹钢琴"这一行为。(31)和(32)可作同样的分析。可以这样说,例(33)较典型地表现了"没ModVp"格式的语义结构和认知价值:施事本来具备某种作为动力的致能条件,可是因为某种原因形成的障碍阻断了这种致能条件,从而没有实现某种行为。

5.5　致能缺失的情感反应

还有一点可以证明致能条件的存在。那就是出现事件不能实现这种结果后,主语对此会做出"后悔""可惜"等形式的情感反应。如:

(34) 他只好回家吧,虽然很<u>后悔没能</u>厮杀一阵。(老舍《牛天赐传》)

(35) 有一个家伙对我转述另一个家伙的评价,说我只是这个时代的一个跳蚤,只<u>可惜没能</u>跳得更高。(王朔《王朔自选集序》)

(34)(35) 由"没ModVp"生成的小句都作了"后悔""可惜"的补足成分,这些补足成分都可以看作由于致能条件缺失后,主体出现情感反应的表现。这从一个侧面证明,这种所谓的致能条件的确是存在的。

6.　从否定致能条件到否定现实事件

下面主要通过"没ModVp"与"没Vp"对比,从二者的差异上进一步分析"没ModVp"在语义结构上的特征。先分析"没ModVp"与"没Vp"在语法形式与语用上的联系,进而从语义结构上的联系证明:"没

ModVp"语义结构的本质是通过否定致能条件达到对现实事件的否定。而"没Vp"表示的只是纯粹的对已然事件的否定,该格式生成的句子只表达对某种事实的客观叙述。

6.1 Vp 句法形式上的一致性

一般来说,情态句与非情态句在语法形式上会有区别,因为,情态语义对特定的语法形式往往有选择性。但是,我们发现,"没 ModVp"与"没Vp"在 Vp 的语法形式特征上有比较高的一致性,最突出的表现是,当我们把"没 ModVp"中的 Mod 去掉之后,"没 Vp"在语法上仍然是合式的。例如:

(36)a. 虽然没能找到赵万全的女儿,并不是一无所获。(肖复兴《长发》)

b. 虽然没找到赵万全的女儿……

(37)a. 但她没敢挑剔过厂长,厂长不是平常意义上的女人。(毕淑敏《女人之约》)

b. 但她没挑剔过厂长……

(38)a. 其中两只是他的杰作,一直没肯给人。(冯骥才《雕花烟斗》)

b. 其中两只是他的杰作,一直没给人。

(36a)至(38a)句中的 Mod 都可以去掉,而变换后的 b 句在语法上依然合式。

要说明这种现象,可以有两种假设:A."没 ModVp"与"没 Vp"完全等值,这时,Mod 是冗余的,由"没 ModVp"格式生成的句子表达的也是对事件实现的已然否定;B.两种格式只在语形上等值,而在语义和语用上有着内部的差异。

6.2 Mod 出现具有强制性

语言的经济原则要求我们慎重判断某一成分是否属于所谓的冗余现象,而且我们也发现,有时候,Mod 在句中的出现具有强制性,也就是说,Mod 的隐现即使在句法表层也不是完全自由的。比如说,(39)(40)就不能作如同(36)至(38)那样的变换。

(39)你的女儿我<u>没能</u>留得住她,但你的老婆我可以治。(毕淑敏《生生不已》)

(40)(牛老太太)很想奖励她们一番,可是她的话有分寸:"哎,<u>没敢</u>惊动亲友:这怎说的,又劳你的驾;来看看小孩吧。"(老舍《牛天赐传》)

对于(39),因为"能"后的"留得住她"表示的是一种未来的可能性,"没"却是对非未来的否定,在语义上有冲突。至于(40),虽然在句法表层上去掉"敢"而"没惊动亲友"仍然合语法,但是在此语境之下却不再合用,从语用的角度看,这儿的"敢"有它独到的价值。从这种意义上说,一个语义成分在句法上看似自由的隐现,不一定出现语义、语用上的完全平行。所以,"没 ModVp"与"没 Vp"只在句法表层上部分地存在变换关系。也就是说,Mod 在格式中的出现并不是冗余的,它有着自身的语义与语用价值。

6.3 语用价值上的差异

值得注意的是,"没 ModVp"与"没 Vp"二者的语用价值是不一样的。致能条件中隐含的"意愿"等主观因素,在一定的语境中,在两种格式中都能得到识解。但得到这种理解时的关联度(参见 Sperber & Wilson,1995:123)是不一样的。请看(41):

(41)有的重伤员只反复地喊:"同志,我对不起祖国,<u>没能</u>完成任

务!"(老舍《无名高地有了名》)

我们很容易得到这种隐含意义:施事有实现"完成任务"的强烈意愿。这种隐含意义给句子带上了很强的主观色彩。这是"能"出现的必然结果,因为情态总是关乎主观的。而要是把句子变成"没完成任务",首先我们会觉得在此语境不一定得体,原因在于:在不出现"能"的情况下,句子只是说出了一个事实,而类似于"没能"所具有的主观上的意义,如有可能,则是要通过语境效果才能达成的认知结果,但是"没能"的"在主观上作过努力、因为障碍出现而未能实现'完成任务'而后悔"等意义,是不用更多的语境效果就能得到的认知结果。从这种意义上说,"没能"在识解相同的隐含意义时具有更高的关联度。

6.4 语义结构上的衍推关系

6.4.1 从"没 ModVp"推出"没 Vp"

虽然"没 ModVp"在语义结构上比"没 Vp"多了致能条件这一要素,使得它与"没 Vp"存在本质上的区别。但是,从命题真值的角度上看,"没"归根结底还是产生了对已然事件否定的实际效果。也就是说,与"不"对情态的否定不同,"没"在否定动力情态的同时,也达到了对事件实现的否定这种效果,也就是否定了该命题的真值。从(42a)都能推出(entail)相应的(42b),也就是 a→b。

(42)a. 他这次没能猜对。 b. 他这次没猜对。

a. 她一直没敢上厕所。 b. 她一直没上厕所。

a. 终于没能够把闺女留住。 b. 终于没把闺女留住。

a. 他并没肯那么办。 b. 他并没那么办。

就像前文已经提及的那样,这里暗含了这样一种理想意象图式:要实现某种行为,要使某种事件成为现实,行为的实施主体首先要有某种致能条件。也就是说,致能条件是行为实现的动因,行为的实现是后于致能条件的存在的。

6.4.2 否定的量向上蕴含

"没"否定低语义量的"ModVp"可以达到对高语义量的"Vp"的否定。

沈家煊(1999:94)、戴耀晶(2000:45)、石毓智(2001:36)都曾从量的角度讨论过否定的性质。因为否定的量向大确定,即否定的量向上蕴含,所以可以通过对量小的否定来达到对量大的否定。致能条件与行为实现之间的关系与量小量大之间存在平行的相似性,也就是说,可以认为二者之间存在一种级差关系:致能条件的级差低,行为实现的级差高。而"没"正是通过对"能力""意愿"等"致能条件"量小的低级否定,达到对已然现实的相对量大的高级否定。所以人们在解释"没ModVp"时,会产生它与"没Vp"等值的错觉;而通过对致能条件的否定,实际上也确实达到了对事件实现的否定的语义效果。

6.4.3 不充分的致能条件

与"没肯Vp"同样和[意愿]有关的"没要Vp"格式,在与"没Vp"的关系上表现出不同的特点。"要"(如果把"想"算作情态动词,那这里也包括"想")表达的[意愿]不是充分的"致能条件",所以从"没要/想Vp"不一定能推出"没Vp"。拿例(5)来说,"当时也没要完全置你于死地",从上下文来看,当时是达到了"完全置你于死地"的效果的,也就是说,从"当时没要完全置你于死地"不能推出"当时没完全置你于死地"。(14)(15)二例亦可作同样分析。

在电影《秋菊打官司》中,秋菊是在村长被公安带走后说(14)这句话的,即从"没要送他去坐牢"不能推出"没送他去坐牢";而(15)"我没要和他定婚"也不一定就能推出"我没和他定婚"。

对这一现象,我们认为其原因在于:"要"和"想"表达的[意愿]与"肯"表达的[意愿]有所不同。"肯"的[意愿]的产生,有外力的作用,即先有外在的环境对句子主语提出某种要求后,才会有"肯不肯"的问题。《现代汉语词典》也说"肯""表示接受要求"①,在外力作用下同意实行某种事件,所以"肯"的[意愿]易于成为致能条件;而"要"与"想"都只是无外力作用下的自发的[意愿],可以看作一种动力不足的[意愿],不能自然地成为致能条件。就像(43),也不能从(43a)必然推出(43b),而例(44)虽然主语"没想发脾气",而"发脾气"的事件却实现了。这也就是"没要(/想)Vp"不一定蕴含"没 Vp"的原因。

(43)a. 我没想真砍他,我就是想吓唬吓唬他,让他说实话。(王朔《过把瘾就死》)

    b. 我没真砍他。

(44)祁老人真没想发脾气,可是实在控制不住了自己。(老舍《四世同堂》)

7. 结　语

"没"只能外部否定"能""能够""敢""肯""要""想""愿意",是因为只有动力情态与"没"的现实特征没有冲突。"没"不能否定表达具有非现实特征的道义情态和认识情态的情态动词。从这种意义上说,外部否定的"没"与情态语义的表现形式同现时,对多义的情态动词表达的多种情态语义有过滤的功能,它可以滤除道义情态与认识情态而只保留动力情态。

---

①　鲁晓琨(2004:209)把"肯"的这一语义称为"回应选择性"。

　　同样表示［能力］的动力情态词"会""可以"不能被"没"否定,是因为"会"表示的［能力］具有均质特征,"可以"表示的［能力］具有极大量特征。

　　"没 ModVp"与"没 Vp"中 Vp 在句法形式上存在着较高的一致性,给人以两种格式等值的错觉。其实二者在语形上并不存在完全的平行性,语用价值也存在差异。要得到致能条件中隐含的"意愿"等主观因素这一语用成分的识解,二者的关联度有本质上的不同。

　　"没 ModVp"与"没 Vp"存在语义上的区别:"没 Vp"表示的只是纯粹的对已然事件的否定,表达对某种事实的客观叙述;"没 ModVp"否定的是事件实现主体的某种致能条件,表达的是主体对过去事件实现的动力缺失。

　　"没 ModVp"与"没 Vp"在语义上也有内在联系:动力情态的现实否定的语义结构是从对致能条件的否定达到对事件实现的否定,所以从前者一般可以推出后者。产生这一现象的动因是二者存在语义量上的级差,从对前者的否定可以达到对后者的否定。

参考文献

戴耀晶,1997,《现代汉语时体系统研究》,杭州:浙江教育出版社。

戴耀晶,2000,《试论现代汉语的否定范畴》,《语言教学与研究》第 3 期。

丁声树等,1961,《现代汉语语法讲话》,北京:商务印书馆。

渡边丽玲,1999,《助动词"能"与"会"的句法语义分析》,《面临新世纪挑战的现代汉语语法研究》,济南:山东教育出版社。

鲁晓琨,2002,《可能助动词"可以"的语义及与"能"的对比》,《汉语学报》第 3 期。

鲁晓琨，2004，《现代汉语基本助动词语义研究》，北京：中国社会科学出版社。

吕叔湘，1980，《现代汉语八百词》，北京：商务印书馆。

吕叔湘（著）、江蓝生（补），1985，《近代汉语指代词》，上海：学林出版社。

聂仁发，2001，《否定词"不"与"没有"的语义特征及其时间意义》，《汉语学习》第 1 期。

沈家煊，1995，《"有界"与"无界"》，《中国语文》第 5 期。

沈家煊，1999，《不对称和标记论》，南昌：江西教育出版社。

石毓智，2001，《肯定和否定的对称与不对称》，北京：北京语言文化大学出版社。

周小兵，1996，《句法·语义·篇章》，广州：广东高等教育出版社。

Chafe, Wallace 1995 The Realis-irrealis Distinction in Caddo, the Northern Iroquoian Languages and English. In Bybee, J. & Fleischman, S. (eds.), *Modality in Grammar and Discourse*. Amsterdam: John Benjamins.

Comrie, B. 1985 *Tense*. Cambridge: Cambridge University Press.

Mithun, Marianne 1999 *The Languages of Native North America*. Cambridge: Cambridge University Press.

Palmer, F. R. 1979 *Modality and the English Modals*. New York: Longman.

Palmer, F. R. 2001 *Mood and Modality* (2nd edition). Cambridge: Cambridge University Press.

Sperber, D. & Wilson, D. 1995 *Relevance: Communication and Cognition* (2nd edition). Cambridge, Mass.: Harvard University Press.

Sweetser, E. 1990 *From Etymology to Pragmatics: Metaphorical and Cultural Aspects of Semantic Structure*. Cambridge: Cambridge University Press.

Talmy, L. 1988 Force Dynamics in Language and Cognition. *Cognitive Science* 12(1).

Talmy, L. 2000 *Toward a Cognitive Semantics* (Vol. 1). *Cambridge*, Mass.: MIT Press.

论现代汉语中表示道义情态的"不敢"*

——兼论表示道义情态的"敢"义词句法分布的蕴含共性

林刘巍　　张寒冰*

1. 引　言

"不敢"这一结构在现代汉语中可以表示情态意义,例如:

(1)小四痛的要哭,又<u>不敢</u>哭,只把手遮着眼睛隔着眼泪往外看。
　　(老舍《老张的哲学》)

(2)赵航宇哭了起来……刘顺明劝解道:"<u>不敢</u>老哭,当心哭坏了
　　身子。"(王朔《千万别把我当人》)

我们注意到,以上两个例句中"不敢"的语义是不同的。例(1)中的"不敢哭"是指没有胆量哭,表示的是动力情态意义"没勇气"(以下记作[-勇气])。而例(2)中的"不敢老哭"相当于"不要老哭",表达的是说话人对听话人的一种要求,而非说话人认为听话人没有勇气做出"哭"这种行为。

以下例句中的"不敢"和例(2)中的"不敢"具有相同的语义:

(3)医生反复叮嘱:病情严重,随时都有复发的可能,千万要注意

---

　　* 本文原载于《语言科学》2016 年第 3 期,收录时略有改动。

　　** 　林刘巍,华侨大学华文教育研究员、副教授;张寒冰,南宁师范大学国际教育学院副教授。

休息,千万<u>不敢</u>再劳累。(《人民日报》2005 年 12 月)

(4)锅小巧说:"毛旦,下次可<u>不敢</u>一惊一乍的,别把我苦胆给吓破了!"(刘震云《故乡天下黄花》)

(5)这一哭,哭得杨妈心慌意乱,一边像抚弄孩子似地抚金秀的后背,一边絮絮叨叨地劝:"秀儿,好秀儿可<u>不敢</u>哭了,<u>不敢</u>哭了。你爸在后院儿做药呢,这就该回来了,可<u>不敢</u>让他看见。"(陈建功、赵大年《皇城根》)

塞尔(Searle,1983:166)指出,"我们通过'指令'让别人做事"。在例(2)—(5)中说话人使用"不敢"对听话人提出的各种要求都属于"指令"。根据帕尔默(Palmer,2001:70)的研究,"指令"属于道义情态,而且是道义情态中最基本的类型。因此我们认为例(2)—(5)中的"不敢"表示的是道义情态意义"不许可"(以下记作[−许可])。本文将表示动力情态的"不敢"称为"不敢₁",将表示道义情态的"不敢"称为"不敢₂"。

需要指出的是,道义情态意义是"不敢₂"自身具有的,而不是语境赋予的。如果道义情态是语境赋予的,那么在同样的语境中其他单义的动力情态动词(如"想""肯"等),以及与"不敢₁"语义相近的"没胆量"也应该能够获得道义情态意义,但事实并非如此:

(6)a. 你<u>不敢</u>瞎说。　　　　　[动力情态/道义情态]

　　b. 你<u>没胆量</u>瞎说。　　　　　[动力情态]

　　c. 你<u>不肯/不想</u>瞎说(是对的)。[动力情态]

前人的研究往往忽略了表示道义情态的"不敢₂"。多数研究认为"敢"是单义情态动词,只有动力情态意义。相应地,"不敢"也只能表示动力情态[−勇气]。丁声树等(1961:91)认为"'敢''不敢'表示有没有胆量怎么样"。朱德熙(1982:63)指出"'敢'表示有胆量这么办"。

李讷和安珊笛(Li & Thompson,1989:183)认为"敢"相当于英语中的
"dare"。持类似观点的还有王力(1943:74)、赵元任(2002:371)、孟琮
等(1999:145)。在《现代汉语词典》和《现代汉语八百词(增订本)》
中,"敢"虽然有多个义项,但都与道义情态无关。彭利贞(2007:123)
根据"敢是"这一结构表示认识情态的事实,认为"敢"兼有动力情态和
认识情态意义,但并未涉及"敢"表示道义情态的问题。总的来说,以
往的研究没有注意到现代汉语普通话中存在"不敢"表示道义情态的
现象。

2. "不敢$_2$"区别于其他[−许可]义结构的特征

2.1　"不敢$_2$"具有"低正式度"的语体特征

陶红印(1999)根据"传媒"的不同划分出口语和书面语,再根据
"方式"的不同划分出一些"次范畴语体",不同的次范畴语体有不同的
典型性,根据陶文的论述,以下两个序列中最靠左的次范畴语体是该语
体的原型,越往右典型性越低。

口语:聊天 > 一般采访 > 演讲报告

书面语:法律条文 > 学术论文 > 报纸社论 > 散文 > 小说 > 戏剧

陶文划分出的典型性等级和语体的"正式性"或者说"庄重"程度
有关(冯胜利,2010;张伯江,2012)。典型的口语正式度低,典型的书面
语正式度高。根据目前收集到的语料,"不敢$_2$"能够出现在聊天、一般
采访、戏剧、小说、散文、报纸(非社论)这六种正式度相对较低的次范
畴语体中。在正式度更高的语体中,其他表示[−许可]的结构不能用
"不敢$_2$"替换,例如:

(7) a. 在此我们奉劝台湾当局，<u>不要</u>再做破坏祖国和平统一进程的坏事。（《人民日报》1996 年 6 月）

   b. *在此我们奉劝台湾当局，<u>不敢</u>再做破坏祖国和平统一进程的坏事。

例(7)是对一次新闻发布会的报道，虽然用"不敢$_2$"替换"不要"也合乎语法，但如果考虑到新闻发布会的正式性就会发现这种替换显然是不合适的。因此我们认为"不敢$_2$"具有"低正式度"的语体特征。

2.2 "不敢$_2$"无法用于对道义的陈述

使用道义情态动词可以达到两种交际目的：一是提出某种道义要求，表现为祈使句；二是陈述某种道义的存在，表现为陈述句。根据我们的观察，现代汉语中所有表示道义情态的动词都可以出现在祈使句中，用来提出道义要求。有些情态动词还可以出现在陈述句中表示道义的存在，有些则不能，例如：

(8) <u>不要</u>笑/<u>别</u>冲动/<u>不可以</u>去/<u>不能</u>乱讲/<u>不准</u>走。（提出道义要求）

(9) a. *听说根据规定军队<u>不要</u>/<u>别</u>从事商业活动。（陈述道义的存在）

   b. 听说根据规定军队<u>不可以</u>/<u>不能</u>/<u>不准</u>从事商业活动。（陈述道义的存在）

根据能否用在陈述句中表示某种道义的存在，情态动词可以分为两类：不能出现在陈述句中的情态动词如(9a)所示，可以出现在陈述句中的情态动词如(9b)所示。我们要讨论的"不敢$_2$"属于前者，它只能出现在祈使句中用来提出道义要求，而无法出现在陈述句中表示道义的存在，例如：

(10) 乖孩子，<u>不敢</u>再哭了。（提出道义要求）

(11)＊听说根据规定军队<u>不敢</u>从事商业活动。（陈述道义的存在）

3. 句法环境对"不敢"情态意义的分化

根据上文的论述，"不敢"兼有动力和道义两种情态意义，因此存在分化歧义的问题。在 2.2 节中我们已经论证了表示道义情态的"不敢₂"只能出现在祈使句中，我们就利用"不敢₂"的这一特性，通过祈使/非祈使的差别来分化"不敢"的情态意义。我们认为，出现在祈使句中的"不敢"一般是表示道义情态的"不敢₂"，出现在非祈使句中的"不敢"是表示动力情态的"不敢₁"。在这一核心标准之下，我们还找到若干具体标准帮助我们进行判断。

3.1　"不敢₂"的主语必须包含听话人

祈使句的主语一般是第二人称，包括"你""您""你们"，对听话人的称呼以及根据语境省略的零形式。当"不敢"的主语是上述情况之一时，"不敢"可以表示道义情态[−许可]，例如：

(12)卢小波，你不可以相信人话，你<u>不敢</u>去信人的话。（方方《一波三折》）

(13)玉儿妈说，可<u>不敢</u>胡讲啊！（戴厚英《流泪的淮河》）

但有时也可以表示动力情态[−勇气]（原因下详），例如：

(14)你可<u>不敢</u>蔑视我了吧。（简·奥斯汀《傲慢与偏见》）

第一人称单数"我"和第三人称"他""他们"等不能充当祈使句的主语，因此当"不敢"的主语是上述人称代词时，"不敢"只能表示动力情态[−勇气]，例如：

(15)我可<u>不敢</u>小看她。（刘心武《我可不怕十三岁》）

(16)对于钱的处置方法,他可不敢冒儿咕咚的就随着她的主意
　　　走。(老舍《骆驼祥子》)

当"不敢"的主语是第一人称复数"我们""咱们"时情况较为复杂。
《现代汉语八百词(增订本)》(1999:648)认为在北方话里"咱们"包括
说话者和听话者,而"我们"只包括说话者,不包括听话者。但《现代汉
语词典》(2012:1621)认为"在某些场合'我们'也可以包括谈话的对
方"。

我们认为,排除听话者的"我们"作主语时,"不敢"只能表示动力
情态[-勇气];包括听话者在内的"我们"和"咱们"作主语时,"不敢"可
以表示道义情态[-许可]。例如:

(17)a. 李婷说:"进四强当然高兴了,不过赛前我们可不敢想太
　　　　　多。"(新华社 2004 年新闻稿)

　　　b. 李婷对她的搭档说:"进四强当然高兴了,不过赛前我们可
　　　　　不敢想太多。"

　　　c. 李婷对记者说:"进四强当然高兴了,不过赛前我们可不敢
　　　　　想太多。"

"李婷"是一位网球双打运动员,例(17a)没有指明说话的对象,无
法判断这里的"我们"是否包括听话者,因而句子存在歧义。若"我们"
包括听话人,如(17b),那么"不敢"可以表示道义情态,相当于"赛前我
们不应该想太多"。若"我们"不包括听话人,如(17c),那么"不敢"表
示的是动力情态,相当于"赛前我们没胆量想太多"。

总的来说,如果"不敢"的主语包括听话人,那么"不敢"可以表示
道义情态[-许可],如果不包括听话人则只能表示动力情态[-勇气]。
上文提到"不敢"表示的道义情态是一种"指令",而在对话中"指令"的
直接接受者只能是听话人。如果"不敢"的主语不包括听话人,"指令"

就缺少对象,此时"不敢"只能表示动力情态[-勇气]。

3.2　"不敢₂"无法处于认识情态的辖域内

帕尔默(Palmer,2001:24)指出"认识情态是说话人对于命题真实性的评价"。我们发现"不敢₂"无法处于认识情态的辖域内。换言之,处于认识情态辖域内的"不敢"只能表示动力情态。汉语表示认识情态的手段有情态动词、认知义动词、情态副词和测度语气等,下面我们分别论述。

郭建生(Guo,1994)指出,情态动词的连续同现遵循"认识情态 > 道义情态 > 动力情态"的规则。如果从该规则进行演绎,由于"不敢"兼有道义和动力情态意义,若在前面加上"必然""可能"等单义认识情态动词有可能出现两种理解:认识情态 > 道义情态,或者认识情态 > 动力情态,但只有后一种理解是实际存在的。例如:

(18)你不敢胡说。　　　　　[动力情态/道义情态]

(19)你<u>可能</u>不敢胡说。　　　[动力情态]

一些认知义动词,如"估计""觉得""知道""猜",以及情态副词,如"也许""大概"也具有认识情态意义。当"不敢"处于这些词的辖域内时只能获得动力情态的理解,例如:

(20)我<u>知道</u>你不敢胡说。　　[动力情态]

(21)<u>也许</u>你不敢胡说。　　　[动力情态]

需要说明的是"知道"虽然是一个"叙实词"[①],但也只是反映了说话人的主观认识和判断,并不等于事实本身,所以仍然具有认识情态。

---

① 沈家煊(1999:139—140)指出"叙实词"预设相关命题成立。而预设义无论句子是否被否定都无法取消,例如"我知道他回家了"和"我不知道他回家了"都预设"他回家了"。

吕叔湘（1982：298）指出，测度语气表示说话人对事实的估计。这与帕尔默对认识情态的定义吻合，因此我们认为测度语气是汉语表达认识情态的一种手段。现代汉语中测度语气常常用句末语气词"吧"来表示。3.1节提到例（14）似乎是一个"例外"，在此重复为例（22）：

（22）你可不敢蔑视我了吧。（简·奥斯汀《傲慢与偏见》）

这是因为"不敢"所在的句子带有测度语气，在这种情况下"不敢"只能表示动力情态。

总的来说，"不敢₂"无法处于认识情态的辖域内。这是因为"不敢₂"只能出现在祈使句中，而祈使句排斥认识情态。

3.3 "不敢₂"无法与过去时间同现

"不敢"和表示现在时间、将来时间的词语同现时可以表示道义情态[−许可]，例如：

（23）a. 现在你可不敢这么跟领导说话。

b. 到时候你可不敢这么跟领导说话。

"不敢"和表示过去时间的词语同现时只能表示动力情态[−勇气]，例如：

c. 过去你可不敢这么跟领导说话。

值得注意的是，如果句中存在表示"时段"的副词，只要"时段"的起始点位于说话时间之前，那么无论它是否延续到说话时间之后，"不敢"都只能获得动力情态的理解，这样的副词有"一直""一向""向来""平素"等等。

袁毓林（1993：13—14）把祈使句的"时间特征"分为[+当时执行]和[+未来执行]，不存在[+过去执行]，这是因为说话人无法要求听话人回到过去的时间去执行指令，而"不敢₂"又只能用于祈使句，因此句子中表示"过去时间"的词语具有滤除"不敢"道义情态意义的功能。

4.［勇气］义动词表示道义情态的
历时及跨语言（方言）考察

4.1　汉语中"敢"表示道义情态意义的历时考察

我们认为，"不敢"的道义情态意义并不是现代汉语中新产生的，而是从古代汉语中继承来的。

前人研究提到，在古代汉语中"敢"具有道义情态意义［许可］。《诗词曲语辞汇释》（1953:33）中"敢"条第一义:"敢，犹可也。"王锳（1995）也提到，在古汉语中"敢"可以表示"可""能"的意思。上述文献提到的"'可''能'的意思"即我们所说的道义情态。例如:

(24)太宰因诚使者:"无**敢**告人吾所问于女!"(《韩非子·内储说上》)①

(25)诸灶必为屏，火突高出屋四尺。慎无**敢**失火，失火者斩其端。(《墨子·号令》)

另外，我们在出土文献中也找到"敢"表示道义情态的例证，比如:

(26)百姓犬入禁苑中而不追兽及捕兽者，勿**敢**杀。(《睡虎地秦墓竹简·秦律十八种》)

睡虎地秦简反映了战国末至秦始皇时期的语言状况，可信度比传世文献更高。综合上述资料，我们认为早在上古汉语中"否定词（无/勿）+敢"已经具有了道义情态意义［-许可］。需要指出的是，在目前

———————

① 例(24)(25)引自王锳(1995)。

收集到的上古汉语材料中,所有表示道义情态的"敢"都出现在"否定词+敢"这种结构中,尚未见到出现在疑问或肯定形式中的例子。

在近代汉语中也存在许多"敢"表示道义情态的用例,而且有了新的发展,例如:

(27)石秀道:"家中也无有甚话。兄弟感承哥哥把做亲骨肉一般看待,有句话**敢**说么?"杨雄道:"兄弟何故今日见外? 有的话但说不妨。"(《水浒全传》45 回)

例(27)中"有句话敢说么"的主语是"我",即石秀自己。自己有没有[勇气]说话不可能向别人询问,而且听话人对此的回答"但说不妨"表示的是一种[许可],因此可以肯定这句话表达的是对许可与否的询问,句中的"敢"表示道义情态意义。

由此可见,在近代汉语中,表示道义情态的"敢"已经不限于出现在"否定词+敢"这一结构中,使用范围扩大到疑问句了。不过我们尚未发现"敢"出现在肯定形式中表示道义情态的用例。而且"敢"在疑问句中表示道义情态的用法在现代汉语普通话中也已经消失了。

4.2 [勇气]义动词表示道义情态的跨语言(方言)考察

首先,除普通话之外,"敢"在许多汉语方言中也有道义情态用法,例如:

(28)厦门:伊细汉啦,你**不敢**操伊。他个子小嘛,你不能推他。(冯爱珍,1998)

(29)神木:**不敢**教狗回家来! 别让狗进了家!(邢向东,2012)

这一点范晓蕾(2014)有详细的论述,她列举了晋语和闽语区共12

种"敢"具有道义情态意义的方言①,并且指出这些方言只允许表示道义情态的"敢"出现在否定、疑问形式中,没有任何一种方言允许表示道义情态的"敢"出现在肯定形式中。通过进一步收集资料,我们又找到5种"敢"具有道义情态意义的方言②,发现这类现象不仅存在于晋语和闽语区,在官话区也有分布(方城、渭南)。不过仍未发现表示道义情态的"敢"出现在肯定形式中的情况。

其次,根据奥维拉和帕拉基恩(Van der Auwera & Plungian,1998)构建的"情态语义地图"(modality's semantic map),"敢(dare)"是道义情态的一种"来源义"。他们提到,部分斯拉夫语言存在[勇气]义动词发展出道义情态意义的现象,如俄语、塞尔维亚/克罗地亚语、捷克语和索布语(Sorbin)等。更重要的是,和汉语普通话一样,俄语里由[勇气]义动词发展而来的道义情态动词仅限于用在否定形式中,例如:

(30)*Pust' nikto ne smeet sjudavxodit'*

Let nobody. NOM not dare. PRS. 3 SG hither enter. INF

Let nobody dare to come in here. (让任何人都不敢来这里。)

Let nobody come in here. / Nobody can come in here.

(不让任何人来这里。/任何人都不能来这里。)

而除俄语外的其他几种语言却没有这种限制。他们推测上述语言[勇气]义动词表示道义情态[许可]的用法最初产生在否定形式中,然后才扩大到其他语法环境。但他们仅仅依靠共时语言的材料进行推测,并未给出历时语料的证据。而汉语历时语料所反映的"敢"从上古

---

① 这12个方言点是:神木、志丹、绥德、娄烦、长治、万荣、太原、平遥、台湾、漳州、厦门、建瓯。

② 这5个方言点是:渭南(卜晓梅,2007)、方城(王黎阳,2013)、安阳(王琳,2009)、登封(方少鹏,2012)、石陂(李岚,2006)。

到近代在句法分布上的变化恰恰与他们对斯拉夫语言中[勇气]义动词句法分布变化的推测相符,这种"巧合"值得注意。

如果把肯定和否定看成对立的两极,那么疑问既不是完全肯定也不是完全否定,"可以说介于两者之间"(吕叔湘,1982:234),因此我们可以得到一个否定—疑问—肯定的序列。以这一序列为横轴,将[勇气]义动词表示道义情态的句法分布情况标示出来,可以得到下表:

表 1 [勇气]义动词表示道义情态的句法分布情况

	否定	疑问	肯定
上古汉语	+	−	−
普通话和 8 种汉语方言①	+	−	−
俄语	+	−	−
近代汉语	+	+	−
神木话等 9 种汉语方言②	+	+	−
塞尔维亚/克罗地亚语	+	+	+
捷克语	+	+	+
索布语	+	+	+

注:"+"表示允许出现在该句法环境,"−"表示未发现或不允许。

---

① 这 8 个方言点是:绥德、长治、万荣、太原、平遥、石陂、渭南、登封。
② 这 9 个方言点是:神木、志丹、娄烦、台湾、漳州、厦门、建瓯、安阳、方城。

在目前收集到的资料中,有 24 种不同时期、不同语系的语言(方言)存在[勇气]义动词表示道义情态的现象。由表 1 可见,表示道义情态的[勇气]义动词分布的句法环境在这些语言(方言)中遵循从左到右的优先序列:

否定 > 疑问 > 肯定

这一序列可以表达为以下蕴含共性:对于一种语言,如果表示道义情态的[勇气]义动词可以出现在疑问形式中,则可以出现在否定形式中;如果可以出现在肯定形式中,则可以出现在疑问和否定形式中。无论从历时角度(出现早),还是从共时角度(分布广)分析,否定形式都是[勇气]义动词表示道义情态的典型句法环境。当然,这一蕴含共性是否适用于其他语言和方言还有待验证。①

我们认为,导致这 24 种语言(方言)表现出上述蕴含共性的原因可能有两点:

第一,在人的主观意识可以控制的情况下,具备做出某种行为的勇气是在现实中做出这种行为的必要不充分条件。即如果一个人在主观意识控制下做出了某种行为,那么他首先要具备做出这种行为的勇气;但如果一个人具备了做出某种行为的勇气,并不意味着他就必然做出这种行为(还需要有做出这种行为的意愿以及一定的客观条件)。必要不充分条件的这种性质决定了说话人较为容易通过否定听话人做出某种行为的勇气来达到禁止听话人做出这种行为的目的,而要通过肯定听话人做出某种行为的勇气来达到许可听话人做出这种行为的目的

① 如果某种语言中存在表示道义情态的[勇气]义动词 X,且动词 X 的句法分布符合下列条件之一,则构成该蕴含共性的反例:A. 动词 X 可以出现在疑问形式中却不能出现在否定形式中;B. 动词 X 可以出现在肯定形式中,却不能出现在疑问或否定形式中。除此之外的其他情况皆不构成该蕴含共性的反例。

则比较困难。因此[勇气]义动词的否定形式发展出[-许可]义的可能
性比它本身发展出[许可]义的可能性更大。①

　　第二，在产生之初，"否定词 +[勇气]义动词"结构表示道义情态
[-许可]是构式性的，即整个结构的意义不等于组成成分意义的简单相
加。我们无法通过"否定词 +[勇气]义动词"结构两个组成成分的意
义[否定]和[勇气]简单相加得到整个结构的意义[-许可]。但是这一
结构在使用的过程中可能会发生重新分析，如下所示：

　　　形式："否定词 +[勇气]义动词" = 否定词 +　[勇气]义动词
　　　意义：　　　　[-许可]　　　　 =[否定] +　　[X]

　　如果使用者认为"否定词 +[勇气]义动词"结构的语义是可以分
析的，那么最直观的理解就是把"否定词"的语义[否定]视为整个结构
否定义的来源，而整个结构的意义[-许可]和一个组成成分的意义[否
定]之间的差值[X]就自然地被理解为另一个组成成分——[勇气]义
动词的语义。从上述等式可知，这一差值[X]就是[许可]。这样[勇
气]义动词本身才发展出道义情态意义[许可]。不过，"否定词 +[勇
气]义动词"结构并不一定会发生重新分析，即使发生了重新分析，[许
可]义要在疑问及肯定形式中得到使用也需要一定的时间。所以[勇
气]义动词本身表示[许可]与"否定词 +[勇气]义动词"表示[-许可]
相比，前者从历时层面上看产生年代较晚，从共时层面上看存在于较少
的语言之中。

---

　　① "能"和"敢"一样兼有动力情态和道义情态意义，而且道义情态意义都是[许可]，
具有较大的可比性。根据王伟(2000)的统计，表示道义情态的"能"出现在否定句中的次
数远远多于出现在肯定句中的次数(两者之比为56:3)。本文对现代汉语中表示道义情态
的"敢"只能出现在否定句中的现象所做的分析也可以用来解释"能"的上述现象。感谢
《语言科学》杂志的审稿人提醒笔者注意这一点。

5. 结 语

本文首先描述了现代汉语普通话中"不敢"表示道义情态[-许可]的现象,这一现象在前人的研究中常常被忽视。接下来,我们论证了"不敢$_2$"具有两个区别于其他[-许可]义结构的特点:A."不敢$_2$"具有"低正式度"的语体特征;B."不敢$_2$"只能用来提出道义要求,而无法用来陈述道义的存在。然后,我们描写了分化"不敢"的动力情态和道义情态这两种情态歧义的条件。具体来说,"不敢$_2$"的主语必须包含听话人,"不敢$_2$"无法处于认识情态的辖域内,"不敢$_2$"无法与过去时间同现。最后,本文综合运用古代文献以及汉语方言和其他语言的材料,论证了[勇气]义动词表示道义情态在句法分布上具有蕴含共性,在我们考察的 24 种语言(方言)中遵循"否定 > 疑问 > 肯定"这一从左到右的优先序列。否定形式是[勇气]义动词表示道义情态的典型句法环境。产生这一现象的原因可能是:A.有勇气施行某种行为是在现实中施行这种行为的必要不充分条件;B."否定词 + [勇气]义动词"结构发生重新分析,导致[勇气]义动词本身发展出道义情态意义[许可],然后逐渐在疑问和肯定形式中得到使用。

参考文献

卜晓梅,2007,《从渭南方言看"敢"字的虚化过程》,《现代语文(语言研究版)》第 10 期。

丁声树等,1961,《现代汉语语法讲话》,北京:商务印书馆。

范晓蕾,2014,《以"许可—认识可能"之缺失论语义地图的形式和功能之
　　细分——兼论情态类型系统之新界定》,《世界汉语教学》第1期。

方少鹏,2012,《登封话词汇研究》,新疆师范大学硕士学位论文。

冯爱珍,1998,《从闽南方言看现代汉语的"敢"字》,《方言》第4期。

冯胜利,2010,《论体的机制及其语法属性》,《中国语文》第5期。

李岚,2006,《石陂方言词汇研究》,福建师范大学硕士学位论文。

吕叔湘,1982,《中国文法要略》,北京:商务印书馆。

吕叔湘,1999,《现代汉语八百词(增订本)》,北京:商务印书馆。

孟琮,1999,《汉语动词用法词典》,北京:商务印书馆。

彭利贞,2007,《现代汉语情态研究》,北京:中国社会科学出版社。

沈家煊,1999,《不对称和标记论》,南昌:江西教育出版社。

陶红印,1999,《试论语体分类的语法学意义》,《当代语言学》第3期。

王力,1943,《中国现代语法》,北京:商务印书馆。

王琳,2009,《安阳话"当么"与"敢"的语法化及主观化》,《殷都学刊》第
　　2期。

王黎阳,2013,《方城话中的几个情态词》,河南大学硕士学位论文。

王伟,2000,《情态动词"能"在交际过程中的义项呈现》,《中国语文》第
　　3期。

王锳,1995,《古汉语中"敢"表"能"义例说》,《古汉语研究》第4期。

邢向东,2012,《陕北神木话的助动词"敢"及其语法化》,《陕西师范大学学
　　报(哲学社会科学版)》第3期。

袁毓林,1993,《现代汉语祈使句研究》,北京:北京大学出版社。

张伯江,2012,《以语法解释为目的的语体研究》,《当代修辞学》第6期。

张相,1953,《诗词曲语辞汇释》,上海:中华书局。

赵元任,2002,《中国话的文法》,丁邦新译,香港:香港中文大学出版社。

朱德熙,1982,《语法讲义》,北京:商务印书馆。

Guo, Jiansheng 1994 *Social Interaction*, *Meaning*, *and Grammatical Form*:
　　Children's Development and Use of Modal Auxiliaries in Mandarin Chinese.

Ph. D. dissertation, Universityof California at Berkeley.

Li, C. & Thompson, S. A. 1989 *Mandarin Chinese: A Functional Reference Grammar.* Berkeley, CA: University of California Press.

Palmer, F. R. 2001 *Mood and Modality* (2nd edition). Cambridge: Cambridge University Press.

Searle, J. R. 1983 *Intentionality.* Cambridge: Cambridge University Press.

Van der Auwera, J. & Plungian, V. A. 1998 Modality's Semantic Map. *Linguistic Typology* 2(1).

论[许可]和[免除]的两种隐含义[*]

林刘巍

1. 引　言

一般认为,"道义情态"可以分为[许可]和[必要]两类,前者表示说话人允许听话人做出某种行为,后者表示说话人强制要求听话人做出某种行为。[许可]被否定后表示的是说话人不允许听话人做出某种行为,我们将这种语义称为[禁止]。[必要]被否定后表示的是说话人免除了对听话人道义上的强制要求,即允许听话人不做出某种行为,我们把这种语义称为[免除]。现代汉语中通常使用情态动词或"否定词+情态动词"结构来表达道义情态,有时也使用补语来表达,例如:

(1)你<u>可以</u>回去了 / 你<u>能</u>回去了　　　　　　　[许可]

(2)你<u>必须</u>回去 / 你<u>得</u>回去　　　　　　　　　　[必要]

(3)你<u>不可以</u>回去 / 你<u>不能</u>回去 / 你<u>别</u>回去　　[禁止]

(4)你<u>不必</u>回去 / 你<u>不用</u>回去 / 你<u>用不着</u>回去　[免除]

我们注意到,字面义表示[许可]和[免除]的结构在语境中可能得到两种会话隐含义,而且这两种隐含义是相互矛盾的。例如:

(5)a. (李嘉诚在向一位老板推销商品)"好了好了,你不要再说

---

* 本文原载于《汉语学习》2016 年第 4 期,收录时略有改动。

了。"老板听到这里,已经很不耐烦,向李嘉诚挥了挥手说:"你<u>可以</u>走了。"(窦应泰《李嘉诚家族传》)

b. 现在我<u>可以</u>走了,可是我自己不想走了。(李敖《李敖对话录》)

(6)a. 母亲:"珍珍,……你<u>不必</u>解释了,听我的。"看见女儿似乎要申辩,母亲急急忙忙地止住了她。(冯德全《这样说孩子最能接受》)

b. 按规定,她在第四年<u>不必</u>上课了。(《1994年报刊精选》)

"可以"的字面义属于道义情态[许可]。在例(5a)中,如果李嘉诚不走,而是继续推销,那他就违背了"老板"的指令,所以这里"可以走"的隐含义是"必须走"①。而例(5b)正好相反,"可以走"的隐含义是"不是必须走"。这两种隐含义是矛盾的。

"不必"的字面义属于道义情态[免除]。在例(6a)中,"你不必解释"的意思并不是"你可以解释,但不是必须解释",而相当于"你不要再解释了"。如果女儿接受母亲的指令,她就不能做出"解释"这种行为。所以例(6a)的隐含义属于[禁止]。而例(6b)中的"她不必上课"则隐含了"没有禁止她上课"②。这两种隐含义也是矛盾的。

本文想要说明两个问题:

A.上述两种隐含义分别由足量原则和不过量原则推理得到。

B.不过量原则推理得出的隐含义对语境依赖较大。说话人遵循礼貌原则,试图缓和对听话人面子的威胁是使用不过量原则进行推理的动因。

---

① 贝罗贝、李明(2008:4—5),已经指出"'你可以走',在适当的语境中,这个'可以'其实隐含有'我要求你走,你必须走'的意思",我们完全赞同这种看法,并将在此基础上指明这种隐含义产生的语用推理机制和动因。

② "没有禁止她上课"是"她不必上课"的隐含义,因为这个语义可以被消除,例如"她不仅不必上课,而且不可以上课了";也可以被追加,例如"她不必上课,但不是不可以上课"。

2. 语用推理的机制:足量和不过量原则

沈家煊(2004)指出,通过足量原则和不过量原则可以推导出两种不同的隐含义①。

2.1 足量原则——[许可]隐含[非必要]、[免除]隐含[非禁止]

说话人策略:尽可能多说,表达出尽可能多的信息。

听话人策略:如果听到P,则推断"最多是P"。

根据足量原则推导的隐含义可以概括为:如果说话人只使用了信息量较小的成分,那就意味着他不能使用信息量更大的成分(姜望琪,2003)。列文森(Levinson,1987)认为可以通过"衍推关系"判断信息量的大小。例如,如果"老张有3个孩子"为真,那么"老张有2个孩子"必定为真,反之则不然,因此前者衍推后者。在这种情况下我们就可以认定前者的信息量大于后者。例如:

表1

信息量大小	句子	隐含义
2 < 3	老张有2个孩子。	老张没有3个孩子。
暖和 < 热	天气暖和。	天气还不算热。

---

① Grice(1975)认为"足量原则"和"不过量原则"是"数量准则"的两个方面。在本文的讨论中,"足量原则"和"不过量原则"分别相当于Horn(1984)提出的"Q原则"和"R原则"。

续　表

信息量大小	句子	隐含义
不定指＜定指	他和<u>一个女人</u>一起吃饭。	他不是和<u>他妻子</u>一起吃饭。

上述例句中需要解释的是"不定指＜定指"。"他妻子"肯定是"一个女人",反之则不然。因此前者信息量较大。当说话人使用"他和一个女人一起吃饭"时,听话人有理由相信"他不是和他妻子一起吃饭"(至少说话人不知道这一点)。因为根据足量原则,如果说话人知道这一点,就应该使用"他的妻子"这个信息量较大的表达式,而不应该使用"一个女人"这个信息量较小的表达式。

现在,我们来解释本文提出的第一类隐含义,即[许可]隐含[非必要],[免除]隐含[非禁止]的成因。

在下列例句中,如果例(7a)成立,那就意味着(7b)一定成立,因此我们可以说[必要]衍推[许可]。同理,如果例(8a)成立,那么(8b)一定成立,因此我们可以说[禁止]衍推[免除]。

(7)a. 你<u>必须</u>去北京 / 你<u>得</u>去北京 / 你<u>要</u>去北京　　　[必要]

　　b. 你<u>可以</u>去北京 / 你<u>能</u>去北京了　　　　　　　　　[许可]

(8)a. 你<u>不可以</u>去北京 / 你<u>不能</u>去北京 / 你<u>别</u>去北京　[禁止]

　　b. 你<u>不必</u>去北京 / 你<u>不用</u>去北京 / 你<u>用不着</u>去北京　[免除]

根据列文森的定义,我们可以通过衍推关系判断[许可]的信息量小于[必要],[免除]的信息量小于[禁止]。因此,根据足量原则,如果说话人使用了信息量较小的[许可],听话人就可以推断信息量较大的[必要]不成立。同理,如果说话人使用了信息量较小的[免除],听话人就可以推断信息量较大的[禁止]不成立。前人对于根据足量原则推理得出的隐含义探讨较多,[许可]隐含[非必要]、[免除]隐含[非禁止]就属于这种情况,此处不再详述。

2.2　不过量原则——[许可]隐含[必要]、[免除]隐含[禁止]

说话人策略:尽可能少说,只提供实现交际目的所需的最少语言信息。

听话人策略:如果听到 P,则推断"至少是 P"。

正如沈家煊(2004)指出的那样,隐含义还可能由不过量原则推导产生。在这种情况下隐含义的信息量比字面义的信息量大。例如:

表 2

信息量大小	句子	隐含义
先后 < 因果	<u>自从</u>他来了问题都解决了。	<u>因为</u>他来了问题都解决了。
如果 < 当且仅当	<u>如果</u>你来,我就告诉你。	<u>当且仅当</u>你来,我才告诉你。
不定指 < 定指	他划破了<u>一个</u>手指。	他划破了<u>他的</u>一个手指。

第一,因和果的关系肯定是先和后的关系,所以先后关系的信息量小于因果关系。根据足量原则,如果听话人只表达了信息量较小的先后关系,那么句子的隐含义将是"因果关系不存在",但该句的语义显然并非如此。

第二,"如果"表达的语义是"充分条件","如果你来,我就告诉你"实际上并未排除"即使你不来,我也告诉你"这种可能性。"当且仅当"表达的语义是"充要条件",不存在上述情况,因此信息量较大。在实际话语中"如果你来，我就告诉你"一般隐含了"如果你不来，我就不告诉你"，这种隐含义无法通过足量原则推理得出。

第三，"他的一个手指"必然是"一个手指"，因此前者信息量较大。根据足量原则，如果说话人使用了"一个手指"这个信息量较小的表达式，那么就隐含了"他的手指"这个信息量较大的表达式不成立，但实际情况并非如此。

显然，上述句子的隐含义不是通过足量原则，而是通过不过量原则推理得出的。不过量原则可以概括为：听话人有理由相信说话人只提供了必要信息，因此听话人在理解时有必要进行扩展，得出超过字面意义信息量的解读。

(9) 那天她只跟莫干山说了一句话：你可以滚了。（电视剧《历史的天空》）

(10) "台独"谬论可以休矣。（《人民日报》1995年）

"可以"的字面义属于道义情态［许可］，但例(9)(10)中的"可以"实际上相当于"必须"或"应当"，语义上不属于［许可］而属于［必要］。这和本文开头提到的例(5a)一样，是以［许可］隐含［必要］。

(11) 小刚一听火了："用不着你管，你又不是我妈，你给我滚！"（《人民日报》1994年）

(12) 雪瑛有点不耐烦了："这件事你不用再管，我找别人。"（电视剧《乔家大院》）

"用不着""不用"的字面义属于道义情态［免除］，但在例(11)(12)中说话人使用这些结构的目的并不是免除听话人做某事的义务，而是要求听话人不做出这种行为，"用不着你管"和"你不用再管"并不等于"你没有必要管（要管也可以）"，而相当于"你别管了"。这和本文开头提到的(6a)一样，属于以［免除］隐含［禁止］。

我们在上一节已经证明[许可]的信息量小于[必要],[免除]的信息量小于[禁止],因此无法通过足量原则推理得出前者隐含后者。上述例句中的隐含义和以"先后"隐含"因果"、以"如果"隐含"当且仅当"、以"不定指"隐含"定指"一样,都是通过不过量原则进行推理得到的。

沈家煊(1999:63)指出,足量和不过量原则不是同等重要的,在一般情况下首先要符合足量原则,然后才考虑不过量原则。这就导致根据不过量原则推理得到的隐含义比根据足量原则推理得到的隐含义更依赖语境(沈家煊,2004)。所以[许可]隐含[非必要]、[免除]隐含[非禁止]几乎可以脱离语境而存在;[许可]隐含[必要]、[免除]隐含[禁止]则十分依赖语境,需要受到一定条件的限制。所以我们还需要指出这种限制性因素是什么,以及说话人为什么宁愿冒着被误解的风险也要使用这种会话隐含义。

3. 语用推理的动因:礼貌原则

3.1 道义情态范畴

我们认为[许可]隐含[必要],[免除]隐含[禁止]更深层次的动因是"礼貌原则",具体来说是说话人想要缓和话语对听话人面子的威胁。

莱考夫(Lakoff,1973)认为礼貌原则包括三个方面:A. 不强迫听话人做出某种行为;B. 给予听话人选择权;C. 保持友好的态度。布朗和列文森(Brown & Levinson,1987)将人们对面子的需求分为两种,其中的"消极面子"包括"行动自由,不受强迫"。

[必要]和[禁止]分别是要求听话人施行/不施行某种行为的指令,两者都会对"不强迫""给予选择权""避免侵犯自由"等方面构成挑战,因此表达[必要]和[禁止]属于面子威胁行为。根据礼貌原则,这种情况下最好不要直言不讳,应该采用委婉表达,让对方自己去推理,这样就能保护听话人的面子。

[许可]表示允许听话人施行某种行为,[免除]表示说话人不要求听话人施行某种行为。两者的相同点在于,不管听话人是否施行这种行为都不违反指令,因此听话人有一定的"选择权"。而[必要]和[禁止]则不同,听话人如果不想违背这两种指令,就必须做出/不做出相应的行为,没有任何的选择余地。这种语义上的不同表现为[许可][免除]和[必要][禁止]允准后续句的能力有所不同,例如:

(13)你<u>可以</u>去,但也可以不去。　　　　　[许可]

(14)*你<u>必须/得/要</u>去,但也可以不去。　　　[必要]

(15)你<u>不必/不用/用不着</u>去,但也可以去。　[免除]

(16)*你<u>别/不能/不可以</u>去,但也可以去。　[禁止]

因此,在表示[必要]和[禁止]这两种语义的时候,说话人如果考虑到礼貌原则,就应当采取委婉的表达,使用信息量较小的[许可]和[免除]来增大听话人的"选择权"。这样就缓和了[必要]和[禁止]对听话人面子的威胁。吕叔湘(1982:306)指出,"在表示'必要'的词语上加'不'字,这当然比直接禁止要委婉些"。另一方面,听话人也知道在构成面子威胁的语境中,说话人有可能使用信息量较小的表达方式,因此听话人会根据不过量原则得出超过话语字面义信息量的解读。

需要注意的是,由于说话人使用[许可]和[免除]来表达[必要]和[禁止]的目的是保护听话人的面子,所以[许可]和[免除]一般只有在面子威胁语境中才有可能通过不过量原则进行推理得到隐含义[必

要]和[禁止]。而且话语对听话人的面子威胁越大,根据不过量原则推导隐含义的可能性也就越大。例如:

(17) a. 警察对嫌疑犯说:"你<u>可以</u>走了。"(非面子威胁语境)

    b. 老板对推销员说:"你<u>可以</u>走了。"(面子威胁语境)

(18) a. 医生对病人说:"你的病已经好了,以后<u>不必</u>/<u>不用</u>/<u>用不着</u>来了。"(非面子威胁语境)

    b. 厂长对工人说:"这点事也做不好,以后<u>不必</u>/<u>不用</u>/<u>用不着</u>来了。"(面子威胁语境)

在通常情况下,"走"对于嫌疑犯来说是有利的,但对推销员来说是不利的。"来"对于病人来说是不利的,但对于工人来说是有利的。所以例(17)(18)的 a 句不会构成面子威胁,而 b 句有可能构成面子威胁。因此上述例句中的 a 句都不能通过不过量原则进行推理,而只能通过足量原则推理。相反,b 句中的"可以"和"不必""不用""用不着"等更有可能通过不过量原则进行推理,分别得到隐含义[必要]和[禁止]。

不过,以[许可]和[免除]来表达隐含义[必要]和[禁止]已经表现出进一步"规约化"的趋势。也就是说,这种原本为了减少面子威胁而采用的礼貌的表达方式正逐步成为常规性的表达。请看例句:

(19) 明星评委<u>可以</u>滚蛋了。(《新京报》2006 年)

(20) 此举无疑是犯了男人都会犯的错,<u>不必</u>再狡辩欺骗社会大众。(环球网 2010 年)

例(19)中的"可以滚蛋"并不意味着"不滚蛋也可以",而相当于"必须滚蛋",属于以[许可]隐含[必要];例(20)中的"不必再狡辩"也不等于"再狡辩也可以",而相当于"不能再狡辩",属于以[免除]隐含[禁止]。

在上述两个例句中,说话人使用了"滚蛋""狡辩"和"欺骗"等词语,可见说话人是故意进行不礼貌的表达,至少可以说他们无意展示礼貌的态度。在这种情况下,说话人本来没有必要采用信息量较小的表达方式来隐含信息量较大的表达方式,但他们仍然使用了"可以"和"不用"这两个字面意义分别属于[许可]和[免除]的结构来表示会话隐含义[必要]和[禁止],这是上述隐含义"规约化"的表现。

3.2　其他具有信息量等级性的范畴

我们认为,为了遵循礼貌原则,说话人在能够传递较大的信息量时仍然选择使用信息量较小的表达方式,并期待听话人通过不过量原则进行推理得出隐含义的现象不仅存在于道义情态范畴中,也普遍存在于具有信息量等级性的范畴中。

根据博纳丰等学者(Bonnefon & Villejoubert, 2005, 2006; Bonnefon, Feeney & Villejoubert, 2009)的论述,在认识情态和量化词这两个具有信息量等级性的范畴中,出于礼貌,说话人在能够表达较大的信息量时也会使用信息量较小的表达方式来保护听话人的面子。

首先,在某些情况下说话人其实有能力表达信息量较大的"所有",却只表达了信息量较小的"有些",例如:

(21) a. *What impression did I make during dinner?*

(晚宴上我给大家留下的印象如何?)

b. *Some thought you drank too much.*

(有些人觉得你喝得太多了。)

即使 b 明确知道"所有人"都觉得 a 喝得太多了,也倾向使用信息量较小的"有些人"。

其次,在某些情况下说话人其实可以表达信息量较大的"一定",却只表达了信息量较小的"也许",例如:

(22) *It is probable that your bad breath makes men uncomfortable.*

（也许是你的口臭让别人感到不适。）

即使说话人明确知道听话人的口臭让别人感到不适,他还是倾向于使用信息量较小的"也许"而不是信息量较大的"一定"。姜望琪(2014)注意到了这一问题,他进一步归纳为"说话人的立场、态度可以影响有关词语所传递的信息量",我们赞同这一观点。

我们认为,本文探讨的现象,即听话人在可以表达信息量较大的[必要]和[禁止]时,却只表达了信息量较小的[许可]和[免除],这与上述例句反映的现象具有很大的相似性,详见下表:

表3　量化词、认识情态、道义情态范畴的信息量等级

	量化词	认识情态	道义情态	
信息量大	全称量词 （所有）	必然性 （一定）	必要 （必须、要）	禁止 （别、不能、不可以）
信息量小	存在量词 （有些）	可能性 （可能）	许可 （可以、能）	免除 （不必、不用、用不着）

我们将这一系列现象归纳为:在面子威胁行为中,出于礼貌的目的,说话人倾向于表达较小的信息量;此时听话人有必要根据不过量原则进行推理(相信说话人只表达了不足量的信息),从而得出超过话语本身信息量的理解。

4. 结　语

表示道义情态意义[许可]和[免除]的结构在不同语用原则的作

用下可以得到两种互相矛盾的隐含义。在足量原则的作用下,[许可]可以隐含[非必要]、[免除]可以隐含[非禁止],这两种隐含义对语境的依赖较小。在不过量原则的作用下,[许可]可以隐含[必要]、[免除]可以隐含[禁止],这两种隐含义对语境的依赖较大。

表示[许可]和[免除]的结构通过不过量原则推导隐含义的动因是礼貌原则。具体来说,说话人使用信息量较小的[许可]和[免除]替代信息量较大的[必要]和[禁止],这就了扩大听话人的选择权,进而达到了缓和对听话人面子威胁的这一目的。因此这种隐含义一般出现在可能造成面子威胁的语境中。而且话语对听话人面子的威胁越大,[许可]和[免除]隐含[必要]和[禁止]的可能性也越大。这种礼貌的表达方式已经表现出规约化的倾向,即使说话人并不想遵循礼貌原则来保护听话人的面子,他也可能无意识地采用这种表达方式。

综合本文讨论的现象及前人的研究,在道义情态、认识情态和量化词这些具有信息量等级性的范畴中,如果话语有可能威胁到听话人的面子,说话人一般倾向于使用信息量较小的表达方式,即通常所说的模糊、委婉的表达。这时,听话人只有通过不过量原则进行推理才能正确的理解话语的隐含义。

参考文献

贝罗贝、李明,2008,《语义演变理论与语义演变和句法演变研究》,《当代语言学理论和汉语研究》,北京:商务印书馆。

姜望琪,2003,《当代语用学》,北京:北京大学出版社。

姜望琪,2014,《语用推理之我见》,《现代外语》第 3 期。

吕叔湘,1982,《中国文法要略》,北京:商务印书馆。

沈家煊,1999,《不对称和标记论》,南昌:江西教育出版社。

沈家煊,2004,《语用原则、语用推理和语义演变》,《外语教学与研究》第 4 期。

Bonnefon, J. - F. & Villejoubert, G. 2005 Communicating Likelihood and Managing Face: Can We Say Tt Is Probable When We Know in to be Certain? In B. G. Bara, L. Barsalou & Bucciarelli, M. (eds.), *Proceedings of the 27th Annual Conference of the Cognitive Science Society*. NJ: Erlbaum.

Bonnefon, J. - F. & Villejoubert, G. 2006 Tactful or Doubtful?: Expectations of Politeness Explain the Severity Bias in the Interpretation of Probability Phrases. *Psychological Science* 17(9).

Bonnefon, J. - F. , Feeney, A. & Villejoubert, G. 2009 When Some Is Actually All: Scalar Inferences in Face-threatening Contexts. *Cognition* 112(2).

Brown, P. & Levinson, S. 1987 *Politeness: Some Universals in Language Usage*. Cambridge: Cambridge University Press.

Grice, H. P. 1975 Logic and Conversation. In Cole, P. & Morgan (eds.), *Syntax and Semantics*(Vol. 3): *Speech Acts*. New York: Academic Press.

Horn, L. R. 1984 Toward a New Taxonomy for Pragmatic Inference: Q-based and R-based Implicature. In Schiffrin, D. (ed.), *Meaning, Form, and Use in Context*. Washington: Georgetown University Press.

Lakoff, R. 1973 The Logic of Politeness. In Claudia Corum, T. C. Smith-Stark, & Weiser, A. (eds.), *Papers from the Ninth Regional Meeting of the Chicago Linguistic Society*. Chicago: Chicago Linguistic Society.

Levinson, S. 1987 Pragmatics and the Grammar of Anaphora: A Partial Pragmatic Reduction of Binding and Control Phenomena. *Journal of Linguistics* 23(2).

从"不用"与"甭"的差异
看语用法的凝固化[*]

林刘巍

1. 引　言

《现代汉语词典》(2012:64)和《现代汉语八百词(增订本)》(1999:71)都把"甭"解释为"'不用'的合音"。这似乎意味着两者只有语音上的差别,但实际上它们的语义和句法分布也不相同。本文首先描述两者语义和句法的差异,然后解释这些差异的成因,最后结合历时和其他语言的材料论证像"甭"这样原本表示"不需要"的结构发展出"禁止"义并非个例,而是具有一定的普遍性。

2. "不用"和"甭"的差异

2.1 "不用"和"甭"的语义差异

虽然"不用"和"甭"存在明显的源流关系,但两者的语义并不完全相同。现代汉语中的"用"有"需要"这一义项(《现代汉语词典》,

---

＊　本文原载于《语言教学与研究》2017年第2期,收录时略有改动。

2012:1569）。相应地,"不用"表示的是"事实上没有必要"①(《现代汉语词典》,2012:113)。而"甭"的语义则较为复杂,《现代汉语八百词(增订本)》(1999:71)将"甭"分为两个独立的义项:

甭:'不用'的合音。用于口语。

1.表示不需要。例句:这以后的事你都清楚,我就~讲了。

2.表示劝阻,禁止。例句:你~管。告诉他,~来!②

通过比较可以发现,"甭"义项1中的"不需要"与"不用"释义中的"没有必要"语义大致相当,而"甭"的义项2是"不用"所没有的。也就是说,"甭"比"不用"多出了"劝阻,禁止"这一意义。朱德熙(1982:65)已经注意到了这种区别,他指出,"甭"用在祈使句中表示"禁止"义时不能换成"不用"。以下我们将表示"不需要"的"甭"称为"甭₁",将表示"劝阻,禁止"的"甭"称为"甭₂"。

"不用"和"甭₁""甭₂"都表示道义情态意义。道义情态首先可以根据语义的强弱分为[必要]和[许可]两类(Palmer,1990:69)。[必要]表示说话人强制要求听话人做出某种行为,比如"你<u>必须</u>离开/你<u>得</u>回家了"。[许可]表示说话人允许听话人做出某种行为,比如"你<u>可以</u>走了"。为了论证的精确和简明,我们还需要引入[不必]和[禁止]这一对概念。

[不必]是对[必要]的否定,即"不必要";[禁止]是对[许可]的否定,即"不许可"。[不必]和[禁止]的区别在于[禁止]不能接表示[许可]的后续句,否则会导致语义前后矛盾,而[不必]可以接表示[许可]的后续句,例如:

---

① 表示"不使用"的词组"不用"不属于本文讨论的范围。

② 《现代汉语八百词(增订本)》将"表示劝阻,禁止"列为义项1,将"表示不需要"列为义项2,这与两种语义产生的先后顺序不符,我们将义项1和2的顺序对调以方便行文。

（1）a. ＊不可以/不能/不要来,但可以来。 ［禁止］

　　b. 不用/不必/用不着来,但可以来。 ［不必］

《现代汉语八百词(增订本)》对表示［不必］的"甭₁"给出的例句是"这以后的事你都知道了,我就甭讲了","我"只是因为"你都知道了"所以没有必要讲,因此如果加上后续句"我可以讲"也不会造成语义矛盾;对表示［禁止］的"甭₂"给出的例句是"你甭管",如果加上后续句"你可以管"则会造成矛盾。也就是说,"甭₁"和"不用""不必""没必要""不需要""用不着"是一类,它们的语义都是［不必］;而"甭₂"和"不可以""不能""不要"是一类,它们的语义都是［禁止］。

　　综合上述分析,"不用"和"甭"语义的异同可以做如下归纳:"甭"和"不用"都可以表示［不必］,但"甭"还可以表示［禁止］,这种语义是"不用"所没有的①。

2.2 "不用"和"甭₁"的句法差异

　　我们注意到,虽然"不用"和"甭₁"都表示［不必］,但两者的句法分布范围存在显著差异。首先,朱德熙(1982:65)指出,"不用"可以带体词宾语,"甭"不能带体词宾语"。例如:

（2）a. 不用你操心

　　b. ＊甭你操心

　　除此之外,我们发现,"不用"和"甭₁"的差别还体现在"不用"可以比较自由地出现在祈使句和非祈使句中,但许多出现在非祈使句中的"不用"很难用"甭₁"来替换。这说明,虽然"不用"和"甭₁"都可以表示［不必］,但"甭₁"的句法分布范围远小于"不用"。下面列举部分可以

---

① 这里的"语义"指的是词汇义。"不用"在语境中可以得到［禁止］这种语用义。

表现这种区别的典型句法环境:

第一,"不用"可以单独回答问题,"甭₁"单独回答问题的情况比较少见。例如:

(3)父亲说:你喜欢的,随便挑几本吧。(史铁生《务虚笔记》)

　　a. 不用了,他们不让带书。

　　b. *甭了,他们不让带书。①

第二,"不用"可以出现在定语内部,"甭₁"一般不行。例如:

(4)a. 我住着不用花租金的房子。(老舍《我这一辈子》)

　　b. *我住着甭花租金的房子。

第三,"不用"可以比较自由地出现在疑问句中,而"甭₁"在疑问句中受到很大限制,例如:

(5)a. (瑞宣问医生):不用听听心脏吗? (老舍《四世同堂》)

　　b. *甭听听心脏吗?

由此可见,"甭"和"不用"在语义和句法上都存在差异:语义方面,"甭"的[禁止]义是"不用"所没有的;句法方面,同样是表示[不必],"甭₁"的句法分布范围小于"不用"。

3. 从"不用"到"甭":语用法的凝固化

根据朱德熙(1982)的论述,"不用"和"甭"存在源流关系,"不用"是"源","甭"作为"不用"的合音形式是"流"。我们认为,"不用"表示[不必],"甭₁"继承了这种语义,而"甭₂"表示[禁止]是语用法凝固化

---

　　① 这句话在地道的北京话中可以成立,但多数普通话使用者认为这句话的可接受程度不高。我们认为"甭"单独回答问题这种用法具有比较明显的方言色彩。感谢《语言教学与研究》的匿名审稿专家提醒我们注意这一问题。

的结果。以下我们就从语用推理的机制和动因两方面来分析。

3.1　语用推理的机制——不过量准则

在"甭"从［不必］发展出［禁止］义的过程中，"不过量准则"发挥了重要作用。按照沈家煊（2004）的介绍，"不过量准则"和"足量准则"互相矛盾，互相制约。

足量准则：尽可能多说，使话语的信息量尽可能充分。

不过量准则：尽可能少说，只提供实现交际目的所需的最少信息量。

列文森（Levinson，1987）指出，"衍推关系"是判断信息量大小的标准。如果 A 衍推 B，那么 A 的信息量大于 B 的信息量。例如，如果"小王有 3 个苹果"为真，那么"小王有 2 个苹果"一定为真，所以"3"衍推"2"，"3"的信息量大于"2"。

一般情况下，"小王有 2 个苹果"的隐含义是"小王没有 3 个苹果"。这种隐含义是根据足量准则进行推理得到的，可以表示为：如果说话人使用了信息量较小的表达方式，那就意味着信息量更大的表达式不成立。根据足量准则推理得到的隐含义比较常见，本文不再赘述。根据不过量准则推理得出的隐含义与上述情况完全不同，请看例句：

（6）如果你办好了这件事，我就给你钱。

　　隐含义：当且仅当你办好了这件事，我才给你钱。

（7）他来了以后，所有问题都迎刃而解。

　　隐含义：因为他来了，所有问题都迎刃而解。

例（6）中的"如果……就"表示的是充分条件，而"当且仅当"表示的是充分且必要条件，后者的信息量较大。例（7）中的"以后"表示的是先后关系，"因为"表示的是因果关系。原因和结果一定存在先后关系,但先后关系未必是因果关系,所以因果关系的信息量较大。上述例句的隐含义都是通过不过量准则推理得到的,可以表示为:说话人使用了信息量较小的表达式,但意味着信息量更大的表达式也成立。

本文讨论的[不必]和[禁止]这两种语义也存在信息量大小的差别,[禁止]的信息量较大,[不必]的信息量较小。如例(8)所示,如果表示[禁止]的(8a)成立,则表示[不必]的(8b)一定成立,反之则不然,可见[禁止]衍推[不必]。由列文森的定义可知,[禁止]的信息量大于[不必]的信息量。

(8)a. 你<u>不可以/不能/别</u>去　　　　[禁止]

　　b. 你<u>不用/不必/用不着</u>去　　　　[不必]

下列例句的字面义属于信息量较小的[不必],但隐含义是信息量较大的[禁止]。和上文的例(6)(7)一样,下列例句的隐含义也是根据"不过量准则"推理得出的。

(9)母亲:珍珍,你真让我伤心……你<u>不必</u>解释了,听我的。……我不想听你的任何解释,你让我失望极了。(冯德全《这样说孩子最能接受》)

(10)佟养真突然站立起来,生气地说:"<u>不用</u>再说了,送客!"(李文澄《努尔哈赤》)

(11)蔷薇夫人吼道:"老娘的事,<u>用不着</u>你管!"(古龙《小李飞刀》)

在例(9)中,母亲使用了"不必",但从下文"我不想听你的任何解释"可以看出,她并非想要表达"你<u>不是必须</u>解释(要解释也可以)",而是想表达"你<u>别</u>解释了"。如果这时候女儿继续解释就违反了母亲的指令。同样,在例(10)(11)中,"不用再说"并不意味着"不是必须说(要说也可以)","用不着你管"也不意味着"你不是必须管(要管也可以)",说话人想表达的都是"别 VP 了"。

上述例句都是通过字面义为[不必]的结构来表达[禁止]这种隐含义。这是通过"不过量准则"推理得到的,说话人只提供了实现交际目的所需的最少量信息,而听话人也知道说话人只提供了不足量的信息,在理解时应当进行扩展,推理出比字面意义更多的信息。

不过,正如沈家煊(2004)指出的那样,不过量准则是"第二性的",通过不过量准则推导出的隐含义比通过足量准则推导出的隐含义更依赖"背景信息"。隐含义[禁止]是由字面义[不必]通过不过量准则推导出来的,所以我们还需要解释,为什么说话人愿意冒着听话人错误理解的风险来使用这种"第二性的"隐含义。

3.2 语用推理的动因——礼貌原则

我们认为,"礼貌原则"是"甭"在[不必]义之外又产生[禁止]义的动因。具体来说,说话人为了缓和对听话人"面子"(face)的威胁,在需要表达[禁止]时,使用了字面义为[不必]的"甭"。

吕叔湘(1982:306)指出,在表示[禁止]的时候说成"'无此必要',就缓和多了"。吕先生所说的"无此必要"就是我们所说的[不必]。李明(2003)也指出,"说话人为委婉起见,在想表达禁止义的场合,有时也说不必怎么样"。前人的研究已经注意到以[不必]来表示[禁止]更"缓和"或者说"委婉",但并未说明为什么会有这种效果。我们认为这种现象要通过礼貌原则来解释。

莱考夫(Lakoff,1973)指出,依照礼貌原则,说话人不应当强迫听话人做出某种行为,而应当给予听话人"选择权"。布朗和列文森(Brown & Levinson,1987)指出,在交际过程中听说双方都有"面子需求","行动的自由和免受强迫的自由"是面子需求的一个重要方面。

[禁止]是说话人要求听话人根据自己的意志不做出某种行为。

这实际上构成了一种强迫,没有给予听话人任何"选择权",剥夺了听话人"行动的自由"。而[不必]表示的是说话人免除了听话人做出某种行为的义务,无论听话人是否做出这种行为都没有违反说话人的指令。所以,在说话人使用[不必]义结构时,听话人仍然具有"选择权"。因此,在需要表达[禁止]的时候,如果说话人遵循礼貌原则,就应当使用信息量较小的[不必],以此来缓和对听话人的面子造成的威胁。同时,根据礼貌原则,听话人也知道说话人在"面子威胁行为"(face-threatening act)中很可能使用委婉语,那么他就会根据不过量准则进行推理,得出超过话语字面义信息量的理解。在需要表达[禁止]时只表达[不必]的好处在于,说话人主动照顾了听话人的面子,听话人因此也就更乐于接受说话人的指令,客观上能增强交际效果。所以说话人愿意冒着被误解的风险使用这种隐含义。

3.3 语用法的凝固化

我们认为,在面子威胁语境中通过[不必]来表达[禁止]已经在一定程度上"规约化"(conventionalization)了,这种礼貌的表达方式逐渐变成了一种常规性的表达方式。例如:

(12)"你<u>不用</u>再狡辩,我们是警察。"话音刚落,民警快步走向李某将其控制。(《新法制报》2011 年)

(13)你们以后<u>不用</u>再用我的承诺来要挟我了。(中央电视台《海峡两岸》节目 2010 年)

例(12)中的"你不用再狡辩"显然不等于"你不是必须狡辩(再狡辩也可以)",而相当于"别再狡辩",属于以[不必]隐含[禁止],例(13)也是如此。

在上述两个例句中,说话人使用了"狡辩"和"要挟"等带有贬义色彩的词语,可见说话人有意展示一种不礼貌的态度,至少可以说他们无意照顾听话人的面子。在这种情况下,说话人原本没有必要采用礼貌的表达方式,但他们仍然习惯性地使用了"不用"这个字面意义属于[不必]的结构来表示隐含义[禁止]。可见这种表达方式的使用范围已经有所扩大,甚至扩大到一些明显带有不礼貌色彩的语境中。这是"不用"的隐含义[禁止]逐渐"规约化"的表现。如果隐含义[禁止]进一步凝固化,就有可能从语用层面进入语义层面,"甭"的[禁止]义就是这样产生的。参照沈家煊(2004)的论述,我们将上述过程表示为下图:

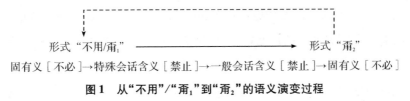

形式"不用/甭₁" ⟶ 形式"甭₂"

固有义［不必］→特殊会话含义［禁止］→一般会话含义［禁止］→固有义［不必］

图1　从"不用"/"甭₁"到"甭₂"的语义演变过程

图1显示了"甭"从固有义[不必]发展出[禁止]义的过程。根据上文的论证,"不用"等表示[不必]的结构可以在语境中得到隐含义[禁止],并且有进一步"规约化"的倾向,反映在上图中大致处于从"特殊会话含义"向"一般会话含义"过渡的过程中。而在"甭"这一形式中,[禁止]义的凝固化程度更深,已经被词典收录,成为"甭"的一个词汇义了。

既然"不用、不必、用不着"等表示[不必]义的结构在语境中都能得到隐含义[禁止],那么,为什么[禁止]义只在"甭"这个形式中凝固下来成为词汇义了呢?我们认为,这和"甭"是一个不可分析的形式有一定关系。在"不用、不必、用不着"等可以分析的形式中,[禁止]义要固化下来虽然并非不可能,但相比之下是较为困难的,因为这些结构原本的语义[不必]可以通过句法规则推知,而[禁止]义违背了一般的句法规则。但"甭"作为一个不可分析的形式就不存在这个问题,因此[禁止]义更容易固化下来。也就是说,"甭"形式上不可分析这一特点有利于从[不必]到[禁止]的语义演变。

4. 从[不必]到[禁止]语义演变的三个阶段

我们认为,从[不必]到[禁止]的语义演变过程可分为三个阶段:在第一阶段,[禁止]义仅仅存在于语用层面,脱离了语境无法存在,如现代汉语中的"不用、不必、用不着"等。在第二阶段,[禁止]义从语用层面进入语义层面,结构原本具有的[不必]义仍旧保留,形成[禁止]义与[不必]义共存的局面,如现代汉语中的"甭"。在第三阶段,结构原本具有的[不必]义消失,[禁止]义成为整个结构的唯一语义,如现代汉语中的"不要"。关于第一和第二阶段的问题我们在前文已有论述,现在我们以"不要"为例来讨论语义演变的第三阶段。

在现代汉语中,"要"表示[必要],"不要"表示[禁止]。如果我们把"要"和"必须""有必要"等其他表示[必要]的结构进行对比,就会发现"不要"的语义实际上违反了汉语否定的一般规律。

(14)a. 你要去　　　　　　[必要]

　　　b. 你不要去　　　　　[禁止]

(15)a. 你必须去　　　　　　[必要]

　　　b. 你不是必须去　　　[不必]

(16)a. 你有必要去　　　　　[必要]

　　　b. 你没必要去　　　　[不必]

从上述例句可以看出,"必须"和"有必要"这两个表示[必要]的结构被否定之后得到的语义都是[不必];而"要"同样表示[必要],但它被否定之后得到的语义却是[禁止]，这不符合汉语语法的一般规律。

前人已经对这种现象做出了很好的解释。吕叔湘（1982：306）指出，在需要表达[禁止]时，"近代汉语的通例是在表示'必要'的词语上加'不'字""可是'不要'一词用久了已经失去原义，干脆成了一个禁止词"。李明（2003）也提到，"不要"一开始表示的是"不必要"，即我们所说的[不必]，他所举的例证是：

(17) 今秋取讫，至来年更不须种，自旅生也。唯须锄之。如此，得
　　 四年不要种之，皆余根自出矣。（贾思勰《齐民要术》卷5）

汪维辉（2007：170）也将例（17）中的"不要"解释为"不必，不需要"，而现代汉语中的"不要"只能表示[禁止]，可见"不要"经历了从[不必]到[禁止]的历时演变。

根据向贤文（2014）的研究，至少在唐代，"不要"既可以表示"不需要"（即[不必]），又可以表示[禁止]，所以我们认为这一时期是上述语义演变的第二阶段，请看例句：

(18) 虚窗两丛竹，静室一炉香。门外红尘合，城中白日忙。无烦
　　 寻道士，不要学仙方。自有延年术，心闲岁月长。（白居易
　　 《北窗闲坐》）

(19) 如营不牢固，无险可恃，即军别量抽一两队充驻队，使坚营
　　 垒。如其辎重牢固，不要防守，驻队亦须出战也。（杜佑《通
　　 典》卷157）

(20) 若未可入，则深壁高垒，以逸待劳，自然不要诸处多置防备。
　　 （韩愈《论淮西事宜状》）

(21) 鲫鱼长六七寸以上并益人，仍不要生吃。生干脯不可吃。
　　 （王焘《外台秘要》卷11）

例（18）中的"不要"和上文的"无烦"相对应，《汉语大词典》将"无

烦"解释为"不需劳烦,不用"。可见,此处的"不要学仙方"并不是"不可以学",而是"不必学"。例(19)中的"不要"语义是[不必],因为"辎重牢固",所以"不必防守",例(20)也是如此。例(18)—(20)中的"不要"表示的都是[不必]。例(21)中的"不要"与上述三句不同,"不要生吃"表示的是"不可以生吃",即我们所说的[禁止]义。上述四例都属于唐代语料。可见,至少在唐代"不要"既有[不必]义又有[禁止]义。李明(2003)认为在元曲中还能见到"不要"表示[不必]的用例。所以"不要"的[不必]义可能在明代以后才完全消失,彻底完成从第二阶段向第三阶段的转变。

值得注意的是,原本表示[不必]的结构发展出[禁止]义这种现象不仅存在于汉语中,至少在俄语、法语和德语中也存在。霍恩(Horn,1989)提到,俄语词汇"nel'zja"现在表示的是[禁止],但根据语源学,该词的原义属于我们所说的[不必],也即俄语中的"nel'zja"经历了从[不必]到[禁止]的语义演变。与前者相比,法语中表示[禁止]义的结构"ne faut pas"更有参照意义,霍恩指出这一结构经历了以下语义演变过程:

(22)*Il ne faut pas que tu meures.*

意义1:你不是必须死。   [不必]

意义2:你不能死。   [禁止]

例(22)在14世纪之前只能表示[不必],但从14世纪开始,上述句子既可以理解为[不必],又可以理解为[禁止]。而在现代法语中,上述句子只能理解为[禁止],原本的[不必]义已经消失了。

另有研究指出,德语中的"nicht dürfen"在14世纪以前只能表示[不必];[禁止]义在14世纪产生,和原有的[不必]义共存;19世纪后,上述结构的[不必]义消失,[禁止]成为唯一语义(Narrog,2012)。这与"不要"的语义演变过程极为相似。

关于结构原本的语义［不必］为什么会消失，我们的解释是，在语义演变的第二阶段，［不必］和［禁止］这两种语义共存于同一个形式中，这两种语义都属于"道义情态"范畴，在许多情况下容易使句子产生歧义，妨碍交际的正常进行。因此这两种语义会形成竞争，难以稳定共存。由此可以推论，现代汉语中"甭"的两种语义——［不必］和［禁止］也存在竞争关系，难以稳定共存于"甭"这一形式中。我们在 1.2 节中已经提到，与合音前的形式"不用"相比，表示［不必］的"甭₁"句法分布的范围大大缩小了。更重要的是，出现在祈使句中的"甭"极易带上一定程度的［禁止］义，例如：

(23) a. 你<u>不用</u>去，但也可以去／你<u>不用</u>来，但也可以来　　　［不必］

　　 b. [?]你<u>甭</u>去，但也可以去／[?]你<u>甭</u>来，但也可以来

　　 c. [*]你<u>不能</u>去，但也可以去／[*]你<u>不能</u>来，但也可以来　　［禁止］

在例(23)中，a 句含有表示［不必］的"不用"，句子可以自由地带转折性后续句；c 句含有表示［禁止］的"不能"，句子不能带转折性后续句，否则语义前后矛盾。含有"甭"的 b 句带转折性后续句可接受度不高，这和表示［禁止］的"不能"接近，而与表示［不必］的"不用"不同。因此可以说，即使在"来""去"这样最为中性的语境中，"甭"也更容易理解为表示［禁止］的"甭₂"。可见，在现阶段"甭"的［禁止］义已经占据优势，而表示［不必］的"甭₁"在使用上受到限制，它的句法分布范围小于合音之前的形式"不用"。该现象可以视为"甭"在上述语义演变过程中，［禁止］义逐渐占据优势，［不必］义逐渐趋于消失的句法表现。依照目前的情况，我们推测［禁止］可能会逐步成为"甭"这一形式的唯一语义。当然，语义演变总是渐进的，根据上文的论述，"不要"的［禁止］义经过数百年的时间才完全取代［不必］成为结构的唯一语义，其他语言中同类的语义演变也都是经过相当长的时间才最终完成

的,所以"甭"从[不必]到[禁止]的语义演变也不会一蹴而就,在一定时期内上述两种语义仍可能共存于"甭"这一形式中。

5. 余论:从[不必]到[禁止]的语义演变在共时层面的表现

从[不必]到[禁止]的语义演变是一个历时变化过程,同时也会在共时层面留下印迹。从历时角度看,上述语义演变可以分为三个阶段(如表1所示),汉语的"不要"、法语的"ne faut pas"以及德语的"nicht dürfen"在不同时期有不同的语义就是这一历时演变的例证。

表1 从[不必]到[禁止]的语义演变过程及例证

阶段		第一阶段	第二阶段	第三阶段
语义		[不必]	[不必] [禁止]	[禁止]
历时角度	汉语"不要"	唐以前	唐至元	明以后
	法语"ne faut pas"	14 世纪以前	14 世纪之后①	现代
	德语"nicht dürfen"	14 世纪以前	14—19 世纪	19 世纪至今
共时角度	现代汉语层面	"不用"	"甭"	"不要"

语义历时演变过程也可能在共时层面上得到表现。其中为大家公

① 现代法语中"ne faut pas"只能表示[禁止],但由于文献缺乏,我们尚难以准确指出[不必]义何时消失。

认的是语义演变在地理空间(方言)上的表现。赵元任(1980:104,
130)指出,"地理上看得见的差别往往也代表历史演变上的阶段""所
以你现在从地理上横断面一看,就看出有好些相当于历史上纵断面的
变化出来"。以本文讨论的从[不必]到[禁止]的语义演变为例,假设我
们在共时层面找到三种方言 L₁、L₂、L₃,在这三种方言中"不要"的语义分
别为仅有[不必]义、[不必]和[禁止]兼有、仅有[禁止]义,那么这三种
方言就在共时层面上反映了"不要"语义演变的三个阶段,从[不必]到
[禁止]的语义演变过程就通过地理上(方言)的差异表现出来。潘悟云
(2010)将语音演变中的类似现象称为"地理空间投影",如图 2 所示:

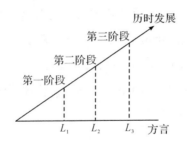

图2 语义演变在地理上的表现①

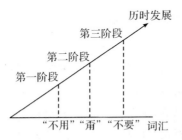

图3 语义演变在词汇上的表现

---

① 图 2 参照潘悟云(2010)的"地理视时图"。

我们发现,语义演变在共时层面的表现并不只有地理(方言)差异这一种形式。因为从[不必]到[禁止]的语义演变可能在不同的词汇形式上反复发生,所以,在同一种语言中,几个原本表示[不必]的结构可能都在经历上述语义演变过程。不过,由于演变开始时间和演变速度的不同,在同一个共时层面上,这几个结构可能对应着上述语义演变的不同阶段。在现代汉语普通话中,"不用"对应着语义演变的第一阶段,它只有[不必]这一种词汇义;"甭"对应着语义演变的第二阶段,原本属于隐含义的[禁止]已经凝固成为词汇义,形成[不必]与[禁止]共存的情况;"不要"对应着语义演变的第三阶段,它只有[禁止]这一种词汇义。因此,将"不用""甭""不要"从左到右依次排列在横轴上,并把它们和语义演变的不同阶段相对应,我们就能得到图3。在图3中,从[不必]到[禁止]的语义演变过程,通过同一种语言中处于同一共时层面的若干不同词汇形式反映出来。我们将这种现象称为语义历时演变在共时层面的"词汇投影"。

参考文献

李明,2003,《汉语表必要的情态词的两条主观化路线》,《语法研究和探索(十二)》,北京:商务印书馆。

吕叔湘,1982,《中国文法要略》,北京:商务印书馆。

吕叔湘,1999,《现代汉语八百词(增订本)》,北京:商务印书馆。

潘悟云,2010,《从地理视时还原历史真时》,《民族语文》第1期。

沈家煊,2004,《语用原则、语用推理和语义演变》,《外语教学与研究》第4期。

汪维辉,2007,《〈齐民要术〉词汇语法研究》,上海:上海教育出版社。

向贤文，2014，《汉语副词"不要"的词汇化》，《韶关学院学报》第 5 期。

赵元任，1980，《语言问题》，北京：商务印书馆。

中国社会科学院语言研究所词典编辑室，2012，《现代汉语词典（第 6 版）》，北京：商务印书馆。

朱德熙，1982，《语法讲义》，北京：商务印书馆。

Brown, P. & Levinson, S. 1987 *Politeness: Some Universals in Language Usage.* Cambridge: Cambridge University Press.

Horn, Laurence 1989 *A Natural History of Negation.* Chicago: University of Chicago Press.

Lakoff, Robin 1973 The Logic of Politeness. In Claudia Corum, T. Cedric Smith-Stark, & Weiser, A. (eds.), *Papers from the Ninth Regional Meeting of the Chicago Linguistic Society.* Chicago: Chicago Linguistic Society.

Levinson, Stephen 1987 Pragmatics and the Grammar of Anaphora: A Partial Pragmatic Reduction of Binding and Control Phenomena. *Journal of Linguistics* 23(2).

Narrog, Heiko 2012 *Modality, Subjectivity, and Semantic Change: A Cross-Linguistic Perspective.* Oxford: Oxford University Press.

Palmer, Frank 1990 *Modality and the English Modals*(2nd edition). New York & London: Routledge.

多义情态动词"能"的历时演变[*]

贾成南[*]

1. 引　言

"情态动词一般从实义动词发展而来,它首先发展出与实义动词在句法特征上较为相似的根情态用法,再发展出与副词在句法特征上较为接近的认识情态用法"(彭利贞,2007:100)。拜比等人(Bybee, Perkins & Pagliuca,1994:199)的研究认为从能力(ability)发展为认识情态可能(epistemic possibility)必须要经历从能力演变为根可能性(root possibility)这一过程。朱冠明(2008)、王红卫(2008)、李明(2016)、巫雪如(2018)等都对汉语情态动词"能"的语义演变进行过探讨,虽然使用的术语和观点不同,但他们都认同"能"是从"能力"义发展出动力情态,然后演化出道义情态和认识情态。他们认为"能"到现代汉语才演变出道义情态,对"能"的动力情态[意愿]义也持异议。

由此,我们认为以下几个问题仍值得进行进一步探讨:

A. 情态动词"能"有没有动力情态[意愿]义?

B. 情态动词"能"的道义情态义是什么时候产生的?

C. "能"的语义发展路径是怎样的?

---

* 本文部分内容载于《齐齐哈尔大学学报(哲学社会科学版)》2020 年第 12 期。

** 贾成南,浙江工商大学讲师。

2. 情态动词"能"的溯源与发展

2.1　上古时期[①]的情态动词"能"

2.1.1 本义的溯源

朱冠明(2008:130)和巫雪如(2018:200)解释"能"的本义时,都引用了《说文解字》的注释,即"熊属。足似鹿。从肉目声。能兽坚中,故称贤能;而强壮,称能杰也"。汤可敬(1997:1367—1368)对此做了注释:徐灏在《段注笺》中解释为"能,古熊字。假借为贤能之能,后为借义所专,遂以火光之熊为兽名之能";徐铉认为"目非声。疑皆象形";徐锴在《说文解字系传》里指出"坚中"就是"骨节实也"。汤可敬(1997:1367)认为"能兽里面的骨节坚实,所以引申作贤能;能兽强壮,所以引申作能杰"。"能"是象形字,在金文中的字形似"大狗熊"状(谷衍奎,2008:1167—1168)。李学勤(2013:885)认为"能(泥纽蒸部)"和"熊(匣纽蒸部)"在古音里相似,"能力、才能"义属于假借义;"有能力、有才能、胜任善长、能够、允许"等义是由"能力、才能"义引申而来的;《睡虎地秦墓竹简》:"及物之不能相易者。"后"熊"专指动物,而"能"则专作假借义。

综上所述,"能"的来源以及对《说文解字》中"能"的理解主要有两种观点。一种是"能"和"熊"的音相似。这种推测有一定道理,因为徐铉也认为《说文解字》中的"目非声。疑皆象形"。"能"和"熊"可能并

---

① 本文的汉语史分为上古汉语(先秦至秦汉,西汉为过渡期)、中古汉语(东汉至隋,初唐、中唐为过渡期)、近代汉语(晚唐至清初,清中晚期为过渡期)和现代汉语(五四运动以后至今)(参见方一新,2010)。

存过很长时间,起初"能"的本义是熊状动物,而"熊"可能是后起的。"能"的假借义"能力、才能"的使用范围扩大,而"熊"被专用于"熊状"动物。另一种是"能"的本义是"熊"似动物,这种动物"坚中""强壮"的特性引申为人"贤能""能杰"的特征。虽然《说文解字》中对"能"的注音有待商榷,但《说文解字》中"能"可以作部首,且与"能"组字的都与"熊"义有关(谷衍奎,2008:1168)。所以,我们也认为"熊"是"能"的本义,而"能"的"能力、才能"义先是从动物特有的能力引申为人的某种"能力"特性,如"贤能""能杰",继而又演化出"能力、擅长、许可、可能"等义。

2.1.2 情态动词"能"的产生与发展

"能"的用法在上古时期很丰富,可以做名词、动词、形容词和情态动词(李明,2016:19—23),其中情态动词具有动力情态[意愿][能力]义、道义情态[许可]义和认识情态[可能]义①,例如:

(1) 锡尔纯嘏,子孙其湛。其湛曰乐,各奏尔能。(《诗经·宾之初筵》)

(2) 对曰:"……臣闻其诗而不知也。若问远焉,其焉能知之?"王曰:"子能乎?"(《左传·昭公十二年》)

(3) 如恶之,莫如贵德而尊士,贤者在位,能者在职。(《孟子·公孙丑上》)

(4) 女受我田牧,弗能许酬从。(《酬从鼎》)

(5) 君有君之威仪,其臣畏而爱之,则而象之,故能有其国家,令闻长世。(《左传·襄公三十一年》)②

---

① 本文以现代汉语情态动词为参照,将情态动词分为认识情态动词、道义情态动词和动力情态动词(参见彭利贞,2007)。

② 以上引自李明(2016)。

（6）无功而祀之，非仁也；不知而不**能**问，非智也。（《国语·鲁语上》）

（7）若以水济水，谁**能**食之？若琴瑟之专壹，谁**能**听之？（《左传·
　　昭公二十年》）①

（8）富辰言于王曰："请召大叔。《诗》曰：'协比其邻，昏姻孔云。'吾
　　兄弟之不协，焉**能**怨诸侯之不睦？"（《左传·僖公二十二年》）

（9）我**不能**不糸县白（伯）万年保。（《县改簋》）

（10）有能比知同力，率群臣百吏而相与强君挢君，君虽不安，**不能
　　不听**，遂以解国之大患，除国之大害，成于尊君安国，谓之辅。
　　（《荀子·臣道》）

（11）无礼而好陵人，怙富而卑其上，弗**能**久矣。（《左传·昭公元年》）

（12）权钧则**不能**相使，势等则**不能**相并，治乱齐则**不能**相正，故小大、轻
　　重、少多、治乱不可不察，此祸福之门也。（《吕氏春秋》卷17）②

　　例（1）—（3）中的"能"分别为名词、动词和形容词，义为"能力、本
领""能够做到""有能力的"。"能"从动物"能"的"骨节坚实"的特性
隐喻为人的"能力"（例1），再由"能力"转喻为一种"有能力"的动作，
继而可以做动词/形容词（例2—3），逐渐虚化为情态动词，即在谓语动
词前可以表达"能力、意愿、许可、可能"等义（例4—12）。

　　例（4）和例（5）中的"能"表达的是动力情态［能力］，义为"能够"。
这一时期"能"表达的"能力上许可"（刘利，2000：109—122）、"有能力、
擅长、有功能"（刘妍，2011：23）和"技能，体能，才能、学识，无生命物的
内在属性"（李明，2016）都是指动力情态［能力］义。

　　例（6）和例（7）中的"能"表达的是主观意愿，即动力情态［意愿］

---

①　以上引自刘利（2000）。
②　以上引自李明（2016）。

义。"能"在表达"肯愿"义时,"作为 VP 短语中心动词大多属于心智活动的一类",与"'能'所处的语义环境有关"(刘利,2000:109—122)。这一时期的"能"具有"肯愿"义(刘妍,2011:33—34)。李明将"能"的"肯愿"义定义为"表品行、心理素质"(李明,2016:20)。

例(8)为反问句,"能"表达的是道义情态[许可]义。李明认为例(8)中的"能"像是"情理"上的"许可",表达的是"客观条件下的必要性",意为"只能、必须",这种许可义是"附着于反诘语气上的"(李明,2016)。他认为助动词"能"直到现代汉语才"有了表许可的独立用法"。朱冠明(2008:132)赞同这一观点。巫雪如(2018:312—313)也持相同的观点,认为上古时期"并未发展出表许可义的道义情态"。她指出如果"能"的许可义不能脱离"反诘语境",就尚未发展出"道义情态的语义"。例(9)和例(10)中"能"的双重否定形式"不能不",表禁止。在这样的语境下,"能"表达的是道义情态[许可]义。李明(2016)虽然没有提及"能"的"道义情态"义,但他指出助动词"能"的双重否定可以表达"客观条件下的必然性"和"客观条件下的必要性"。我们认为这一时期"能"表达的"情理上的可能"和"客观条件的可能"(刘妍,2011)都是道义情态。

斯威策(Sweetser,1990:64)指出更宽泛的社会环境下的语境而非语言学概念上的语境可以消除歧义;相同句法和词汇的形式可以自然而有规则地表达两种不同的语义。也就是说"语境"可以分化歧义。彭利贞(2007:22)认为"在中性语境下,一个情态动词有时候是有歧义的",只有"在不同语境中才能确定""不同的情态语义"。换句话说,多义情态动词如果在特定的语境或句法环境下能够表达出特定的情态义,那么该情态就具有了表达该情态义的特征。范晓蕾(2009:12—13)使用了三种方法来判断情态义,即"语义特征分析""语境分析""连用制约"。由此可以断定,多义"情态"可以通过语境、句法、语义等方式来确认特定的情态义。那么,如果"能"在古汉语中能够表达道义情态义,那么"能"事实上就具有了道义情态的语义。

所以,我们认为上古时期的"能"已有了道义情态义。其一,"能"在这一时期已可以在双重否定和反问句中表达道义情态[许可]义,如例(8)—(10)。其二,多义情态动词往往依赖"语境"消除歧义,所以如果多义情态动词"能"在特定的语境或句法环境里表达道义情态义,那么"能"就已发展出了该情态义。

例(11)和例(12)中的"能"表主观上的推测,即认识情态[可能]义。学者提出这一时期"能"表达的"推论的许可"(刘利,2000:109—122)和"推论的可能"(刘妍,2011:23)均指认识情态。

综上所述,"能"在上古时期已有名词、形容词、动词和情态动词的用法。名词"能"已从"似熊"义引申为"能力"义。动词"能"虚化为情态动词,而情态动词又发展出动力情态[能力][意愿]义、道义情态[许可]义和认识情态[可能]义。"能"的产生和发展与它在上古时期甚至整个汉语史中的高频使用密不可分。刘利(2000:23)统计了上古时期情态动词"能"和"克"的使用情况,虽然都可以表达动力情态[能力]义,但"能"的使用频率明显要高。

2.2 中古时期的情态动词"能"

段业辉(2002:19)对中古时期可能类情态动词"能、可、可以、耐、克"等的使用情况进行了统计,"能"的使用频率最高。这一时期情态动词"能"的发展主要体现在使用频率的增加和情态义的固化。与上古汉语相比,这一时期的情态动词"能"的句法结构发生了"较大的变化"(刘妍,2011:53),情态义没有太大变化,仍主要有动力情态[能力][意愿]、道义情态[许可]和认识情态[可能],例如:

(13) 故能策风云以腾虚,并混舆而永生也。(《抱朴子内篇》卷 5)

(14) 初,注庄子者数十家,莫能究其旨要。(《世说新语·文学》第四)①

(15) 殷洪乔作豫章郡,临去,都下人因附百许函书。既至石头,悉掷水中。因祝曰:"沈者自沈,浮者自浮,殷洪乔不能作致书邮。"(《世说新语·任诞》第二三)

(16) 明公世跨并肆,雄才杰出。部落之民,控弦一万。若能行废立之事,伊霍复见今日。(《洛阳伽蓝记》卷 1)②

(17) 私怨人情,不能不见,恐左右必有以间于汉中王矣。(《三国志》卷 40)③

(18) 许玄度言:"《琴赋》所谓'非至精者,不能与之析理',刘尹其人;'非渊静者,不能与之闲止',简文其人。"(《世说新语·赏誉》第八)

(19) 此乃所以宜往也。江州当人强盛时,能抗同异,此非常人所行。及睹衰厄,必兴愍恻。荆州守文,岂能作意表行事?(《世说新语·识鉴》第七)④

(20) 莫截,檀越见者,或能不喜。(《摩诃僧祇律》)⑤

例(13)—(20)中的"能"均为情态动词。其中例(13)和例(14)中的"能"表示动力情态[能力],义为能够。朱冠明(2008:34)所说的这一时期情态动词"能"的动力情态"主语指向"类和"中性"类均指[能力]义。李明认为"能"这个时期只有"条件可能"义(李明,2016:174),

---

① 以上引自段业辉(2002:30—31)。

② 以上引自刘妍(2011:56)。

③ 引自段业辉(2002:30—31)。

④ 以上引自曹锦程(2009:15)。

⑤ 以上引自朱冠明(2008:39)。

即动力情态[能力]义。情态动词"能"在例(15)和例(16)中表动力情态[意愿],义为愿意。例(17)—(19)中的情态动词"能"均可以表达道义情态[许可]义。其中,例(17)中"能"的双重否定形式"不能不"义为"必须";例(18)中"能"的否定形式"不能"表[禁止],义为不允许。例(19)为反问句,情态动词"能"义为不允许。例(20)中的"能"表认识情态[可能],义为主观上推测可能发生。段业辉指出这一时期的情态动词"能"具有"前提义素(主观感受)"和"断言义素(能够或可以)"(曹锦程,2009:19),即认识情态义。

综上所述,兼有动力情态[能力][意愿]、道义情态[许可]和认识情态[可能]三种情态义雏形的情态动词"能"到中古时期已固化。

3. 近现代汉语情态动词"能"的关联

近现代汉语情态动词"能"均可以表达动力情态[能力]义、道义情态[许可]义和认识情态[可能]义①。

3.1 动力情态

近代汉语情态动词"能"可以表达动力情态[能力],例如②:

---

① 从"能"情态义的使用频率来看,相对于上古时期和中古时期的11.9%和9.3%而言,近代汉语"能"[意愿]义(13.4%)的使用比重有所增加(参见刘妍,2011)。现代汉语"能"的[意愿]义基本已很少见,不过彭利贞指出"不能不"可以隐含言者的"愿意"义,例如"对此我国政府不能不表示愤慨,特提出严重抗议"(参见彭利贞,2007)。

② 本节近代汉语的语料选自刘坚、蒋绍愚主编《近代汉语语法资料汇编·唐五代卷》(商务印书馆1990年),刘坚、蒋绍愚主编《近代汉语语法资料汇编·宋代卷》(商务印书馆1992年),刘坚、蒋绍愚主编《近代汉语语法资料汇编·元代明代卷》(商务印书馆1995年),曹雪芹、高鹗《红楼梦》(人民文学出版社1990年),文康《儿女英雄传》(上海古籍出版社1991年)。

(21)直是有学力,方能辨得分晓。(《朱子语类·总训门人》)

(22)宁府人多口杂,那些不得志的奴仆们,专能造言诽谤主人,因此不知又有什么小人诟谇谣诼之词。(《红楼梦》9回)

(23)你看,这等子弟,必不能守祖父之根基,从师长之规谏的。(《红楼梦》2回)

(24)似这般,生关死劫谁能躲?(《红楼梦》5回)

(25)不萌之草为什摩能藏香象?香象者,今时功成果。草者,本来不萌之草。藏者,本不认圆满行相,故云藏。(《祖堂集》卷6)

例(21)—(25)中的动力情态动词"能"表示某种能力。在例(21)中情态动词"能"表示在"直是有学力"的条件下,才能够"辨得分晓"。动力情态动词"能"在例(22)中表达擅长做某事。例(23)和例(24)中的"能"都表示有能力做某事。情态动词"能"在例(25)中义为"不萌之草"为什么可以有"藏香"的用途。刘妍(2011:73)指出近代汉语之前产生的"能"的情态义"有能力、擅长、有功能"这一时期仍在使用。彭利贞(2007:146)将吕叔湘(1980:368)划分的现代汉语"能"的"有能力或有条件做某事、擅于做某事、有某种用途"看作动力情态[能力]义。近代汉语动力情态动词"能"的这些情态义与现代汉语中表[能力]的动力情态动词"能"具有相同的用法。

3.2 道义情态

近代汉语情态动词"能"的道义情态[许可]义①主要用在否定句和反问句中,例如:

---

① 刘妍指出"能"的"允许"义产生于近代汉语,《红楼梦》以前她只发现1例,《红楼梦》里有40例,(参见刘妍,2011)。从本文的近代汉语语料来看,《红楼梦》之前"能"就已有不少"允许"义的使用。

（26）意欲私走太原投事，奈三娘情重，不<u>能</u>弃舍。（《刘知远诸宫调》）

（27）众人谈了几句，不<u>能</u>久坐，一一的告辞。（《儿女英雄传》3 回）

（28）师一朝言曰："大丈夫当离法自净，焉<u>能</u>屑屑事细行于布巾
　　　耶？"（《祖堂集》卷 4）

（29）三镇岂<u>能</u>交割？势必用兵。（《三朝北盟会编》）

例（26）—（29）中的"能"都表示道义情态［许可］义。例（26）和例
（27）中"能"的否定形式"不能"义为情理上不允许"弃舍""久坐"。例
（28）和例（29）为反问句，"能"分别义为不能"屑屑事细行于布巾耶"、
不能"交割"。

彭利贞（2007:150—151）认为现代汉语中道义情态动词"能"与吕
叔湘（1980:368）所指"能"义项中的情理许可和环境许可一致，例如：

（30）我<u>能</u>走了吗？（电视剧《编辑部的故事》）

（31）不能让这种现象继续下去了，决不<u>能</u>。（电视剧《编辑部的
　　　故事》）

从这两例可以看出，现代汉语"能"的道义情态用法与近代汉语道
义情态动词"能"的用法一致。

3.3　认识情态

情态动词"能"在近代汉语中能够表达认识情态［可能］义，例如：

（32）几个<u>能</u>受世荣，求得人间资财，中路便遭身天。（《变文·庐
　　　山远公话》）

（33）老爷任上没银子，家里又没银子，求亲靠友去呢，就让人家肯
　　　罢，谁家也不<u>能</u>存许多现的。（《儿女英雄传》3 回）

（34）凤姐笑道："像你这样的人<u>能</u>有几个呢，十个里也挑不出一个
　　　来。"（《红楼梦》12 回）

认识情态动词"能"在例(32)—(34)中均表[可能]。例(32)和例(34)为反问,分别义为说话者主观上推测没有几个可能"受世荣"、可能没有几个"像你这样的人"。例(33)中"能"的否定形式"不能"义为可能没有谁家会"存许多现的"。李明(2016:162)指出现代汉语中的"能"在反问句中可以表达"认识可能",而古汉语中的情态动词"能"在反问句中可表"推测事件或状态发生的可能性"。彭利贞(2007:152)认为现代汉语中的认识情态动词"能"主要用于疑问句和否定句,例如：

(35)瑞萱知道<u>不能</u>放了金三爷,低声的问李四爷："尸首呢?"(老舍《四世同堂》)

(36)酒嘛,怎<u>能</u>没酒味儿,你又憋着什么坏呢? (老舍《正红旗下》)

彭利贞(2007:151—152)认为例(35)和例(36)中的"能"是对所述"命题为真或事件成真可能性的推测"。可见,近代汉语中表[可能]的认识情态动词"能"与现代汉语"能"的认识情态用法相似。

综上所述,近代汉语情态动词"能"的动力情态[能力]、道义情态[许可]和认识情态[可能]的三种情态用法与现代汉语情态动词"能"的情态义相同。换句话说,情态动词"能"的这些情态义从上古汉语一直沿用至现代汉语,基本没有太大的变化。

4. 情态动词"能"的语义演变路径、动因和机制

通过前面两节对"能"的语义特征以及历史语义演变的描写和分析,我们认为它的语义演变路径可以绘制成图1。

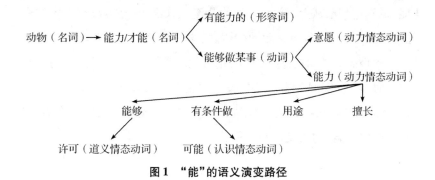

图1　"能"的语义演变路径

　　通过对"能"在整个汉语史中产生和发展的描写与分析,我们发现"能"通过隐喻从"熊似"动物发展出了人的"能力"义,"能力"义通过转喻演化出"有能力的"和"能够做某事",而"能够做某事"通过转喻发展出了动力情态"意愿"义和"能力"义,"能力"义又演化出认识情态义和道义情态义。"能"从名词到动词/形容词,再到情态动词,类推是它语法化的主要机制。情态动词"能"内部从"根情态 > 认识情态"经历了虚化、主观化逐渐增强的过程。"能"在上古时期就已开始了语法化的历程,"高频使用"是触发它语法化的主要动因。

5. 结　语

　　"语境"具有分化歧义的作用。多义情态动词的语义往往可以通过语境、句法、语义等手段进行分化。情态动词如果在特定的语境或句法环境下能够表达某种情态义,那么它就具有了该情态义的特征。上古时期的情态动词"能"在双重否定和反问句中可以表达道义情态[许可]义,我们认为"能"就已经发展出了道义情态。这一时期的"能"还演化出了动力情态[能力][意愿]义和认识情态[可能]义。情态动词

"能"的这些用法从上古汉语一直沿用至现代汉语,基本没有太大的变化。"能"经历了"名词＞动词/形容词＞情态动词",情态动词内部经历了"根情态＞认识情态"的语法化历程。类推是"能"语法化的主要机制,而"高频使用"则是它语法化的主要动因。通过隐喻和转喻,"能"经历了从"动物＞能力/才能＞有能力的/能够做某事＞意愿/能力＞许可/可能"的语义演变过程。

参考文献

曹锦程,2009,《汉语可能性认识情态动词的语法化研究》,湖南师范大学硕士学位论文。

段业辉,2002,《中古汉语助动词研究》,南京:南京师范大学出版社。

范晓蕾,2009,《从汉语方言中的多义情态词看"能性"情态概念的语义关联》,北京大学硕士学位论文。

谷衍奎,2008,《汉字源流字典》,北京:语文出版社。

李明,2016,《汉语助动词的历史演变研究》,北京:商务印书馆。

李学勤,2013,《字源》,天津:天津古籍出版社。

刘利,2000,《先秦汉语助动词研究》,北京:北京师范大学出版社。

刘妍,2011,《汉语助动词"能"的历史演变研究》,北京师范大学博士学位论文。

吕叔湘,1980,《现代汉语八百词》,北京:商务印书馆。

彭利贞,2007,《现代汉语情态研究》,北京:中国社会科学出版社。

王红卫,2008,《汉语情态动词"能"语法化的类型学研究》,《淮北煤炭师范学院学报(哲学社会科学版)》第4期。

巫雪如,2018,《先秦情态动词研究》,上海:中西书局。

汤可敬,1997,《说文解字今释》,长沙:岳麓书社。

朱冠明, 2008,《〈摩诃僧祇律〉情态动词研究》,北京:中国戏剧出版社。

Sweetser, E. 1990 *From Etymology to Pragmatics*: *Metaphorical and Cultural Aspects of Semantic Structure*. Cambridge: Cambridge University Press.

Bybee, J. , Perkins, R. , & Pagliuca, W. 1994 *The Evolution of Grammar*: *Tense, Aspect, and Modality in the Languages of the World*. Chicago: University of Chicago Press.

第二编

---◆---

情态与相关范畴的同现互动

论情态与情状的互动关系[*]

彭利贞

1. 引 言

先看下面两组句子：

(1)a. 他<u>应该</u>在家。

　　b. (这个时候)他<u>能</u>在家吗？

(2)a. 他<u>应该</u>回家。

　　b. (这个时候)他<u>能</u>回家吗？

在这两组句子中,情态动词"应该"和"能"在 a 句与 b 句分别表达了两种不同类型的情态意义,即认识情态和根情态。从表面的各种句法因素上看,a 句与 b 句是同形的。使得同一词形之下的同一词项出现不同的语义解释的原因,在中性语境下(如撇开主语的人称等因素的影响),应该是 a 句与 b 句的"在家"与"回家"在情状类型上的不同。也就是说,句子主要动词的情状类型与情态语义类型之间存在着相互选择的关系。

关于情态语义与情状特征之间的关系,利奇等学者(Leech,1971;Coates,1983:245;Wärnsby,2002)以英语为研究对象对此作过比较全面

---

　　* 本文部分内容原载于《浙江大学学报(人文社会科学版)》2007 年第 5 期,收录时略有改动。

的分析。以汉语为对象的，汤廷池（1976）、忻爱莉（2000）的研究已经有所涉及。我们将在这些成果的基础上，以现代汉语为分析对象，分析情态与情状类型之间的关系，并在此基础上，主要考察情状特征在现代汉语多义情态动词语义分化过程中的作用。

2. 情状与情态的关系

2.1 动词的情状分类

情状是语言中动词表示的状态和方式（戴耀晶，1997：9）。动词可以用情状为标准进行分类。文德勒等学者（Vendler，1967；Comrie，1976：13；Quirk et al.，1985：177）从情状的角度给动词分类。还有一些研究从情状的角度讨论过现代汉语动词或句子的分类问题（Tai，1984；邓守信，1985；陈平，1988）。戴耀晶（1997：13）在分析相关学者对情状的讨论后，给出了表1的"现代汉语动词分类简表"。

表1　现代汉语动词分类简表（戴耀晶，1997：13）

	属性、关系	是，姓，等于，标志着
静态	心理感觉	知道，相信，抱歉，怕
	姿势	站，坐，躺，蹲，住
	位置	戴，拿，挂，吊

续　表

动态	动作	瞬间	踢,砍,碰,咳嗽
		持续	看,吃,想,洗澡
	结果	瞬间	死,爆炸,醒,见
		持续	变好,长大,走进

　　戴耀晶(1997:15)指出,情状也属于句子,在句子层面上也可以划分情状类型,而且句子的情状类型与动词的情状类型有着十分密切的关系。汉语句子的情状可以分成静态、活动、完结和达成四种。

　　我们以这些学者的情状研究为基础,主要参照戴耀晶(1997)对动词和句子的情状分类,来分析情态动词与不同情状类型的动词同现现象,并着重考察多义情态动词与不同情状类型动词同现时的情态语义表现情况。为了使分析更有针对性,对情态表达成分影响的解释涉及情状之外的其他因素时,我们将尽可能回避这些因素。

2.2　情态动词表达的情态语义类型

　　情态是说话人对句子表达的命题的真值或事件的现实性地位的主观态度。情态动词是情态的主要载体之一。帕尔默(Palmer,2001)认为,英语的情态动词可表达三类情态意义,即动力情态、道义情态和认识情态;柯茨(Coates,1983)则把动力情态与道义情态合为根情态。

　　现代汉语的情态动词同样可以表达三类情态意义。

　　表达人或事物使句子表达的事件成真的致能条件的动力情态,它涉及能力、意愿、勇气等概念。表达这类情态意义的情态动词有:能、会、可以、想、愿意、要、肯、敢等。

表达说话人对事件成真的可能性与必然性的观点或态度,涉及许可与必要等概念的道义情态,表达这类情态意义的情态动词主要有:可以、能、应该、必须、得(děi)等。

表达说话人对命题为真的可能性与必然性的看法或态度的认识情态,表达这类情态意义的情态动词主要有:可能、能、应该、会、一定等。

情态动词常常表现出多义特征。英语的情态动词大部分都存在多义现象,现代汉语的情态动词也有一部分表现出多义特点,这种情态动词主要有:能、会、应该、要、一定、得、肯定。这些多义的情态动词在具体的句子中一般可以获得单一的情态语义解释,而它们所处的句法环境在很多情况下影响了它们的语义解释,这些句法环境因素就包括我们讨论的动词和句子的情状特征。

2.3 动词的情状对情态动词的语义表达的影响

利奇等(Leech,1971;Coates,1983:245;Wärnsby,2002)都讨论过动词的情状特征对英语情态动词的情态表达的影响,特别是动词的动态与静态这一对情状特征对情态动词意义表达的影响。利奇(Leech,1971)注意到"静止性感觉动词"与"静止性认识动词"对情态动词 can 意义的影响。柯茨(Coates,1983:245)认为英语情态动词 must、may、might、will、shall 和 would 与静态动词(stative verb)同现时,倾向于表达认识情态意义。这种倾向性用概率来表示,根据书中各处出现的数据统计,我们可以归纳为下表2。

表2 英语情态动词与静态动词同现时表认识情态的概率

must	may	might	will	shall	would
88%	95%	92%	100%	93%	100%

　　瓦恩斯拜(Wärnsby,2002)在语料库基础上针对柯茨的观点进行了验证,认为这种观点也符合瑞典语的语言事实。

　　汤廷池(1976)对"会"的分析和忻爱莉(2000)对"应该"的初步分析,也基本符合英语学者得出的结论。汤廷池(1976)在分析动力情态的"会"(即他所说的"能力的会")和认识情态的"会"(即"预断的会")时指出,出现于"预断的会"后面的主动词可能是动态动词,也可能是静态动词,"能力的会"后面的主动词却只限于动态动词①。忻爱莉(2000)指出,只有"状态动词"(即"静态动词")与"应该"结合时,"应该"才得到认识情态②的解释(如"小明应该属龙""小明应该很乐观"),其他各类动词(活动动词、完成动词、单变动词、复变动词③)与"应该"结合时,"应该"都偏向义务情态的解释。

　　对英语、瑞典语、汉语的分析表明,情态与动词的情状类型之间的确存在着同现限制关系,特别是静态动词与多义情态动词同现时,情态动词一般都获得认识情态的解释,而典型的动态动词与多义的情态动词同现时,情态动词则可能得出根情态的解读。也就是说,句子主要动词的情状特征,特别是动静态特征与情态之间存在匹配上的限制。下面我们将分析现代汉语的多义情态动词与静态动词和动态动词同现时,情态动词语义呈现的情况,看一看这种匹配上的限制在现代汉语多义情态动词的语义分化中所起的作用。

---

　　① 汤廷池(1976)举的例子是:A. 他一定会看相的。他将来一定很会赚钱的。B. 他一定会看到你的。他将来一定会很有钱的。A 为"能力的会",B 为"预断的会"。

　　② 忻爱莉(2000)称"认知情态"。

　　③ 忻爱莉(2000)称作"复杂改变动词"和"单纯改变动词",并认为这两类动词是从Vendler(1967)的成就动词(achievement verb)分出的类。

3. 静态情状与认识情态

3.1 静态情状

动词从情状的角度分类,第一层分出静态动词与动态动词。戴耀晶(1997:13)认为,静态动词的特点在于它在语义上的非活动性质,句法上一般不能带"了、着"等形态标记,有些心理感觉类静态动词如"知道、相信"等,虽然可以带"了",但其含义是"进入"某种状态。郭锐(1997)则认为,区分动态动词与静态动词的标准是加"了"后能否表示动作的结束。也就是说,加"了"后不能表示动作结束的动词是静态动词。

(3)我相信了他的话。

"相信"加"了"后,其含义只是进入某种状态,而且该状态还在持续。它与动作动词带"了"后表示某种活动的实现不一样。所以,静态动词"能以非过程表示现实状况"(郭锐,1997)。

按戴耀晶(1997:13)对静态动词的进一步分类,有属性、关系动词,如"是、姓、等于、标志着"等,这是纯静态的;还有心理感觉动词,如"知道、相信、抱歉、怕"等,这类动词虽然是静态动词,但有的带有弱动态。郭锐(1997)从过程结构上对动词进行了分类,在给静态动词的举例中,其成员也包括"是、等于;知道、认识;喜欢、姓;保持、有"。

按以上静态动词的判别标准,下列动词也是静态动词:

包含、包括、差、愁、处于、担心、当心、懂、放心、符合、感动、害怕、害羞、后悔、怀疑、昏迷、具备、具有、渴、满意、满足、明白、佩服、屈服、散、伤心、熟悉、属、算、失望、完、误会、误解、瞎、显得、相等、相反、相同、相

似、相仿、哑、意味着、肿、总计

这些动词有纯静态与弱动态的区别。而且,这种弱动态也会影响情态动词的语义解释。

3.2　静态动词与认识情态

典型的静态动词一般只与表达认识情态的情态动词结合,与多义的情态动词结合时,情态动词一般解释为认识情态意义。下面以几个比较典型的静态动词为例,来分析它们与多义情态动词同现时,是如何影响情态动词的情态语义解读的。

3.2.1“意味着”

静态动词“意味着”一般只与认识情态动词同现,如“可能意味着”。我们没有发现“意味着”与只表达根情态的情态动词同现的用例,如“*可以意味着”“*必须意味着”等。

“意味着”与多义的情态动词同现,多义的情态动词只获得认识情态意义。

(4)白发,并不一定就意味着衰老,它可以象征着成熟和睿智。（田真《访韩散记》）

(5)但从长期看,有限的目标只能意味着问题的有限解决。（《人民日报》1996 年 2 月 1 日）

(6)若不能有,对今后市场的猪肉价格,将会意味着什么？（《人民日报》1995 年 5 月 19 日）

(4)—(6)中的情态动词“一定”“能”“会”都存在认识情态与根情态之间的多义,但是在这些例子中,这些多义的情态动词表达的情态意义都是认识情态,如“一定”表达的是[必然]性推定;“能”表示的是[可能]这种认识情态意义,表明说话人对由纯静态动词表达的纯静态事件的推测,"能"前的"只",表示说话人认为只存在这唯一的一种可能性;"会"表现为[盖然]推断,即说话人认定该静态事件具有[盖然]性,即极大的可能性。

"意味着"与情态动词的结合能力并不强,除与"一定""可能""会""能"同现的少数用例外,没有发现与其他情态动词同现的用例。

另一个词形上与"意味着"相似的纯静态动词"标志着",我们没有找到在它前边出现情态动词与之同现的用例。原因可能在于,"标志着"表达的命题有很强的断言性,一般不再从情态上对这种命题进行[可能]或[必然]之类的限定。

3.2.2 "像"

"像"是另一个公认的静态动词。这里的"像"要保证它的静态情状特征,在句法上必须满足这样的特点,即"A 像 B"的 A 和 B 是对称的,如都是名词性成分或都是谓词性成分。例如:

(7)我在国内作曲忙得不得了,我有我的听众,假如到海外会像鱼失去了水。(杨曦冬《永恒的"蝴蝶"何占豪》)

(8)我的气质,怎么能像哈姆雷特?(霍达《穆斯林的葬礼》)

(9)期待中的长谈应该像一幅静物写生,优雅致远冲淡平和而又色彩斑斓,并带一点凄楚的忧郁……(毕淑敏《不宜重逢》)

(7)—(9)中与多义情态动词与静态情状动词"像"同现时,都得出了认识情态的解读,如(7)的"会"是[盖然]义,(8)中的"能"是[可能]义,(9)中的"应该"是[盖然]义。这些"像"都是比较抽象意义的"像",不带有其他附加意义。如果带上附加意义,多义情态动词表达的情态意义就可能出现变化,这一点留待下文讨论。

3.2.3 "等于"

"等于"也被认为是典型的纯静态动词,用"等于"联系的主语和宾语,表示它们具有"相等"的关系。"等于"与情态动词同现的用例很少,在7000万字的语料中,我们只找到7例。

"等于"与多义的情态动词同现时,情态动词一般获得认识情态意义。例如:

(10)当一笔投资处于无风险状态时,它的资本回报<u>应该等于</u>银行的贷款利息。(《人民日报》2004年12月)

(11)形式上好像是,但实质上不可能,他们<u>不能等于</u>它们,他们的雪地也不等于它们的雪地。(严力《纽约三记》)

(10)中的"应该",表示对"等于"表达的命题真值的[盖然]性推断,即除此命题规定的内容以外,基本无例外的情况出现。(11)中的"能"表达认识情态[可能],句中的"好像""可能"有助于其后"能"的情态意义的识别,因为在同一个句群中,邻近的前后句之间出现的情态标记常常只表达同一种情态意义。

以上对典型的静态动词"意味着""像""等于"与多义情态动词同现的分析表明,多义的情态动词与具有静态情状特征的动词同现时,在这种静态特征不受别的因素影响的情况下,多义的情态动词一般得到认识情态的解释。从这种意义上说,动词的静态特征对多义情态动词的情态解释提供了线索,我们可以通过动词的静态特征来得到多义的情态动词的认识情态解释。

3.3 静态动词与非认识情态

多义的情态动词与静态动词同现时,一般能获得确定的情态解释,即认识情态。但是,因为语言内外其他因素的影响,有时候,即使一般认为的纯静态动词与情态动词结合,情态动词也可能出现表达非认识情态的情形。这种情况的出现,可以认为是该动词的静态情状特征发生了变化,或者是情状之外的其他因素导致了这一结果。

3.3.1 静态与动态之间

有的动词,从情状概念结构来说是表静态的,但是,它们的句法表现上也有动态的特征,如可以带体标记"了、着、过"。动词"有"就是这样一个例子。

孤立地看,"有"具有恒定的均质性。说话人认定某事物"有"或"没有",或者某人拥有某物时,或者相反,总是一种"静态"事件。然而,从"有"的体表现特征上看,"有"又具有动态性质。它的后边能够带"了""过",有时还可以带"着",否定则用实现体的否定标记"没"。带上这些体标记后,"有"则呈现为具有非均质的动态语义特征。

关于"有"的语义,张爱民(1992)认为有"领属"(也叫"领有")"存在""具有""动态"等几种。至于"有"字句的表义类型,张豫峰(2002:225)则认为可以分为6类:隶属关系、领有关系、存在关系、领有(或存在)及其方式、发生关系和估量关系。从情状概念结构上看,"存在"是静态的,"动态"(发生)则带有较多的动态成分,至于"领有"和"隶属",则静态与动态兼而有之。因为,在现实世界中,"领有"与"隶属"关系是不稳定的,是随时可能改变的,也就是说,其内部具有非均质特征。

基于以上对"有"的概念结构的分析,来看一下"有"与情态动词同现时,情态动词表达情态的情况。

当"有"表示"存在"这种纯粹的静态语义时,"有"一般只与表达认识情态的情态动词同现。当多义的情态动词与之同现时,多义的情态动词一般也只表达认识情态意义。如:

(12)已经是阴历三月初六了,天上本应该有一弯明亮的月牙,可是,却没有。还应该有满天闪烁的星斗,可是,也没有。(霍

达《补天裂》)

(13) 想不到你们学校图书室里能<u>有</u>这种书。(毕淑敏《给我一粒脱身九》)

(12) 中的多义情态动词"应该"与表示存在的"有"同现,表达认识情态意义[盖然],而(13)中的多义情态动词也表达认识情态意义[可能]。

当"有"表示"动态"(发生)这种动态情状意义时,"有"可以与表达认识情态和非认识情态语义的情态动词同现。多义情态动词与之同现时,在中性语境下,更多地表现为非认识情态,即动力情态或道义情态。如:

(14) 他认为不<u>应该有</u>这些念头。(霍达《魂归何处》)

(15) 从现在这一分钟起,我负全责,你还是不<u>要有</u>任何举动!(老舍《西望长安》)

(16) 你<u>得有</u>思想准备。(刘恒《白涡》)

(17) 大事要事难事不少,头绪纷繁,矛盾复杂,需要各级干部特别是领导干部集中精力,埋头苦干,不<u>能有</u>任何的马虎和轻率。

(《人民日报》2000 年 9 月)

这些句子中的"有"都表示"动态"(发生)这种语义,具有动态情状意义,因此这些句子中出现的多义情态动词都获得了根情态的情态意义。(14)的"应该"表示[义务],与"不"结合,表示[禁止];(15)的"要"表示强[义务],与"不"结合,表示[禁止];(16)的"得"表示强[义务];(17)的"能"表示[许可],与"不"结合,表示[禁止]。

表示"有"的"领有"义的情状概念结构与现实世界有比较密切的关系,至少存在"已经领有"和"从无到有"这两种意义,前者是纯静态的,而后者则还有动态特征。多义情态动词与这种"有"同现时,多义

情态动词的语义不确定性(indeterminacy)依然存在。如:

(18)他应该有枪。

(18)中的"应该"在不同的语境中存在不同的解释,一种是对"他有枪"这一命题的[盖然]性推断,属认识情态;另一种是说话人提出"他有枪"的[义务],前提是"他没有枪"。

3.3.2 静态动词语义的变化

有时候,看起来纯粹的静态动词,在实际使用中却产生了另一种意义,而这种意义是带有动态性质的,这时,与之同现的多义情态动词就有可能获得非认识情态的解释。

以"像"为例。前文的分析表明,在没有其他条件限制的情况下,与"像"同现的多义情态动词获得认识情态的解释。但是,"像"有时候表达的是心理空间(mental space)的概念,意思是,我们在头脑中会出现一种驱动力,要求某物"像"什么。这时候,"像"就有可能获得动态性,即说话人可以从道义上对某物或某人提出"像"的要求。此时句法结构也产生改变,即成了"A 像 B 这样/那样/似的(C)"。比如:

(19)狐狸姐姐为什么<u>不能</u>像乌鸦姐姐这么<u>好</u>呢?(欣吉、田乐《新编故事 365 夜》)

(19)的歧义在于,首先,说话人用(19)在推测"像……好"的[可能]性,这时,"能"的意义是认识情态意义[可能];但是,也可以理解为说话人对"狐狸姐姐"提出能力上的要求,即要求"狐狸姐姐"有[能力]做得"像乌鸦姐姐那样好"。把(19)变成(19'),则"能"还可以出现第三种意义,即[许可]义。如:

(19')狐狸姐姐为什么<u>不能</u>像乌鸦姐姐那样做呢?

出于同样的原因,(20)(21)中的"能""应该"也可能出现歧解,即"能"可以是[可能],也可能是[能力];而"应该"也可能兼有认识情态的［盖然］和道义情态的［义务］意义。前一情形是说话人推测或推断"像"的可能性的大小，而后一种情形则是对主语"人""像她这样儿"［能力］的评价和对"詹大胖子"提出一种要求"他""像他那样"的［义务］。这两种语义要在不同的语境效果之下才能确定，因为"这样儿"和"那样"之后还可能隐含了别的意义成分。

(20) 现实生活当中有多少人能<u>像</u>她这样儿？（陈建功、赵大年《皇城根》）

(21) 他们都觉得詹大胖子就应该<u>像</u>他那样。（汪曾祺《詹大胖子》）

而当"像"涉及更多的社会意义时，即使保证"A 像 B"里 A、B 之间的对称性，与之同现的多义情态动词也可能呈现道义情态意义。如下面的两个例子：

(22) 他不好意思地笑了笑，"在他们心中还是<u>应该像</u>个教师而不是像个'女婿'，至少在目前应该这样，你说呢？"（霍达《穆斯林的葬礼》）

(23) 正因为这样，老师也更<u>应该像</u>个老师，对每个学生的关怀都是无私的，而不应该搀杂个人的什么企图……（霍达《穆斯林的葬礼》）

(22)(23) 中"像"的对象都带有某种社会意义，如职务、职责之类。这时，说话人常常在心理空间提出对句子主语在道义上的要求，如"老师"有"像老师"的［义务］。

"像"内部还存在着分化与差异，仅仅因"像"是静态情状动词就判断与之同现的情态动词获得认识情态意义解读，是把问题简单化了。对静态动词"像"的分析表明，"静态动词与情态动词同现，情态动词获得认识情态解读"作为一条规则，应该加上更多的限制条件。

静态动词"等于"与多义情态动词同现时，情态动词有时也产生非认识情态意义，其原因可类比于对"像"的分析。如：

(24) 是除法的一种书写形式，分子是被除数，分母是除数(<u>不能等</u>
<u>于零</u>)。(《现代汉语词典》)

(25) 这两个股份公司的实际说明，企业转换机制<u>不能等于</u>和取代
企业的科学管理。(《人民日报》1995 年 10 月)

(24)(25)中的"能"存在歧义，即不同的语境效果会使这个"能"
获得不同的情态意义，或者是认识情态意义[可能]，或者是道义情态
意义[许可]。当(24)强调这是一种数学规则时，"能"的情态意义是
[许可]，与否定词结合，表达对"除数等于零"的[禁止]；当(25)强调
实际操作时，也能获得道义情态义[许可]。但这两句中"等于"的语义
与纯粹表"等同"的"等于"相比，已经在语境中产生了变化，即存在"把
……等同起来"的驱动力意义。

在"等于"保持其静态特征的情况下，与之同现的情态动词一般只
表达认识情态意义。但是，当"等于"在特定的语境中获得"认为等于"
之类的心理驱动下的动态性语义后，与之同现的情态动词也可能表达
非认识情态意义。

3.3.3 语言外部的意义

戴耀晶(1997:13)、郭锐(1997)都把"姓"看作典型的具有静态情
状特征的动词。"姓"从语言内部来看，作为典型的静态动词，它与多
义的情态动词同现时，情态动词首先可以表达认识情态意义。如下面
的例子：

(26) 搁"皇恩浩荡"那会儿叶广芩绝不会到陕西来，也<u>不会姓</u>叶，
她<u>应姓</u>叶赫那拉，辛亥革命把姓取了头一个字，改姓叶。(惠
焕章《陕西有个叶广芩》)

(27) 钢锭、土法炼焦、横列式轧机等落后的工艺与装备大量存在，

能耗只能姓"高"。(《人民日报》1996年9月)

(26)(27)中的多义情态动词与静态情状动词"姓"同现时,都表达认识情态意义,说话人都是在某种根据的基础上对"姓"形成的命题的真值表达可能性大小的主观态度。"会"表达[盖然]这种认识情态意义,"应"呈现为认识情态[盖然],"能"也获得了认识情态[可能]的解读。

但是因为"姓"具有天然的社会意义,如皇帝可以赐姓,人们也可以为了某种目的改姓或被迫改姓,所以与多义情态动词同现时,在影响情态动词的语义解读上显示出特有的复杂性。比如,同样是与"姓"同现的多义情态动词,在下列句子中却呈现为道义情态意义。先看"要":

(28)天下的姓多得很,为什么咱家偏要姓这个"万"字呢?(肖英等《听妈妈讲笑话》)

(29)我们培养的学生要姓"华",热爱中华;姓"马",信仰马列主义。(《人民日报》1996年12月)

(28)的"要"表达[意愿],是动力情态;(29)的"要"则表达了道义情态[义务],表示有"姓"某种姓的[义务]。都属于根情态范畴。

其他多义情态动词与"姓"同现后,也可能表现为根情态,主要是道义情态,如:

(30)第一个孩子生下后,姚跃衡与岳母发生了一次激烈的冲突,岳母说孩子只能姓罗。(《无法承受的"母爱"》)

(31)职工活动场所应该姓"工"。(《人民日报》1995年5月)

(32)张全义告诉她,得等爷爷来起,这孩子得姓金。(陈建功、赵大年《皇城根》)

此三例中的情态动词与"姓"同现,但是,得出的都是道义情态的解读。(30)中的"能"前加"只",表示唯一的[许可];(31)中的"应该"获得了道义情态[义务]义的解读,表达说话人对要求"姓"这一事件成真具有[义务];(32)的"得"也获得道义情态[必要]义解读。

"姓"甚至还可以与只表根情态的情态动词同现,如下面的例子:

(33)但她又提出:结婚后必须住在娘家,生的孩子必须姓罗,婚后对母亲要一如既往。(《无法承受的"母爱"》)

(34)怎么给她起名字呢,她可以姓张,也可以姓方,不过都不合适。(老舍《鼓书艺人》)

(33)(34)中的"必须"与"可以"都只能表达根情态,但是也能与"姓"同现。

这些现象说明,"姓"虽然具有静态情状特征,但是很多别的因素也会影响与动词"姓"同现时情态动词情态意义的解读。比如我们已经提及的"姓"的天然社会意义,因为这种语言外的社会意义,说话人通过心理空间对静态情状动词赋予"心理驱动力",使本来具有静态情状特征的动词带上了动态性特征,从而使与之同现的多义情态动词获得了不同的情态解释。

以上分析表明,与典型的静态动词同现时,情态动词虽然有获得认识情态意义解读的倾向,但是,这种倾向只能在理想化的状态下才能得到充分的表现。当出现影响这些静态动词静态特征的因素时,这些静态动词的性质也就在使用过程中发生了变化,从而使与之同现的情态动词的语义解读也产生了变化。

这种现象告诉我们,在语言的实际使用过程中,光凭动词的静态情状特征来判定多义情态动词是否表达认识情态,并不总是有效的,因为具有静态情状特征的动词不可能总在理想化的状态下使用。

4. 动态情状与根情态

4.1　动态情状

　　动态动词的特点是它在语义上的活动性质,语法上一般能带"了、着"等形态标记。动态动词又可进一步分为动作动词和结果动词两大类,而这两类动词内部又存在持续与非持续之间的区别。动作动词带"了",通常表示某种活动状态的实现,并且该动作不再持续。如(35)的"看"带上"了"以后,"看"通常不再持续(参见戴耀晶,1997:13)。

　　(35)我看了他的小说。

　　郭锐(1997)认为动态动词与静态动词的标准是加"了"后能否表示动作的结束。也就是说,加"了"后表示动作结束的动词是动态动词。这符合戴耀晶(1997:13)对(35)中的动态动词"了"的分析。

　　在戴耀晶(1997:13)对动态动词的进一步分类举例中,瞬间动作动词有"踢、砍、碰、咳嗽"等,持续动作动词则有"看、吃、想、洗澡"等,瞬间结果动词有"死、爆炸、醒、见"等,而持续结果动词则有"变好、长大、走进"等。除此之外,介于动态与静态之间的尚有姿势和位置动词,前者如"站、坐、躺、蹲、住",后者如"戴、拿、挂、吊、抱"等,它们在进入句子后可能表达静态,也可能表达动态。

　　可以认为,动态动词在数量上比静态动词要多得多,在表达事件的手段上也要丰富得多。动态动词也有典型与非典型的区别,比如,可以把持续动作动词看作动态动词的原型,而位置动词和姿势动词则是动态动词的边缘成员,因为不同的句法表现,可以让它们表达的事件在动静态之间游移。

4.2 动态情状与情态的关系

动态动词在没有其他附加条件下一般表达动态事件,这种事件也可以看作情态分析中真正意义上的事件。戴耀晶(1997:25)认为,动态与静态的基本区别"在于动态反映变化,动态的句子表达的是变动事件,而静态不反映变化,静态的句子表达的是恒定事件""动态的句子或者表示一个整体事件,或者表示一个事件的开始和结束,或者表示一个事件的持续,无论表示事件的何种构成,都反映了一种变化,指出有无、大小、强弱、频率或位移"。所以,动态语义特征具有非均质性,而静态语义特征则具有均质性。

从事件的均质性与非均质特征来看它们与情态的关系,我们也许可以从中寻找到根情态与动态语义特征自然匹配的理据。

静态事件,由于它本身具有内部的均质性,表现在外部就是它的恒定性,对于这类事件,在人们的活动中,一般无法再施以外在之力对它进行内部的改变并使其外部看起来产生变化。所以,从认知活动角度看,对于这样的事件,人们只能从心理空间上去认识它,这就是静态事件倾向于与认识情态结合的原因。

动态事件则不一样,由于它内部的非均质性,表现到外部就是人们可以发现它们的种种变化,但是要产生这种变化,一般都要有外在之力的推动。这种外在之力,不外乎自然之力与社会之力。从情态分析的角度看,动力情态中的意愿、各种类型的能力,道义情态中的必要性、义务、许可等,都可以是促成事件发生变化的外在之力,而且这些动力与道义力量也只有施于具有可变性的非均质事件,才能对事件产生影响。这也就是根情态与动态语义特征具有天然相容性的理据所在。

4.3　与动态动词同现的多义情态动词的语义解读

下面,我们考察几类动态情状特征比较突出的动词与多义情态动词同现时,情态动词语义解读的情况。因为动态动词占动词的大多数,所以,我们只能举隅性地分析一些比较典型的动态动词与多义情态动词的共现情况。

4.3.1　动作动词

典型的动作动词与"应该"同现时,"应该"一般表达道义情态意义[义务],即说话人发出指令,要求或禁止动作动词表达的事件成真。

(36)美芳,你是一个很多疑的人,也许我不<u>应该</u>这样<u>说</u>你。(朱文华《爱的复活》)

(37)他执意<u>要杀</u>,于是就杀。(阿城《棋王》)

(38)我只<u>能跳</u>我们最熟的——慢四。(王朔《顽主》)

(39)别以为老娘只<u>会烧</u>火,我<u>会唱</u>歌呢。(阿城《孩子王》)

(40)招急了我,我<u>会踩</u>脚一<u>跑</u>,有钱,腿就会活动!(老舍《骆驼祥子》)

在这些句子中,典型的动作动词与多义情态动词"应该""能""要"同现时,情态动词一般获得根情态意义的解读,其中"应该"的意义是[盖然]性推断,"能"可以是[能力],也可以是[许可],"要"可表达[意愿]和[义务]这些根情态意义,"会"则可表达[能力]或[义务]

4.3.2　结果动词

在戴耀晶(1997:13)的动词情状分类中,结果动词也是动态动词的一个大的下位类。下面我们来看看多义情态动词与结果动词共现时,情态动词的语义解释情况。

"应该"与结果动词同现,一般呈现为道义情态[义务],即说话人要求道义目标实施结果动词表达的[指令]。如:

（41）你<u>应该</u>划清界限的！（朱文华《爱的复活》）

再看看"要"。例如：

（42）她喜欢温文尔雅,竭力<u>要</u>给儿子<u>留下</u>这种印象……（毕淑敏
　　　《一厘米》）

"留下"是结果动词,"要"与之同现时,得到的是根情态意义［意
愿］的解读。

然后看看"能"与结果动词同现时的表义情况,与动作动词不同。
就我们所及的语料来看,"能"与结果动词同现时可以获得比较一致的
语义解读,即［能力］这种动力情态。例如：

（43）<u>能办到</u>吗？（王朔《顽主》）

（44）你<u>能约上</u>他们吗？（王朔《一点正经没有》）

结果动词"办到""约上"与"能"同现,"能"表达的情态语义比较
一致,都是动力情态意义［能力］。

4.4　与动态情状格式同现的多义情态动词的语义解释

戴耀晶（1997:13—15）认为,情状不仅属于动词,也属于句子。我
们认为,情状也可以属于格式（construction）,既有静态格式,也有动态
格式。比如,大致说来,"是……的"一般是静态格式,而"把"字句则是
动态格式。下边我们以两种格式为例来说明多义情态动词与动态格式
同现时的情态语义解读。

4.4.1 形式动词格式

形式动词指的是"进行、给以、加以、予以、作"这些词,对于它们的
情状特征,就我们所见,还没有论者论及,但可以肯定的是,它组成的格
式是动态的。那么,我们来看看与形式动词格式同现的多义情态动词
的解释。

"应该"与形式动词格式同现,语义解读比较统一,都表达道义情态,即[义务]。例如:

(45)我们认为你们的感情还没有"确已破裂",<u>应该</u>进行调解。（谌容《懒得离婚》）

"能"与形式动词格式同现,一般解释为根情态,即动力情态的[能力]或道义情态的[许可]。例如:

(46)明智的人不仅<u>能</u>在祸患未发时<u>加以</u>防止,并能举一反三……（《人民日报》1995年12月20日）

(47)保不齐哪一位姑奶奶哪一次应选会选进宫,<u>不能</u>不预先<u>给以</u>优待。（邓友梅《烟壶》）

情态动词"要"与形式动词同现时,"要"也表达根情态意义,即道义情态[义务]或动力情态[意愿]。例如:

(48)伊拉克政府针锋相对,警告美国<u>不要</u>进行"军事干预"。（《人民日报》1996年9月1日）

(49)那你说,是不是<u>要</u>对蕾丝<u>进行</u>一次测试啊?（电视剧《编辑部的故事》）

4.4.2"把"字格式

"把"字格式是现代汉语语法学史上讨论得很多的格式,从它的"处置"意义来看,其动态情状特征是明显的。下面都是一些与"把"字格式同现的情态动词用例:

(50)你<u>应该把</u>修理她的技术告诉我们。（王朔《谁比谁傻多少》）

(51)<u>不要把</u>话说得那么满。（毕淑敏《补天石》）

(52)您来付钱时<u>能不能把</u>您的作品带来让我们拜读一下?（王朔《顽主》）

(53)咱们刚结婚的那天,我说以后我<u>会把</u>你拐跑。（毕淑敏《转》）

我们分别为四个典型的多义情态动词举了一个例子,在这些例子中,多义情态动词都呈现为根情态意义,如(50)的"应该"表达道义情态[义务]义;(51)的"要"表达道义情态[必要]义;(52)的"能"表达动力情态[能力]义;(53)的"会"表达道义情态[承诺]义。

5. 结　语

情状与情态的互动关系,主要表现为静态情状与认识情态之间、动态情状与根情态之间在概念结构上的联系,这种联系表现在句法上则是,典型的静态动词与表达认识情态的情态动词自然共现,而动态动词则与表达非认识情态(根情态)的动词共现。

情状与情态的这种关系,使我们有可能把情状作为一个对多义情态动词进行语义解释的维度,从这种意义上说,动词或句子的情状特征,是多义情态动词情态语义的解释成分。

静态动词主要组成静态事件。对于静态事件,从动力的角度上说,人们对它的影响是有限的。表现在情态意义上则是,人们从可能与必然等角度上去认识这种事件。典型的静态动词"意味着""等于""像"等与多义情态动词同现时,情态动词一般获得认识情态的解释,从这种意义上说,这些静态动词起到了多义情态动词解释成分的作用。

动态动词组成动态事件。从动力的角度上看,对于动态事件,人们更可能用力去改变它,表现在与情态意义的匹配上则是,人们可以从许可、义务、必要或者能力、意愿、勇气等角度去影响甚至改变这类动态事件。多义情态动词与动作动词、结果动词等典型的动态动词或形式动词格式、"把"字格式等动态格式同现时,一般得到非认识情态,即动力情态或道义情态的解释。在没有体标记等其他因素影响的情况下,动态动词与动态格式同样可以成为多义情态动词情态语义的解释成分。

　　值得注意的是,静态动词与情态动词同现时,情态动词也可能得出非认识情态意义的解释。这是因为静态动词的情状特征受到语言内或语言外其他因素的影响,从而带有动态的性质。所以,把静态动词作为多义情态动词的解释成分时,有必要分析清楚这些静态动词的静态情状特征是否因各种因素已经发生改变。

参考文献

陈平, 1988,《论现代汉语时间系统的三元结构》,《中国语文》第 6 期。

戴耀晶, 1997,《现代汉语时体系统研究》,杭州:浙江教育出版社。

邓守信, 1985,《汉语动词的时间结构》,《语言教学与研究》第 4 期。

郭锐, 1997,《过程和非过程——汉语谓词性成分的两种外在时间类型》,《中国语文》第 3 期。

汤廷池, 1976,《助动词"会"的两种用法》,《语文周刊》第 1427 期。

忻爱莉, 2000,《华语情态动词的语意与句法成分之互动》,《第六届世界华语文教学研讨会论文集(第一册:语文分析组)》,台北:世界华文出版社。

张爱民, 1992,《"有"字的意义与"有"字句式》,《汉语研究论集(第一辑)》,北京:语文出版社。

张豫峰, 2002,《"得"字句和"有"字句》,延吉:延边大学出版社。

Comrie, B. 1976 *Aspect*. Cambridge:Cambridge University Press.

Coates, Jennifer 1983 *The Semantics of the Modal Auxiliaries*. London & Canberra:Croom Helm.

Leech, G. N. 1971 *Meaning and the English Verb*. London:Longman.

Palmer, F. R. 2001 *Mood and Modality*(2nd edition). Cambridge:Cambridge

University Press.

Quirk, R. et al. 1985 *A Comprehensive Grammar of the English Language*. New York: Longman.

Tai, James 1984 Verbs and Times in Chinese: Vendler's Four Categories、In Testen, D. et al. , *Papers from the Parasession on Lexical Semantics*. Chicago: Chicago Linguistic Society.

Vendler, Z. 1967 *Linguistic in Philosophy*. Ithaca: Cornell University Press.

Wärnsby, Anna 2002 (*De*) *Coding Epistemic Modality in English and Swedish*. Lund: Lund University Press.

论情态与体的同现互动限制[*]

刘翼斌　彭利贞

1. 引　言

　　情态与体是两个重要的语法范畴,前者关注句子表达的事件的现实性地位,后者关注句子表达的事件在时间进程中所呈现的方式。它们处于不同的句法分层(layer),但二者都为句子的"事件图式"(event schema)从不同的角度提供背景成分(grounding elements)(Dirven & Verspoor,1998:79—102),在语言使用者对事件的识解(construal)过程中起着重要的作用。对于这两个重要的语法范畴可以分别进行研究,但从它们之间的相互关系出发进行考察和分析,更能体现语言的系统性和动态性。我们拟从情态与体的互动关系出发,观察情态表达成分与体标记之间的同现限制,为体和情态的研究提供更多视角,深化对现代汉语情态与体的认识。

2. 情态与体的内在联系

2.1　情态与情态成分

　　情态是说话人对句子表达的命题的真值或事件的现实性地位的主

---

* 本文原载于《外国语(上海外国语大学学报)》2010 年第 5 期。

观态度。英语和汉语的情态表达成分主要有情态动词、情态副词、情态形容词,汉语还有情态语气词。但在两种语言中,情态动词都是情态的主要载体。情态动词表达的情态基本上可以涵盖其他成分表达的情态类型,较具代表性,所以本文论及的情态成分主要限于情态动词。

帕尔默(Palmer,1979,1986,2001)对英语情态动词的分析表明,英语的情态动词可以表达三类情态,即认识情态、道义情态和动力情态。在这一点上,汉语与英语存在较大的共性。根据一些学者(Tiee,1985;谢佳玲,2002;宋永圭,2004;彭利贞,2005)的分析,现代汉语的情态动词同样可以表达如下三类情态。

认识情态,指说话人对命题为真的可能性与必然性的看法或态度。表达这类情态的情态动词主要有:可能、能、应该、会、一定等。

动力情态,指人或事物使句子表达的事件成真的致能条件,它涉及能力、意愿、勇气等概念。表达这类情态的情态动词有:能、会、可以、想、愿意、要、肯、敢等。

道义情态,指说话人对事件成真的可能性与必然性的观点或态度,涉及许可与必要等概念。表达这类情态的情态动词主要有:可以、能、应该、必须、得(děi)等。

其中,道义情态与动力情态在语法表现上呈现许多共同特征,所以也有把它们合称为根情态的(Coates,1983),又因为它们与认识情态在语法上呈现诸多对立,我们也可以把这两种情态归并在一起,称为非认识情态。

2.2 体与现代汉语的体标记

体,又叫"情貌"(王力,1943)、"动相"(吕叔湘,1942)、"时态"(陈平,1988),它是"观察时间进程中的事件构成的方式"(戴耀晶,1997:

5),它"所关涉的时间没有指示性,不表达'过去''现在''将来'或'过去的过去''将来的将来'等含有指示意义的概念,它只关心时间的长和短,点和段等性质对事件的影响"(戴耀晶,1997:31)。

现代汉语中存在哪些体范畴,有多少种体,乃至体的名称,某些标记的体地位等问题都还没有比较统一的意见。戴耀晶(1997:29)从"体意义属于句子"的观点出发,结合体的三组语义特征,给出了一个两大类六小类的体系统:以外部观察法得到完整体,包括现实体"了"、经历体"过"和短时体动词重叠;以内部观察法得到非完整体,包括持续体"着"、起始体"起来"、继续体"下去"。我们主要以此为基础,加上"正(在)"表达的进行体,来观察现代汉语情态与体的关系。

2.3　情态与体之间存在密切关系

情态与体这两个范畴在概念结构、与时间的关系、语法表现形式上都存在密切的内在关系,这是它们互动关系的具体体现,也是它们之间互动关系存在的基础。

2.3.1 情态与体在概念上有内在联系

许多英语语言学者把时态、体、情态放在语法的同一个子系统,即时—体—情态系统(T-A-M)来研究。这不只是为了分析上的便利,而是因为语言事实表明,情态与体同属一个语法子系统。

德莱弗等(Dirven & Verspoor,1998:79—102)把情态与体看作句子的背景成分,共同为概念组合提供背景信息。吉冯(Givón,1984:269—271)认为,体与情态无论从共时还是历时的角度看,在语法系统内部都存在着紧密的联系。刘丽辉(1999)针对俄语的分析表明,每种体都固定地表示与其相一致的情态意义,也就是说,俄语中的体与情态也存在密切的关系。

2.3.2 情态、体都与时间概念有关

汉语是无时态(tenseless)语言,但这并不意味着汉语不能表达与"时态"相关的"时间"概念。学者们有时用"时体"来指称"体"系统,似乎"体"系统也包含有"时"的概念,或者至少说明,"体"与"时"有着密切的关系。

莱昂斯(Lyons,1977:810)的研究发现,"时态"和"情态"都可以用可能世界的概念来定义。而且"时态"概念与"情态"概念在这一点上存在相似(analogous)关系。

科姆里(Comrie,1985)也指出,时态语言以说话时刻(绝对时)或句内给定时点(相对时)为参照,以时间三分(现在、过去、将来)或二分(过去与非过去或将来与非将来)的形式,对事件在时间中的位置进行定位;而无时态语言则以现实世界为参照,以情态二分(现实与非现实)的形式,对事件在可能世界中的位置进行定位。也就是说,世界语言在对事件进行定位时,时态与情态存在互补关系。

总之,情态与体在时间概念上,存在着内在联系。情态与体虽然不具有时态那样的时间指示性,但也都与时间有密切的关系。体反映了语言使用者(说话人和听话人)对存在于时间中的事件的观察(戴耀晶,1997:5)。情态表达说话人对可能世界中的命题是否真或是否成真的看法或态度,而可能世界的概念则与时间概念有着天然的联系。不同类型的情态语义跟泛时与定时、未来与非未来、现实与非现实这几组概念存在不同的配合关系,而体标记同样也与这几组概念有密切的关系。

2.3.3 情态与体在表达形式上的联系

情态与体存在表达形式上的交叉或重叠,比如说,情态与体都可用助动词作为其标记。

有些语言存在形态屈折变化上的体标记,这是一种传统上狭义的语法范畴。从严格的形态变化的角度来说,英语没有语法上的体,这是因为英语没有成系统的带屈折变化的标记与动词结合起来表示体的语法范畴。但是,可以把英语的助动词看作一种句法成分,因为它们属于一个较小的封闭的动词类,而这个类又具有只属于它的特征,即只表示体意义,或者说都可以表示体意义,即作为一个功能类,在表达体意义这一点上,存在着共同特征。

同样,情态的载体也主要是助动词,这些助动词因为有一个共同的类特征,从而组成了一个相对封闭的类,即情态动词。它们与作为体标记的助动词一样,都是主要动词的卫星成分,在地位上具有相似性。

3. 情态标记与体标记的同现互动

情态动词(助动词)本身不能带体标记,但表达不同类型情态语义的情态动词在句子中要求特定的体标记与之同现,表现出两个范畴之间的同现互动关系:一方面,当体标记表达的体意义确定时,对与之同现的多义情态动词表达的情态具有锚定作用;另一方面,当情态成分表达的情态确定时,对与之同现的多义体标记同样有标定的功能。

3.1　体标记对多义情态动词的语义锚定

有确定语法意义的体标记与多义情态动词同现时,体标记对多义情态动词的情态解读有过滤与限制的功能。

语言内部的许多因素都会影响多义情态动词的情态解释,其中体是重要的因素之一。特定的体标记与多义情态动词同现时,要求多义情态动词表达特定的情态,从语言理解上说,体标记是多义情态动词的情态解释成分,它对多义情态的语义有过滤作用,我们可以用体标记作为寻找多义情态动词语义确定的线索;从语言生成上看,体标记限制了多义情态动词的情态表达,即体标记与多义情态表达的特定情态存在同现限制。

利奇(Leech,1971)早就注意到,英语的完成体(perfective)和进行体(progressive)与情态动词之间存在同现限制关系。柯茨(Coates,1983:245)也指出,根据特定的语境和环境,认识情态的表达可以从非认识情态的表达中分化出来。

艾乐桐(Alleton,1994)在讨论现代汉语"应该""要"的认识情态意义时,提到"汉语中只有认识情态可以跟带有体标记(着、了、过)的 V_2(即句中主要动词)"。熊文(1999)把与情态动词共现的一些句法成分看作情态动词的解释成分(interpretant),其中也以英语为例,提及时体范畴的"解释成分"地位。忻爱莉(2000)也指出,"应该"在与不同"时貌"(即体)结合时,会产生一些不同的解释。彭利贞(2007)对"应该"的两种情态与特定体标记的同现限制的全面考察,也以一个多义情态动词个案证明了体标记对多义情态动词情态表达的限定作用。

除"应该"外,现代汉语中比较典型的多义情态动词还有"能、要、会"等,在不同的上下文中,"应该"存在[盖然]与[义务]、"能"存在[可能]与[能力]及[许可]、"要"存在[必然]与[必要]及[意愿]、"会"存在[盖然]与[能力]及[义务]之间的多义,其中[可能]、[盖然]与[必然]属认识情态,[能力]、[意愿]属动力情态,[许可]、[义务]与[必要]属道义情态,道义情态与动力情态在本文中合称为根情态。

特定的体标记与这些多义情态动词同现,一些体标记会让多义情态动词得到认识情态的解读,而另一些体标记则会让多义情态动词得到根情态的解读。

3.1.1 多义情态动词的认识情态解释

根据彭利贞(2007)的观察,多义情态动词与现实体标记"了₁"、经历体标记"过"、静态持续体标记"着₁"以及进行体标记"正(在)"同现时,会得到认识情态的解释,或者说,这些体标记与多义情态同现,要求多义情态动词表达认识情态。

现实体表达一个现实的动态完整事件(戴耀晶,1997:35),现实体标记是附着在动词后的"了₁"。多义情态动词"应该""能""要""会"与"了₁"同现时,都只会得到认识情态的解释。

经历体标记是"过",它强调的是事件的历时性,具有历时终结的语义特征(戴耀晶,1997:57)。带"过"的句子表示某一事件曾经发生并已终结,在可能世界的位置上处于现实世界。与经历体"过"同现,多义情态动词只会得到认识情态的解释。

"着"有时候表示静态持续,表达处于持续过程中的静态事件,其特征是事件内部结构无变化(戴耀晶,1997:89)。与静态持续体"着₁"同现时,多义情态动词会得到认识情态的解释。这三种体标记,下边分别举一例说明:

(1)他们两个人结婚六年,……按说应该习惯了这种生活……

(2)你一个娘们儿家,能去过那地方?

(3)你想我会闲着么?

这三种体标记与多义情态动词同现而使多义情态动词表达认识情态,可以找到认知上的理据。这三种体标记表达的事件状态虽然有所不同,但有一点是一样的,那就是它们都表达了一个现实事件。已经实现的或者说话人心理上认为已经实现的事件、经历过的事件、已经静态存在的事件,说话人无法施展道义之力、致能动力来改变,人们通常倾向于从事件的可能性大小上来认识。从这种意义上说，物质世界的法则在语言的情态表达中得到了体现，情态表达的也是物质世界的规则。

3.1.2　多义情态动词的根情态解释

多义情态动词与起始体标记"起来"、继续体标记"下去"、短时体标记动词重叠形式、动态持续体"着₂"同现时，多义情态动词一般会得到根情态的解释。如果"了"不是现实体标记"了₁"，而是负载其他语法意义的"了₂"或"了₃"时，多义情态动词与之同现，也会得到根情态的解读。

起始体标记"起来"表示"开始"的意义（戴耀晶，1997：95）。起始体表达的动态性，在时间意义上指向将来特征，表现出事件的非现实性。起始体的这种语义特征使得与之同现的多义情态动词一般会获得根情态的解释，如例（4）。

继续体用"下去"标记，指明在事件内部的某一点上事件还将持续（戴耀晶，1997：101）。继续体表达动态性，在时间意义上指向非过去特征。这些特征决定"下去"与多义情态动词同现时，一般会使多义情态动词得到根情态的解释，如例（5）。

短时体以动词的重叠形式"VV"和"V—V"（还有与现实体标记复合的"V了V"或"V了—V"①）为标记，它指明句子所表达的事件是一个完整的短时动态事件。它具有动态性，反映了变化，在时间结构上具有异质性。它具有完整性、短时性特征。它强调事件的时量因素，并且经常在表示未来事件的句子里使用（戴耀晶，1997：75）。短时体情状上的动态特征与时间意义，使得它与多义情态动词同现时，可以限制

---

①　在语料调查中，我们很难发现以"V了V"表示的过去短时事件与情态动词同现的用例。

多义情态动词,使其倾向于表达根情态。短时事件的时间指向未来的时候,动词的重叠大都有尝试之意(吕叔湘,1942:232)。这种尝试的意味在句子受情态动词限制后得到凸显。正是这种尝试意义与未来时间指向的共同作用,使得这种未来指向的短时事件受根情态的限制,如例(6)。

(4)李芒几乎<u>要</u>吼叫<u>起来</u>。

(5)你<u>要</u>活<u>下去</u>!

(6)没事就<u>不能</u>聊<u>聊</u>么?

"着"除了有"结果的持续"的静态特性外,还可以有"动作的持续"的动态性的一面(戴耀晶,1997:89),我们把表动态持续的标记记为"着₂"。动态性的事件的持续,影响情态动词情态语义的表达。事件的动态情状特征,决定了与动态持续体"着₂"同现时,多义情态动词获得根情态解释的倾向。如例(7)的"会"表[义务],表达[承诺]的语用意义。

(7)我不<u>会</u>总缠<u>着</u>你的。

以上这四种体表达的事件,都具有动态性,事件时间可以指向未来,可以表达非现实的事件。对于动态事件,因为还没有形成心理上的认知完形,无法对它进行可能性大小的情态评价。而对于非现实事件,也只能从道义、动力等角度来促使这些事件在未来时间成真或成假。这样说来,这些体标记对情态的限定,也能从认知结构中找到根据。

3.2　情态对体标记的分化作用

以上3.1的讨论表明,当体标记的语义确定时,体标记对多义情态成分的情态表达有定位作用。反过来也一样,如果某些体标记存在内部差异,单义的情态成分也能充当参照点,来分化这些体标记。

从认识情态与根情态对立的角度上看,"可能"和"可以"是典型的单义情态动词,前者只表认识情态[可能],后者只表根情态,即[能力]或[许可]。下面即以这两个情态动词作为参照,来分析情态对体的限定。

3.2.1 "着₁"与"着₂"的情态反应差异

木村英树(1983)、袁毓林(1993)、戴耀晶(1997)都讨论过"着"的内部差异。"着"的内部存在"着₁"与"着₂"之间的区别,前者是静态持续体,后者是动态持续体,情态可以分化"着"的这种内部差异,当"着"与单义认识情态动词同现时,表示静态持续体;与单义道义情态动词同现时,表示动态持续体。如:

(8)除上述表现和特点外,大学生自卑也<u>可能</u>存在<u>着</u>性别上的差异。

(9)他<u>可以</u>监视<u>着</u>前面的马路;万一不行——上树!

例(8)中,"着"与单义认识情态动词"可能"同现,"着"表示静态持续体意义,也就是说,单义情态动词可以分化"着",可以把"着"限定为"着₁";而例(9)中,"着"与单义的根情态动词"可以"同现,表示动态持续体意义,它表达的事件内部具有异质性,即存在"进入状态并持续"或"继续原有状态的持续"之类的意义。

3.2.2 "了₁"与"了₂"与不同情态同现

当"了"处于末尾时,可能是"了₂",但也可以是"了₁"(卢英顺,1991),或可看作"了₁"与"了₂"的重合。所以,当多义情态动词与"了"同现,因为"了"的这种内部差异,多义情态动词也会出现歧解,如例(10):

(10)<u>应该</u>出发<u>了</u>。

(10)中"应该"的情态在中性语境下不能确定,不同的语境可赋予

"应该"道义情态[义务]或认识情态[盖然]的解读,而"了"也相应地
表现为"了$_2$"或"了$_1$"。

"了"存在的这种"了$_1$"与"了$_2$"之间的差异,可以通过单义情态动
词的定位得到分化。从(11)的这组对比中可以非常感性地看出"了"
与不同类的单义情态动词同现时的区别:

(11)a. 都十一点了,人家<u>可能</u>休息<u>了</u>。

　　 b. 终于<u>可以</u>休息<u>了</u>。

例(11)"了"在 a 句中,与单义认识情态动词"可能"同现,情态成
分把"了"限定为"了$_1$";"了"在 b 句中,与单义的根情态动词"可以"
同现,情态动词把"了"限定为"了$_2$"。(12)的句法成分切分也显示了
这种区别:

(12)a. [S[EM[Vp 了$_1$]]]

　　 b. [S[[RM][Vp]]了$_2$]

(12a)的"了$_1$"先与动词结合,表达事件的现实性;(12b)中的
"了$_2$"与整个情态格式结合,表示情态本身从无到有的变化。

3.2.3 "了$_3$"与"了$_1$"对情态的不同反应

陈刚(1957)、马希文(1983)注意到具有补语性质的"了"(记作
"了$_3$")。邵敬敏(1988:359)认为出现在"了$_3$"前动词小类的成员有一
个共同的语义成分[+消除]。属于这个小类的词主要有"卖、寄、关、
删、撤、倒、烧、换、租、借、挖、摘、砍、丢、关、喝、吃、咽、吞、泼、洒、扔、放、
涂、摸、碰、摔、磕、撞、踩、伤、杀、宰、切、冲、还、毁"等。

这种表达"消除"语法意义的"动 + 了",从事件的现实性
(actualization)的角度上看,有歧义,所以它与多义情态动词同现时,多
义情态动词也存在歧解。如(13):

(13)他应该倒<u>了</u>那杯茶。

a. 他[很可能]倒了₁那杯茶。

b. 他[有义务]倒了₃那杯茶。

(13)中的"倒了"是典型的有"消除"义的格式,在中性语境下,它存在现实与非现实(Givón,1994;Palmer,2001)之间的歧义。(13a)出现认识情态时,"了"可以看作"了₁";(13b)出现道义情态时,"了"成了纯粹的"了₃"。

以单义情态动词为参照,同样可以分化"了"在"了₃"与"了₁"之间的歧义,如(14):

(14)a. 现在天气热了,锅炉可能关了。

b. 天气一天天凉快了。空调也可以关了,省点钱吧。

(14)中的"关"具有[+消除]义特征,在(14a)中,"了"与单义认识情态动词"可能"同现,这种环境中的"了"应该看作"了₁";在(14b)中,"了"与单义根情态动词"可以"同现,"了"还是纯粹表结果补语意义的"了₃"。

以上分析表明,情态对"着""了"这类内部存在差异的成分起到了分化作用,从这种意义上说,情态也是体标记的解释成分。

4. 结　语

情态和体之间的互动限制,表现为情态与体在概念结构、表现形式上的密切联系,也集中地表现于情态成分与体标记的同现限制与互动上。

当体标记的语义确定时,体标记可以充当语义还不确定的情态成分的解释成分:以体标记为定位点来限定多义情态动词的情态表达,如表1。

表1　体标记对多义情态动词的解释限制

		应该	能	要	会	
了₁	现实	［盖然］	［可能］	［必然］	［盖然］	认识情态
过		［盖然］	［可能］	［必然］	［盖然］	
着₁		［盖然］	［可能］	［必然］	［盖然］	
起来	非现实	［义务］	［能力］/［许可］	［意愿］/［必要］	［义务］	根情态
下去		［义务］	［能力］/［许可］	［意愿］/［必要］	［义务］	
VV		［义务］	［能力］/［许可］	［意愿］/［必要］	［义务］	
着₂		［义务］	［能力］/［许可］	［意愿］/［必要］	［义务］	

　　当情态成分的语义确定时,情态成分也可以充当语义上存在内部差异的体标记的解释成分:以单义情态动词为定位点来分化体标记的内部差异。这主要表现在单义情态动词对内部存在差异的"着"与"了"的限定与分化上。分析结果如表2。

表2　情态对体标记内部差异的分化

	着		了		
	着₁	着₂	了₁	了₂	了₃
根情态	－	＋	－	＋	＋
认识情态	＋	－	＋	－	－

句子的层状结构（layered structure）（Hengeveld, 1989）和句子的洋葱隐喻（Dirven & Verspoor, 1998）表明，不同的句法范畴处于句子的不同分层，承载各种功能的句法算子都能在这些分层中找到自己的位置。本文的分析则在体现这种句法层状观念的基础上，着重说明了不同的句法分层之间存在互动限制关系：句法分层不是孤立的，处于不同分层的句法范畴，也要在与其他范畴的关系中才能体现自身的功能，让自己得到定位。这正是语言的系统性在更高层次上的反映。

把句法范畴互动观念引入语言研究中，可以为观察对象提供更多的观察角度，从而寻求更充分的解释。比如，现代汉语"了"的句法语义特征问题，已有研究因为习惯于在体范畴内部进行分析，囿于事件内部的观察，在描写和解释过程中产生了许多令人困扰的问题。而以情态为参照对"了"进行观察，可能为认识"了"的本质带来新的曙光。比如，彭利贞（2009）就从事件之外，以情态为维度观察了一类祈使句末的"了"，为这种"了"提供了新的认识角度，对它提出了新的解释。

把句法范畴分层与互动的观念推广到"了"的其他表现形式分析上，我们可以得到与"了"有关的句子运作模型（图1）。从这个图上可以看出，只有"了₁"才是所谓的体标记，指向"事态"；"了₃""了₂"与体没有直接关系，其中，"了₃"属于 Vp，指向"动态"本身，而"了₂"则在情态之外，指向的是"情态"。

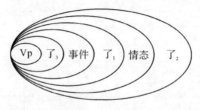

图1　与现代汉语"了"有关的句子模型

参考文献

陈刚，1957，《北京话里 lou 和 le 的区别》，《中国语文》第 12 期。

陈平，1988，《论现代汉语时间系统的三元结构》，《中国语文》第 6 期。

戴耀晶，1997，《现代汉语时体系统研究》，杭州：浙江教育出版社。

郭锐，1993，《过程和非过程——汉语谓词性成分的两种外在时间类型》，《中国语文》第 3 期。

李小凡，2000，《现代汉语词尾"了"的语法意义再探讨》，《语法研究和探索（十）》，北京：商务印书馆。

刘丽辉，1999，《试析动词第二人称命令式体的情态意义》，《克山师专学报》第 4 期。

卢英顺，1991，《谈谈"了$_1$"和"了$_2$"的区别方法》，《中国语文》第 4 期。

吕叔湘，1942，《中国文法要略》，北京：商务印书馆。

马希文，1983，《关于动词"了"的弱化形式／·lou／》，《中国语言学报》第 1 期。

木村英树，1983，《关于补语性词尾"着／zhe／"和"了／le／"》，《语文研究》第 2 期。

彭利贞、刘翼斌，2007，《论"应该"的两种情态与体的同现限制》，《语言教学与研究》第 6 期。

彭利贞，2005，《现代汉语情态研究》，复旦大学博士学位论文。

彭利贞，2007，《现代汉语情态研究》，北京：中国社会科学出版社。

彭利贞，2009，《论一种对情态敏感的"了$_2$"》，《中国语文》第 6 期。

邵敬敏，1988，《形式与意义四论》，《语法研究和探索（四）》，北京：北京大学出版社。

宋永圭，2004，《现代汉语情态动词"能"的否定研究》，复旦大学博士学位论文。

王力, 1943,《中国现代语法》,北京:商务印书馆。

谢佳玲, 2002,《汉语的情态动词》,台湾"清华大学"博士学位论文。

忻爱莉, 2000,《华语情态动词的语意与句法成分之互动》,《第六届世界华语文教学研讨会论文集(第一册:语文分析组)》,台北:世界华文出版社。

熊文, 1999,《论助动词的解释成分》,《世界汉语教学》第 4 期。

袁毓林, 1993,《现代汉语祈使句研究》,北京:北京大学出版社。

Alleton, V. 1994 Some Remarks about the Epistemic Values of Auxiliary Verbs YINGGAI and YAO in Mandarin Chinese. In Chen, M. Y. & Tzeng, J. L. (eds.), *In Honor of William S -Y. Wang: Interdisciplinary Studies on Language and Language Change.* Taipei: Pyramid Press.

Coates, J. 1983 *The Semantics of the Modal Auxiliaries.* London & Canberra: Croom Helm.

Comrie, B. 1985 *Tense.* Cambridge: Cambridge University Press.

Dirven, R. & Verspoor, M. 1998 *Cognitive Exploration of Language and Linguistics.* Amsterdam: John Benjamins.

Givón, T. 1984 *Syntax: A Functional-typological Introduction* (Vol. 1). Amsterdam: John Benjamins.

Hengeveld, K. 1989 Layers and Operators in Functional Grammar. *Journal of Linguistics* 25(1).

Leech, G. N. 1971 *Meaning and the English Verb.* London: Longman.

Lyons, J. 1977 *Semantics* (Vol. 2). Cambridge: Cambridge University Press.

Palmer, F. R. 1979 *Modality and the English Modals.* New York: Longman.

Palmer, F. R. 1986 *Mood and Modality* (1st edition). Cambridge: Cambridge University Press.

Palmer, F. R. 2001 *Mood and Modality* (2nd edition). Cambridge: Cambridge University Press.

Tiee, Henry Hung-Yeh 1985 Modality in Chinese. In Kim, Nam-Kil & Henry Hung-Yeh Tiee (eds.), *Studies in East Asian Linguistics*. Los Angeles: Department of East Asian Languages and Cultures, University of Southern California.

论一种对情态敏感的"了$_2$"*

彭利贞

1. 引　言

本文将讨论出现在如(1)—(5)这类表祈使或宣称某事会发生的句子中,句尾"了"的句法语义属性,说明处于这一句法位置的"了"在这类句子中对情态很敏感,是一种指向情态并要得到情态允准的情态指示成分,表示的是情态的出现或变化。

(1)吃饭了!

(2)睡觉了!

(3)现在,上课了!

(4)我回去了,再见。

(5)你就做自个儿的饭吧,我们陪客人出去吃了。

许多文献都提到,出现在句子(1)—(5)句尾的"了"也是所谓的"了$_2$"(以下径称"了$_2$"),表达情况的变化或者新情况的出现,"表示事态将有变化"(袁毓林,1993:76;吕叔湘,1999:351—358;刘勋宁,2002)。又因为这类句子表达的事件处于未实现状态,即"新情况"或"变化"在说话时间还未实现,因此,还有一些研究也把这类"了$_2$"看作

---

　　* 本文原载于《中国语文》2009 年第 6 期。

"起始体"(initiative aspect)标记(金立鑫,2003),或者将来时(future tense)成分(陈前瑞,2005)。

本文想论证,出现在(1)—(5)中的"了₂"既不是体标记也不是时态成分,因为它与句子表达的事件本身无关。它与出现在(1')—(5')"了₂"一样,是一种情态敏感成分。它的出现,要得到情态允准,而这种允准"了₂"的情态成分可以是显性(overt)的,如(1')—(5'),也可以是隐性的(covert/empty),如(1)—(5)。"了₂"表达的并不是"事态"的出现或变化,而是"情态"的出现或变化。

(1')可以吃饭了!

(2')得睡觉了!

(3')现在,应该上课了!

(4')我要回去了,再见。

(5')你就做自个儿的饭吧,我们要陪客人出去吃了。

2. "了₂"不是体或时态成分

许多学者注意到,"了₂"出现在句末,可以表示祈使,或宣告即将做某事(如袁毓林,1993:76;陈前瑞,2005)。下面是一些这样的例子:

(6)a. 走了!‖我走了!

　　　起来了!‖出发了!‖我起来了!‖我们出发了!

　b. 吃饭了!‖上课了!

　c. 站好了!‖你站好了!‖说清楚了!‖你给我说清楚了!

在(6)中,有隐性主语或者显性的第二人称主语的句子是祈使句,具有指令语力;有第一人称主语的句子则表示说话人将做某事,但它也可以理解为说话人要求自己将做某事,也可看作一种祈使,也就是说话人对自己提出做某事的要求。

至于这些句子中的"了₂",袁毓林(1993:76)、刘勋宁(2002)、金立鑫(2003)等学者认为是体标记。例如,刘勋宁认为"'了'的意义在于报道一个新事态(a new state of affairs)",是用新事态的提前挪用表示事件即将发生。而陈前瑞(2005)则认为是时态标记,是一种"将来时用法"。但是,下面的分析表明,这些看法值得进一步推敲。

2.1 "了₂"不是体标记

按照袁毓林(1993:76)的说法,"了₂"是一个助词,"表示时态①将有变化"。与此相似,金立鑫(2003)认为"了₂"是体标记,表示的是将来起始或现在起始。例如,在没有表过去时间的成分出现时,则(7)表示现在起始意义,即主语在说话时间将开始写字。

(7)她写字了。

这种分析的问题在于,当说话人根据他观察到的证据,告诉听话人某事即将发生②时,该事件本身在将来时间未必实现。当把(7)的第三人称变成(8)的第一人称时,这一点会更清楚。如:

(8)A:我写字了。

B:别写,吃饭了。

(8)表明,A宣称将做某事,但A做某事的计划可以被取消(如遇到B发出的禁止时),而所谓的"现在起始"事件在将来时间里也未必发生。

王伟(2006:99)在论及陈前瑞(2005)的"催促"类祈使句时指出,对于这种"必然属于'未然'范畴"的祈使,"听者未必有求必应,所以祈

---

① 袁毓林(1993)的"时态"不知道是不是吕叔湘(1999)的"事态",如果不是,似乎近于别的文献中的"体"。

② 这属于认识情态意义,关于对认识情态反应敏感的句尾"了"的情况,另文论述。

使的动作也未必发生"。所以,当(9)的 A 发出"催促"时,B 完全有可能不让句子表达的"起床"事件在"近将来"(金立鑫,2003)实现。

(9)A:起床了。

B:我不起床。

以上分析表明,"了₂"与事件本身并无直接关系,所以,这种出现在祈使句末的"了₂"并不是体标记。或者说,"将来起始""现在起始""将有变化"这类体意义并不是"了₂"本身所具有的,而是因为整个句子与语境互动所产生的语用意义。

2.2 "了₂"不表将来时

陈前瑞(2005)提出"了₂"有表将来时间的用法,因为"'了'所在小句表示的情状都发生在将来时间,或者说句尾'了'用于将来时间的事件中";并认为,当这类句子有"要、快"等时间副词时,"将来时间是由时间副词'要、快'表示,'了'不直接表将来时间"。没有时间副词时,只能认为"将来时间在一定程度上是由句尾'了'表示的",因此,"把句尾'了'的这种用法称为将来时用法"。

但陈前瑞(2005)的说法至少在以下三个方面还值得进一步斟酌。

首先,按照陈前瑞(2005)的说法,将来时意义,有时间副词时由时间副词承载,无时间副词时则在"一定程度"上由"了"承担,这本身就说明句子所谓的将来时意义很难说就是"了"本身的意义。

其次,"了₂"可能与表将来的时间成分不相容,如:

(10)*过一会儿/等一会儿/明天吃饭了![=(1)]

(11)*马上休息了!

(1)—(6)中的句子加上表将来的时间成分后,变成类似(10)和(11)的句子,它的合语法度变得不是那么确定。语料显示,这类句子要变得完全合乎语法,要依靠"要""就"等情态或其他主观性成分的帮助。

第三,表现在的时间词"现在"反倒是常常出现在(1)—(5)这类句子中。

(12)现在,睡觉了。[=(2)]

(13)现在,我回去了。[=(4)]

在上边这些句子中,"现在"的出现非常自然。按陈前瑞(2005)的分析,人们也可以得出这样的结论:(12)和(13)中的"了₂"是用来表现在时的。

王伟(2006:99—100)针对陈前瑞(2005)"了₂"有"将来时"用法的观点指出,"'了₂'的所谓'将来时'完全是由语境决定的","将然"只是一种说话人心理上的"已然"和听说话人感知上的"未然"两相对照而得出的表达效果,所以,"'了₂'未然用法不是其本身的语义内容,而是语用现象"。王伟的说法可能更接近语言事实。

综上所述,我们有理由认为,这类句末出现的"了₂"与时态似并无直接关系,所以,它不是时态标记。

2.3 "了₂"的情态取向

从句子表达的事件的事实性(actuality)角度来考虑,的确会得出已有的各种结论:"了₂"是时态或者体标记,它表示句子表达的情况即将变化、某事很快要发生、某事会在将来时间里发生等意义。因为在所表达事件的事实性上,这些句子有两个特点:其一,这些句子所表达的事件还未实现;其二,说话人要求在说话时间之后实现句子表达的事件。

然而,如果从言语行为或者语力,或者从说话人之目的来考虑这些句子,则可能得出完全不一样的结论。说话人说出这些句子时,其目的并非要陈述一个事件。当说话人说出(1)—(3)这类"催促"祈使句时,表达的是一个源于道义情态的指令,也就是"试图让他人做事"(Searle,1983:166)。说出(4)(5)这种"宣称某事即将发生"的句子时,可以作两种理解:一是说话人对自己提出一个要求,即说话人对自己发出指令,这可看作广义的承诺,即"承诺我们自己做事"(Searle,1983:66);二是说话人在表达一种意愿。换句话说,这些句子都是情态化了的,在句子中存在一个情态成分①。而"了₂"恰是指向这些情态成分的,与句子表达的事件本身无关。

3. 祈使句中的情态成分

祈使句的功能在于发出指令,而指令是"最常见的道义情态"(Palmer,2001:70)。从这种意义上说,所有祈使句都是道义情态的载体。但是,在生成祈使句时,不同的语言会采用不同的手段。

有一种手段是利用"祈使"语气,即很多语言中特定的一种动词形态变化。下面是西斯拉夫语支斯洛伐克语的 *hovirit'*(动词"说"的原形)第二人称单数的祈使语气的动词形变:

(14) a. *Hovor*!

　　　Speak-2sg-Imp②

　　　说!

　　b. *Nehovor*!

---

① 关于情态定义和类型的讨论,参见 Lyons(1977)、Palmer(1979,1986,2001)、Coates(1983)、彭利贞(2005,2007)。

② 本文所使用的主要句法分析术语缩略表示:2sg = 第二人称单数;Imp = 祈使语气;Inf = 不定式;Aux = 助动词。

Neg-speak-2sg-Imp

别说!

(14a)是第二人称单数祈使句。跟很多别的语言一样,斯洛伐克语形成否定的祈使句(14b)时,直接在肯定的祈使式上加否定标记 *ne*(*not*)来否定祈使式表达的道义情态。但是,在另一些语言中,否定祈使句使用了别的形式,这就需要寻求另外的解释。

3.1 意大利语否定祈使句中的空情态动词

凯恩(Kayne,1992,2000)提到,意大利语里用不定式(infinitive)来组成否定的第二人称一般祈使句(familiar imperative),如(15):

(15)*No parlare*!

Neg to-speak-2sg-Inf

别说!

凯恩(Kayne,1992,2000)指出,否定祈使句里出现不定式,存在三个令人不解之处:首先,不定式一般只能出现在嵌入的从句里,而不允许出现在主句里,但在(15)这类否定祈使里,不定式恰恰出现在主句结构中;其次,不定式只出现在否定祈使句里,在肯定祈使句里则有专门的用于祈使的动词变形,即祈使式,如(16);最后,附着成分(clitics)*lo*(*it*)与不定式的语序一般是"不定式—附着成分",如(18a),然而,在(17)这个第二人称否定祈使句里,附着成分 *lo*(*it*)例外地出现在不定式之前。也就是说,意大利语里的 *lo*(*it*)正常情况下一般是如(18a)那样后附(enclisis)的①,(17)里的前附(proclisis)形式是一种特殊情况。

(16)*Parla*!

————————

① 如果前附,则不合语法,如(18b)

Speak-2sg-familiar imperative

说！

（17）*Non* <u>*lo*</u> <u>*fare*</u>！

Neg it to-do-2sg-Inf

别说这事！

（18）a. *Gianni* *ha* *deciso* *di* <u>*farlo*</u>.

Gianni has decided di to-do-Inf-it.

Gianni 决定说这事。

b. * *Gianni* *ha* *deciso* *di* <u>*lo*</u> *fare*.

Gianni has decided di it to-do-Inf.

凯恩（Kayne，1992，2000）指出，（17）这种附着成分—不定式（clitic-infinitive）语序是附着成分爬升（clitic-climbing）的一种隐性表现，附着成分 *lo*（*it*）不是附接（adjoin）到不定式，而是提升后附接到语音上没有体现的情态动词上。

凯恩认为，假设存在空情态动词（empty modal），可以更清楚地解释为什么在意大利语的第二人称否定祈使句主句中出现了不定式，因为这时不定式实际上已经不是主句的谓词，而是被嵌在那个空情态动词之下，成了该空情态动词的补足语。

为了解释为什么这种不定式用法仅限于否定祈使句，凯恩说，在这一结构中，是意大利语的否定标记 *non* 允准空情态动词，而该空情态动词则进一步允准不定式。

3.2 Paduan 语否定祈使句中的显性情态动词

凯恩（Kayne，1992，2000）进一步指出，在有些语言的否定祈使句里存在空情态动词，这一假设得到了意大利很多方言事实的支持。在这些方言里也存在否定的不定式祈使句式,但在这些方言中的类似结构里存在一个显性的情态词,这类显性的情态词似乎同隐性情态词一样,也是由否定标记允准的。Paduan 语就是这样的一个例子。在这种意大利方言里,第二人称单数否定祈使句不定式前有一个情态动词 *sta*,如(19a)。与此相反,正如(19b)所示,在非否定祈使句里,则不可以出现这种形式。

(19) a. *No*   *sta*   *parlare.*（*Paduan* 语）

     Neg   aux   to-speak-2sg-Inf

     别说!

   b. *＊Sta parlare*!

     Aux to-speak-2sg-Inf

(19b)之所以不合语法,是因为显性的情态助动词 *sta* 没有得到否定标记的允准。

意大利方言中显性的情态动词 *sta* 也必须得到一个否定标记的允准,这一点就很像意大利语中假设存在的空情态动词。[①]

3.3　现代汉语祈使句里的情态动词

我们发现,就第二人称单数否定祈使句而言,现代汉语与意大利语之间、现代汉语与意大利语 Paduan 方言之间存在着有趣的对应。

因为现代汉语的祈使语气没有专门的动词变形,我们不知道出现在(20a)里的光杆动词是不是不定式。然而,与意大利及其方言的否定祈使句相似的是,现代汉语不用否定标记"不"来直接否定原来的祈

---

① 关于空情态动词更详细的讨论,见 Henry(1995)、Zanuttini(1996,1997)、Haegeman & Jacqueline(1999)、Han(2000)、Bhatt(2006)。

使形式而得到新的否定句①,如(20b)。汉语与 Paduan 语的否定祈使句的相似性则更为明显,它们用同样的办法形成否定祈使句,即要借助一个显性的情态动词,汉语是"要"②,Paduan 语是 *sta*,如(20c)和(19a):

(20)a. 你去!

　　b. *你不去!

　　c. 你别去!（=你不要去!）

根据以上的讨论,我们认为,汉语的祈使句也含有一个情态动词,这个情态动词在否定的祈使句里是显性的,而在肯定祈使句里是隐性的。因此,也就可以认为,(1)—(6)里的句子含有隐性情态动词(covert modal),或者叫空情态动词。

现代汉语祈使句里存在空情态动词,不但得到否定祈使句里的显性情态动词的证据支持,如(21);也可从肯定祈使句中的空情态动词的显性化得到证明,例如,正像(1)—(5)经过改写可以得到(1')—(5'),(6)的空情态动词经过显性化和具体化,可以得到(6')。

(21)别去了!（=不要去了!）

(6')a. 可以走了!｜我得(děi)走了!

　　　可以起来了!｜应该出发了!｜我必须起来了!｜我们必须出发了!

　　b. 可以吃饭了!｜应该上课了!

　　c. 应该站好了!｜必须站好了!｜应该说清楚了!｜你必须给我说清楚了!

---

① 儿童语言里有"不+动词"的祈使句形式:宝宝不哭!

② 一般认为,"别"是"不要"的合音。见朱德熙(1982:65)。

(1')—(6')是从(1)—(6)改写而来的,改写后,在原来的语音空位上填入了显性的情态动词。这一现象表明,(1)—(6)里的情态动词虽然没有在语音上体现出来,但这种空情态动词的确是存在的。

我们证明(1)—(6)类句子里存在一个空情态动词,目的是想指出,正是这种空情态动词的存在,才为"了$_2$"在这类祈使句的出现创造了句法条件,是祈使句里的空情态动词允准了"了$_2$"。下面展示的语言事实将进一步表明,"了$_2$"对情态敏感,它指向的是情态。

4. "了$_2$"的显性情态动词允准

"了$_2$"与情态的照应关系,更明显的表现是,它的出现,更多情况下要得到显性情态动词的允准。

4.1 显性情态动词作为"了$_2$"出现的强制条件

讨论中已经涉及的祈使句,都是一些最简单的句子,比如,动词前后没有更多的限定,动词的宾语也没有量等方面的修饰,整个动词短语表达的事件带有类(type)的特征。

当这种类特征改变,而句法也变得相对复杂时,句中复杂的句法语义因素对空情态有"阻隔"和"消蚀"作用,这时,祈使句虽然存在空情态动词,但空情态动词的存在并不成为祈使句后"了$_2$"出现的充分条件。这时"了$_2$"的出现,就要求有显性情态动词的允准。如:

(22)a. 告诉她事情的真相!　　　　a'. *告诉她事情的真相了!

　　b. 别告诉她事情的真相!　　　　b'. 别告诉她事情的真相了!

　　c. 必须/得/应该/可以告诉她事情的真相了。

(22a)并不能直接改写为(22a'),但(22b)可以改写为(22b')。

换句话说，"了₂"并非可以直接附加到（22a）上，但可以直接附加到（22b）上。而当表根情态的显性情态动词出现以后，（22a）也可以附加上"了"，变成（22c）。

（22）这种现象显示，"了₂"要从句子里找到一个显性的情态成分才能给自己的出现找到合法的依据，或者说，"了"必须得到情态动词允准。（22a'）不合语法，从表面的对比看，原因就在于"了"在句子里找不到一个显性的情态动词。

王巍（2004）注意到"不含结果补语的命令句式"里"了"不可出现，他对这一现象的解释是：动作尚未发生，所以不能和"了"结合，如（23）—（24）：

（23）*你先在阳台上站一会儿了。

（24）*你替我看一下化验结果了。

王巍进一步观察到，如果加上"只要""只好""不得不"或"只能"之类的副词，这些句子就变得合乎语法。如（25）—（26）：

（25）你只能先在阳台上站一会儿了。（＝（23））

（26）你只好替我看一下化验结果了。（＝（24））

王巍认为，这些副词表示的是"没有其他更好的办法，只好如此"，而此时的"了"是"借以强调事态从非 P 到 P 的变化"。

实际上，"没有其他更好的办法，只好如此"恰恰是"必须""得（děi）"之类的道义情态动词也能表达的［必要］道义情态。凡是能表道义情态的情态动词都可以加在王巍（2004）的例子里而使句子变得合乎语法，如（27）（28）：

（27）你［必须／得／应该／可以］先在阳台上站一会儿了。（＝（23））

（28）你［必须／得／应该／可以］替我看一下化验结果了。（＝（24））

如果把这些句子的人称从第二人称变成第一或第三人称，那么，表

达动力情态的情态动词也可以加在王巍(2004)的例子里而使这些句子合乎语法。请看(29)(30):

(29)他肯/想/敢/可以先在阳台上站一会儿了。(=(23))

(30)他肯/想/敢/可以替我看一下化验结果了。(=(24))

以上现象表明,在特定的句法环境中,"了₂"要出现,句子里必须有显性情态动词。如果"了₂"在这类句子中不能找到一个显性情态动词,句子就变得不合格。因此,可以认为,正是情态动词允准了"了₂",因为说话人在这类句子上用"了"是为了表达情态的出现或变化。

4.2　"了₂"出现的其他条件

虽然已经有所说明,但还是得提一下现在碰到的问题:如(22)—(24)所示,虽然前文的分析表明祈使句里有空情态动词存在,但并非所有的祈使句都可以附接上"了₂"。

还有一种让王巍(2004)的(23)和(24)合语法的办法,那就是把"了₂"删掉,变成相应的(31)和(32):

(31)你先在阳台上站一会儿(吧)! (=(23))

(32)你替我看一下化验结果(吧)! (=(24))

删去(23)和(24)的"了₂"后,(31)和(32)成了合格的祈使句,都可以加上典型的祈使语气词"吧"。既然是祈使句,根据前文的分析,这两个句子里也存在空情态动词。但是,这两个句子却不允许"了₂"直接出现。这一点似乎与前边所说的"了₂"是情态敏感的成分、必须得到情态动词的允准这些说法自相矛盾。其实,(31)和(32)的空情态动词还在那儿,因为我们还是可以把这两个句子的空情态动词显性化和具体化,从而得到(31')和(32')。

(31')你[必须/得/应该/可以]先在阳台上站一会儿!

(32')你[必须/得/应该/可以]替我看一下化验结果!

因此,情态动词允准"了₂",但情态动词不是"了₂"出现的充分条件。虽然所有的祈使句都有空情态动词存在,但"了₂"的出现,有时还需要其他因素。只有当说话人强调情态的出现、存在或变化时,才使用"了₂"。

实际上,祈使句后出现"了₂",并不是一种很常见的现象。正如王伟(2006:100)所指出的那样,"'了₂'用作'未然'用法的,最常用也就是'来了''走了''开饭了''上课了'等不多几个",有所谓的"'准习语化'的倾向"。所以,即使祈使句里存在空情态动词,"了₂"有时也不必出现,甚至因为别的句法语义因素的影响,有时还不可出现。

在句子里没有显性情态动词存在时,"了₂"是否直接附接在祈使句上,除了受到空情态动词允准与否限制外,还可能与下面的一些因素有关。

4.2.1 直接指令与间接指令

当说话人直接命令而不是告知听话人情态的出现与变化时,"了₂"不用出现。如:

(33)a. 吃药!

b. 吃药了!

(33a)是直接的命令,不用附接"了₂";(33b)是告诉听话人施行"吃药"这一行为的道义情态已经出现,是通过告知情态的出现来达到命令的语力。从这种意义上说,(33b)不是严格意义上的祈使句,这种句子的祈使意义,是通过"告诉"道义情态的出现,经过语用推理得到的,即义务的存在→祈使语力。从言语行为上看,(33a)是直接指令,(33b)是间接指令,在语用上存在礼貌等级的差别。比如说,护士给病人发药,多选(33b);用(33a)的话,因为是直接命令,会显得不够礼貌。

4.2.2 其他句法语义因素

正如前文已提到的,直接后附"了₂"的所谓祈使句,都具有形式简单、语义结构不复杂的特点。如果原来的祈使句在句法形式、语义结构上足够复杂,"了₂"就有可能不被允许直接附接在祈使句后。这时,"了₂"要出现,必得借助显性的情态动词。如果句子中没有显性的情态动词,大致会出现两种情况:一是句子变得不合语法;一是这个形式上与"了₂"同形的成分就成了指向事件的体标记,变成了"了₁",表示事件的实现。前文的(22)—(24)诸例都表明了这一点。为了使这一点更清楚,再分析两个有代表性的例子。

(34)a. 咱们得谈谈了!

   b. *咱们谈谈了!

(35)a. 在这样的情况下,我必须先开口了。

   b. 在这样的情况下,我先开口了。

删除(34a)的情态动词"得(děi)",会得到不合语法的(34b);删去(35a)的情态动词"必须",得到(35b),这时的"了"已经成了表达"现实体"(戴耀晶,1997)意义的"了₁"。这进一步表明,在较复杂的句法环境中,"了₂"要得到显性情态动词的允准。同时也说明,与根情态动词同现的"了₂",并不是"借以强调事态从非 P 到 P 的变化"(王巍,2004),因为它表达的是情态的出现或变化。

5. "了₂"对情态的敏感反应

这一节我们将从情态动词和"了₁"与"了₂"同现时的不同反应来表现"了₂"对情态的敏感性,以进一步证明"了₂"的情态指向。

5.1 与情态动词同现的"了₁"和"了₂"

根据彭利贞(2005,2007),"了₁"(即词尾"了")与"了₂"对现代汉语多义情态动词的情态解读有影响。"了₁"与"了₂"分别强制地与表某类情态的情态动词同现:"了₁"与表认识情态的情态动词同现,与"了₂"同现的情态动词则表根情态。而多义的情态动词与"了₁"同现,情态动词表认识情态,如(36a);与"了₂"同现,情态动词表道义情态,如(36b)。

(36)a. 他应该吃了药。

b. 他应该吃药了。①

然而,当"了"的表面位置既是"词尾"又是"句尾"时,"了₁"与"了₂"可能重合,这就产生了"了₁"与"了₂"之间的歧义,而与之同现的情态动词也出现倚变式的歧解。例如:

(37)a. 应该走了。

b. 嗯,我也应该走了。

b'. 我不应该走。

c. 她应该(已经)走了。

c'. 她应该没走。

在中性语境里,(37a)的"了"不能确定是"了₁"还是"了₂";同样,"应该"的情态解释也不确定。当"应该"与"了₂"同现时,如(37b),"应该"解释为道义情态,即"我走的义务出现";当"应该"与"了₁"同现时,如(37c),"应该"解释为认识情态,即"'她走'这个事件的可能性比较大"。

如(37b')和(37c')所示,相应的否定句之间的对比可使(37b)和

---

① "应该"的两种情态与体标记的互动,还见 Alleton(1994)、忻爱莉(2000)、彭利贞、刘翼斌(2007)。

(37c)之间的对立更加清楚。(37b')中,被"不"否定的是情态动词"应该",意思是"我没有义务离开";而在(37c')中,"没"否定的对象是其后的动词表达的事件,或者说是对现实体的否定,说话人在推论"走"这一事件还未实现。

(37)表明,"应该"的情态解释与"了"的内部差异有密切的互动关系。"了₁"指向事件,表示的是事件的现实状态;而"了₂"则指向情态,表示情态的出现或变化,即情态从无到有或从有到无的变化。

(37b)和(37c)的区别可以表示为(37'b)和(37'c)。

(37')b. $[_{CP}[_C$ 我$[_{MP}$应该$[_{IP}[_{VP}$走$]]]$ 了₂$]$。

　　　c. $[_{CP}[_C$ 她$[_{MP}$应该$[_{IP}[_I[_{VP}$走$]]$了₁$]]]$。

如果这里的分析合理,我们就可以说,下面例子中的多义情态动词的情态被"了₂"锚定为根情态,这时的"了₂"可充当情态动词的解释成分(熊文,1999;彭利贞,2005,2007):

(38)美英姑娘,你今天<u>应该</u>给我答复<u>了</u>。(应该:道义情态:义务)

(39)这你就<u>能</u>胡来<u>了</u>?(能:道义情态:许可)

(40)我是猴王啊,你<u>要</u>记清楚<u>了</u>!(要:道义情态:必要)

(41)你<u>得</u>跟她好好说说<u>了</u>。(得(děi):道义情态:必要)

在(38)—(41)这些例子里,多义情态动词与"了₂"同现,都无一例外地得到道义情态的解释,这说明根情态与"了₂"有密切的关联。

5.2　"了₂"与根情态动词同现

在讨论了根情态与"了₂"的关联后,我们就可以预测:如果句末位置的"了"与根情态动词同现,那么这个"了"就是"了₂"。

5.2.1 根情态动词与"了₂"的照应

"肯""敢""可以""必须"都没有认识情态意义,是根情态动词,在下边的例子中，"了₂"表示［意愿］［勇气］［许可］［必要］等情态的出现。

(42) 好了，秋痕<u>肯</u>笑了。（肯：动力情态［意愿］）

(43) 脚好了之后，他<u>敢</u>跑了。（敢：动力情态［勇气］）

(44) 她死了，他也<u>可以</u>死了。（可以：道义情态［许可］）

(45) 经过了两三个小时的漫游，我们终于<u>必须</u>离开了。（必须：道义情态［必要］）

5.2.2 "了₂"对根情态动词的依赖

为了进一步说明这些句子的"了"的确是与情态照应的，我们可以试着把(42)—(45)里的情态动词删去，得到相应的(42')—(45')：

(42') 好了，秋痕笑了。

(43') 脚好了之后，他跑了。

(44') 她死了，他也死了。

(45') 经过了两三个小时的漫游，我们终于离开了。

(42')—(45')里因为没有了情态动词，"了"就成了表达事件实现的体标记"了₁"，它指向的是事件。也就是说，在这些句子中，如果没有情态成分，"了₂"就失去了存在的依据，这说明"了₂"对情态存在依赖关系。这也进一步说明，如果句子里有表达根情态的情态动词，"了₂"指向的就是情态，是对根情态敏感的成分，表示的是根情态的出现或变化。

6. "了₂"的情态黏着

与显性根情态动词同现时，"了₂"不指向事件，而指向情态，表现为情态黏着。这可以从两个方面来证明：一是处于焦点位置的情态动词;二是情态动词的编码功能。

6.1　焦点位置上的情态动词

　　提问时说话人想知道的信息会成为句子的焦点,焦点信息可以从答话中找到。在情态动词与"了"同现的句子里,表示不同类型情态的情态动词存在是否可以成为焦点的问题,如:

　　(46)A:他可能走了吗?

　　　　 B:走了。(可能走了。/ *可能了。/ ?可能。)

　　在(46)里,"走了"可自然成为答句,而"可能"作为焦点,不太自然,更不可能出现"可能"与"了"同现的答句。原因在于,这儿的"可能"只表示认识情态,而与之同现的"了"则是表示事件实现的"了₁"。但是,如果句子里出现的情态动词是表示根情态的,则又是另一种情形。如:

　　(47)A:我可以走了吗?

　　　　 B:可以了。(可以走了。/ 可以。/ 走吧! /走! / *走了。)

　　(47)的"可以"表达的是道义情态[许可],从答句可以很清楚看到,说话人是针对[许可]的出现与否进行提问的。答句里应该包含这种道义情态,否则句子不合语法,如不能回答"走了"。"走吧!""走!"还是祈使句,是从情态的角度来答话的。答句中如果非得保留"了",则必得与情态动词"可以"同现。这说明,与道义情态同现的"了₂"是情态黏着的。

　　如果与"了"同现的情态动词表达的是根情态中的动力情态,答句除了不能再以祈使回答外,其他与道义情态动词的情形相似,即必以情态动词作答,"了"要出现的话,也必得与情态动词同现,如:

　　(48)A:他肯走了吗?

　　　　 B:肯了。(肯走了。/ 肯。)

以上分析表明,根情态动词与"了₂"同现的问句是在就情态提问,即问情态动词表达的情态是否出现或存在;答句中"了₂"的情态黏着特征表明,与根情态动词同现的"了₂"指向情态。

6.2　情态动词的代码功能

英语情态动词有所谓的代码(code)功能(Palmer,1974:15;Huddleston,1976:333)。也就是说,在特定的上下文中,情态动词可以单独作用,而不用再在后边跟上实义动词,但这个实义动词可以通过与前文的照应得到恢复(Palmer,2001:60、100)。如:

(49)A：*Can he <u>do it</u>*?

　　B：*Yes he <u>can</u>.*

(50)*He <u>can swim</u> and so <u>can</u> she.*

(49)B 句中的 *can* 代入了(49)A 句中的 *do it*,而(50)中后一个小句中的 *can* 后被代入的实义动词 *swim* 也可通过与前一个小句的照应得到恢复。

现代汉语的情态动词也有类似的代码功能,例如,下面(51)后一个小句的"能"代入了前一个小句的"过惯"。

(51)他们<u>能</u>过惯,我们就也<u>能</u>。

重要的是,当说话人要表达情态的变化时,实义成分代入后,情态动词与"了₂"直接同现,如:

(52)A:唐元豹出院后,还<u>能</u>和我们一起玩吗?

　　B:恐怕<u>不能了</u>。(王朔《千万别把我当人》)

(53)现在的世界真是变了,原来禁止的现在<u>可以了</u>。

在(52)中,问句就"能"表示的情态是否保持提问,答句用"了₂"表示这种"能"表示的情态反方向的变化,即从"能"到"不能"。(53)是

"原来"与"现在"对比，"了$_2$"表示从[-许可]（禁止）到[许可]（可以）的道义情态变化。

当问句中出现"了$_2$"来问情态的出现或变化时，问句中的"了$_2$"在答句中不会被代入，而仍留在原来的位置上，如前文的(46)和(47)。

情态动词可以把它后边的动词短语代入，而句法表层上仍保留"了$_2$"，一方面说明情态动词之后的实义动词短语表达的事件与"了$_2$"没有关系，即"了$_2$"没有参与事件的表达，它游离于实义动词短语表达的事件结构之外；另一方面，也是更重要的一个方面，就是"了$_2$"是黏附于情态的。

"了$_2$"对焦点位置的情态动词和行使代入功能后的情态动词的黏附现象也证明了"了$_2$"是情态取向的，对情态的出现或变化做出说明。

7. 结　语

本文主要讨论了出现在汉语祈使句句尾上的"了$_2$"的句法语义地位。我们认为，出现在祈使句句尾的"了$_2$"既不是体标记也不是时态标记，因为它跟句子的主要动词短语表达的事件没有直接关系。"了$_2$"对根情态敏感，它不指向事件，而指向情态，是对情态敏感的情态指示成分。祈使句末的"了$_2$"关注的不是"事态"，不表示"事态将有变化"或"新情况的出现"，而表示情态的出现或变化。

句法形式和语义结构都相对简单的祈使句末可直接附接"了$_2$"，是因为这类祈使句里存在一个空情态动词，"了$_2$"的出现，得到了这个空情态动词的允准。语言类型学上观察到的事实、空情态动词的显性化和具体化操作、与汉语对应的显性情态句的对比分析的结果都证明了这种空情态动词在汉语祈使句里的存在。

　　当祈使句的句法语义相对复杂时，"了₂"要从句子里找到一个显性的情态成分作为自己出现的合法依据，必须得到一个显性情态动词的允准。这时，句子中若没有显性情态动词，"了₂"的出现会使句子不合语法；原来有情态动词与"了₂"照应的句子，删去情态动词，"了₂"就失去了存在的根据。这说明"了₂"与情态存在类似照应的关系。

　　"了₁"与"了₂"对情态的不同反应，说明"了₁"为事件取向，而"了₂"则是情态取向的。如果句子中有根情态动词，那么句末的"了"必定是"了₂"，而"了₂"也具有把多义情态动词定位于根情态的功能。在很多情况下，如果删去原来有的根情态动词，"了"就成了表达事件实现的体标记"了₁"。这都说明"了₂"对情态存在依赖关系，证明了"了₂"对根情态的敏感反应。

　　情态动词充当问句焦点时，在答句中"了₂"表现为情态黏着；情态动词行使代码功能时，不能将"了₂"与实义动词短语一同代入的情况，同样表现出"了₂"的情态黏着特征。"了₂"的情态黏着特点，进一步证明了"了₂"的情态取向。

　　已有研究因为囿于对句子表达的客观事件的观察[①]，在对"了₂"的分析中出现了许多令人困惑的解释。实际上，句子表现客观事件，但也表达主观情态。有的功能成分参与事件的结构，如体标记；而有的功能成分跟事件结构并无直接关系，它们关注的是事件结构之外的主观情态，如"了₂"就是这种主观情态的指示成分。希望我们以主观情态为

────────

　　① 这种限于事件角度对"了₂"的观察而产生的困境，使得人们寻求从不同的角度来探求"了₂"的本质，谭春健(2003,2004)、张黎(2003)、彭小川和周芍(2005)都体现了这种努力，谭春健(2004)甚至在各种"变化"的分类中分出了"能变和愿变"一类，但是似乎还是把它当作"事态"的一类。

参照的对"了₂"的观察,可以为进一步认识种种"了₂"的本质提供更多线索。

参考文献

陈前瑞,2005,《句尾"了"将来时间用法的发展》,《语言教学与研究》第 1 期。

戴耀晶,1997,《现代汉语时体系统研究》,杭州:浙江教育出版社。

金立鑫,2003,《"S 了"的时体意义及其句法条件》,《语言教学与研究》第 2 期。

刘勋宁,2002,《现代汉语句尾"了"的语法意义及其解说》,《世界汉语教学》第 3 期。

吕叔湘,1999,《现代汉语八百词(增订本)》,北京:商务印书馆。

彭利贞,2005,《现代汉语情态研究》,复旦大学博士学位论文。

彭利贞,2007,《现代汉语情态研究》,北京:中国社会科学出版社。

彭利贞、刘翼斌,2007,《论"应该"的两种情态与体的同现限制》,《语言教学与研究》第 6 期。

彭小川、周芍,2005,《也谈"了₂"的语法意义》,《学术交流》第 1 期。

谭春健,2003,《如何体现"变化"》,《语言教学与研究》第 3 期。

谭春健,2004,《句尾"了"构成的句式、语义及语用功能》,《汉语学习》第 2 期。

王伟,2006,《现代汉语"了"的句法语义定位》,中国社会科学院博士学位论文。

王巍,2004,《语气助词"了"的一种语义变体及其语法形式》,《汉语学习》第 4 期。

熊文,1999,《论助动词的解释成分》,《世界汉语教学》第 4 期。

忻爱莉,2000,《华语情态动词的语意与句法成分之互动》,《第六届世界华语文教学研讨会论文集(第一册:语文分析组)》,台北:世界华文出版社。

袁毓林,1993,《现代汉语祈使句研究》,北京:北京大学出版社。

张黎,2003,《"界变"论》,《汉语学习》第 1 期。

朱德熙,1982,《语法讲义》,北京:商务印书馆。

Alleton, V. 1994 Some Remarks about the Epistemic Values of Auxiliary Verbs YINGGAI and YAO in Mandarin Chinese. In Chen, M. Y. & Tzeng, J. L. (eds.) *In Honor of William S -Y. Wang*: *Interdisciplinary Studies on Language and Language Change.* Taipei: Pyramid Press.

Bhatt, R. 2006 *Covert Modality in Non-finite Contexts.* Berlin: De Gruyter Mouton.

Coates, J. 1983 *The Semantics of the Modal Auxiliaries.* London & Canberra: Croom Helm.

Haegeman, Liliane & Jacqueline, Gueron 1999 *English Grammar: A Generative Perspective.* Oxford: Blackwell.

Han, Chung-Hye 2000 *The Structure and Interpretation of Imperatives: Mood and Force in Universal Grammar.* New York: Garland.

Henry, Alison 1995 *Belfast English and Standard English: Dialect Variation and Parameter Setting.* New York: Oxford University Press.

Huddleston, Rodney 1976 Some Theoretical Issues in the Description of the English Verb. *Lingua* 40(4).

Kayne, Richard S. 1992 Italian Negative Infinitival Imperatives and Clitic Climbing. In Tasmowski, L. & Zribi-Hertz, A. (eds.), *Hommages à Nicolas Ruwet.* Ghent: Communication & Cognition.

Kayne, Richard S. 2000 *Parameters and Universals.* Oxford: Oxford University Press.

Lyons, J. 1977 *Semantics* (Vol. 2). Cambridge: Cambridge University Press.

Palmer, F. R. 1974 *The English Verb.* New York: Longman.

Palmer, F. R. 1979 *Modality and the English Modals.* New York: Longman.

Palmer, F. R. 1986 *Mood and Modality* (1st edition). Cambridge: Cambridge University Press.

Palmer, F. R. 2001 *Mood and Modality* (2nd edition). Cambridge: Cambridge University Press.

Searle, J. R. 1983 *Intentionality*. Cambridge: Cambridge University Press.

Zanuttini, Raffaella 1996 On the Relevance of Tense for Sentential Negation. In Belletti, Adriana & Rizzi, Luigi (eds.), *Parameters and Functional Heads: Essays in Comparative Syntax*. New York: Oxford University Press.

Zanuttini, Raffaella 1997 *Negation and Clausal Structure: A Comparative Study of Romance Languages*. Oxford: Oxford University Press.

论情态与词尾"了"的同现限制 [*]

彭利贞　刘翼斌

1. 引　言

对比下面这组句子,会发现两个句子中的"应该"存在两种不同的解释倾向:

(1)a. 他<u>应该</u>忘了这件事。

　　b. 你<u>应该</u>忘了这件事。

(1a)倾向于表达认识情态,即表达说话人对现实事件的推断;(1b)倾向于表达道义情态,即表达说话人对句子主语发出的指令。"应该"在这两个句子中表达不同的情态意义。影响"应该"语义表达的句法环境因素,可以直观看到的是主语人称的不同,而隐藏在书面语符号之下的,则还有"了"的内部差异。

本文将考察情态成分与词尾位置上"了"的共现限制,一方面,以"了"为参照,观察它对情态成分表达情态的影响;另一方面,以情态为维度来分析处于词尾位置的"了"的内部差异。

值得说明的是,"了"既可以出现在谓词词尾位置,也可以出现在句尾位置,为了撇开其他影响情态表达的因素,本文只选取"SV 了 O"词尾

＊　本文原载于《对外汉语研究》2008 年第 4 期。

位置的"了"作为观察对象,以使研究的问题更集中、更有针对性。处于句尾位置的"了"与情态表达成分同样存在互动限制,我们另文论述。

2. 词尾"了"与情态

2.1 情态的不同类型

莱昂斯等学者(Lyons,1977:452、787—849;Palmer,1979,1986:16;Steele et al.,1981;Perkins,1983:8—9;Quirk et al.,1985:219)曾对情态下过定义。我们综合这些定义,给出下面的定义:情态是说话人对命题的真值或事件的现实性状态表达的主观态度(彭利贞,2005:23,2007:41)。

表达情态的手段多种多样,就汉语而言,主要有表情态的实义动词、情态动词、情态副词和一些情态固定构式,本文将观察对象限定为情态动词。

根据帕尔默(2001:22)从类型学角度给出的情态分类,结合现代汉语情态动词的语义分析,我们认为现代汉语的情态动词可表达如下三种不同的情态。

动力情态:人或事物使句子表达的事件成真的致能条件,它涉及能力、意愿、勇气等概念。表达这类情态的情态动词有:能、会、可以、想、愿意、要、肯、敢等。

道义情态:说话人对事件成真的可能性与必然性的观点或态度,它涉及许可与必要等概念。表达这类情态的情态动词主要有:可以、能、应该、必须、得(děi)等。

认识情态:说话人对命题为真的可能性与必然性的看法或态度。表达这类情态的情态动词主要有:可能、能、应该、会、一定等。

也有学者把动力情态和道义情态合称为根情态(Coates,1983),在强调这两类情态与认识情态的对立时,亦可把这两种情态合称为非认识情态。

从上边情态动词的列举就可以看出,与其他语言一样,现代汉语也存在多义的情态动词,较典型的有:应该、能、要、会等。下例中的"能"就分别表达了动力情态[能力]、道义情态[许可]和认识情态[可能]①义:

(2)a. 他的腿伤好多了,能慢慢儿走几步了。(吕叔湘1980用例)

b. 不能只考虑个人,要多想集体。(同上)

c. 这件事他能不知道吗?(同上)

2.2　词尾"了"的内部差异

文献中一般把出现在谓词词尾的"了"称作"了₁",把句尾位置上的"了"称作"了₂"(刘勋宁,1988,2002;卢英顺,1991;金立鑫,1998;李小凡,2000)。陈刚(1957)、马希文(1983)还注意到具有补语性质的"了"(有的文献记作"了₃",本文记作"了补")。至于它们表达的意义,一般认为"了₁"是现实体标记(戴耀晶,1997:35),"了补"则相当于"吃完""吃掉"中的"完"或"掉"的意义。纯粹的"V了补"相当于情状(参见Vendler,1967)分类上的结果动词,与多义情态动词同现时,多义情态动词有表达根情态的倾向(彭利贞,2007:171—208),但是,"了补"也能与只表达认识情态的成分同现。从这个意义上说,"了补"没有与某种特定情态完全整齐的对应关系。但是,我们也发现,"了补"与单义认识情态动词、单义根情态成分同现时表现出不同的特征,而多义情态动

---

① 　[能力][许可][可能]表示的是情态语义范畴。

词与"了_补"同现时,情态动词获得道义情态的解读,从这个意义上说,"了_补"也会影响情态动词的情态表达。

2.3　情态成分与词尾"了"的同现

情态成分与词尾"了"同现时,"了"的内部差异会影响情态动词的情态解释。

忻爱莉(2000)在讨论"应该"的情态时指出,"应该"与完成貌(completive aspect)"了"结合时,会有认识情态①的解释。如下面(3)中的"应该"就表达认识情态。

(3)小明<u>应该</u>买了书。(忻爱莉,2000)

(3)中的"应该"表示说话人认为"小明买书"这一事件的实现有很大的可能性。但是,我们也注意到,前文(1b)表明,与"了"共现的"应该"也可获得道义情态[义务]义的解释。对比下边的(4),可以更清楚地看出"应该"在这种句法环境下获得道义情态解释的倾向。

(4)你<u>应该</u>卖了这些书。

可见,"应该"同样与"了"同现,却可能有道义情态的解释,这是因为词尾"了"本身也存在内部差异。

3.　词尾"了₁"与认识情态

3.1　"了₁"的本质特征

直接附在动词上的词尾"了"一般称为"了₁"。尽管卢英顺(1991)

---

① 忻爱莉(2000)称"认知情态"。

认为,"不能从'了'在句中的位置出发来划分""了₁"和"了₂",而"必须从'了'所表示的不同语法意义出发,找形式的印证",但为了观察的方便,我们还是把"了₁"限制为直接附加在谓词词尾之后且带宾语,即"SV 了 O"中的"了"。这样做,也主要是为了撇开会对情态表达产生影响的其他因素。

"了₁"是体标记,对这一点,学界有一个大体一致的认识。戴耀晶(1997:35)认为,"了₁"是现实体,表达一个现实的动态完整事件。李小凡(2000:204)把紧跟在表示动作或动作变化结果的谓词后边的"了"称作"完成体"。出现在词尾位置上的"了₁",表达了事件的现实[①]性,也就是说,说话人用词尾"了₁"表达的事件是说话人认为在某一参照时间(reference time)之前已经是一个事实的事件。这一点在词尾上的"了₁"表达的事件受情态管辖时,表现得更为明显。

3.2　认识情态与现实体同现的理据

已经实现的或者说话人心理上认为已经实现的事件,与情态结合时,与认识情态相容,而排斥道义情态。这一点可以在物质世界中找到理据。已经实现的事件,说话人无法施展道义、动力来改变,只能对这类事件的可能性的大小做出认识上的推测或断定。从这种意义上说,物质世界或社会的法则在语言的情态表达中得到了体现,情态所表达的也是物质世界或社会的规则。

从单义的情态动词与词尾的现实体标记"了₁"的同现情形可以看出,现实体标记"了₁"只与认识情态动词同现。与只表道义情态的情态动词同现时,则会生成不合语法的句子,如:

[①]　关于现实与非现实,参见 Givón(1994)、Palmer(2001:170)、彭利贞(2007:66—80)。

(5)开了会　　　可能开了会　　　＊可以开了会　　　＊必须
开了会

学会了德语　可能学会了德语　＊可以学会了德语　＊必须
学会了德语

大了一点儿　可能大了一点儿　＊可以大了一点儿　＊必须
大了一点儿

　　"可能"是只表认识情态[可能]的单义情态动词，"必须"是只表道
义情态[必要]的单义情态动词，而"可以"也只表根情态，即动力情态
[能力]或道义情态[许可]。与词尾的现实体标记"了₁"同现，只表认
识情态的情态动词生成合法的句子，而只表根情态的却生成不合法的
句子。可见，现实体标记"了₁"与情态成分同现时，"了₁"只与表达认
识情态的情态动词之间存在同现照应关系。

　　多义情态动词与词尾位置上的现实体标记"了₁"同现时，这种同
现照应关系可以得到更好的证明，因为，在与词尾位置上的现实体标记
"了₁"同现的句法环境中，多义情态动词的根情态会被滤除掉，只剩下
认识情态。从这种意义上说，对于多义情态动词而言，词尾位置上的
"了₁"具有解释成分的作用，也就是说，循着词尾"了₁"这种现实体形
式标记，可以把多义情态动词表达的情态定位在认识情态上。

3.3　词尾"了₁"对多义情态动词情态表达的限制

　　和其他许多语言一样，现代汉语的一些情态动词也具有多义特征，
它们在不同的环境中可以表达不同类型的情态。现代汉语中典型的多
义情态动词"应该""能""要""会"，较不典型的"一定""肯定""准"
"得(děi)"等，在不同的句法环境中，都可以获得认识情态或根情态的
解释。但多义情态动词与词尾的现实体标记"了₁"同现时，只表达认

识情态。从这种角度上说,"了₁"与认识情态成分之间存在同现限制。因为存在这种关系,所以词尾"了₁"对于多义的情态动词具有解释成分的作用。下面以较典型的多义情态动词与词尾"了₁"的同现来说明这一现象。

3.3.1 "应该"与词尾"了₁"同现

"应该"是多义情态动词,它在不同的语境中可以表达认识情态[盖然]或道义情态[义务]。"应该"与"了₁"同现时,表达[盖然]义,属认识情态,即表示说话人对一个现实事件的推断。如:

(6)从行程上看,企鹅从阿根廷经美国洛杉矶,昨晚<u>应该</u>到<u>了</u>北京。(《都市快报》2007 年 1 月 15 日)

(7)他们两个人结婚六年,……按说<u>应该</u>习惯<u>了</u>这种生活(肖复兴《当金山的母亲》)

(8)你以前是学古典的,按理说都是贝多芬啊、肖邦啊,乐理也<u>应该</u>学<u>了</u>不少。(《北京青年报》2003 年 9 月 16 日)

(6)至(8)中的"应该"与词尾"了₁"同现,都表达认识情态,不会出现道义情态的解释。

3.3.2 "能"与词尾"了₁"同现

"能"在不同的句法环境或语用环境中可以表达三种不同类型的情态,即动力情态[能力]、道义情态[义务]和认识情态[可能]。它与词尾"了₁"同现时,只表达认识情态。例如:

(9)瑞宣知道不<u>能</u>放<u>了</u>金三爷,低声的问李四爷:"尸首呢?"(老舍《四世同堂》)

(10)走喽,到屋里我自己去琢磨怎<u>能</u>泄露<u>了</u>芳蜜的秘密,也许还能琢磨出一本侦探电影的故事来呢。(老舍《残雾》)

(11)我喂,你就吃吧,我要是外人还<u>能</u>到<u>了</u>这儿。(邓友梅《追赶

队伍的女兵们》)

(9)—(11)中"了"表达的都是现实事件,或者心理空间的现实事件,"能"在这些句子中只表认识情态[可能]。

值得注意的是,"能"与词尾"了₁"同现时,有特殊的句法要求,即"能"与"了₁"同现的句子一般是疑问句(特别是反问句)或否定句。这可能与"能"表达的认识情态强度有关。也就是说,"能"表达的认识情态处于较低的强度,即可能性较小,而对于可能性较小的事件,人们在认知过程中更倾向于去怀疑甚至否定它。

3.3.3 "要"与词尾"了₁"同现

"要"可表达三种情态,动力情态[意愿]、道义情态[必要]和认识情态[必然]。与词尾"了₁"同现时,"要"表达认识情态[必然]。

根据句法环境的不同,表达[必然]的"要"又有两种情况,一种是假定的[必然],一种是肯定的[必然]。

"要"的[必然]义,有时是从假定的角度来表达的,它表示在假定的可能世界中,"要"管辖的现实事件的真值在每一个假定的可能世界集合中都存在。如:

(12)谁要娶了你陈小姐,准能发财!(陈建功、赵大年《皇城根》)

(13)也好,你要作了总统,我当秘书长。(老舍《老张的哲学》)

(14)可你要打了别人,就等于把我给打了,咱俩没完!(刘恒《黑的雪》)

(15)"嗯,怕不一定,"老管琢磨着说,"要退了休呢?"(邓友梅《话说陶然亭》)

在这些句子中,说话人用"要"假定在说话时刻之后,"了"表达的事件[必然]成为现实。这些句子中的"要"从表面上看都可以替换成"如果"等表达假定条件的词项。

"要"与现实体结合表达认识情态,与"要"的将来时间意义有关。"要"表达动力情态[意愿]时,所管辖的事件只能在非过去的时间里实现,当高玉宝用"我要读书"来表达[意愿]时,"读书"这一事件只能发生在说话时刻之后;当说话人从道义的角度说"你要当心","当心"这一事件也只有在说话时刻之后实现。所以,当与过去时间有天然关系的现实体"了"与"要"同现时,自然而然地排斥"要"的[意愿]与[必要]意义,只表达认识意义。

但是,(12)—(15)中,除(15)隐去后件不说,其他各句都是前件后件齐备的条件句,其中,后件对前件提供了相对的时间参照点,比如,(12)的"娶了你陈小姐"一定要先于"发财",而(13)"我当秘书长"也必得在"你作总统"之后。所以,这些以词尾"了₁"表达的现实事件,在每一句各自时间参照点之前的世界中,的确是实现的。这就与"要"的将来意义构成了概念结构上的矛盾。"要"本来可以[必然]地推定事件在绝对将来世界中实现,然而,因为后件句子提供的相对时间参照点,使"要"的这种语义流向被阻断,"要"的将来[必然]义只能回流,并修正自己的表达。

因为将来意义与现实事件存在着概念结构上的矛盾,所以"要"的意义出现反转,也就是说,说话人只能用"要"来表达一种假定的[必然],这是一种反向的必然,而不像前边的"应该""能"一样是从正向来就[可能][盖然]等意义进行推测或推断。这也就是(12)—(15)中的"要"都可以用"如果"等表示非真实条件的词项替换的原因。

"要"表示假定中的[必然],也就是表达一种假定的必然条件,这种假设的意义,在情态范畴上,属于认识情态,或者说,属于后认识情态,即它是一种在认识情态之后发展出来的准情态意义(Van der Auwera & Plungian,1998)。

3.3.4 "会"与词尾"了₁"同现

"会"可以表达动力情态[能力]、道义情态[义务]①和认识情态[盖然]。与"了₁"同现,"会"表达认识情态,即[盖然]性推断。

"会"可以表达对非将来(即过去与现在)事件的[盖然]性推断。例如,下列各例中的词尾"了₁"表达的事件或在说话时刻之前,或与说话时刻同时,都是现实事件。

(16)刘四爷更没想到事情会弄到了这步天地。(老舍《骆驼祥子》)

(17)没想到,他会碰了钱先生一个软钉子!(老舍《四世同堂》)

"会"与"要"一样,也有表将来意义的倾向,许多文献也都提到了"会"只表示将来事件。所以,当"会"与非将来现实事件结合时,与具有将来时间意义的"要"一样,也会出现语义表达的"反转"现象,即不从正向对事件现实性的[盖然]进行推断,而是从反向对事件的现实性进行怀疑角度的推断。也就是说,"会"在这种句法环境中表达的是对非将来现实事件真值的怀疑(dubitive),在语用上常常带有出乎意料的意味。这种句法环境中也常常出现"没想到"之类表示惊讶的词语。

"会"也可以表达对将来事件的实现的[盖然]性推断,这时,"会"所辖事件是将来的,也就是在说话时刻之后,该事件才实现。下列各例中的词尾"了₁"表达的事件的实现,是在说话时刻之后的事。例如:

(18)再在公园绕上三天,三个礼拜,甚至于三年,就会有了主意吗?(老舍《二马》)

(19)我看,慢慢的就会有了煤!(老舍《四世同堂》)

(20)"我倒没觉得不好。"马锐含含糊糊地咕哝,"可这合适么?会

---

① 一般认为,"会"只有两种情态,即[能力]与[盖然](很大的可能性),但这两种情态很难包括"我会帮你"之类的"会",所以,我们认为"会"还表道义情态[义务],在语用上是对说话人发出指令,即[承诺]。

不会<u>乱了套</u>? 谁都不管谁了……"(王朔《我是你爸爸》)

在这些句子中,"会"表达对所管辖事件在未来时间内实现的[盖然]性推论。

以上分析表明,与词尾"了₁"同现时,"应该""能""要""会"这些多义情态动词虽然有句法上的不同要求,但在情态表达上则趋于统一,即都表达认识情态:"应该"表达[盖然]、"能"表达[可能]、"要"表达[必然]、"会"表达[盖然]。这种现象证明,现实体标记词尾"了₁"可以充当认识情态的指示器。在寻求对多义情态动词的情态表达做出解释时,词尾"了₁"可以充当一种解释成分(熊文,1999):情态成分与"了₁"同现时,表达认识情态。

4. "了补"与情态

4.1 "了补"出现的句法环境和语法意义

陈刚(1957)、马希文(1983)都注意到具有补语性质的"了"(记作"了补")。邵敬敏(1988:325)则从语义上分析了与"了补"结合的动词的语义特征,认为出现在"了补"前的动词是一个动词小类,这个小类的成员有一个共同的语义成分[+消除],所以这种"动 + 了补"表示的语法意义是"消除"。属于这个小类的词主要有"卖、寄、关、删、倒、烧、换、租、借、挖、摘、砍、丢、关、喝、吃、咽、吞、泼、洒、扔、放、涂、摸、碰、摔、磕、撞、踩、伤、杀、宰、切、冲、还、毁"等。

"了补"也可以出现在句尾的位置,一种情况是被"消除"的受事宾语话题化,如(21);一种情况是在直接的命令句中省略了被"消除"的受事宾语,如(22):

(21)　人道应该忘了。(白吉庵《胡适与他的表妹曹诚英》)

(22)a. 脱了！揭了！扔了！卸了！

　　b. 别脱了！别揭了！别扔了！别卸了！(袁毓林,1993 用例)

这种表达"消除"语法意义的"动 + 了",从事件的现实性的角度上看,有歧义。如:

(23)倒了

　　a. 他倒了那杯茶。　　　　　b. 你倒了那杯茶。

　　a1.[?] 他倒掉那杯茶。　　　b1.你倒掉那杯茶。

　　a2.他倒掉了那杯茶。　　　b2.[*]你倒掉了那杯茶。

(23)的"倒了"是典型的有"消除"义的格式,在中性语境下,它存在现实与非现实之间的歧义。(23a)是现实句,以直陈语气(indicative)陈述一个已然的事实,这时候的"了"可以看作"了补"和"了₁"的重合;(23b)是非现实句,以祈使语气表达一个指令,这时的"了"没有现实体的意义,就事件本身而言,倒是有未实现或即将实现的语法意义。

"了补"的非现实性质,还有一个证据是,这种"了"可以出现在表达非现实的祈使句句末。袁毓林(1993:64)认为,有[+取除]义特征的动词可以生成祈使句,如前文的(22)。(22a)和(22b)都表达了"指令",而指令是典型的道义情态,这种在(22a)中隐性存在的道义情态,在相应的否定句(22b)中得到了显性化。"别"是"不要"的变体,通过对"要"表示的[必要]情态的否定达到[禁止]的祈使语效,是说话人对非现实世界中可能出现的事件的禁止。

看来,"了补"因事件可能世界指向的不同,可表达两种意义:世界指向现实,"了补"可能是"了补"与"了₁"的重合;世界指向非现实,则表示"消除"的"结果"。也就是说,当世界指向上有非现实的特征时,"V

了_补"中的"了_补"是纯粹的"了_补"。

在形式上,纯粹的"了_补"可以变换成"掉"而意义保持不变,如(23b1);变换成"掉"后,不能进一步变换成"V掉了",如(23b2)。而与现实体标记"了₁"重合的"了_补"则不一定能把"了"变换成"掉",如(23a1);但可以有"V掉了"的形式,如(23a2)。

4.2 "了_补"与情态的匹配

4.2.1 "了_补"与根情态

"了_补"与只表根情态的情态动词同现时,"了_补"是纯粹的"了_补",如:

(24)别插嘴,听着,你必须毁了这东西,你<u>必须毁了</u>它。(陈政欣《闹钟》)

(25)和他们在一处,她几乎<u>可以忘了</u>她是个女人,而谁也不脸红的把村话说出来。(老舍《四世同堂》)

(24)和(25)中的情态动词"必须""可以"都只表达道义情态,"忘""毁"都是有[+取除]义特征的动词,这两个句子的"了"都是纯粹的"了_补"。

关于这两个句子,还有三点应该注意:

第一,"V了"表达的事件都是非现实事件;

第二,在时间指向上,不会是过去,而是非过去,如(24),或者泛时,如(25);

第三,出现在这种句法环境的"V了"可作"V掉"的变换,但不能进一步有"V掉了"的形式。

4.2.2 "了_补"与认识情态

"V了_补"其实相当于典型的结果动词,在情状上属于动态动词。

动态情状特征与根情态虽然有天然的联系（彭利贞，2005：114，2007：196—197），但是，它也不排斥与认识情态的搭配。如：

（26）小步是他最爱的宠物，他怎么<u>可能</u>宰<u>了</u>它？（纪莹《与狼为邻》）

（27）一步走错，就<u>可能</u>毁<u>了</u>你的一生。

（26）和（27）中的"宰""毁"是典型的[+取除]义动词，其后的"了"应该是"了$_{补}$"，它不排斥与只表认识情态[可能]的情态动词"可能"同现。

但是，相对于（24）与（25），（26）与（27）也有三点值得注意：

第一，"V了"表达的事件可以是非现实的，也可以是现实的，（26）的"宰了"表达的可能是现实事件，也可能是非现实事件，该事件的现实性状态得由语言外的语境才能决定；

第二，在时间指向上，可以是泛时的，如（27），可以是非过去的，但也可能是过去的，如（26）存在时间指向上的歧义；

第三，出现在这种句法环境的"V了"可作"V掉"的变换，在满足时间指向上的条件后，还可以进一步有"V掉了"的形式。

因此，"了$_{补}$"虽然可以与只表认识情态的情态动词同现，但与它和只表根情态的情态动词同现的情形有区别。这一点在"了$_{补}$"与多义情态动词同现时可看得更清楚些，因为"了$_{补}$"与多义情态动词同现时，有一种倾向性：与"了$_{补}$"同现的多义情态动词一般获得根情态解释。

4.3 与"了$_{补}$"同现的多义情态动词的情态

多义的情态动词与"了$_{补}$"同现时，情态动词一般都表达根情态。

4.3.1 "应该"与"了$_{补}$"同现

多义情态动词"应该"与"了$_{补}$"同现，"应该"一般获得道义情态[义务]的解读。如：

(28) 为了将来,应该忘了他,因为他是回忆的;为了完美,应该忘了他,因为他是残缺的;为了快乐,应该忘了他,因为他是悲剧的……(食指《食指的诗》)

(29) 这种败类早就应该撤了他!(网络小说《国之利刃》)

(30) 对,是她的脸的错,我应该毁了她的脸。(叶芊芊《只为相思怕上楼》)

4.3.2 "能"与"了补"同现

"能"与"了补"同现,或表达道义情态[许可],如:

(31) 我好心好意来告诉你,你可不能卖了我呀!(老舍《茶馆》)

(32) 既不能蹭了别人,更不能蹭了自己,当然也不能蹭了香蕉,姿势就十分难拿,走得艰难。(毕淑敏《雉羽》)

或表达动力情态[能力],如:

(33) 我告诉你,别以为你真能毁了我的生活!

(34) 太行了,凡是敢去的,谁要能忘了这一宿,我就不姓李。(电视剧《编辑部的故事》)

下一例的"能"存在道义情态[许可]与动力情态[能力]之间的歧义。

(35) 我呢,我也一样,我能丢了荣誉、地位、友谊和理解,但我不能丢了我的那些真正的歌。(张承志《胡涂乱抹》)

4.3.3 "要"与"了补"同现

"要"与"了补"同现,表达动力情态[意愿]或道义情态[义务],属于根情态,如:

(36) 他要砸了那个可怕的怪脸,把他可爱的孩子从后面抠出来。(毕淑敏《生生不已》)

(37) 我要杀了你!(池莉《预谋杀人》)

在这两个句子中,"要"表达的是动力情态[意愿],即句子的主语有以某种方式把宾语表示的对象"消除"的[意愿]。

在下面句子中与"了_补"同现的"要"会得到道义情态[义务]的解释。

(38)你们都<u>要</u>忘<u>了</u>你们的父亲,你们不是他们的儿女,他们都是狼……(贾平凹《鬼城》)

4.3.4 "会"与"了_补"同现

多义情态动词"会"与"了_补"同现,"会"表达道义情态[义务]。如:

(39)小心,我<u>会</u>宰<u>了</u>你!

(40)我不<u>会</u>卖<u>了</u>你!(老舍《人同此心》)

(41)以上帝的名义起誓,我永远也不<u>会</u>忘<u>了</u>你们!(霍达《雪妮、黑豹和密斯黄》)

有意思的是,[+取除]义常存在社会意义上的[+消极]特征,所以,"会"表达的义务有时在语用上就表现为[威胁],如(39);表达语用上的[承诺]时也常以否定形式出现,也就是说,说话人保证不使这种消除的事件成真,如(40)和(41)。

综上所述,"了_补"与多义的情态动词"应该""能""要""会"等同现时,情态动词一般表达根情态,如"应该"的[义务]、"能"的[许可]、"要"的[意愿]或[义务]、"会"的[义务]等。

5. 词尾"了"歧义与多义情态动词的歧解

情态属于非现实范畴,非现实句加上情态还是非现实句,现实句加上情态成为非现实句,因为情态的驱动,原来的现实句可能产生现实与

非现实的两种意义(Givón,1984:286)。以"应该"为例:

(23')a. 他<u>应该</u>倒<u>了</u>那杯茶。

　　a1. 我推断[他倒了_{补+1}那杯茶]

　　b. 你<u>应该</u>倒<u>了</u>那杯茶。

　　a2. 有义务[他倒了_补那杯茶]

　　(23b)在说话时间之前未实现,属于非现实句,在(23'b)加上情态动词"应该"后,还是非现实句,这里的"应该"表达道义情态,即[义务],说话人在对主语"你"提出要求,强加[义务];而(23a)表达的事件,一般来说是在说话时间之前已实现的已然事件,加上情态成为非现实句(23'a)时,原来的事件出现歧义,这两种歧义分化为(23'a1)和(23'a2),前者的"应该"是认识情态,表示对一个现实事件的[盖然]推断,后者的"应该"是道义情态[义务]。

　　"了_补"在与情态动词"应该"结合时,"了"有可能是现实体标记"了₁"和非现实的"了_补"的重合。这时,对"应该"的情态的解读,需要寻求其他上下文因素的帮助,如在主语位置上的人称指示"你"等。

　　根据这种分析,"V了_补"有现实与非现实两种意义,前者表达现实,这时的"了"可以认为是补语的"了_补"与现实体标记"了₁"出现了重合,相当于"V掉了₁";后者是表达非现实事件的祈使句,这时的"了"只是纯粹的"了_补"。所以,"应该"与"了_补"同现时,表达情态也有两种可能,一是对现实事件的[盖然]推断,即(23'a1);一是就非现实事件加上的[义务],即(23'a2)。

　　"应该"这种情态歧解也存在于下面的例子中:

(42)a. 你<u>应该</u>忘<u>了</u>这件事。(对比:你应该忘记了这件事。)

　　b. 你今天<u>应该</u>忘<u>了</u>什么。

　　c. 是我对不起你,不<u>应该</u>忘<u>了</u>你的生日。

(42a)中的"应该"倾向于得到认识情态[盖然]的解释,但是,也存在解释为认识情态[义务]的可能性;对比一下"你应该忘记了这件事",因为"忘记"本身有结果意义,这种意义决定其后的"了"不太可能再带上结果补语的意义,所以,"你应该忘记了这件事"中的"了"只能是"了₁",而与之同现的"应该"也只能有认识情态[盖然]一种解释。(42a)"应该"的情态分化表现为(42b)的认识情态[盖然]和(42c)的道义情态[义务]。

其他多义情态动词与"了补"同现,也可能出现这种情态表达上的歧解。如(43a)中的"能"在中性语境下既有可能表达认识情态[可能],也有可能表达道义情态[许可]。"能"的这两种情态表达分别在(43b)和(43c)的不同语境中得到了表现。

(43)a. 怎么能忘了呢?

b. "啊,谢谢你们,还记着我的生日!"同窗之谊使新月激动了。
"咳,怎么能忘了呢?"小湖北佬罗秀竹说。(霍达《穆斯林的葬礼》)

c. 丁翼平　别忘了,连你们老二到税局子去作事,还是我的力量!

王先舟　那我怎能忘了呢?(老舍《春华秋实》)

"怎么能忘了"在(43b)中时间指向非未来,而(43c)中时间则指向未来。"了"在(43b)可以看作"了₁",或"了补+了₁",即这个"了"一定表达了现实体意义;"了"在(43c)只是纯粹的"了补"。"能"表达的情态歧解恰好与两种不同性质的"了"相对应。

多义的情态动词"要"也可在"了补"与现实体标记"了₁"重合时出现情态歧解,"要"的两种情态解读表现为(44a)和(44b)。

(44)a. 小苹,难道你要毁了你的亲爸爸吗?(老舍《春华秋实》)

b. 他要毁了她，我就对他不客气，我想好了，宰丫头养的！

（刘恒《黑的雪》）

在(44)中，"毁"是具有[+取除]义的动词，黏附其后的"了"是"了补"。(44a)"毁了"的时间指向未来，"了"是纯粹的"了补"，"要"表达动力情态[意愿];(44b)的"毁了"从绝对时的角度也指向未来，但从相对时的角度则指向先时，即相对于后续句来说，"毁了"表达的事件是一个现实事件，所以"了"也就带上了现实体意义，即此处的"了"应该看作现实体"了₁"，或者是复合的"了补 + 了₁"，而与之同现的"要"也表达另一种类型的情态，即认识情态[必然]，它从假定的角度推断事件成真的[必然]性。

总的说来，当"了"出现"了补"与现实体标记"了₁"的重合时，多义的情态动词也在不同的语境中获得不同的情态解读，即出现根情态与认识情态之间的歧解。这种促成词尾"了"内部差异的语境因素是事件的时间指示，在事件特征上则有现实与非现实之间的区别。

6. 结　语

在书面形式相同的处于词尾位置上的"了"，可能是现实体标记"了₁"，也可能是结果补语"了补"。这种词尾上的"了"与情态动词同现时，要求情态动词表达某种特定的情态，即认识情态或根情态（非认识情态），具体表现为它们只与表某种特定情态的单义情态动词同现，而与多义情态动词同现时，则会要求多义情态动词表达某种特定的情态。从这种意义上说，现实体标记"了₁"和"了补"是情态动词情态表达的指示器，而反过来，情态的不同类型也可以帮助识别或分化至少在书面上同形而性质不同的词尾"了"。

现实体标记"了₁"与只表达认识情态的单义情态动词同现,生成合法的句子;如果与只表道义情态的情态动词同现,会生成不合法的句子。它与多义情态动词"应该""能""要""会"同现时,会把多义情态动词的根情态滤除掉,使它们只表达认识情态。

"了补"与单义的情态动词同现时,单义情态动词既可以是认识情态动词,也可以是道义情态动词,但与单义认识情态动词同现时,"了补"可以看作"了₁"或者是"了补₊₁";只有与单义根情态动词同现时,"了"才是纯粹的"了补"。"了补"与多义的情态动词同现时,情态动词一般表达根情态。

当词尾"了"存在现实体标记"了₁"与补语"了补"之间的歧义时,多义情态动词也存在相应的情态歧解:"了"呈现现实体标记"了₁"的特征时,情态动词表达认识情态;"了"呈现"了补"的特征时,情态动词表达根情态。不同类型的情态与现实体标记"了₁"和"了补"的互动倚变,可进一步证明词尾"了"内部存在差异的个体,而这些差异的个体"了"与表达不同类型情态意义的情态动词之间同现限制。这种限制可以归纳为表1。

表1 词尾"了"与情态同现限制表

词尾"了"			情态
"了"的内部差异	事件	时间指示	
现实体标记"了₁"	现实	非未来	认识情态
结果补语"了补"	非现实	未来	根情态
"了补₊₁"	非现实/现实	非未来	根情态/认识情态

参考文献

陈刚，1957，《北京话里 lou 和 le 的区别》，《中国语文》第 12 期。

戴耀晶，1997，《现代汉语时体系统研究》，杭州：浙江教育出版社。

金立鑫，1998，《试论"了"的时体特征》，《语言教学与研究》第 1 期。

金立鑫，2002，《"S 了"的时体意义及其句法条件》，《对外汉语论丛（第二集）》上海：上海外语教育出版社。

李小凡，2000，《现代汉语词尾"了"的语法意义再探讨》，《语法研究和探索（十）》，北京：商务印书馆。

刘勋宁，1988，《现代汉语词尾"了"的语法意义》，《中国语文》第 5 期。

刘勋宁，1990，《现代汉语句尾"了"的语法意义及其与词尾"了"的联系》，《世界汉语教学》第 2 期。

刘勋宁，2002，《现代汉语句尾" 了"的语法意义及其解说》，《世界汉语教学》第 3 期。

卢英顺，1991，《谈谈"了$_1$"和"了$_2$"的区别方法》，《中国语文》第 4 期。

吕叔湘，1980，《现代汉语八百词》，北京：商务印书馆。

马希文，1983，《关于动词"了"的弱化形式／·lou／》，《中国语言学报》第 1 期。

彭利贞，2005，《现代汉语情态研究》，复旦大学博士学位论文。

彭利贞，2007，《现代汉语情态研究》，北京：中国社会科学出版社。

邵敬敏，1988，《形式与意义四论》，《语法研究和探索（四）》，北京：北京大学出版社。

汤廷池，1997，《华语情态词序论》，《汉语语法论集》，台北：金字塔出版社。

汤廷池，2000，《汉语语法论集》，台北：金字塔出版社。

熊文，1999，《论助动词的解释成分》，《世界汉语教学》第 4 期。

忻爱莉，2000，《华语情态动词的语意与句法成分之互动》，《第六届世界华语文教学研讨会论文集（第一册：语文分析组）》，台北：世界华文出版社。

袁毓林，1993，《现代汉语祈使句研究》，北京：北京大学出版社。

Alleton, V. 1994 Some Remarks about the Epistemic Values of Auxiliary Verbs YINGGAI and YAO in Mandarin Chinese. In Chen, M. Y. & Tzeng, J. L. (eds.) *In Honor of William S -Y. Wang: Interdisciplinary Studies on Language and Language Change.* Taipei: Pyramid Press.

Coates, J. 1983 *The Semantics of the Modal Auxiliaries.* London & Canberra: Croom Helm.

Givón, T. 1984 *Syntax: A Functional-typological Introduction.* Amsterdam: John Benjamins.

Givón, T. 1994 Irrealis and the Subjunctive. *Studies in Language* 18(2).

Lyons, J. 1977 *Semantics*(Vol. 2). Cambridge: Cambridge University Press.

Palmer, F. R. 1979 *Modality and the English Modals.* New York: Longman.

Palmer, F. R. 1986 *Mood and Modality*(1st edition). Cambridge: Cambridge University Press.

Palmer, F. R. 2001 *Mood and Modality*(2nd edition). Cambridge: Cambridge University Press.

Perkins, M. R. 1983 *Modal Expressions in English.* Norwood: Ablex.

Quirk, R. et al. 1985 *A Comprehensive Grammar of the English Language.* New York: Longman.

Steele, S. et al. 1981 *An Encyclopedia of AUX: A Study in Cross-linguistic Equivalence.* Cambridge, Mass. : MIT Press.

Van der Auwera, Johan & Plungian, Vladimir A. 1998 Modality's Semantic Map. *Linguistic Typology* 2(1).

Vendler, Z. 1967 *Linguistic in Philosophy.* Ithaca: Cornell University Press.

论情态与句尾"了"的共现限制*

彭利贞

1. 引　言

艾乐桐(Alleton,1994)在讨论"应该""要"的认识情态时,提到"汉语中只有认识情态可以跟带有体标记(着、了、过)的动词"。他举的是下面的例子:

(1)他们<u>应该</u>都出发了,你怎么还在这里!

在(1)中,"应该"表达认识情态,表示对事件"他们都出发了"的较高可能性的推断。艾乐桐的结论似乎暗示,与"了"同现的"应该""要"都表达认识情态。但是,去掉(1)中的其他上下文因素,使"了"与"应该"更直接相关时,"应该"表达的情态就变得不那么确定。请看(1'):

(1')a. 他们<u>应该</u>出发了。

　　b. 我们/你们<u>应该</u>出发了。

(1'a)中的"应该"除了可表达认识情态外,也可表达道义情态,表示对"他们"而言已经有了"出发"的[义务]。"应该"的这种道义情态解释,在(1'b)中表现得更清楚。在该句中,因为人称的变化,"应该"倾向于被解读为[义务]。

＊ 本文原载于《汉语语法研究的新拓展(六)》,上海:上海教育出版社,2013年。

这种与"了"同现的"应该"的情态不确定性(undeterminacy),在下面的例子中同样存在:

(2)a. 他<u>应该</u>去了。

　　b. 你/我<u>应该</u>去了。

(3)a. 这件事他<u>应该</u>忘了。

　　b. 这件事你/我<u>应该</u>忘了。

(2a)(3a)的"应该"可能表达认识情态[盖然],即表达说话人对现实事件的推断;但也可能表达道义情态,即表达说话人对句子主语发出的指令。当这两个句子在相应的(2b)和(3b)以第一、二人称出现时,"应该"表达道义情态的倾向就变得更明显。

这种现象表明,"应该"作不同情态解释时,(2)(3)中处于句尾的"了"存在内部差异,这种内部差异要凭借与之有关的各种句法因素来确定。本文拟以情态为参照,来观察和分析句尾位置上的"了"的内部差异。我们会发现,句尾位置上的"了",与不同类型的情态存在着同现限制关系,从而表现出不同的句法语义特征。我们希望以此来深化对句尾位置上的"了"的理解,并加深对情态的认识。

2. 情态与句尾"了"

2.1　情态的不同类型

情态是说话人对命题的真值或事件的现实性状态表达的主观态度(Lyons,1977:452、787—849;Palmer,1979,1986:16;彭利贞,2005:23,2007:41)。根据帕尔默(Palmer,2001:22)从类型学角度给出的情态分类,结合现代汉语情态动词的语义分析,可以认为现代汉语的情态动词也表达了如下三类情态：

动力情态：人或事物使句子表达的事件成真的致能条件，它涉及能力、意愿、勇气等概念。现代汉语表达这类情态的情态动词有：能、会、可以、想、愿意、要、肯、敢等。

道义情态：说话人对事件成真的可能性与必然性的观点或态度，它涉及许可与必要等概念。现代汉语表达这类情态的情态动词主要有：可以、能、应该、必须、得（děi）等。

认识情态：说话人对命题为真的可能性与必然性的看法或态度。现代汉语表达这类情态的情态动词主要有：可能、能、应该、会、一定等。

有的学者把前两类情态合称为根情态（Coates，1983），在强调这两类情态与认识情态的对立时，亦可把这两种情态合称为非认识情态。

与其他语言一样，现代汉语也存在多义的情态动词，较典型的有：应该、能、要、会等。多义情态动词在不同因素的影响下会有不同的义项呈现（王伟，2000）。如前文（2）（3）所示，这些多义的情态动词与句尾位置上不同性质的"了"同现时，情态动词会得到不同的情态解释。现代汉语也有一些情态动词是单义的，如只表认识情态的"可能"、只表道义情态的"必须"、只表动力情态的"肯""敢""愿意""想"，等等。"可以"不表认识情态，从认识情态与根情态的对立角度上看，"可以"是只表根情态的单义情态动词。这些单义的情态动词对句尾"了"有限定作用。

2.2　句尾"了"的内部差异

有的学者出于追求简洁的目的，主张对出现在不同环境的"了"有一个统一解释（刘勋宁，2002），但更多学者主张"了"存在内部差异（刘勋宁，1988；卢英顺，1991；金立鑫，1998，2003；李小凡，2000；燕燕，

2002;谭春健,2003,2004;彭小川、周芍,2005）。

一般把谓词词尾"了"称作"了₁"，是现实体（戴耀晶,1997）标记；把句尾位置上的"了"称作"了₂"①。至于"了₂"表示的语法意义，说法很多，较流行的有"变化"和"新情况的出现"（吕叔湘,1999:351—358）。但卢英顺（1991）认为，不能从"了"在句中的位置出发来划分"了₁"和"了₂"，必须从"了"所表示的不同语法意义出发，找形式的印证。李小凡（2000）在刘勋宁（1990）的基础上也分析了一些句尾位置上的"了"，把句尾上的"了"称作"已然态"。金立鑫（2003）则注意到，"V 了"处于句子末尾的时候，类似"他吃了"这种句子的时体存在歧义。彭小川、周芍（2005）也注意到"了"在相同句尾位置上存在的对立。从他们的分析也可以看出，仅从"了"处于句尾位置这一点不足以判定"了"的句法语义性质。

陈刚（1957）、马希文（1983）还注意到具有补语性质的词尾"了"（本文记作"了₃"），相当于"吃掉"中"掉"的意义。也就是说，纯粹的"V 了₃"相当于情状（Vendler,1967）分类上的结果动词。邵敬敏（1988）、袁毓林（1993:64）认为，这种"V 了₃"中的 V 有[+消除]或[+取除]义特征。这种"了₃"出现在"V 了 O"中，在形式上一般与词尾"了₁"出现于相同的环境；但是通过变换，也可以在句法表层上出现在与"了₁""了₂"相同的语境中（王维贤,1991）。最极端的例子如下：

（4）我吃了。

在这个句子中，"了"在不同的语境中可以体现为现实体标记"了₁"、所谓表示变化的"了₂"和表示补语意义的"了₃"。

---

① 也有用"词尾了"和"句尾了"来分别指"了₁"与"了₂"的，所以，严格地说，本文的"句尾了"应该是"句尾位置上的'了'"。

2.3 与情态成分同现的句尾"了"

遇到"句尾"和"词尾"重合的情况,"了"存在的内部差异很可能被句尾位置这一表面现象掩盖,例如:

(5)a. 吃了

b. 可能吃了　b1.[可能[吃了$_1$]]　　b2.[可能[[吃了$_3$]了$_1$]]

c. 可以吃了　c1.[[可以[吃]]了$_2$]　c2.[可以[吃了$_3$]]　c3.[[可以[吃了$_3$]]了$_2$]

d. 应该吃了　d1.[应该[吃了$_1$]]　　d2.[[应该[吃]]了$_2$]

静态地分析(5a),只从句法表层上无法识别"了"的内部差异,但加上情态成分后,(5a)可以分化为(5b)和(5c)。在(5b)中,"了"黏附于动词"吃",句法结构的层次切分为(5b1)时,"了"是词尾"了$_1$";分析为(5b2)时,"了"是词尾"了$_{3+1}$"。(5c)的情况是:"了"黏附于整个小句,"了"是句尾"了$_2$",层次切分为(5c1);"了"为"了$_3$",层次切分为(5c2);如果"了"为"了$_{3+2}$",则切分为(5c3)。在(5d)中,因为"应该"是多义的,所以(5a)中"了"的歧义依然存在,表现为(5d1)与(5d2)不同的层次切分:"了"在(5d1)中是词尾"了$_1$",在(5d2)中是句尾"了$_2$",相应地,"应该"也解释为两种不同的情态;如果加上变体"了$_3$",其层次切分会有更复杂的表现。

王巍(2000)注意到,"由于'助动词'和'了'的语义特殊性""'助动词+动词+了'这个结构模式中普遍存在着两种结构层次",会有两种不同的层次分析:一以(6)为代表,"可能""会"之外的所有助动词都可进入这种格式;一以(7)为代表,进入这个格式的助动词为"应该、应当、可能"。(6a)切分为(6b);(7a)切分为(7b):

(6)a. 他能来了。   b. [[他[能来]]了]。

(7)a. 他可能来了。   b. [他[可能[来了]]]。

王巍指出,这是由"了"的两种语义变体与助动词的关系造成的。但是,王巍用"可能性"的梯度(即所谓"量"概念)来解释"能、可以"与"可能"的区别,则值得进一步讨论;而造成两种层次切分的"了"与助动词之间的"关系",也有必要进一步明确。

在后文的分析中我们会发现,表达不同类型情态的情态动词与句尾位置上"了"的不同变体存在同现限制关系,根据这种关系,可以用单义的情态动词使"了"的内部差异呈现出来,也因为这种关系的存在,多义情态动词与不同性质的句尾"了"同现时,可观察到不同的"了"与情态动词表现的不同情态类型之间的同现互动限制。

3. 认识情态动词与句尾位置的"了$_1$"的相互限定

句尾"了"与单义认识情态动词同现,当"了"指向事件,且没有其他句法因素影响它对事件的指向时[1],"了"指示事件的现实地位,会被限定为"了$_1$"。

现实体标记"了$_1$"表达一个现实的动态完整事件(戴耀晶,1997:35),这在词尾"了$_1$"上已经有比较统一的意见[2]。但前文的分析已经表明,只从句尾这一句法位置不足以判定"了"的性质。而且,"动词并不是体意义的唯一体现者""体意义的承载单位是句子""句子中的每个要素都可以对体意义发生影响"(戴耀晶,1997:4)。从这种角度看,

---

① 最近的观察发现,在更复杂的句法因素或其他因素触动下,此时句尾"了"也可能是"了$_2$",与之关联的不再是事件,而是情态。因为牵涉因素太多,另文论述。

② 当然,不同的学者从稍有不同的角度出发,给了这种体意义以不同的名目。

我们可以假定,如果处于句尾的"了"与处于词尾的"了"具有相同的语法意义,也应该认为它是"了₁"。也就是说,只要"了"的功能是把事件定位在现实①的位置上,即可以认为这时的"了"是"了₁"。

出现在不同句法位置的"了₁",有一个共同的特征,那就是表达了事件的现实性,也就是说,说话人用"了₁"表达的事件是说话人认为在某一参照时间之前已经是一个事实的事件。这一点在"了₁"表达的事件受情态管辖时,表现得更为明显。

彭利贞(2007:219—232)指出,如果情态动词与"V 了 O"里这种典型的"了₁"同现,情态动词表达的只能是认识情态,表现为:

第一,"了₁"与单义的认识情态动词相容,排斥单义的非认识情态动词。如:

(8)喝了酒可能　喝了酒　*可以喝了酒　*必须喝了酒

　　看了电影　可能看了电影　*可以看了电影　*必须看了电影

(8)表明,"了₁"与只表认识情态的"可能"相容,而排斥不表认识情态的"可以"和"必须"。

第二,"了₁"与多义的情态动词同现,情态动词会强制地被解释为认识情态,而不会呈现非认识情态的解读。如:

(9)我外公应该写了40 多部剧本,现在留下来的却只有 25 部。

　　(齐如山、齐香《梅兰芳游美记》)

(10)到屋里我自己去琢磨怎能泄露了芳蜜的秘密。(老舍《残雾》)

(9)和(10)中的"应该""能"都是多义的情态动词,与"了₁"同现,都只能解释为认识情态,"应该"为[盖然],"能"为[可能]。

---

① 关于现实与非现实,参见 Givón(1994)、Palmer(2001)。

或因句法原因,如动词具有不带宾语的性质;或因语用原因,原来带的宾语临时缺失,则都有可能形成"了₁"出现在句尾位置的状态,形成"了₁"与所谓句尾"了"的位置重合。

典型的单义认识情态动词是"可能",它只表达认识情态[可能]。与"可能"同现时,句尾位置上的"了"指向事件,表达现实体意义。如:

(11)她没有受伤,但可能休克了。

(12)他和老百姓混在一起,天也快黑了,用不了多久他就完全可能脱险了。(李晓明《平原枪声》)

(13)《李大海》手稿,"文革"前捐给上图,可能遗失了。(《巴金书信集》)

(14)我觉得您可能误会了。(王朔《一点正经没有》)

(11)—(14)中的主要动词有的是本身不带宾语,有的可补上宾语。现在,这些动词后的"了"虽然在位置上处于句尾,但它们是"了₁",应该不成问题,它们指向事件,表示事件的现实性地位。这种"了₁"与只表认识情态的"可能"相容,生成合法的句子。但如果与只表根情态的情态动词同现,就会生成不合语法的句子,比如说,这些句子中的"可能"都不能替换成只表道义情态[必要]的"必须",或只表道义情态[许可]或动力情态[能力]的"可以",或只表动力情态[意愿]的"肯"。这表明,指向事件的"了₁",在与情态成分共现时,要求情态成分只表认识情态。从这种角度上说,认识情态与"了₁"存在照应关系。

(11)—(14)中的"可能"如果替换成多义的情态动词"应该","应该"的语义解读会受限制,即"应该"会因为与它同现的"了₁"而得到认识情态的解释。

当然,正如(1)—(3)所示,"应该"这类多义情态动词与句尾位置上的"了"同现,当"了"存在多种解读时,"应该"也相应地存在不同类型情态的语义解释,或为认识情态,或为道义情态。这一点在后文还有更详细的分析。

4. 根情态与句尾位置的"了₂"的呼应

单义根情态动词,也可以叫作非认识情态动词。这里有三种情况:A. 只表道义情态的,如"必须";B. 只表动力情态的,如"肯""愿意""想""敢";C. 可兼表道义情态与动力情态的,如"可以"。这些情态动词与句尾"了"同现,对"了"的倾向性有限定作用:与单义根情态动词同现的句尾"了",都是"了₂",表示情态的变化。

4.1　与情态成分同现的句尾位置"了"的本质

先看例(15):

(15) a. 走了!　　我走了!　　　你走了?

　　　起来了!　出发了!　　　我起来了!　我们出发了!

　　b. 吃饭了!　上课了!

　　c. 站好了!　你站好了!　　说清楚了!　你给我说清楚了!

一般认为,(15)中的"了"是典型的"了₂"。至于它的功能,有的文献叫作语气词,"表示时态①将有变化"(袁毓林,1993:76);或者表示"将来起始"(金立鑫,2003);或者"表示即将发生"(陈前瑞,2005)。

(15)的三组句子,有的是宣称要做某事,有的是要求达到说话人预期的状态,它们有如下共同点:A. 都预设该事件没有实现;B. 说话人

---

① 　这里的"时态"即别的文献中的"体"。

要求这些事件在说话时间之后实现。"将有变化""将来起始"或"即将发生"都是从事件本身的角度看问题的。

其实,说话人说出这些句子的目的,并不在于表述一个事件,而在于表达"指令",而指令的来源就是道义情态。在这些句子上加入表道义情态的情态成分,可以凸显这种隐性的情态意义。如(15'):

(15')a. 必须走了! 我必须走了!　　你必须走了?

　　　　必须起来了! 必须出发了!　　我必须起来了! 我们必须出发了!

　　b. 必须吃饭了! 必须上课了!

　　c. 必须站直了! 你必须站直了!　　必须说清楚了! 你必须给我说清楚了!

如果把情态也看作一种"情况",那么,(15')的"了₂"表示的"变化"或"新情况的出现",就可以理解为"情态的变化"或"新情态的出现"。所以,(15)中的"了₂"也应该理解为情态的变化,只是(15)的指令情态没有实现为语言形式,掩盖了"了₂"在(15)中也是指向道义情态并表示道义情态"出现"这一本质。彭利贞(2009)认为,这种处于祈使句句尾的"了",其实就是表示道义情态的出现或变化的成分,该成分与句子表达的事件没有直接的关系,而与句子中隐性或显性的道义情态成分直接相关。

4.2 "了₂"与根情态匹配

王巍(2004)提到下面的(16)(17)这种"不含结果补语的命令句式",因为"动作尚未发生,所以不能和'了'结合":

(16)*你先在阳台上站一会儿了。

(17)*你替我看一下化验结果了。

王巍进一步指出,这类句式"如果在状语成分中添加进'只好、不得不、只能……'这样表示'没有其他更好的办法,只好如此'意义的副词"时,则可以与"了"同现,"借以强调事态从非 P 到 P 的变化",如:

(16')你只能先在阳台上站一会儿了。

(17')你只好替我看一下化验结果了。

彭利贞(2009)认为,"没有其他更好的办法,只好如此",其实是一种[必要]道义情态,加上表这类意义的成分句子就能成立,说明与句尾"了"直接相关的正是这种情态成分。我们发现,只要是表道义情态的情态动词,如"必须""可以"都可以加入这类句子;改变主语的人称,如把第二人称改为第一、三人称,只表动力情态的"愿意""肯""想""敢"也都可以加入相应的位置,生成合语法的句子。这证明此处的"了"对根情态成分的强制选择。也就是说,这种句尾"了$_2$"在指向事件时,句子不合语法,因为它要求指向情态,如果说"了"在这种句子中表示"变化",那么,变化的不是与事件有关的"情况",而是情态。

4.2.1 与只表道义情态的情态动词同现的"了$_2$"

现代汉语纯粹只表道义情态的情态动词只有"必须",与它同现的句尾"了"是"了$_2$",如:

(18)我必须走了。(毕淑敏《不宜重逢》)

(19)音乐响起,必须出场了。(张伟珍《扔头套的歌唱家》)

这两句中的"必须"只表道义情态[必要],句尾"了$_2$"表示这种情态的出现。

"必须"的否定是"不必","不必"与"了$_2$"同现,"了$_2$"表示从[必要]到[−必要]的情态变化。如:

(20)我们信,我们都信了,不必表演了。(王朔《痴人》)

在特定的上下文中,"不必……了"常常以"不必了"的形式出现,从一个侧面说明"了₂"是指向情态的。

4.2.2 与只表动力情态的情态动词同现的"了₂"

"肯""愿意""想""敢"是只表动力情态的情态动词,其中"肯""愿意"和"想"表示[意愿],"敢"表示[勇气]。与它们同现的句尾"了"是"了₂",表示[意愿][勇气]等情态的出现。如:

(21)芒子肯帮忙了!(张炜《秋天的愤怒》)

(22)看来你今天心情不错,愿意同我对话了。(方方《暗示》)

(23)他几乎想敬军礼了,但马上意识到自己没这个资格了。(毕淑敏《转》)

(24)他大概是因为刚才提出点注的方案得到肯定,胆子壮了些,又敢说话了。(霍达《绝症》)

大概因为在现实世界中从有意愿到无意愿、从有勇气到无勇气是更常见的现象,所以在现代汉语语料中,像"不敢说了、不想听了、不肯答应了、不愿意来了"这种动力情态动词被否定后与"了"同现的用例要多得多。在特定的上下文中,"不敢了、不想了、不肯了、不愿意了"等也很常见,这也说明,这种"了₂"表示的"变化"是针对[意愿][勇气]等情态的。

4.2.3 与兼表道义与动力的单义根情态动词同现的"了₂"

"可以"是兼表道义情态与动力情态的单义根情态动词,它或表示道义情态[许可],或表示动力情态[能力]。从"可以"只表根情态这一点上说,它也是单义的。句尾上的"了₂"与"可以"同现,"可以"表达两种情态:表[能力]时,"了"表动力情态的出现;表[许可]时,"了"表示道义情态的出现。或者说,表示动力或道义从无到有的变化。例如:

(25)我看我们都可以当小说家了。(王朔《一半是火焰,一半是海水》)

（26）好吧，原谅你了，你可以走了。（王朔《刘慧芳》）

（25）表示"当小说家"的［能力］从无到有的变化，或者说这种［能力］的出现；（26）则表示"你走"的［许可］的出现。

"可以"被否定后，只表道义情态［许可］，这时，句尾"了"表示从［许可］到［–许可］的情态变化，如：

（27）原来合法经营的，现在不可以经营了。

在特定的上下文中，"不可以……了"也常常省略为"不可以了"。

这一节的分析表明，与单义根情态动词同现的句尾"了"都不指向事件，这种"了"指向情态，表示道义情态或动力情态的"出现"或"变化"，是"了₂"。也就是说，这些句子表达的事件，都是非现实事件，或者说，说话人在说这种句子时，关注的不是事件的现实地位，而是情态。

5. 多义情态动词的不同情态与 "了"的变体的同现互动限制

和其他许多语言一样，现代汉语的一些情态动词也具有多义特征，它们在不同的环境中可以表达不同类型的情态。现代汉语中典型的多义情态动词有"应该""能""要""会"，较不典型的有"一定""肯定""准""得（děi）"等（彭利贞，2007）。

许多观察表明，多义情态动词表达的不同情态对"了"有不同的要求，当多义情态动词表达认识情态时，一般要求与之同现的"了"指向事件，指示事件的现实地位，是现实体标记"了₁"；如果表达非认识情态，则要求与之同现的"了"指向情态，是"了₂"。反过来，如果能确定句尾位置上的"了"是何种"了"，也可以通过"了"得到多义情态动词确切的情态解释，尤其是"了₁"，它要求多义情态动词解释为认识情态，而"了₂"一般也有要求多义情态动词解释为根情态的倾向。

前文论及(16)(17)中的句尾"了"是"了₂",所以加入只表根情态的情态动词可以使这种句子变得合乎语法;如果加入的情态动词是多义的,也只有表达根情态时,句子才合乎语法,如(16')中的多义情态动词"能"在这个句子中表达道义情态[许可],而下面(17''a—17''c)中的多义情态动词"得(děi)""应该"和"要"也只存在根情态的解释:

(17'')a. 你/他<u>得</u>替我看一下化验结果<u>了</u>。

b. 你/他<u>应该</u>替我看一下化验结果<u>了</u>。

c. 你/他<u>要</u>替我看一下化验结果<u>了</u>。

下面我们考察一下几个典型的多义情态动词与句尾"了"同现时的情态解释情况,以进一步说明不同情态类型与不同的"了"之间的同现互动。

5.1 应该

"应该"可以表达认识情态[盖然]或道义情态[义务]。"应该"与"了₁"同现时,表达认识情态[盖然],即表示说话人对一个现实事件的推断。如:

(28)我九月十三日给你去了一封信,如果不出意外,你<u>应该</u>收到<u>了</u>。(余华《偶然事件》)

(29)我想我的意思您<u>应该</u>明白<u>了</u>。

(28)(29)中的"了"表达一个现实事件,"了"指向事件,"应该"对事件进行[盖然]限定。

与"了₂"同现,"应该"表达道义情态[义务],如:

(30)美英姑娘,你今天<u>应该</u>给我答复<u>了</u>。(李伟《抗日名将孙立人

婚姻传奇》)

(31)这么大的年岁,是不是<u>应该</u>休息<u>了</u>?（马鹏举《袁静的生活
乐趣》)

这两个句子的"应该"都表达[义务],是道义情态。"了₂"表示[义务]的"出现",或者说是[义务]从无到有的"变化"。

在中性语境中,因为"应该"的多义,与"应该"同现的"了"有时不能确定是"了₁"还是"了₂"。语境可以帮助确定是"了₁"还是"了₂",而"应该"表达的情态也因为"了₁"与"了₂"的不同发生倚变。"了"为"了₁"时,"应该"表达认识情态[盖然];确定为"了₂"时,"应该"表道义情态[义务]。

下面的例子表明,"应该"的两种情态与"了₁""了₂"之间存在倚变互动关系。

(32)<u>应该</u>走<u>了</u>。

　　a.　嗯,我也<u>应该</u>走<u>了</u>。（曹禺《北京人》)

　　a'. 我不<u>应该</u>走。/我<u>应该</u>不走(才对)。

　　b.　她<u>应该</u>(已经)走<u>了</u>。

　　b'. 她<u>应该</u>没走。

(32)中"应该"的情态在中性语境下不确定,不同的语境可赋予"应该"道义情态[义务]或认识情态[盖然]。a 句的"了"是"了₂","应该"表达道义情态[义务];b 句的"了"是"了₁","应该"表达认识情态[盖然]。

这在相应的否定句 a' 和 b' 的对比中看得更清楚,a' 表示[义务]还没有到出现的时候,即还不存在这种义务,即对 a 进行否定时,是对情态的否定;而 b' 则表示对某一事件未出现的这一情况的推断,即对 b 的否定,是"没"对"了₁"表达的现实体的否定。

5.2 能

"能"在不同的句法环境或语用环境中可以表达三类情态,即动力情态[能力]、道义情态[义务]和认识情态[可能]。

与句尾"了"同现,"能"表根情态的用例较为多见,或表动力情态[能力],或表道义情态[许可]。例如:

(33)仅半年,在她强烈的要求下,竟然已经能上半天班了。(张欣《梧桐,梧桐》)

(34)马叔叔,您都能去破案了。(王朔《我是你爸爸》)

(35)这你就能胡来了?(陆天明《苍天在上》)

(36)不能让这种现象继续下去了,决不能。(电视剧《编辑部的故事》)

(33)和(34)的"能"表达动力情态[能力],"了"则表示[能力]从无到有的变化;(35)和(36)的"能"表达道义情态[许可],其中(35)的"了"表示[许可]的出现,(36)的"能"被"不"否定,而"了"表示[禁止]的出现,或者从[许可]到[禁止]的变化。这表明,这些与"能"同现的"了"是"了$_2$",与它直接相关的不是事件,而是[能力]或[许可]这些情态。

"能"与句尾"了$_1$"同现的情况不多见,而且对句子的语气有特殊的要求,这类句子都带有疑问与感叹的意味。如(37)和(38):

(37)刚才还好好的同志,怎么就能一下子死了?(毕淑敏《补天石》)

(38)你事先也不和你姐说清楚,她找不着你,能急死了!(霍达《穆斯林的葬礼》)

(37)(38)"能"所在句子中的主要动词,或者是非持续的非自主动词,或者是具有自然终结点的动结式动词,"了"表达的是现实事件,或者心理空间（Fauconnier,1985）的现实事件，"能"在这些句子中只表认识情态［可能］。

5.3 会

"会"可以表达动力情态［能力］、道义情态［义务］①和认识情态［盖然］。

与"了₂"同现，"会"表达根情态，一般表达动力情态［能力］，如（39）和（40）：

(39) 这孩子会爬了。

(40) 奶奶，我会干活了。

这两个句子的"了"都指向"会"表达的情态［能力］，表示这种能力的出现。在特定的语境中，"会……了"可以省略为"会了"，证明这种"会"与"了"具有直接相关性。"会"表达动力情态［能力］时，与之同现的句尾"了"是"了₂"。

一般认为，"会"有表将来意义的倾向，所以，当它对非将来的现实事件进行［盖然］推断时，对句子的语气有特殊的要求，表达的是对非将来现实事件真值的怀疑，常常带有出乎意料的意味。例如：

(41) 我也不含糊，居然会找到了！（老舍《残雾》）

(42) 怎么才两天的工夫，你就会忘光了！（于晴《红苹果之恋》）

这两例中的"了"都指向事件，是在非将来时间中的事件，有现实体标记"了₁"的典型特征，与之同现的"会"表示对这种现实事件［盖然］性的推断。

----

① 一般认为，"会"只有两种情态，即［能力］与［盖然］（很大的可能性），但这两种情态很难包括"我会帮你"之类的"会"，所以，我们认为"会"还表道义情态［义务］，在语用上是对说话人发出指令，即［承诺］。

5.4　要

"要"可表达认识情态[必然]、道义情态[义务]和动力情态[意愿]。"要"表达道义情态和动力情态时,与之同现的句尾"了"表示道义、动力情态的出现或变化,如:

(43)他的小贝贝要喝水了,他去给女儿倒水。(池莉《不谈爱情》)

(44)我是猴王啊,你要记清楚了!(老舍《小坡的生日》)

(45)我要开会去了。(毕淑敏《苔藓绿西服》)

其中,"要"在(43)中表[意愿],在(44)中表[义务],而(45)中的"要"在不同的语境中会出现[意愿]或[义务]的解释。"了"指向情态,表示[义务]或[意愿]的出现,是"了₂"。

"要"得到认识情态的解释时,与之同现的"了"可以表示过去时间发生的事件的现实性地位,如:

(46)我当时感觉身体简直就要爆炸了。

(47)太冷了,我们都要冻僵了。

这两个句子都可以是对过去已经发生的事件的描述,"要"表示认识情态[必然]。

"要"还带有将来时间意义,它管辖的事件更多地发生在将来时间,这时"要"是在对将来出现的事件进行[必然]推断,"了"表达的事件在将来的时间中具有现实性地位。如:

(48)再这样下去,就要失败了。

(49)今年夏天的度假计划看起来要泡汤了。

(50)再过两个小时,广交会就要结束了。

"要"表示认识情态时,这类句子描述的事件在时间上定位于将来,"了"会被认为具有"将来实现"的意义。然而,换一种理解也许更符合事实:这类句子中的"了"还是"了₁",表示一个现实事件,而表认识情态的"要"是认识情态与将来时间的复合标记①,把"了₁"表示的现实事件定位于将来时间。把"了"理解为"了₂",并认为"了₂"具有将来时的语法意义,其实是把"要"的将来意义给了"了"。所以,我们认为,当"要"表认识情态［必然］时,与之同现的句尾"了"还是现实体标记"了₁"。

在下面的(51)中,"要"对这现实事件句 b 进行管辖,得到情态句 a,说话人用"要"推定现实事件 b 在将来的可能世界中必然成为现实。

(51)a. 阿随再不吃药,就<u>要</u>死<u>了</u>!（毕淑敏《最后一支西兰地》）

　　　b. 阿随死了。

表认识情态的"要"管辖的事件是一种心理空间的现实事件,这点在(52)能得到比较充分的证明。

(52)这个村庄又<u>要</u>毁灭<u>了</u>!很快就<u>要</u>毁灭<u>了</u>!已经有一次了,这样下去就是第二次!（苗长水《终极美貌》）

"村庄毁灭"这一现实事件已经出现过一次,说话人把这一事件从"过去"空间投射到"将来"空间,但事件本身的现实地位没有改变,改变的只是时间位置。

这表明,当"要"表达认识情态［必然］时,与之同现的句尾"了"指向事件,表示事件的现实地位,是"了₁"。

以上对"应该""能""会"和"要"等多义情态动词跟句尾"了"同现的现象分析表明,多义情态动词与句尾"了"同现,情态动词的情态解释与"了"的性质存在着倚变关系,当"了"指向事件,作为现实体标记的"了₁"指示事件的现实地位时,情态动词获得认识情态的解释;当

---

①　认识情态动词兼表将来时间意义,"要"的这种情况并不是孤立的现象,古汉语有"欲",英语有 *shall*。

"了"指向情态，作为"了$_2$"表示情态变化时，情态动词得到根情态的解释。当"了"存在"了$_1$"与"了$_2$"之间的歧解时，与之同现的多义情态动词也存在认识情态与根情态之间的不确定性。

6. 与情态动词同现的句尾位置上的 "了$_3$"的复杂表现

"了$_3$"对动词的语义特征和自身出现的句法位置都有特殊的要求，但"了$_3$"也可以出现在句尾的位置，一种情况是被"消除"的受事宾语话题化，如(53a)；一种情况是在直接的命令句中省略了被"消除"的受事宾语，如(54b)。

(53)a. 人道应该忘了。(白吉庵《胡适与他的表妹曹诚英》)

　　b. 脱了！揭了！扔了！卸了！(袁毓林，1993用例)

这时候，"了$_3$"与"了$_1$"或"了$_2$"也存在区分问题。"了$_3$"与情态成分同现时，下面的现象应该引起注意。

6.1 "了$_3$"与单义认识情态动词同现

"了$_3$"与单义的认识情态动词"可能"同现，"了"是"了$_{3+1}$"，也就是说，这种环境中的"了$_3$"关注的不是对处置对象的[+取除]，而是事件的现实地位。如：

(54)这件事，局长可能早就忘了，但是我今生今世也忘不了⋯⋯

所以，下面的(55a)和(55b)应该看作语义同构，而"可能删了"的层次切分应该是(55c)，即(55c')。

(55)a. 原来的网站可能删了。

　　b. 原来的网站可能删掉了。

c. ［可能［删了$_3$］了$_1$］］= c'. ［可能［删掉］了$_1$］］

6.2　"了$_3$"与单义的根情态动词同现

"了$_3$"与单义根情态动词同现,"了$_3$"可以理解为纯粹的"了$_3$",这时"了"指向它前边具有［+取除］义的动词表示的动作,但也可以理解为"了$_{3+2}$",即"了"是"了$_3$"与"了$_2$"的重合,其中"了$_3$"指向动作本身,"了$_2$"指向情态,表示情态的出现或变化。如:

(56)空调现在可以关了吗?

(57)禽流感了,羽绒服和鸭绒都必须扔了?

"可以关了"中"了"的两种解释可以表示为(56'):

(56')a.［可以［关了$_3$］］

b.［［可以［关了$_3$］］了$_2$］= b'.［［可以［关掉］］了$_2$］

有时候,说话人关注的不是被处置受事的［+取除］结果,这时,"了"也可能只是指向情态、表示情态变化的"了$_2$",如下面的"吃"被认为是具有［+取除］义的动词,其后的"了"可能是"了$_3$",但是说话人关注的不是对被处置物的"取除",所以,下面(58)和(59)中的"了"都应该理解为只是"了$_2$",表示道义或动力情态的变化,除非故意要重读"了"。

(58)我可以吃了吗?(于晴《红苹果之恋》)

(59)不想吃,不想吃了。(方方《十八岁进行曲》)

6.3　"了$_3$"与多义情态动词同现

"了$_3$"与多义情态动词同现,一般要求多义情态动词获得根情态的解释,如:

(60)删得好,早就应该删了。

(61)这个校长应该撤了!

（62）<u>能</u>不能免<u>了</u>？

（63）当然，肉要吃，汤也不<u>能</u>倒<u>了</u>。（都梁《亮剑》）

跟前边与单义根情态动词同现的情况一样，有时候，这种"了₃"也可以理解为与下面（64）语义同构的"了₃₊₂"，即"V 掉了₂"。

（64）"数字出官"一类的"政策"，确乎也应该"<u>废</u>"<u>掉了</u>。（贾作林《如此"对策"欲何如》）

与多义情态动词同现时，跟在[+取除]义动词后、处于句尾的"了"尽管存在"了₃""了₃₊₂"和"了₂"之间的不同理解，但是与之同现的多义情态动词的情态解释是一致的，即都只有根情态的解释，因为句子中表达的事件都是非现实的。

当然，正如 6.1 所分析的那样，因为这种跟在具有[+取除]义动词之后、处于句尾上的"了"也可能是"了₃₊₁"，所以，与之同现的多义情态动词也可能出现根情态与认识情态之间的歧解，如（65a）中的"能"在中性语境下既可表认识情态[可能]，也可表道义情态[许可]，"能"的这两种情态表达分别在（65b）和（65c）的不同语境中得到了表现。

（65）a. 怎么<u>能</u>忘<u>了</u>呢？

　　b. "啊，谢谢你们，还记着我的生日！"同窗之谊使新月激动了。

　　　　"咳，怎么<u>能</u>忘<u>了</u>呢？"小湖北佬罗秀竹说。（霍达《穆斯林的葬礼》）

　　c. 丁翼平　别忘了，连你们老二到税局子去作事，还是我的力量！

　　　　王先舟　那我怎<u>能</u>忘<u>了</u>呢？（老舍《春华秋实》）

"怎么能忘了"在（65b）的时间中指向非未来，而在（65c）的时间中则指向未来。"了"在（65b）是"了₃₊₁"，在（65c）是纯粹的"了₃"。

"能"表达的情态歧解恰好与两种不同性质的"了"相对应。

综上所述,"了$_3$"与情态成分同现时,与不同情态类型存在同现限制:与单义认识情态动词同现,"了$_3$"表现为"了$_{3+1}$",主要指示事件的现实地位;与单义根情态动词同现,"了"是纯粹的"了$_3$"或"了$_{3+2}$","了"指向动作,或兼指向情态;在不强调动作对对象的处置结果时,"了"为"了$_2$",表示情态的出现或变化;"了$_3$"与多义情态动词同现,多义情态动词一般获得根情态的解释,这时的"了"表现为"了$_3$"或"了$_{3+2}$";不强调动作对对象的处置结果时,"了"只是"了$_2$",多义情态动词的情态解释不变;因为"了$_3$"也可能表现为"了$_{3+1}$",指示事件的现实地位,所以与之同现的多义情态动词也可能存在认识情态与根情态之间的歧解。

7. 结　语

我们分析了情态与句尾上的"了"的同现限制关系,以情态为维度,可以比较清楚地看到句法表层上处于句尾的"了",语义上存在着"了$_1$""了$_2$""了$_3$"的内部差异。其中,"了$_1$"指向情态管辖的事件,指示该事件的现实地位;"了$_2$"指向情态,表示情态的出现或变化;"了$_3$"指向它黏附的动词表示的动作,表示该动词的情状特征,即结果。从这个角度上说,不同类型的情态对句尾位置上的"了"有分化的作用。

与单义的认识情态动词"可能"同现,句尾位置上的"了"一般指向事件,体现为现实体标记"了$_1$","可能"则对事件的现实性地位进行估价。

与单义根情态动词同现的句尾"了"都不指向事件,而指向情态,表示道义情态或动力情态的"出现"或"变化",是"了$_2$"。

　　对"应该""能""会""要"等多义情态动词与句尾"了"的同现现象分析表明,多义情态动词与"了"共现时,情态动词的不同情态解释与"了"的不同变体存在同现互动限制:当多义情态动词表达认识情态时,与之同现的"了"指向事件,是现实体标记"$了_1$";表达非认识情态时,与之同现的"了"指向情态,是"$了_2$"。也可以说,"$了_1$"要求多义情态动词解释为认识情态。当"了"存在"$了_1$"与"$了_2$"之间的歧解时,与之同现的多义情态动词也存在认识情态与根情态之间的不确定性。

　　"$了_3$"经过一些句法操作后,也可以出现在句尾位置。句尾位置的"$了_3$"与单义的认识情态动词"可能"同现,"了"是"$了_{3+1}$","了"关注的主要是事件的现实地位,而不是动作的结果。"$了_3$"与单义根情态动词同现,"$了_3$"可能是纯粹的"$了_3$",指向它前边具有[+取除]义的动词表示的动作;也可能是"$了_{3+2}$",其中"$了_3$"指向动作本身,"$了_2$"指向情态,表示情态的出现或变化。说话人关注的不是被处置受事的[+取除]结果时,"了"只是表示情态变化的"$了_2$"。

　　"$了_3$"与多义情态动词同现,一般要求多义情态动词获得根情态的解释,这时,"$了_3$"也有"$了_3$""$了_{3+2}$"和"$了_2$"等多种表现,但多义情态动词的情态解释都是根情态,而句子表达的事件都是非现实事件。又因为"$了_3$"也可能表现为"$了_{3+1}$",指示事件的现实地位,所以与之同现的多义情态动词也可能存在认识情态与根情态之间的歧解。

　　与情态同现的句尾"了"的内部差异,还可以从句法层次切分的差异上反映出来,体现为"$了_1$"时,层次切分为(66);体现为"$了_2$"时,层次切分为(67);体现为纯粹的"$了_3$"时,层次切分为(68):

　　(66)S[M[Vp $了_1$]]

(67)S[[MVp]了₂]

(68)S[M[V 了₃]]①

关于"了₂"的语法意义,已有研究都把它看作与"了₁"一样,是用来说明事件的,所谓的"变化""新情况的出现""即将发生"等意义都是联系事件来分析而得到的意义。但是,以情态为维度来观察"了₂",在显性或隐性的情态句中,"了₂"指向的不是事件,而是情态。事件是句子的核心图式,情态是句子的背景成分(Dirven & Verspoor,1998),"了₂"的说明对象,正是这种背景成分。"变化""出现"的不是事件,而是情态。就事件而言,"了₁"所在的句子表达的事件是现实事件,而与情态成分同现的"了₂"所在的句子表达的事件则是非现实事件。

动作(Vp)、动作结果、事件、现实体、情态、情态变化,从核心图式到外围背景的句法操作机制,大致可以表示为下图1:

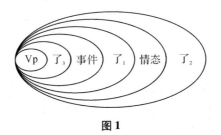

图1

情态与句尾"了"及本文用来分析它们的一些相关概念,处于一种相互限制的关系之中。这种关系可以大致地表现如下表1:

---

① 表面上看起来与(66)同形,实际的区分只能依靠动词的[+取除]语义特征。

表1 情态与句尾"了"的同现限制关系

区别角度	句尾"了"		
	了₁	了₂	了₃
指向	事件	情态	动作
句子事件	现实	非现实	非现实
层次切分	$S[M[Vp\ 了_1]]$	$S[[MVp]了_2]$	$S[M[V\ 了_3]]$
语法意义	现实体:事实的现实地位	情态的出现或变化	情状:结果
同现情态	认识情态	根情态	根情态

参考文献

陈刚,1957,《北京话里 lou 和 le 的区别》,《中国语文》第 12 期。

陈前瑞,2005,《句尾"了"将来时间用法的发展》,《语言教学与研究》第 1 期。

戴耀晶,1997,《现代汉语时体系统研究》,杭州:浙江教育出版社。

金立鑫,1998,《试论"了"的时体特征》,《语言教学与研究》第 1 期。

金立鑫,1999,《现代汉语"了"研究中"语义第一动力"的局限》,《汉语学习》第 5 期。

金立鑫,2003,《"S 了"的时体意义及其句法条件》,《语言教学和研究》第 2 期。

李小凡,2000,《现代汉语词尾"了"的语法意义再探讨》,《语法研究与探索(十)》,北京:商务印书馆。

刘勋宁，1988，《现代汉语词尾"了"的语法意义》，《中国语文》第5期。

刘勋宁，1990，《现代汉语句尾"了"的语法意义及其与词尾"了"的联系》，《世界汉语教学》第2期。

刘勋宁，2002，《现代汉语句尾"了"的语法意义及其解说》，《世界汉语教学》第3期。

卢英顺，1991，《谈谈"了₁"和"了₂"的区别方法》，《中国语文》第4期。

吕叔湘，1999，《现代汉语八百词（增订本）》，北京：商务印书馆。

马希文，1983，《关于动词"了"的弱化形式/·lou/》，《中国语言学报》第1期。

彭利贞，2005，《现代汉语情态研究》，复旦大学博士学位论文。

彭利贞，2007，《现代汉语情态研究》，北京：中国社会科学出版社。

彭利贞，2009，《论一种对情情态敏感的"了₂"》，《中国语文》第6期。

彭小川、周苟，2005，《也谈"了₂"的语法意义》，《学术交流》第1期。

邵敬敏，1988，《形式与意义四论》，《语法研究和探索（四）》，北京：北京大学出版社。

谭春健，2003，《如何体现"变化"》，《语言教学与研究》第3期。

谭春健，2004，《句尾"了"构成的句式、语义及语用功能》，《语言教学与研究》第3期。

王伟，2000，《情态动词"能"在交际过程中的义项呈现》，《中国语文》第3期。

王巍，2000，《"助动词+动词+了"的语义、语法关系刍议》，《汉语学习》第2期。

王巍，2004，《语气助词"了"的一种语义变体及其语法形式》，《汉语学习》第4期。

王维贤，1991，《"了"字补议》，《语法研究和探索（五）》，北京：语文出版社。

燕燕，2002，《"了₂"类析》，《汉语学习》第3期。

袁毓林，1993，《现代汉语祈使句研究》，北京：北京大学出版社。

Alleton，V. 1994 Some Remarks about the Epistemic Values of Auxiliary Verbs

YINGGAI and YAO in Mandarin Chinese. In Chen, M. Y. & Tzeng, J. L. (eds.) *In Honor of William S -Y. Wang*: *Interdisciplinary Studies on Language and Language Change.* Taipei: Pyramid Press.

Coates, J. 1983 *The Semantics of the Modal Auxiliaries.* London & Canberra: Croom Helm.

Dirven, R. & Verspoor, M. 1998 *Cognitive Exploration of Language and Linguistics.* Amsterdam: John Benjamins.

Fauconnier, G. 1985 *Mental Spaces.* Cambridge: Cambridge University Press.

Givón, T. 1984 *Syntax: A Functional-Typological Introduction.* Amsterdam: John Benjamins.

Givón, T. 1994 Irrealis and the Subjunctive. *Studies in Language* 18(2).

Lyons, J. 1977 *Semantics(Vol. 2).* Cambridge: Cambridge University Press.

Palmer, F. R. 1979 *Modality and the English Modals.* New York: Longman.

Palmer, F. R. 1986 *Mood and Modality* (1st edition). Cambridge: Cambridge University Press.

Palmer, F. R. 2001 *Mood and Modality* (2nd edition). Cambridge: Cambridge University Press.

Vendler, Z. 1967 *Linguistic and Philosophy.* Ithaca:Cornell University Press.

论情态与"着"的分化 *

彭利贞

1. 引 言

"着"是现代汉语中重要的体标记,但学界对它存在不同的认识,特别是对它的内部构成,或者换句话说,在究竟存在几个"着"的看法上有分歧。我们注意到,"着"与表达不同情态语义类型的语言成分同现时,表现出不同的意义,所以,本文打算以不同的情态语义类型为维度,来探讨体标记"着"的内部差异,以此深化对"着"的认识。同时,我们也可以用"着"为参照,加深对情态的认识。

2. "着"与情态

2.1 "着"的内部构成

对体标记"着"的研究,已经比较深入,但也存在认识上的分歧。

木村英树(1983)认为,"着"有两个,分别表示动作的进行和状态的持续。袁毓林(1993)也认为,"V着"表示状态,有表示运动状态与

---

    * 本文原载于《语言研究》2007 年第 2 期,收录时略有改动。

静止状态的区别，但他不同意存在两个不同的"着"，认为两个"着"具有同一性，造成"V着"表达两种不同状态意义的原因不在"着"本身，而是在于"着"前面的两种不同的动词小类。

一种看法认为有两个"着"，一种看法认为是同一个"着"前可以出现不同小类的动词，即同一个"着"有两种不同的句法环境，两种看法对于"着"的理解并无本质上的不同。

戴耀晶（1997）从体特征的角度分析了"着"，认为"着"可以有"结果的持续"的静态特性，还可以有"动作的持续"的动态特性。前者表示静态持续，它表达的是处于持续过程中的静态事件，其特征是事件内部结构无变化；后者则反映变化，即"带'着'的句子表达的事件可以出现力的变化和位置的移动"。

对"着"表达的意义的认识尽管存在差异，但至少在下面两点上，学界已经基本达成一致：A."着"表达状态；B."着"表达的状态在不同的环境中会出现差异。我们认为，这种差异，结合说话人说话的方式（即语气）来看，可以看得更清楚。例如：

（1）a. 他坐着，不动。

b. 你坐着，别站着。

c. 你坐着，别动。

（1a）用的是直陈语气，说话人说出的是一个现实（彭利贞，2005）事件，"着"在这种句子中表达的是一个静态事件，从这种意义上说，"着"表达一种持续的状态，呈现出静态特征；而（1b）和（1c）用的是祈使语气，表达的是非现实事件，说话人在（1b）中要求听话人"进入""坐"的状态，在（1c）中要求听话人"保持"该状态，从这种意义上说，"着"表达的是动态事件，而"着"也呈现出动态特征。所以，我们可以说，作为持续体标记的"着"，可以表达静态持续与动态持续这两种意义。

在下文的分析中,我们会发现,正是"着"的"静态"与"动态"特征,影响了它与不同情态表达成分的同现,或者说,"着"的语义结构的差异,影响了与之同现的情态成分的情态意义的表达。

2.2　情态的不同类型

我们综合莱昂斯(Lyons,1977)和帕尔默(Palmer,1986)对情态的定义认为,情态是说话人对命题的真值或事件的现实性状态表达的主观态度(彭利贞,2005)。根据帕尔默(Palmer,2001)从类型学角度给出的情态分类,结合现代汉语的情态动词的语义分析,我们认为现代汉语情态动词表达了如下三类情态意义。

动力情态,它表达人或事物使句子表达的事件成真的致能条件,涉及能力、意愿、勇气等概念。现代汉语表达这类情态意义的情态动词有:能、会、可以、想、愿意、要、肯、敢,等等。

道义情态,它表达说话人对事件成真的可能性与必然性的观点或态度,涉及许可与必要等概念,表达这类情态意义的情态动词主要有:可以、能、应该、必须、得(děi),等等。

认识情态,它表达说话人对命题为真的可能性与必然性的看法或态度,表达这类情态意义的情态动词主要有:可能、能、应该、会、一定,等等。

其中,前两类情态也可以合称为根情态,从与认识情态相对的角度上也可以称作非认识情态。

情态动词常常表现出多义特征。许多语言中的大部分情态动词都存在多义现象。现代汉语的情态动词也有一部分表现出多义特点,如"能、会、应该、要、一定、得、肯定"等。这些情态动词可以表达认识情态意义,也可以表达道义情态或动力情态意义。这些多义的情态动词在具体的句子中一般可以获得单一的情态解释,或者表达认识情态,或者表达非认识情态,而影响它们得出某种语义解释的重要因素之一是它们所处的句法环境。这些句法环境因素就包括我们讨论中的"着"。

由于现代汉语的多义情态动词在多义特征上具有典型性的差别,所以在下文的观察中,我们将选取四个较典型的多义情态动词作为观察对象,它们是:应该、能、要、会。

2.3 "着"与情态的关系

"着"是现代汉语的持续体标记。体与情态有密切的关系。

利奇(Leech,1971)注意到英语的进行体对情态动词语义表达的影响,比如说,多义情态动词 may 与进行体同现时,表达认识情态[可能]义,而不表达道义情态[许可]义。柯茨(Coates,1983)对英语情态动词的研究印证了这种看法。而"着"表达的持续体与英语的进行体在概念结构上存在某种有机联系。

艾乐桐(Alleton,1994)在讨论"应该""要"的认识情态意义时,提到"汉语中只有认识情态可以跟体标记(着、了、过)",如他的例子(2)中的"应该"就只能有认识情态的解释。

(2)他应该正跟客人说着话,请等一下。

忻爱莉(2000)在讨论"应该"的情态意义时也指出,"应该"与进行貌(progressive aspect)"在"或"着"结合时,会有认识情态[1]的解释。如她的例子(3):

---

[1]　忻爱莉(2000)称"认知情态"。

（3）小明<u>应该</u>在房间里睡<u>着</u>。

这些研究研究存在两个问题。一是"着"的意义问题,他们都认为"着"与"在"一样,表达"进行体",但是,"进行"与"持续"之间存在本质的差别（钱乃荣,2000）；二是他们都注意到"着"表达的事件的静态一面,却没有注意到"着"表达的事件的动态一面。也就是说,他们都没有注意到,下面这组例子中与"着"同现的"应该"还可以得出道义情态[义务]义的解释。

（4）人家都不歇,为什么我就<u>应该</u>多歇<u>着</u>。（杨朔《雪浪花》）

（5）爹娘是在最苦的日子里不在了的,所以就<u>应该</u>常常记挂<u>着</u>他们。（张平《姐姐》）

（6）人也许不但<u>应该</u>记<u>着</u>生活中的艰难,更<u>应该</u>记<u>着</u>体验过的美好。（张承志《美丽瞬间》）

从语气的角度看,"在（正在）"表达的事件与"着"表达的事件,既有联系,又有区别。"在"表达的事件,强调事件的现实性,而"着"表达的事件,可以像（2）与（3）那样,是现实的,但也可以像（4）（5）（6）那样,是非现实的。"应该"所辖事件处于现实情境,"应该"获得认识情态意义；而所辖事件处于非现实情境,"应该"则获得道义情态意义。在下文的分析中我们将会发现,"着"与其他情态动词同现时,情态动词的情态语义解释同样遵循这一规律。

3. 静态持续体与认识情态

3.1 静态持续体与认识情态同现的理据

一般来说,对于静态事件,从心理动力上看,人们无力对它们施加某种影响而使事件的状态产生改变或预期的变化。对于这种内部呈现为均质状态的事件,人们所能做的是去认识它,从情态意义上说,人们只能从可能性的大小上对事件做出评价。

因此,当"着"与只表达认识情态的单义情态动词同现时,"着"都表达静态持续意义。如:

(7)新生的这一代知识精华中,只有极少数<u>可能掌握着</u>现代主义,而大多数却可能堕落成投机商或买办。(张承志《心灵模式》)

(8)他对于大地、生活、人民的爱中<u>必然包含着</u>对于未来的追求——对于真理的爱。(曾卓《诗人的两翼》)

很显然,(7)(8)两例中的"掌握着""包含着"表达的都是具有内部均质特征的静态事件,这种静态事件只与表认识情态的情态动词相容,而排斥只表道义情态的情态动词,比如说,这两例中的"必然""可能"都不能替换为只表非认识情态的"必须"和"可以"。

静态持续体与认识情态相容,而排斥道义情态或动力情态与之同现,如果出现,则"着"会产生意义上的变化,即变成状态改变或动态持续的动态意义。

3.2 多义情态动词与静态持续体标记"着"同现

静态持续体标记"着"与认识情态相容,而排斥非认识情态,这一点在它与多义的情态动词同现时表现得更清楚。多义情态动词"应该""能""要""会"与静态持续体标记同现时,一般都表达认识情态,而不表达非认识情态。从这种意义上说,静态持续体标记"着"与认识情态表达成分之间存在着同现的相互限制,即静态持续体标记要求与认识情态成分同现,所以,当情态表达成分与静态持续体"着"同现时,必然解释为认识情态;反过来,认识情态成分与"着"同现时,要求"着"

表达的是静态持续。下面我们观察几个多义情态动词与"着"同现时，它们之间相互的同现限制情况。

3.2.1 "应该"与静态持续体标记"着"同现

多义情态动词"应该"可以表达两种不同类型的情态意义，即认识情态[盖然]和道义情态[义务]。"应该"与静态持续体同现时，表达[盖然]这种认识情态意义，说话人表达对这种静态持续事件的[盖然]推断。如(9)至(11)：

(9)过道墙边<u>应该</u>堆<u>着</u>五辆自行车，得靠右走，一二三四五，到了，我伸出手，摸到了楼梯。（李晓《关于行规的闲话》）

(10)在幅员辽阔的大陆上<u>应该</u>潜伏<u>着</u>躁动。（张承志《胡涂乱抹》）

(11)我在台阶上找陈北燕，她<u>应该</u>拿<u>着</u>我的书包。（王朔《看上去很美》）

(9)和(10)是对"某处有某物以某种状态存在"的断定；(11)是说话人对"陈北燕"正处于某种状态的[盖然]性推断。

3.2.2 "能"与静态持续体标记"着"同现

"能"可以表达三种情态意义，即认识情态[可能]、道义情态[许可]和动力情态[能力]（包括[条件]等致能意义）。"能"与静态持续体同现，表达认识情态[可能]。比如：

(12)你这反革命口淫犯<u>能</u>闲<u>着</u>？（王朔《顽主》）

(13)反正糟老头子在虎山，<u>不能</u>还带<u>着</u>大烟袋；只要没大烟袋，咱一点也不怕他！（老舍《小坡的生日》）

(14)不，他一定<u>不能</u>存<u>着</u>这种汉奸的心理。（老舍《蜕》）

(12)中的"闲"本来就是表状态的形容词，具有静态的语义特征，带上"着"后表达恒定的静态事件，(13)(14)中的动词"带"和"存"在这儿也表示一种恒定持续的状态，这三个句子的"能"都表达对这种静态持续状态的事件[可能]的推测。

值得注意的是,"能"与静态持续体表达的事件结合,在语气上有特定的要求,即都呈现为非现实语气,表现在句法上,这种句子多为疑问句和否定句,这时,说话人表达的语用效果是怀疑。这可能与"能"表达的认识情态[可能]的强度处于较低等级有关。这在与强度较高的"应该"[盖然]义的比较中可以窥见一二,因为处于同样句法环境的"应该"没有这种语气上的要求。

另外,我们极少发现"能"与静态持续体"着"同现的用例,这大概是因为,处于恒定持续的事件,具有较高的现实性,与[可能]性较高的情态动词容易结合。这一点同样可以在"应该"与这种体标记结合的分析中看出一些端倪,因为表达认识情态[盖然]的"应该"与静态持续体结合的用例,比"能"要多得多,而且也没有特殊的句法要求,即"应该"与静态持续体同现时,以直陈的陈述句形式出现为多见。

3.2.3 "要"与静态持续体标记"着"同现

多义情态动词"要"可以表达三类情态意义,即认识情态[必然]、道义情态[必要]与动力情态[意愿]。"要"与静态持续体"着"同现,一般表达认识情态意义[必然],表示对"着"表达的静态持续事件的[必然]性推断。"要"与静态持续体"着"同现时,可以出现两种性质的推断,即正向的断定式推断和负向的假定式推断。

(15)他们知道,这些灯要一直在那里亮着,一直到很深很深的夜里,发着红红的光。(汪曾祺《下水道和孩子》)

(16)因此他每次上课,走进教室里时总要夹着一大摞书。(汪曾祺《沈从文先生在西南联大》)

(15)和(16)都是从正向对句子表达的静态持续事件的[必然]推断。而下面的(17)与(18)则都是从负向的角度,对句子表达的静态事件的事实[必然]性的假定,即从假定的角度来推断这种事件真值的[必然]性。

(17)我爸<u>要</u>活<u>着</u>,知道我当了作家,非打死我。(王朔《一点正经没有》)

(18)无线电<u>要</u>老开<u>着</u>,还能烧了呢,啊。(电视剧《编辑部的故事》)

可见,虽然出现两种表义的取向,但是,"要"表达的情态意义的实质是一样的,即都表达认识情态,表示对句子呈现的持续静态事件真实性的[必然]推断。

3.2.4 "会"与静态持续体标记"着"同现

"会"主要表达认识情态[盖然],但在与第一、二人称同现时,也常常表达[承诺]这种对说话人自己或听话人提出[义务]的道义情态。"会"与静态持续体"着"同现,一般表达认识情态意义[盖然],表示对"着"表达的静态持续事件的[盖然]推断。例如:

(19)你想我<u>会</u>闲<u>着</u>么?(王朔《动物凶猛》)

(20)即使是在智力正常的儿童中,也<u>会</u>存在<u>着</u>能力上的差异。(《儿童的心理世界》)

(21)还有,在他揣测,别看钱默吟很窘,说不定家中<u>会</u>收藏<u>着</u>几件名贵的字画。(老舍《四世同堂》)

这些句子中的主要谓词"闲""存在""收藏"本来就带有比较明显的静态性质,这些动词与体标记"着"一起,表达的都是静态持续事件,而"会"则是对这些静态持续事件事实性的[盖然]推断,即认为这种静态持续事件在事实性上存在着比较大的可能。

有时候,这种与静态持续事件的"着"同现的"会",是说话人依据认识对象的某种"习性"对该事件进行[盖然]性的推断,所以有的学者认为这种"会"表达的是[习性]。其实,与上边那些句子不同的只是,例(22)和(23)做出推断的示证(evidential)途径不一样,而这些"会"所表达的情态意义仍然属于认识情态[盖然]的范围。

> (22)每天晚上到了买卖高潮的时候,摊子外面有时会拥着好些人。(汪曾祺《异秉》)

> (23)这样的傍晚,她会痴痴地望着远方的小路,等待自己出门在外的儿子。(毕淑敏《原始股》)

以上对多义情态动词"应该""能""要""会"与持续体标记"着"的分析表明,静态持续体"着"与多义情态动词同现时,"着"对多义情态动词的情态语义具有过滤作用,它滤除了这些多义情态动词的非认识情态(道义情态或动力情态)意义,只剩下认识情态意义。

4. 动态持续体与非认识情态

4.1 动态持续体与非认识情态同现的理据

动态事件内部具有非均质性特征,这种非均质性特征决定了人们在认知活动中可以将它分解,并以某种力量促成这类事件出现变化。"着"表达的动态表现为两种情形,一种是进入状态,一种是继续状态。前者表现为(1b),后者表现为(1c)。

在人们的认知活动中,动态比静态突显,人们更容易用各种力量去改变它,自然的物力、人力,社会的道义之力,都可能施加某种影响使这种动态事件产生某种改变,这一概念结构投射到语言结构上,则表现为"着"表达的动态事件一般与表达非认识情态(根情态)的情态成分同现。

动态持续体"着"表达的事件有一个很明显的句法特征,即它常以

祈使句形式出现(袁毓林,1993)。祈使是典型的非现实语气(Givón &
Talmy,1994),非现实事件都是现实世界之外的其他可能世界中的事
件,只有对这种事件,人们才可以施以各种力来使之成真或使之成假。
而且,祈使也是道义情态最典型的模式,帕尔默(Palmer,2001)明确指
出,道义情态最普遍的类型是指令。所以,这种动态持续体"着"表达
的事件,与非认识情态有一种天然的联系。

与只表非认识情态的情态动词同现时,"着"只表现为动态持续
体。如:

(24)他必须看着天空。(老舍《正红旗下》)

(25)在这块宽绰的私人地盘上,他可以歪着、趴着、盘腿坐着,怎
么舒服怎么来。(王朔《看上去很美》)

(24)和(25)中,"必须""可以"都不表认识情态意义,只表根情
态,或曰非认识情态。"必须"的情态意义是道义情态[必要],"可以"
的情态意义是道义情态[许可]或动力情态[能力],它们都是非认识情
态。在这两个句子中的"着"与这两个非认识情态表达成分同现,表达
的都是一种动态持续事件。一个很明显的证据是,这些"着"表达的事
件,都可以用非现实的祈使语气来表达。如:

(26)看着(吧)!歪着(吧)!趴着(吧)!坐着(吧)!

这些现象表明,如果与"着"同现的情态动词只表达非认识情态意
义,那么,与之同现的"着"就会表达动态持续事件,即与情态成分结
合,或者表达要求进入某种状态,或者表达要求保持某种状态的继续。

4.2　多义情态动词与动态持续体标记"着"同现

与只表非认识情态的情态动词同现时,"着"表现为动态持续体;
反过来,与动态持续体"着"同现的多义情态动词,则一般会呈现为非

认识情态意义。下面将分析多义的情态动词与动态持续体标记"着"同现时的情态解读情况。

4.2.1 "应该"与动态持续体"着"同现

"应该"与动态持续体"着"同现时,"应该"会得到道义情态[义务]的解读。在下边的句子中,(27)和(28)是提出进入某种状态的[义务],(29)是禁止状态的继续,(30)是对状态的继续提出[义务]。

(27) 朱先生看了看龙的图案,又翻过来看了看字画,交还鹿兆海手上,"你应该带着"。(陈忠实《白鹿原》)

(28) 你是支书,应该想着大多数人!(孙方友《官司》)

(29) 她是一个精通礼节的妇人,说我们不应该空等着。(鲁迅《朝花夕拾》)

(30) 为了爱你的那些个人们,你都应该活着啊!(张洁《爱,是不能忘记的》)

这组句子中的"带着""想着""空等着""活着"等都应该理解为动态的持续,"着"都是动态持续体标记,而"应该"与这一体标记同现时,都得到道义情态[义务]义。

4.2.2 "能"与动态持续体"着"同现

"能"与动态持续体"着"同现时,"能"表达根情态意义,即动力情态或道义情态意义。下面(31)和(32)中的"能"表达的是动力情态[能力],表示句子的主语有让事件或状态继续保持的能力。

(31) 祥子是这样的一个人:在新的环境里还能保持着旧的习惯。(老舍《骆驼祥子》)

(32) 只有我能守着他。(霍达《秦台夜月》)

(31)和(32)中"保持着""守着"表达的事件都可以理解为动态持续事件,而"能"在这些句子中都在对主语的[能力]做出判断,即有[能力]使句子表达的事件或状态持续。

再看看"能"在这种句法环境中呈现为道义情态[许可]的例子：

(33)我不**能**养**着**吃我、喝我的死母猪！（老舍《老张的哲学》）

(34)这是为国为民的好事，我**能**拦**着**吗？（邓友梅《寻访"画儿韩"》）

(33)和(34)的"养着""拦着"都可以构成祈使句，具有动态性，在这些句子中，"能"表达的情态意义是[许可]。值得注意的是，这些"能"表[许可]义的句子一般都是否定或反问句，如(33)是否定句，(34)是反问句。此时，说话人一般想表达对该句子呈现的事件或状态的持续性[禁止]。

4.2.3 "要"与动态持续体"着"同现

"要"与动态持续体"着"同现，"要"表达根情态意义，即动力情态[意愿]或道义情态[必要]。先看"要"表[意愿]的例子：

(35)他**要**着、守**着**他的学生，看到他是不是一月有一月的进步，一年有一年的进步。（汪曾祺《徙》）

(36)通讯员**要**跟**着**，营长不许。（老舍《无名高地有了名》）

这两个句子中的"着"表达的事件是动态的持续事件，其中(35)保持状态的继续，而(36)则是进入状态。"要"在这些句子中表达动力情态意义[意愿]，即主语有进入或保持某种状态的意愿。

下面两例的"要"则表达道义情态[必要]：

(37)嘴角上还**要**挂**着**笑。（浩然《新媳妇》）

(38)干吗**要**瞒**着**呢？（陈建功、赵大年《皇城根》）

这两个句子的"挂着""瞒着"都可以看作动态的持续，这些句子中的"要"都得到道义情态[必要]的解读，其中(38)用反问句的方式表达对这种状态持续性的强烈禁止。

一般认为，"别"是"不要"的合音。确切地说，"别"是表达道义情态[必要]义的"要"的否定形式。"别"的主要功能就是组成表示禁止的祈使句(袁毓林,1993)。(35)—(38)中的"V着"都可以生成相应的"别V着"，这从一个侧面证明了这些"V着"在体意义上的动态性、语气意义上的非现实性。

4.2.4 "会"与动态持续体"着"同现

"会"与"着"同现时，"着"倾向于表现静态持续，"会"也就有表达认识情态[盖然]的倾向，但是，当"着"表达动态持续事件时，则"会"也得出道义情态[承诺]的解读，即说话人给自己加上[义务]。"会"表达[承诺]这种道义情态，与人称有关，也就是说，当句子是第一、二人称时，"会"可能得出[承诺]的情态解释。例如：

(39)我会象望夫石一样等着她！（毕淑敏《硕士今天答辩》）

(40)你放心吧，我会好好地看着他！（老舍《全家福》）

(41)我不会总缠着你的。（王朔《过把瘾就死》）

(39)—(41)中的"等着""看着"和"缠着"都可以理解为动态持续事件，在这些句子中，"会"的情态意义都是[承诺]。(41)表明，表[承诺]的"会"也可以有外部否定形式，即对[承诺]消除，或者说是负承诺。

综上所述，多义情态动词与动态持续体"着"同现时，一般都能得到根情态意义的解读。如"应该"表达道义情态[义务]义、"能"表达动力情态[能力]义或道义情态[许可]义、"要"表达动力情态[意愿]义或道义情态[必要]义、"会"表达道义情态[承诺]义。

5.　"着"的分化与情态歧义

5.1　对同一句中的"着"的不同理解

对同一句中的"着",加入不同的语境效果之后,可能出现不同的理解,或者是静态的持续,或者是动态的持续。例如:

(42)陈北燕拿<u>着</u>我的书包。

　　a. 陈北燕已经拿<u>着</u>我的书包。

　　b. 陈北燕正拿<u>着</u>我的书包。

(42)可以看作一个静态持续事件,即"陈北燕"已经进入"拿书包"的状态而且这一状态还在持续。比如,(42)可以变换成(42a)和(42b)。(42a)可以加上"已经",说明"着"表达的状态是"实现后"的持续状态;(42b)可以加上"正",说明"着"表达的状态,是"进行中"的持续状态,但这两者都是恒定的状态。

但是,这一事件还隐含着另外两种意义,一是状态的进入,一是状态的继续。这两种意义在中性语境中很难得到识别,但是加上情态成分后,则在某种程度上可以把这种意义突显出来。所以,(42′)除了前边(42)所具有的意义外,还会有(42′a、42′b)的两种意义。

(42′)陈北燕应该拿着我的书包。

　　a.（陈北燕不想拿我的书包,可是）她[*有义务*]拿<u>着</u>我的书包。

　　b.（陈北燕不想再拿我的书包,可是）她[*有义务*]拿<u>着</u>我的书包。

(42′a)预设该状态尚未出现,此时,说话人是对不出现的事件提出[义务],要求这种状态的出现;(42'b)预设某一状态即将终止,可是说话人要求这一状态继续下去。从这种意义上说,"应该"对事件的限制,起到了某种语境效果的作用,即"应该"的出现,使"着"本来潜在的语义得到了显性化的机会。基于这种分析,上文(11),因为有语境的帮助,"着"与"应该"的语义都有单一的解释,而离境的(42')却是歧义的。

(42')中,当"着"表现"已经拿着""正拿着"的静态持续义时,"应该"解释为认识情态[盖然]义,但当"着"表达进入状态或继续状态义时,"应该"则获得道义情态[义务]义。下面将更深入地观察类似(42')所表现出来的歧义现象。

5.2 "着"的歧义与情态动词的歧解

在中性语境之下,"着"会出现歧义,"着"与现代汉语的多义情态动词同现时,与之相应的多义情态动词的情态语义解释也发生倚变。(43)是讨论"着"的分化的经典例句:

(43)山上架着炮。

    a. 山上可能架着炮。

    b. 山上必须架着炮。

    c. 山上应该架着炮。

加上单义的情态成分可以帮助(43)的分化,(43a)加上只表认识情态[可能]①的"可能",此时的(43)是一个静态事件;(43b)加上只表道义情态[必要]的"必须",此时的(43)则是个动态事件;由于(43c)中的情态成分"应该"存在认识情态[盖然]与道义情态[义务]的两种

———————————————

① [可能]表示这是一个语义范畴。

表义可能性,此时(43)的歧义依然存在:当"应该"解释为[盖然]时,是静态事件,当"应该"解释为[义务]时,则为动态事件。

还以"应该"为例:

(44)在我的墙上,在这面一直没有装饰的墙上,<u>应该挂着</u>我那盘伤痕累累的鞍子。(张承志《午夜的鞍子》)

如果说话人在回忆,或者告诉听话人某物的位置,则得到静态持续义,那么(44)的"应该"是认识情态,即对[盖然]推断;如果墙上还没有"鞍子",说话人提出一种要求,则得到"进入状态"的动态持续义,这时,"应该"表达的是道义情态,即[义务]。

有时候,静态动词也可能得出"进入状态"这种动态持续义,这时说话人用"应该"是为了提出一种要求进入状态并持续的[义务],其预设是该状态还没有出现。例如:

(45)军营里的文化生活,应该是格调清新,<u>应该充满着</u>健康向上、生动活泼的气氛,应该坚决抵制各种精神污染。(《人民日报》2000 年 9 月)

(45)中的"充满"是静态动词,在这些动词上附着"着"首先表示静态持续,这时,"应该"表示说话人根据某种证据(如常识)做出的断定,表达[盖然]这种认识情态;但是,当说话人是以某种权威的身份对听话人提出要求时,(45)也可以是对进入某种状态提出的[义务]。

其他多义的情态动词也可能存在这种因为"着"的内部分化而引起的情态动词歧解的现象。再举与情态动词"能"同现的例子:

(46)谁<u>能</u>一天到晚老盯<u>着</u>你呢?(电视剧《编辑部的故事》)

　　a.[可能[谁一天到晚盯着你]](能:认识情态[可能])

　　b.[谁[有能力]一天到晚盯着你](能:动力情态[能力])

(47)你总不<u>能</u>老站<u>着</u>。(余华《夏季台风》)

a. [不可能[你老站着]](能:认识情态[可能])

b. [不许可[你老站着]](能:道义情态[许可])

c. [你[无能力]老站着](能:动力情态[许可])

因为"着"的静态持续与动态持续之间歧义的存在,(46)的"能"存在(46a)认识情态[可能]和(46b)动力情态[能力]之间的歧义。(47)的"能"则可能存在三种情态语义解释:当"着"是静态持续时,"能"得到(47a)的解释,即认识情态;当"着"为动态持续时,则得到(47b)和(47c)的解释,即非认识情态。与此相似,下面例子中的"能"也存在认识情态[可能]与道义情态[许可]之间的歧义,如:

(48)一天到晚全不<u>能</u>闲<u>着</u>。(老舍《小坡的生日》)

(49)我不<u>能</u>老饿<u>着</u>呀。(电视剧《编辑部的故事》)

(50)哪<u>能</u>不陪<u>着</u>呢……(老舍《文博士》)

(48)—(50)中的"着"在不同的语境中可以有静态持续和动态持续的不同意义,相应地,句中的"能"也随着这种意义的变化产生变化,即当"着"表达静态持续体意义时,"能"的义项呈现为认识情态[可能],这些句子都是否定或反问句,说话人表达这种[可能]性不存在或对这种[可能]性存在的怀疑;当"着"表达动态持续体意义时,句中的"能"都表达道义情态意义[许可]。

以上分析表明,"着"在不同的语境中可能表达两种不同的体意义,即静态持续和动态持续,与此相对应,多义的情态动词与"着"同现时,也会出现不同的情态解释。当"着"得到静态持续体意义的解释时,与之同现的情态动词得到认识情态的解释;当"着"获得动态持续体意义的解读时,与之同现的情态动词则也获得非认识情态的解释。

6. 结 语

体标记"着"与情态成分之间存在着同现限制关系,不同的"着"要求与表达不同情态语义类型的情态成分同现。"着"表达静态持续义时,与之同现的情态成分表达认识情态;"着"表达动态持续义时,与之同现的情态成分则表达根情态,即道义情态或动力情态。所以,一方面,当不同的"着"与情态成分同现时,根据"着"的不同,可以得到情态表达成分确切的语义解释;另一方面,当与"着"同现的情态成分的语义解释确定时,则可以根据情态语义类型的不同,看出"着"的内部分化。

只表认识情态的情态动词与"着"同现时,"着"表现为静态持续体;静态持续体"着"与多义的情态动词同现时,"着"对多义情态动词的语义表达有过滤作用,它滤去了多义情态动词的非认识情态意义,剩下认识情态意义。与静态持续体"着"同现时,"应该"表达[盖然]、"能"表达[可能]、"要"表达[必然]、"会"表达[盖然],这些多义情态动词都表达了认识情态意义。

只表根情态的情态动词与"着"同现时,"着"表现为动态持续体;动态持续体"着"与多义情态动词同现时,"着"对多义情态动词的语义表达有过滤作用,它滤去了多义情态动词的认识情态意义,剩下根情态意义。与动态持续体"着"同现时,多义情态动词都表达了根情态意义:"应该"表达[义务]、"能"表达[能力]或[许可]、"要"表达[必要]、"会"表达[承诺]。

在中性语境中,"着"存在静态持续与动态持续之间的歧义。当"着"在不同的语境效果下表达不同的体意义时,与之同现的多义情态动词的意义解读也产生相应的变化。即当"着"表达静态持续体意义时,情态动词的义项呈现为认识情态;而当"着"表达动态持续体意义时,情态动词也相应地改变为根情态,即动力情态或道义情态。

表1 "着"的内部分化与情态之间的同现限制关系

"着"		情态
体意义	事件	
静态持续	现实	认识情态
动态持续	非现实	根情态

值得注意的是,当"着"存在歧义时,在语义解释的确定过程中,"着"的体意义的确定,进而还有情态表达成分的情态语义的确定,应该借助句法环境的其他因素,如句子主语的人称特征、宾语的指称特征、动词的状语等,有时候还得借助语用因素。对于这些因素,限于篇幅,我们另文论述。

参考文献

戴耀晶, 1997,《现代汉语时体系统研究》,杭州:浙江教育出版社。

木村英树, 1983,《关于补语性词尾"着/zhe/"和"了/le/"》,《语文研究》第 2 期。

彭利贞, 2005,《现代汉语情态研究》,复旦大学博士学位论文。

钱乃荣, 2000,《体助词"着"不表示"进行"意义》,《汉语学习》第 4 期。

忻爱莉，2000，《华语情态动词的语意与句法成分之互动》，《第六届世界华语文教学研讨会论文集（第一册：语文分析组）》，台北：世界华文出版社。

袁毓林，1993，《现代汉语祈使句研究》，北京：北京大学出版社。

Alleton, V. 1994 Some Remarks about the Epistemic Values of Auxiliary Verbs YINGGAI and YAO in Mandarin Chinese. In Chen, M. Y. & Tzeng, J. L. (eds.) *In Honor of William S -Y. Wang：Interdisciplinary Studies on Language and Language Change.* Taipei：Pyramid Press.

Coates, J. 1983 *The Semantics of the Modal Auxiliaries.* London & Canberra：Croom Helm.

Givón, T. 1994 Irrealis and the Subjunctive. *Studies in Language* 18(2).

Leech. J. 1971 *Meaning and the English Verb.* London：Longman.

Lyons. J. 1977 *Semantics* (Vol. 2). Cambridge：Cambridge University Press.

Palmer. F. R. 1986 *Mood and Modality* (1st edition). Cambridge：Cambridge University Press.

Palmer. F. R. 2001 *Mood and Modality* (2nd edition). Cambridge：Cambridge University Press.

论"应该"的两种情态与体的同现限制*

彭利贞　刘翼斌

1. 引　言

"应该"是现代汉语中使用频率很高的情态动词,因为它在表达情态时表现出的特殊性,又因为它在多义情态动词中具有的代表性,所以它对于现代汉语的情态研究有重要的认识价值。本文拟观察"应该"表达分属两个类型的两种情态时与"了、着、过、起来、下去"、动词重叠形式等现代汉语主要的体标记在句法上的同现情况,以此来分析它们之间的互动关系。

现代汉语的情态动词有的是单义的,但跟其他语言一样,有些情态动词也有多义特征,其中"应该、能、会、要"是典型的多义情态动词。说它们典型,是因为这些情态动词表达的不同类型的情态在语言使用中出现的频度比较均衡,不像"一定、肯定、得(děi)"甚至"敢"(只在"敢是"的组合中表认识情态)等较不典型的多义情态动词那样,从统计学的角度上看偏向于表达某种情态。本文虽只选"应该"作为分析对象,但是,分析的过程与结果同样适合于其他多义的情态动词。

---

* 本文部分内容原载《语言教学与研究》2007 年第 6 期,收录时略有改动。

2. 情态与体

2.1 "应该"表达的两种类型的情态

情态是说话人对命题所持的态度或看法(Lyons,1977:779)。情态有三种类型,即认识情态、道义情态和动力情态(Von Wright,1951;Lyons,1977;Palmer,1979;Tiee,1986:85)。情态作为一个语义范畴,在自然语言中具有跨语言的普遍性,但相应的情态载体,在各种不同的自然语言中则又表现出不同的特点(Palmer,2001:86以次)。综合起来,情态的主要表现手段有情态副词、情态动词和某些句法格式。现代汉语情态范畴的主要表达手段之一是情态动词,如"会、能、可以、应该、要"等。与其他一些自然语言(如英语)一样,它们中的一些成员在表达情态时呈现出多义特征:同一个词项,在不同的语境中表达出不同的意义,甚至在同一语句中也会因语境效果(contextual effect)的不同产生歧义。"应该"就是一个多义情态动词的代表,比如,它在(1a)和(1b)中分别表达了两类不同的情态,而就(2)而言,亦可因不同的语境效果得出不同的情态解读。

(1)a. 他昨天动身的,今天<u>应该</u>到了。(吕叔湘《现代汉语八百词》)

　　b. 你<u>应该</u>去。

(2)对了,你<u>应该</u>知道,肖科平最喜欢哪种花。(王朔《无人喝彩》)

　　a. (你是肖科平的好朋友,)你<u>应该</u>知道她喜欢哪种花。

　　b. (想给肖科平买花的话,)你<u>应该</u>知道她喜欢哪种花。

(1a)表达的是说话人对"今天到"这一命题真值的[盖然]推断,是说话人根据一定可知的前提推出的一种表示态度和看法的结论,属于认识情态;(1b)是说话人对"你"发出的一种要求,即在命题"你去"上加上使之取得真值的要求,是听话人的一种[义务]。(2)中的"你应该知道"在中性语境(neutral context)中存在歧义,这与动词"知道"的情状特征有关。作为完全[+静态][+结果]的"知道",(2)解释为(2a),即说话人推断听话人"知道肖科平最喜欢哪种花"是[盖然]的;而作为非完全静态的"知道"(即从"不知道"到"知道"的变化),则是说话人为了使听话人达到某种目的(比如"买合适的花可让肖科平高兴"),对听话人发出一种要求,即[义务]。

吕叔湘(1982:550—551)把"应该"的这两种语义解释为"估计情况必然如此"和"表示情理上必须如此"。应该说明的是,从现代汉语情态动词表达的情态系统来看,"应该"表达的认识情态和道义情态在情态级差(scale)上不在最高级。表达"估计情况必然如此"(即[必然])的不是"应该",而是级差更高的"肯定、一定";"表示情理上必须如此"(即[必要])的也是级差比"应该"高的"必须、得(děi)"。也就是说,"应该"表达的[盖然]介于[可能]与[必然]之间,表达的[义务]介于[许可]与[必要]之间。

2.2 情态与体的关系

许多语言学家把时态、体、情态联系在一起进行观察。吉冯(Givón,1984:270)认为,因为这些语法或语义范畴的大部分标记都是在语言的历时发展中通过主要动词的再分析而出现的,在这个渐进和持续的语言演化过程的起点上,潜在的时态—体—情态(TAM)标记实际在语义、句法和形态学上都是主要动词本身,这种演化的结果是,表示时态—体—情态系统的那些成分都围绕并黏附在动词周围,所以,后来的语言学家就把承载时态—体—情态的语言成分叫作助动词。因此,时态、体、情态在许多语言中存在着有机的内在关联。

还有学者认为,现代汉语没有与英语一样的时态系统(戴耀晶,1997:32)。莱昂斯(Lyons,1977:809)的研究则发现,没有时态系统的语言,表达"时"概念的任务,很大一部分是由情态来承担的。体反映了语言使用者(说话人和听话人)对存在于时间中的事件的观察(戴耀晶,1997:5),情态则表达说话人对可能世界中的命题是否真或事件是否成真的看法或态度,与时间概念有着天然的联系。

情态与体概念结构的内在联系在句法上表现为体对情态成分表达情态时的影响和限制,具体表现为体标记与情态类型之间存在同现限制。关于这种影响或限制,柯茨(Coates,1983)针对英语作过比较全面深入的考察与分析;以汉语为对象的,艾乐桐(Alleton,1994)、忻爱莉(2000)也作过富有启发性的初步分析。

2.3 体标记对多义情态动词的情态分化

表达不同情态类型的情态成分要求与特定的体标记同现,所以可以利用体标记来对多义的情态动词进行语义分化。就"应该"这一情态动词而言,"应该"在表达不同种类的情态时,在句法上要求特定的体标记与之同现。而句法表层上出现的体标记,亦可为"应该"所表达的情态识解提供线索。也就是说,体标记在自然语言理解上可分化"应该"所表达的两种情态。从这种意义上说,情态与体存在着互动的同现限制关系。

下面我们将全面观察"应该"与现代汉语主要的体标记同现时,"应该"表达何种类型的情态。

3. "应该"表认识情态时与之同现的体标记

与现实体标记"了₁"、经历体标记"过"、静态持续体标记"着₁"、进行体标记"正(在)"同现时，"应该"表达认识情态［盖然］。

3.1 "应该"与"了₁"同现

3.1.1 现实体标记"了₁"的分布和语义

处于词尾位置上的"了₁"是现实体标记，戴耀晶(1997)从完整性、动态性、现实性等特征上对此作过充分的论述。至于形式上处于句尾的"了"，李小凡(2000)利用语义条件，认为句尾"了"不表示动作行为变化时的情状，而表示句子的事态，着眼点是句子所表示的事件发生与否、存在与否、变化与否，表示某种新情况已经出现，可称之为已然态。对照现实体的特征可以知道，出现在句尾的"了"有一部分也属于现实体标记。

3.1.2 "应该"与现实体标记"了₁"同现时的情态

"应该"与现实体标记"了₁"同现，表达认识情态［盖然］，即表示说话人对一个现实事件的推断。如：

(3)飞机震荡<u>应该</u>过<u>了</u>。(钱钟书《围城》)

(4)这点钱当然不可能包装一个天皇巨星，但是帮助你迈出第一步，<u>应该</u>够<u>了</u>。(张欣《岁月无敌》)

(5)两个人结婚六年，……按说<u>应该</u>习惯<u>了</u>这种生活。(肖复兴《当金山的母亲》)

(6)我想我的意思您<u>应该</u>听明白<u>了</u>。(崔京生《纸项链》)

(7)我想你太太现在<u>应该</u>到达巴黎<u>了</u>。(邓友梅《兰英》)

例（3）至（7）中的"了"附着在主要谓语动词之后、动词的补语之后或句尾，但它们都表示事件的实现，具有现实体的语义特征。出现这一现实体标记的句子加上"应该"后，"应该"的情态一般解释为［盖然］，即说话人在主观上对已经实现的事件的［盖然］推断。例（3）的说话人在推断"飞机的震荡过去了"这一事件的较大可能性，（4）推断"钱够"这一命题的较大可能性，（5）—（7）可作同样分析。

有时候，句子中还会出现表示过去时间的词语，说话人用"应该"表示对过去已经实现的事件的推断。例如：

（8）就在前天，我在城里买了一口小棺材，——因为我豫料那地下的应该早已朽烂了。（鲁迅《在酒楼上》）

（9）照往年说，此时应该早已摆开了柜台，挂起了一排乌亮亮的大秤。（茅盾《春蚕》）

（10）这里有一半的字都应该在小学就认识了。（阿城《孩子王》）

这三个句子中的时间指示语"早已"或"在小学"表明，这些句子表达的事件在说话时间之前就已经实现，"应该"是对这些事件［盖然］的推断。当然，这不是说"应该"推断的现实事件只能发生在说话时间之前，它也可以是现在的事件，即事件实现的时间与说话时间重合，如（7）；还可能在说话时间之后，如（7'）。

（7'）明天这个时候，我想你太太应该到达巴黎了。

（7'）中的事件"你太太到达巴黎"实现的时间是在说话时间之后，这是从绝对时间的角度说的，从相对时间的角度来说，它以句内时间"明天这个时候"为参照点，即在这个参照时间之前，该事件是实现的。从这个角度上说，比之于"时"，现代汉语的情态与体在时间意义上具有更密切的关系，因为现实体"了"在时间上可以指向过去、现在和将来。

对现实体用"没"进行否定,与现实体否定标记"没"同现时,"应该"同样得到认识情态[盖然]的解读。如：

(11)灯没开,他应该没回来。

以上分析表明,"应该"与现实体同现时,会得到认识情态[盖然]的解释。

3.2 应该与"过"同现

3.2.1 "过"的体意义

"过"是经历体标记(戴耀晶,1997:57),它强调的是事件的历时性,具有历时终结的语义特征。带"过"的句子表示某一事件曾经发生并已终结,在可能世界的位置上处于现实世界,在现实与非现实这对概念上属于现实。

3.2.2 "应该"与经历体标记"过"同现时的情态

下面是一些"应该"与经历体标记"过"同现的句子：

(12)你应该看过她的诗。(钱钟书《围城》)

(13)这儿应该聚集过很多人,但绝对不可能是官衙或兵营。(余秋雨《千年庭院》)

(14)你也许不认识我,但你应该听过我的父亲。(杨忠衡《上海交响乐团的两任指挥》)

(15)那你还应该听说过一句,"龙生龙,凤生凤,老鼠生儿会打洞"吧?(电视剧《编辑部的故事》)

(12)至(15)的"应该"加在带"过"的句子上,表示对这一事件现实性的推断,它是根据某种前提经过一个推理过程得出的说话人对该事件现实性的观点与态度。如(12)可能根据"她的诗很有名,读的人很多",(13)根据某种历史资料,(14)根据"我的父亲"当时的知名度,

（15）则根据后边那句谚语的流行程度，等等，得出的以"应该"表示的对过去经历事件［盖然］的推断。

对体标记"过"的否定也是"没"。但与"了"的否定不同的是，被否定之后"过"依然保留。这种对历时事件进行否定的命题加上"应该"，表示对某一历时事件未曾发生的推断，例如：

（16）我是新来的，你应该没见过我的。

（12）至（15）亦可作以"没"为否定标记的否定句变换。

以上分析表明，当"应该"限定的命题表示经历事件时，"应该"只表达认识情态［盖然］。这时，经历体标记"过"可以把"应该"的道义情态［义务］滤除，只剩下认识情态。

3.3　"应该"与"着₁"同现

3.3.1 表静态持续的"着₁"

"着"的语义结构内部存在差异，我们把表静态持续的"着"记为"着₁"，表动态持续的记为"着₂"。"着₁"表示静态持续，所表达的事件是处于持续过程中的静态事件，其特征是"事件内部结构的无变化"（戴耀晶，1997:89）。

3.3.2 "应该"与"着₁"同现时的情态

与表示静态持续意义的"着₁"同现时，"应该"表达对静态事件的［盖然］推断。例如：

（17）过墙边应该堆着五辆自行车，得靠右走，一二三四五，到了，我伸出手，摸到了楼梯。（李晓《关于行规的闲话》）

（18）在方丝萦的想象中，这房子的地上，应该散放着洋娃娃、小狗熊、小猫等玩具……（琼瑶《庭院深深》）

（19）在幅员辽阔的大陆上应该潜伏着躁动。（张承志《胡涂

乱抹》)

(20)他自己痛苦;可是她的<u>应该</u>大<u>着</u>多少倍呢?（老舍《生灭》）

(21)按常情推断,袁宝<u>应该</u>和他还差<u>着</u>几个数量级。（卢波《"亿万富翁"袁宝的焦虑与冲动》）

(17)—(19)是对"某处有某物以某种状态存在"的断定,"着"所附着的动词都是情状分类上的静态动词（Vendler,1967）。所以说,"着"表示静态持续这种体意义,与它所附着的动词情状类型有关。(20)(21)"着"所附着的谓词是形容词,也表示一种静态的持续。这些句子中的"应该"都表达对静态持续事件的[盖然]推断。

在给定的语境中,动作动词也可能具有静态的性质,如(22)的"拿"。

(22)我在台阶上找陈北燕,她<u>应该</u>拿<u>着</u>我的书包。（王朔《看上去很美》）

(22)是说话人对"陈北燕"正在做某事的[盖然]推断,但它强调的是事件内部的均质状态。这一点与"在""正在"表示的进行体相似。一般认为,"在""正在"表达进行体意义,即表达的事件在特定的时间段内正在进行之中,这种事件在那个时间段内也是恒定的。例如:

(23)这时,他想起了他现在<u>应该</u>正坐在博览会大厅里,与外商洽谈生意……（崔京生《纸项链》）

(24)这个时候,她<u>应该</u>正与她丈夫坐在旋转餐厅享受烛光圣诞大餐。（陶然《平安夜》）

(23)(24)的事件的持续是以词汇形式"正（在）"来表现的,"应该"限制这两个事件,是说话人根据某种证据对"这个时候"正在进行的事件的断定。与"正在"同现的"应该"因为"正在"的单一解释,所以也只能有一种情态,即推断事件的[盖然]性。

以上分析表明,与现实体标记"了₁"、经历体标记"过"、静态持续体标记"着₁"以及进行体标记"正(在)"同现时,"应该"会获得认识情态[盖然]的解读。

4. "应该"表道义情态时与之同现的体标记

与下列标记同现时,"应该"会得到道义情态[义务]的解释,它们是:了₂、了₃、着₂、起来、下去以及动词的重叠形式。

4.1　"应该"与"了₂"同现

"了₂"是不是体、是什么体,目前没有统一的看法,但它在对情态表达的影响上,与"了₁"形成对立。

4.1.1"了₂"的分布与意义

"了₂"即文献中所说的句尾"了"。与情态成分直接同现的"了₂"主要出现在下列几种环境中:

(25)a. 走了! 我走了! 你走了?

　　　起来了! 出发了! 我起来了! 我们出发了!

　　b. 吃饭了! 上课了!

　　c. 站直了! 你站直了! 说清楚了! 你给我说清楚了!

(25a)的"了"出现在动词之后,(25b)出现在动词的宾语之后,(25c)则出现在动词的结果补语之后。但它们在分布上都有一个共同点,即出现在句尾,属于学者们多有论及的句尾"了"的范围。

金立鑫(2002)认为(25)这种"了"表示"起始"意义,但是,很显然,这些句子表达的事件并未开始,它与起始体标记"起来"并不一样。在这三组句子中,有的是宣称要做某事,如(25a)(25b);有的则是要求达到说话人预期的某种动作应该达到的状态,如(25c)。但二者有如下共同点:A. 都是预设该事件没有实现;B. 都是说话人在心理上要求这些事件即将实现。其实,"即将实现"只是就事件本身来说的,但"了"真正指向的却是这些句子中隐含的"要求",即道义情态。这些句子都可以加上表达道义情态的情态成分来使这种隐含的情态显性化,如"可以走了! 必须站直了!"等。从这种意义上说,认为"了$_2$""表示变化"或"表示新情况的出现"倒更符合事实,也就是说,(25)中"了$_2$"的语义可以概括为"道义情态的出现或变化"。

像(26)这种句子,它的第二个"了"是"了$_2$",与"应该"虽同处于一个句子,但与"应该"没有直接同现关系。与"应该"直接同现的是它前边的"了$_1$"。

(26)都这个时候了,他们应该吃了饭了。

4.1.2 "应该"与"了$_2$"同现时的情态

"应该"与"了$_2$"直接同现,表达道义情态[义务],例如:

(27)你应该走了。(池莉《不谈爱情》)

(28)事情到这个时候,应该收场了。(池莉《城市包装》)

(29)老李啊,你实在应该退休了!(木青《旋转的舞步》)

(30)我是说,应该停止了。(石康《一塌糊涂》)

(31)我们应该回学校了。(邓懿《汉语初级教程》)

(32)应该到医院去做检查了。(毕淑敏《生生不已》)

例(27)至(32)的"走了""收场了""退休了""停止了""回学校了""去做检查了"在中性语境下可以表达现实的事件,这时候的"了"是现实体标记"了$_1$"。但在宣布某事要发生,或者要求动作达到某种状态时,"了"就不是现实体标记,即这些事件都是未实现的,在时间指示上,它们有着统一的特点,即都指向以说话时间为参照点的绝对未来。

也就是说,此处的"了₂"与现实概念是矛盾的,它属于非现实,所以说话人可以对这种非现实的事件发出[义务],要求即将发生的事件成真。从这种意义上说,也可以看作[义务]的出现,即[义务]本身的状况发生了从无[义务]到有[义务]的变化。所以这些句子都可以解释为"是……时候了",如(28)可以解释为(28'):

(28')是收场的时候了。

可见,"应该"与"了₂"同现时,表达的情态意义是[义务],属于道义情态。

4.2　"应该"与"了₃"同现

"了₃"即具有结果补语意义的"了"。"了₃"是否表达体意义,目前并无定论,但在影响情态成分的表达上,"了₃"与"了₁"也存在对立。

4.2.1"了₃"分布与意义

陈刚(1957)、马希文(1983)都注意到具有补语性质的"了₃",邵敬敏(1988:359)从语义上分析得出,补语"了₃"前的动词都有一个共同的语义成分[+消除],并指出属于这个小类的词主要有"卖、寄、关、删、倒、烧、换、租、借、挖、摘、砍"等。

这种表达[+消除]语法意义的"V 了",从现实与非现实的角度(Palmer,2001:1—3)上看,存在歧义。如:

(33)倒了　a. 他把那杯茶倒了。　b. 你把那杯茶倒了。

(33)"倒了"是典型的有[+消除]义的格式,在中性语境下,它在现实与非现实之间存在歧义。(33a)是现实句,以直陈语气陈述一个已然的事实,这时候的"了"可以看作现实体标记"了₁";(33b)是非现实句,以祈使语气表达一个命令,这时的"了₃"没有现实体的意义,倒是有未实现或即将实现的语法意义。

认为"了₃"具有非现实的性质的另一个证据是,这种"了"可以出现在非现实的祈使句句末。袁毓林(1993:64)认为,有[+取除]义的动词可以生成祈使句,如:

(34)脱了! 揭了! 扔了! 卸了!

4. 2. 2"应该"与"了₃"同现时的情态

"应该"与"了₃"同现时,表达道义情态[义务]。例如:

(35)你应该删了那些侮辱人的帖子。

(36)没什么可惜的,应该扔了。现在这个铁盒子,锁的只是我的回忆。(普璞《锁起来的秘密》)

(37)表妹,你不应该毁了你自己。(陈青云《女血神》)

(35)—(37)中的主要动词"删、扔、毁"都是典型的具有[+取除]义的动词,附着在其后的"了"是"了₃"无疑。在这些句子中与"了₃"同现的"应该"都表达道义情态[义务]。可以这样说,"了₃"滤除了"应该"的认识情态。

当主语是受事角色,说话人想用[+取除]义表达对受事主语进行某种处置时,说出的句子具有道义情态黏着的倾向,即离开承载道义情态的情态动词时,要么句子的合法性令人怀疑,要么"了"变成了现实体标记"了₁"(或者看作"了₃"与"了₁"的重合)。例如:

(38)a. 人道应该忘了。(白吉庵《胡适与他的表妹曹诚英》)

   b. 人道忘了。

(39)a. 对不起,师傅们,这块玻璃应该换了。(小小说《伞》)

   b. 这块玻璃换了。

(38a)换成(38b),句子可能不合法;而(39a)变换成(39b),句子的语气已经从祈使变成了直陈,从非现实句变成了现实句。这从一个侧面表明,表达道义情态[义务]的"应该"本身具有实现指令语效的功能。

4.3　"应该"与"着₂"同现

相对于表达静态持续的"着₁","着₂"表达动态持续的体意义。

4.3.1　动态持续的"着₂"

"着"除了有表示"结果的持续"的静态特性外,还可以有表"动作的持续"的动态性一面(戴耀晶,1997:89)。持续的动态性的事件意义,影响"应该"情态的表达。如:

(22')a. 陈北燕拿着我的书包。

　　　b. (陈北燕不想拿我的书包,可是)她应该拿着我的书包。

　　　c. (陈北燕不想再拿我的书包,可是)她应该拿着我的书包。

(22'a)可以看作一个静态持续事件,即"陈北燕"已经进入"拿书包"的状态而且这一状态还在持续。但是,这一事件还隐含着另外两种意义,一是状态的进入,一是状态的继续。这两种意义在中性语境中很难得到识别,但是加上情态成分"应该"后,则在某种程度上可以把这种意义凸显出来。所以,(22'a)除了前边(22)所具有的静态持续义外,还会有(22'b)(22'c)的两种意义。

(22'b)的预设是状态尚未出现,此时,说话人是就不出现的事件提出[义务],要求这种状态的出现,此时的"应该"表达道义情态;(22'c)预设某一状态即将终止,可是说话人要求这一状态继续下去,"应该"也表达[义务]义。从这种意义上说,"应该"对事件的限制,起到了某种语境效果的作用,即"应该"的出现,使本来潜在的语义得到了显性化的机会。

4.3.2　"应该"与"着₂"同现时的情态

"应该"与"着₂"同现,表达道义情态[义务]。在下面的例子中,(40)—(42)是提出进入某种状态的[义务],(43)是禁止状态的继续,

(44)是对状态的继续提出[义务]。

(40)朱先生看了看龙的图案,又翻过来看了看字画,交还鹿兆海手上,"你*应该带着*"。(陈忠实《白鹿原》)

(41)你是支书,*应该想着*大多数人!（孙方友《官司》）

(42)你*应该记着*爹的话,向上长进,不要为别的事情分心,好好打仗。（孙犁《嘱咐》）

(43)父亲有朋友来了,这晚辈子女在这儿,哦,就*不应该坐着*,*不应该坐着*,旁边站着,让你干什么呢,倒水呀,干这个,子女,这样。(《北京话口语》)

(44)为了爱你的那些个人们,你都*应该活着*啊!（张洁《爱,是不能忘记的》）

袁毓林(1993:47)对现代北京口语中由动词加"着"构成的祈使句进行过详尽的分析,(40)—(44)中的"V着"在句法特征、预设等语义特点上与袁文的分析吻合,这表明道义情态与祈使语效有密切的联系,正如帕尔默(Palmer,2001:70)所说的那样,"道义情态最普通的类型就是'指令'"。也就是说,"应该V着"在"V着"带上动态义时,是一种以道义情态之力来取得祈使语效的祈使句。"应该"一方面突显道义情态之力,另一方面则从级差上对道义情态进行限定。

4.4 "应该"与"起来"同现

4.4.1 起始体标记"起来"

"起来"的体标记地位尚存争议,主要是因为"起来"有时候仍然保留了原有的实义动词语义。就"起来"本身而言,附着在主要动词之后,意义表现的侧重点也因场合的不同而发生变化,可以是空间上的位置移动、某种结果的出现、动作的起始、新情况的出现并将持续等。尽管这些意义或实或虚,侧重点不同,但有一个共同点,那就是都有"开始"的意义(戴耀晶,1997:95)。从这种意义上看,把"起来"定义为起始体标记是合理的。

4.4.2"应该"与"起来"同现时的情态

尽管"起来"在不同的场合表达的语义侧重不同,但"应该"与之同现时,则表现出高度的内部一致性,即在这种句法环境中,"应该"都只能是道义情态[义务]义的载体。例如:

(45)早知如此,上一次就不<u>应该</u>爬<u>起来</u>!(路晨《听妈妈讲寓言》)

(46)老林,你<u>应该</u>振作<u>起来</u>。(刘恒《白涡》)

(47)香港的中小企业<u>应该</u>联合<u>起来</u>,有组织地进来。(《人民日报》2000 年 8 月)

(48)发展中国家<u>应该</u>团结<u>起来</u>。(《人民日报》2000 年 5 月)

(49)软约束与硬约束<u>应该</u>结合<u>起来</u>,互为表里,互相补充。(《人民日报》2000 年 3 月)

"起来"在(45)中保留了位置移动的意义,在(46)中也有隐喻的"向上"的意思,是心理上的位置移动,(47)到(49)都有开始出现某种结果的意义。虽然它们都不是起始体标记,但这些句子中的"应该"也只表示道义情态[义务]。

下边的例子中,"起来"语法化比较彻底,只表起始体意义。

(50)我当时真不<u>应该</u>叫<u>起来</u>。(张廷竹《支那河》)

(51)为了下一代的健康成长,全社会都<u>应该</u>行动<u>起来</u>。(《光明日报》2005 年 6 月)

(52)如果四至六岁的孩子有口吃的毛病,父母<u>应该</u>重视<u>起来</u>。

在这些"起来"只表示起始体意义的句子中,"应该"也是对事件的开始出现发出[义务],表达道义情态。

4.5 "应该"与"下去"同现

4.5.1 继续体标记"下去"

继续体的语义特征是指明在事件内部的某一点上还将持续,这种体意义汉语是用"下去"来承载的(戴耀晶,1997:101)。

4.5.2 "应该"与"下去"同现时的情态

"应该"限制带有体标记"下去"的事件时,说话人发出[义务],要求事件或状态持续。例如:

(53)这件事应该持续不断地做下去。(《人民日报》2000 年 8 月)

(54)我应该活下去,但是这个决心很难下。(王小波《未来世界》)

(55)你可以而且应该坚持下去。(陆宏彬《从"囚徒"到数学家》)

(56)中日两国人民应该世世代代友好下去。(《人民日报》2000 年 10 月)

(57)现在你已长大成人,你不应该再这样下去。(朱文《我爱美元》)

从(53)到(57)各句,表达事件的主要谓词的类型不一,有动作动词、静态动词、形容词、代词,它们附加上"下去"后都表达该谓词代表的动作或状态的继续,而"应该"则是对这种"继续"追加上说话人的态度,要求这种行为或状态继续成真。其中(57)则是对这种继续的[义务]的否定,即禁止"这样"的状态继续下去。

4.6 "应该"与动词重叠同现

4.6.1 短时体与动词重叠

短时体指明句子所表达的事件是一个完整的短时动态事件,它强调事件的时量因素,并且经常在表示未来事件的句子里使用。这种体在汉语中是以动词的重叠形式来表示的(戴耀晶,1997:75)。说短时体经常表示未来事件,主要指的是"VV"和"V 一 V"这种格式,至于"V

了V"或"V了一V",则与未来事件不相容。我们也没有发现"V了V"与"V了一V"与情态动词同现的例子。

4.6.2 "应该"与动词重叠形式同现时的情态

与短时体同现,"应该"表达道义情态[义务]。下面是一些动词重叠形式与"应该"同现的例子:

(58)东宝你应该看看那部片子。(电视剧《编辑部的故事》)

(59)姚欣,你应该换换环境,争取还是调回北京吧!(肖复兴《今冬无雪》)

(60)一开始我也没哭呀,不过是耍点小性子,你就应该哄哄我,那我就早好了。(王朔《过把瘾就死》)

(61)姑娘脸红了。这样的大事,应该跟妈妈商量商量。(肖复兴《当金山的母亲》)

(62)哪怕一年,一天,你也应该过一过另一种生活!(霍达《秦台夜月》)

这些带短时体的句子表示的都是未来事件。从例子中可以看出,"VV"和"V一V"两种重叠形式都有。

4.6.3 关于动词重叠的量小义与尝试义

我们没有发现以"V了V"表示的过去短时事件与"应该"同现的用例。从前文的分析中可以看出,"了"表示事件的实现,"应该"与之同现时表示认识情态。针对表达过去短时事件的"V了V"不与"应该"同现或很少有这种用例这一现象,我们试图这样解释:短时事件的量小特征(俞敏,1954;范方莲,1964)使事件的属性不足以形成足够的推理证据,不足以让说话人对过去短时事件形成[盖然]推断。

短时事件的时间指向未来的时候,动词重叠大都有尝试之意(吕叔湘,1942:232)。这种尝试的意味在句子受"应该"限制后得到突显。

正是这种尝试意义与未来时间指向的共同作用,使得这种短时事件只能受道义情态的限制。所以,(58)至(62)中的"应该"只表示道义情态:说话人发出[义务],要求句子的施事使这一未来的短时事件成真。

5. 体标记内部差异与"应该"的情态歧解

"了"和"着"的内部都存在差异,其中,书面上同形的"了"可能是"了$_1$""了$_2$"或"了$_3$","着"则存在静态持续与动态持续上的差异。"应该"与这些存在内部差异的体标记同现,在语境效果不足的情况下,会出现情态表达上的歧解。

5.1 "了$_1$"与"了$_2$"之间的歧义与"应该"的情态歧解

是"了$_1$"还是"了$_2$",不能仅从词尾还是句尾的位置特征来判定(卢英顺,1991)。

处于句尾的"了"在与"应该"同现时,常常表现出"了$_1$"与"了$_2$"之间的歧义。这时候,"应该"的两种情态与两个"了"存在倚变关系,即"应该"表达认识情态时,与之同现的是"了$_1$";表达道义情态时,与之同现的是"了$_2$"。从这种意义上说,"应该"的两种情态起到了分化"了$_1$"与"了$_2$"的作用。正如下列几组对比所示:

(63)*应该走了*。

    a. 嗯,我也*应该走了*。(曹禺《北京人》)

    a'. 我不*应该走*。/我*应该不走*(才对)。

    b. 她*应该*(已经)*走了*。

    b'. 她*应该没走*。

(64)*应该结束了*。(刘恒《白涡》)

      a. 现在这种状况<u>应该</u>结束<u>了</u>。

      a'. 现在这种状况不<u>应该</u>结束。

      b. 会议<u>应该</u>(早已)结束<u>了</u>。

      b'. 会议<u>应该</u>(还)没结束。

(65)她<u>应该</u>结婚<u>了</u>。

      a. 她<u>应该</u>结婚<u>了</u>,这是很自然的。(方方《桃花灿烂》)

      a'. 她还不<u>应该</u>结婚。

      b. 她<u>应该</u>结<u>了</u>婚。

      b'. 她<u>应该</u>没结婚。

(63)至(65)在中性语境下都不能得出确切的意义,但是,当"应该"表达道义情态[义务]时,我们得到相应的 a 句的解释,"了"被分化为"了₂";当"应该"表达认识情态[盖然]时,得到相应的 b 句的解释,"了"被分化为现实体标记"了₁"。

从相应的否定句 a' 和 b' 的对比中看得更清楚:a' 表示[义务]还没有到出现的时候,即还不存在这种义务;b' 则表示对某一事件的未出现这一情况的推断。

因"了"存在"了₁"与"了₂"之间的内部差异而分析出的"了₁""了₂"与"应该"的两种情态的倚变关系,可以印证前边得出的结论:"应该"与"了₁"同现,表达认识情态[盖然];与"了₂"同现,表达道义情态[义务]。

5.2 "了₃"与"了₁"之间的歧义与"应该"的情态歧解

情态属于非现实范畴,非现实句加上情态还是非现实句,而现实句加上情态也会成为非现实句,因为情态的驱动,原来的现实句可能产生现实与非现实两种意义(Givón,1984:286)。这一现象在下边的例子中

得到了比较好的体现:

(66)a.　他把那杯茶倒了。　　　　b.　你把那杯茶倒了。

　　a'.　他应该把那杯茶倒了。　　b'.你应该把那杯茶倒了。

　　a'1.我推断[他把那杯茶倒了]

　　a'2.他有义务[把那杯茶倒了]

(66b)表达的事件在说话时间之前未实现,属于非现实句,加上情态动词"应该"后,形成非现实句(66b'),这时的"应该"表达道义情态[义务],说话人在对主语"你"提出要求,强加[义务],与之同现的"了"是"了₃"。而(66a)表达的事件,是在说话时间之前已实现的已然事件,在加上情态成为非现实句(66a')时,原来的事件出现歧义,这两种歧义解释为(66a'1)和(66a'2)两种意义,前者的"应该"表达认识情态,表示对一个现实事件的[盖然]推断,后者的"应该"表达道义情态[义务];相应地,前者的"了"可以解释为"了₁",因它表达了一个现实事件,如果还想强调"倒"的[+取除]义而认为这个"了"仍是"了₃",那么至少得认定这个"了"是"了₃+了₁",后者的"了"则还是纯粹的"了₃",只是表达结果补语的意义。

又如:

(67)a. 火还没有扑灭,那应该烧了不少。

　　b. 我应该烧了这个可笑的东西。

(68)a. 应该宰了吧! 我记得我一剑刺进了他的眼睛!

　　b. 应该宰了这个败类。

在(67)和(68)中,a句中的"了"带上了现实体意义,应该认为这里的"了"至少包含了"了₁"的语义因素,b句中的"了"却仍然只是"了₃";与此相对应,"应该"在a句中得到认识情态[盖然]的解读,而在b句中得到道义情态[义务]的解读。

以上分析表明,当句子的主要动词带有[+取除]义特征时,"了"在某种语境下可能出现"了₃"与"了₁"之间的歧义,而与之同现的"应该"也倚变地出现道义情态或认识情态的解释。当处于[+取除]义动词之后的"了"带上现实体意义而表达一个现实事件时,与之同现的"应该"表达道义情态[义务];当"了₃"只带有结果补语意义且表达非实现事件时,与之同现的"应该"则表达道义情态[义务]。

5.3　"着"的歧义与"应该"的情态歧解

在中性语境下,"着"会出现歧义,与之相应的"应该"的情态解释也会随之发生倚变。例如:

(69)在我的墙上,在这面一直没有装饰的墙上,<u>应该</u>挂<u>着</u>我那盘伤痕累累的鞍子。(张承志《午夜的鞍子》)

如果说话人是在回忆、想象,或者告诉听话人某物的位置,则事件得到静态持续义,此时的"着"为静态持续体标记"着₁","应该"表达认识情态,即对静态事件的[盖然]推断;如果说话人预设某种状态没有出现或正在改变,而说话人要求这种状态出现或继续,则事件得到"进入状态"或"状态改变"的动态持续义,此时的"着"为动态持续体标记"着₂",这时,说话人用"应该"发出指令,表达道义情态[义务]。所以,为(69)给出不同的语境,"着"会表达不同的体意义"着₁"或"着₂",而与之同现的"应该"也相应表达认识情态或道义情态。按同样的分析,下列两例a句中的"着"是"着₁","应该"表达认识情态;b句中的"着"则是"着₂","应该"表达道义情态。如:

(70)a. 他现在的怀里<u>应该</u>躺<u>着</u>另一个女人吧。(念海《是谁在微笑》)

　　b. 你是病人,<u>应该</u>躺<u>着</u>。

(71)a. 四年前,他想象大学的草地上,<u>应该</u>坐<u>着</u>几个流浪的歌手,怀抱吉他……

b. 你的孩子没买票,站着的乘客买了,<u>应该</u>坐<u>着</u>。(《大连晚报》2004 年 8 月)

有时候,即使是静态动词也可能得出"进入状态"这种动态持续义,这时说话人用"应该"是为了提出一种要求进入状态并持续的[义务],其预设是该状态还没有出现。如:

(72)诗的思想的表达<u>应该</u>蕴含<u>着</u>感情,与诗的意象有机地溶合为一体,是从诗的内部升华出来的。(曾卓《诗人的两翼》)

(73)军营里的文化生活,<u>应该</u>是格调清新,<u>应该</u>充满<u>着</u>健康向上、生动活泼的气氛,<u>应该</u>坚决抵制各种精神污染。(《人民日报》2000 年 9 月)

(72)和(73)中的"蕴含"和"充满"都是静态动词,在这些动词上附着"着"一般表示静态持续,即"着₁",这时,"应该"一般表示说话人根据某种证据(如常识)做出推断;但是,说话人,特别是权威大的说话人也可以就进入某种状态提出[义务],这时,"着"则呈现动态持续义,即"着₂"。

"着"的歧义及与之同现的"应该"的歧解,可以更充分地证明此前的结论:"应该"与"着₁"同现,表达认识情态[盖然];与"着₂"同现,表达道义情态[义务]。

6. 结　语

6.1　体标记与情态类型的同现限制

我们考察了"应该"与各种体标记同现时情态表达的情况。

"应该"与"了₁""过""着₁""正(在)"同现时,"应该"表达认识情态[盖然];与"了₂、了₃、着₂、起来、下去"以及动词重叠形式同现时,则表达道义情态[义务]。

"应该"所表达的某种情态与相应的体标记之间有着非常整齐的对应关系,从这种意义上说,这些体标记可以帮助识别"应该"表达的情态种类。

"应该"与"了"和"着"同现时,由于"了""着"存在内部差异,只从句法形式上试图通过"了"与"着"来识别"应该"的情态种类,有时候存在困难。原因在于,"了"与"着"都包含同形异义形式,这时,"了""着"必须与"应该"互参(co-reference)才能得出各自实际表达的语义。分析的结果表明,"了₂"与"了₁"之间、"了₃"与"了₁"之间及"着₁"与"着₂"之间的歧义与"应该"的情态歧解存在倚变关系,而这种倚变关系更清楚地证明了"应该"表达的两种情态与各自同现的体标记之间的同现限制关系。这种关系其实也是语法成分之间的照应与互动关系。

"应该"的两类情态与体标记存在同现互动、照应与相互限制。这种互动、照应与相互限制同样也存在于其他情态成分(如其他情态动词)与体标记之间。

6.2 情状类型与情态类型

动态与静态既是动词的情状特征,也是事件的情状特征。动词的情状与事件的情状之间存在体现(realization)关系(戴耀晶,1997:13)。动态与静态这对相对立的情状概念,在分析"应该"及其他多义的现代汉语情态动词与体标记的同现限制过程中非常有用。本文的分析表明,"应该"与静态事件结合,倾向于表达认识情态;与带有动态性质的事件结合，则有表达道义情态的倾向。这一点在"着₁""着₂"之间的歧义与"应该"的情态歧解的照应上表现得非常突出。

这在现实世界中能找到一定的理据，因为，对于静态事件，道义之力常常无法施加影响，而对动态事件，道义之力则可常常导致事件的改变。

6.3 事件的现实性地位与情态类型

越来越多的学者发现"现实"与"非现实"这组对立的概念在情态分析中的重要性。帕尔默（Palmer，2001：1—3）按米森（Mithun，1999：173）的说法，认为"现实"指的是实现了的、实现过的或实际上正在发生的情况，它可通过直接的感知来认识；而"非现实"指的是纯然处于思想领域中的情况，只能通过想象来认识。这组对立的概念也可以在一定程度上解释"应该"表达的两种情态与各种体标记的互动、照应与相互限制问题。

现实体"了₁"、经历体"过"、静态持续体"着₁"、进行体"正（在）"表达的事件都具有"现实"的特征，与这些体标记同现的"应该"表达认识情态［盖然］。

"了₂""了₃"、动态持续体"着₂"、起始体"起来"、继续体"下去"和具有尝试语义的短时体动词重叠形式，都可以表达具有"非现实"特征的事件，与之同现的"应该"则表达道义情态［义务］。

所以6.1的结论也可以进一步表述为：表认识情态的情态成分要求与表达"现实"事件的体标记同现，而表道义情态的情态成分则只能与表达"非现实"事件的体标记同现。

参考文献

陈刚，1957，《北京话里 lou 和 le 的区别》，《中国语文》第 12 期。

戴耀晶，1997，《现代汉语时体系统研究》，杭州：浙江教育出版社。

范方莲，1964，《试论所谓"动词重叠"》，《中国语文》第 4 期。

金立鑫，2002，《"S 了"的时体意义及其句法条件》，《对外汉语论丛（第二集）》，上海：上海外语教育出版社。

李小凡，2000，《现代汉语词尾"了"的语法意义再探讨》，《语法研究和探索（十）》，北京：商务印书馆。

吕叔湘，1982，《中国文法要略》，北京：商务印书馆。

卢英顺，1991，《谈谈"了₁"和"了₂"的区别方法》，《中国语文》第 4 期。

马希文，1983《关于动词"了"的弱化形式/·lou/》，《中国语言学报》第 1 期。

邵敬敏，1988，《形式与意义四论》，《语法研究和探索（四）》，北京：北京大学出版社。

忻爱莉，2000，《华语情态动词的语意与句法成分之互动》，《第六届世界华语文教学研讨会论文集（第一册：语文分析组）》，台北：世界华文出版社。

俞敏，1954，《汉语动词的形态》，《语文学习》第 4 期。

袁毓林，1993，《现代汉语祈使句研究》，北京：北京大学出版社。

Alleton, V. 1994 Some Remarks about the Epistemic Values of Auxiliary Verbs YINGGAI and YAO in Mandarin Chinese. In Chen, M. Y. & Tzeng, J. L. (eds.) *In Honor of William S -Y. Wang*: *Interdisciplinary Studies on Language and Language Change*. Taipei: Pyramid Press.

Coates, J. 1983 *The Semantics of the Modal Auxiliaries*. London & Canberra: Croom Helm.

Givón, T. 1984 *Syntax: A Functional-typological Introduction.* Amsterdam: John Benjamins.

Lyons, J. 1977 *Semantics* (Vol. 2). Cambridge: Cambridge University Press.

Mithun, Marianne 1999 *The Languages of Native North America.* Cambridge: Cambridge University Press.

Palmer, F. R. 1979 *Modality and the English Modals.* New York: Longman.

Palmer, F. R. 2001 *Mood and Modality* (2nd edition). Cambridge: Cambridge University Press.

Tiee, Henry Hung-Yeh 1986 *A Reference Grammar of Chinese Sentences* (*with Exercises*). The University of Arizona Press.

Vendler, Z. 1967 *Linguistics in Philosophy.* Ithaca: Cornell University Press.

Von Wright, G. H. 1951 *An Essay in Modal Logic.* Amsterdam: North-Holland.

论现代汉语人称与情态的同现限制[*]

张寒冰

1. 引　言

人称(person)与情态是两个重要的语法范畴。人称表达的是话语交际中不同的言谈主体,作为一种指称形式,属于句子的核心成分,参与构成命题;而情态反映的是说话人对句子表达事件现实性的主观态度,属于命题的限制成分,是事件的背景成员。在现代汉语中,人称代词和情态动词分别是人称范畴与情态范畴的主要表现形式,三身代词与情态动词表达的三种情态类型之间存在着显著的同现限制关系,这种关系既可以从概念上得到论证,又可以从形式上得到表现。人称范畴和情态范畴的同现互动可以从一个侧面体现语言的系统性与动态性。

2. 人称与情态的内在联系

2.1　人称及其表现形式

一般来说,人称范畴用语法形式——第一人称、第二人称和第三人

＊　本文原载于《语文研究》2017 年第 2 期。

称,分别表达以下对象——发话人(speaker)、受话人(addressee)和被谈论的既不是发话也不是受话的一方。安娜·谢维尔斯卡(Siewierska,2008[2004]:1—2)进一步指出,作为语法范畴的第一、第二人称,并不是简单地表达发话人和受话人,而是表达他们的参与者或话语角色。正如刘丹青、强星娜在《导读》(Siewierska,2008[2004])中总结的:"人称的本质是不用普通名词而以专用语法形式表示话语交际中不同的言谈角色。"明确这一点是至关重要的。

　　莱昂斯(Lyons,1977:638)、吕叔湘(1985:1—53)、谢维尔斯卡(Siewierska,2008[2004]:5—8)等都曾指出,第一人称和第二人称,以及这两者和第三人称之间存在着显著的差异。这种差异主要表现为第一、第二人称是直指表达,而第三人称是回指表达,由此导致了三身代词不同的句法表现。但正如莱昂斯(Lyons,1977:639)同时指出的,"这种区别不应该被过分强调"。我们认为,第三人称与第一、第二人称并不总是对立,三种人称形式之间显然是可以相互建立联系的。

　　现代汉语普通话的人称代词是一个封闭的类,主要有:我、你、他(她/它)、我们、咱们、你们、他们(她们/它们)、自己、人家、别人等。为了讨论的简明与集中,本文仅选取表示单数的第一人称"我"、第二人称"你"和第三人称"他"作为代表,观察人称与情态的同现互动。

2.2　情态及其表现形式

　　情态是指说话人对命题的事实性地位或事件实现的可能性表达的主观态度。我们把情态看作一个语义范畴,而用来表达情态语义的语法范畴则是多种多样的。依据现有研究,较无争议的情态表现形式主要有:情态动词(Palmer,1979;Coates,1983;Perkins,1983;谢佳玲,2002;彭利贞,2007;等)、条件句(包括"反事实句")、问句(不包括"特指问")(Quirk et al. , 1972 ; Perkins, 1983 ; Chafe, 1995 ; Mithun, 1995 ; Givón,2001 ;Timberlake,2007 ;等)。

　　情态动词、条件句、问句等作为情态表现形式的共同点就在于它们都表达了说话人对句子所表达事件事实性的不确定态度,从而限定了命题的真值。对于一些存在争议的情态表现形式,如祈使、否定、习性和评价等,本文暂不予以讨论。

　　帕尔默(Palmer,2007[2001]:7—10)在类型学视野下重构了情态系统具体如下表所示:

表1　情态系统

命题情态 (propositional modality)	认识情态	说话人对命题事实性地位的态度或评价,包括: [推测](speculative)[推断](deductive)[假设](assumptive)
	示证情态	说话人表明评价命题事实性地位依据的证据,包括: [间接](reported)[感觉](sensory)
事件情态 (event modality)	道义情态	说话人对事件实现可能性的观点或态度,包括: [许可](permissive)[义务](obligative)[承诺](commissive)
	动力情态	说话人对施事实现事件的可能性的观点或态度,包括: [能力](abilitive)[意愿](volitive)

　　对于现代汉语来说,情态动词可以表达动力、道义、认识三种情态,示证情态则一般要借助于其他的一些词汇形式,如"据说、听说、看起来"等。

2.3　人称与情态的相互联系

人称和情态这两个范畴在语义概念及表达形式上都存在着密切的联系,这既是考察它们之间同现限制的基础,也是它们相互关系的具体表现。

帕尔默(Palmer,1986:209)指出,针对为什么某些范畴与情态最可能发生互动,它们之间是否存在相应的规则等问题,如果想寻找纯粹形式上的解释是不大可能的,比如相比于人称,情态与性和数这两个范畴就几乎不会发生关联。帕尔默认为这一问题只能从语义上获得解释。

我们认为,从语义上说,人称能与情态发生互动关系,最直接的原因就是人称代词关系到发话人、受话人或其他行为人,而有的情态本身就是表达发话人的认识原因,如认识情态;有的情态要求受话人做什么,如道义情态;有的情态表达行为人本身的意愿和能力,如动力情态。因此,对情态的认识必然无法脱离人称,更具体地说,是句子主语人称的限制。

但是,需要注意的是,相比于情状、时态、体等范畴,情态与人称的互动限制又较弱。产生这一现象的原因是,情状是句子中主要动词的重要特征,而情态与时态、体都在动词周围编码,常常作为一个系统(Tense-Aspect-Modality system)进行讨论(Givón,2001),它们都属于命题的限制成分,而人称代词作为句子的主语时则属于命题的核心成分,与情态在概念结构上相距较远,因此,人称与情态的同现限制要较情状、时态、体等为弱。

帕尔默(Palmer,1986:221—223)根据勒韦(Lowe,1972)的研究指出,目前在 Nambiquara 语中发现的情态与人称之间的互动关系最为显著。该语言存在一个二维的示证情态系统,该系统及其每一个下位分类都和发话人与受话人直接相关,并分别使用相应的标记。帕尔默认为英语中也存在类似的表现,比如情态动词 shall 在表示承诺意义时,只能和第一人称以外的其他人称同现,而与第一人称同现时只是纯粹指示将来;情态动词 may 在与第二人称同现时表示道义情态[允许],而与第一人称同现则表示认识情态[可能]。帕尔默认为人称和情态在英语中的同现虽然没有严格的规则,但本质上应该和 Nambiquara 语没有什么不同。从帕尔默描写的情况来看,汉语和英语是比较类似的。

　　艾乐桐(Alleton,1994)在讨论现代汉语"要"的认识情态意义时提出,"要"的[意愿]与[义务]两种情态语义的分布,部分地是由说话人与施事的关系决定的。在中性的语境中,"我要"的意思是"我需要","你要"的意思是"你必须"。就第三人称而言,两种解释是共存的,"他要"表达的是哪种情态,应该考虑其他的因素。

　　学者们的分析表明,人称与情态之间存在着密切的同现限制关系,且这一现象在许多语言中表现出一定的共性。

3. 人称代词与情态动词的无标同现模式

　　在现代汉语中,三身代词与情态动词表达的三种情态类型之间存在着显著的同现限制关系。这种关系可以通过人称代词与多义情态动词的同现得到充分的论证。也就是说,当特定的人称代词与多义情态动词同现时,多义情态动词会表达特定的情态语义。

　　我们认为,从标记论的角度来说,在中性或非限定性语境下,三身代词与多义情态动词同现时,第一人称与动力情态是无标匹配,第二人称与道义情态是无标匹配,第三人称与认识情态是无标匹配,若要得到其他配对形式,则需要更复杂的情态环境进行支持。上述标记模式既可以从形式上得以体现,也可以从语义上得到解释。

在现代汉语普通话中,"要、会、应该、能"是四个典型的多义情态动词(彭利贞,2007:159),下面我们就以它们为例(必要时涉及其他情态动词),具体讨论刚刚提出的人称与情态之间的同现模式。

3.1　第一人称与动力情态

动力情态表达说话人对施事实现事件可能性的观点或态度,涉及[能力]与[意愿]。帕尔默(Palmer,2007[2001]:9—10)提出,对于动力情态来说,事件实现的因素来自内部,也就是与个体(individual)本身相关。这也正是我们提出第一人称与动力情态是无标匹配的理据,因为说话人可以且只可以自由、自主、明确地表达自身的能力与意愿。

多义情态动词"要""能""会"都存在动力情态和其他情态之间的多义,在中性或非限定性语境下,当句子中其他因素相同时(即最小对比语境),情态动词与第一人称同现会得到动力情态的解读;第二人称或不成立,或可得到道义情态解读;第三人称则有多种可能。例如:

(1)a. 我要学广州话。　　　[动力:意愿]

　　b. 你要学广州话。　　　[道义:必要]

　　c. 他要学广州话。　　　[动力/道义:意愿/必要]

(2)a. 我能听懂广州话。　　[动力:能力]

　　b. *你能听懂广州话。

　　c. 他能听懂广州话。　　[动力:能力]

(3)a. 我会说广州话。　　　[动力:能力]

　　b. *你会说广州话。

　　c. 他会说广州话。　　　[动力:能力]

我们认为以上例子可以反映出如下三个问题。

第一,第一人称与动力情态动词同现毫无障碍。

第二,第二人称在相同的环境下与多义情态动词同现,或可得到道义情态解释,或不能成立。但是,多义情态动词与第二人称同现并非不能得到动力情态意义,而是需要一些更复杂的句法环境,也就是增加限定性条件,而这些条件事实上也是一些情态表达方式。如以上三例(b)句中的"要""能""会"要想得到动力情态,可以添加如下一些情态表达方式:

(4)a. 是非问

你要学广州话吗?

你能听懂广州话吗?

你会说广州话吗?

b. 条件句

如果你要学广州话,我可以教你。

要是你能听懂广州话,我们可以去看粤语电影。

如果你会说广州话就好了。

c. 示证

据说,你要学广州话。

看样子,你能听懂广州话。

听说,你会说广州话。

也就是说,在中性或非限定性语境下,第二人称不易与动力情态动词同现,如果句法环境变得更加复杂,则动力情态对第二人称的接纳度会大大提高。

第三,在相同的句法环境下,多义情态动词与第三人称代词同现,或可以和第一人称一样只表达动力情态,或可以既得到动力也得到道义情态解读,这与第三人称作为会话的非直接参与者身份有关。然而需要注意的是,上例中的(2c)(3c)看起来和(2a)(3a)一样是直接得到动力意义解读的,但事实上和第三人称下的道义情态句一样,是一种"间接"表达。也就是说,(2c)(3c)实际上是隐藏了说话人在表达该句子时的"证据来源",因为对于他人内在的能力与意愿,我们是无法"直接"获知的,只能通过被告知、观察、猜测等途径,而这些方式既可以像(2c)(3c)一样"隐藏"起来,也可以直接表明,例如:

(5)刚才我去找张乐仁,碰见了马师傅。他说他要到乡下躲躲去,省得在这里招麻烦。(老舍《春华秋实》)

由此可见,第三人称虽然可以和第一人称一样,在最中性的环境下与动力情态动词同现,但实际上并非一种最直接的表达,而是附加了"示证情态"。

以上论述表明,第一人称与动力情态是无标匹配,因为它们同现时的句法环境最简单、最无障碍;而第三、第二人称与动力情态同现则需要相对复杂的情态环境。在中性句法条件下,第一人称可以将多义情态动词限定为动力情态解读。

3.2 第二人称与道义情态

道义情态表达说话人对事件实现可能性的观点或态度,涉及[义务]与[许可]。道义情态与动力情态相比,事件实现的条件因素来自相关个体的外部(Palmer,2001:9);与认识情态相比,道义情态与行为相关,而且总是与将来时间相联系(Palmer,1986:96)。正是因为关涉"外部因素"与"将来时间"这两个要素,所以道义情态在句法上最重要的类型就是指令。塞尔(Searle,1983:166)把指令定义为"我们试图让我们的听话人做什么",这正是第二人称与道义情态是无标匹配的理据。

上一节的讨论已经显示,在相同的中性句法环境下,多义情态动词与第二人称同现会得到道义情态解读,与第一人称同现会得到动力情态解读,第三人称则两可,"要"是最典型的体现,本节不再重复。除了本文主要讨论的四个多义情态动词外,"可以"是较少只在根情态内部存在多义的一个情态动词(彭利贞,2007:152),即存在动力情态[能力]与道义情态[许可]之间的多义。它可以较好地反映第二人称对道义情态的限制作用。例如:

(6)a. 你可以说广州话。　　[道义:许可]

　　b. 他可以说广州话。　　[动力/道义:能力/许可]

　　c. 我可以说广州话。　　[动力/道义:能力/许可]

可以看到,在中性语境下,多义情态动词"可以"与第二人称同现只会得到道义情态解读。需要说明的是(6b)和(6c),当"可以"与第三人称同现时,无论是表达动力还是道义情态,都是如我们前文所说的"非直接获得";当"可以"与第一人称同现时,虽然我们标注了两种情态意义都可以得到,但显然动力情态是"可以"最直接的表现,要表达道义情态,则是隐藏了道义的来源,如果显现出来则更容易解读,如:

(7)我普通话说不好,他说我可以说广州话。

事实上,在实际语料中,"可以"在与第一人称同现时,要表达道义意义,常常是通过询问的方式向受话人寻求道义许可,例如:

(8)好困倦,我可以睡一会儿吗?(严歌苓《人寰》)

(9)我好奇地凑过去,"我可以看吗?"(卫慧《上海宝贝》)

彭利贞(2007:156)提出,在表达动力情态时,"能"是从主语主动的角度来实现做某事的能力,而"可以"则是从无障碍的角度来实现做某事的能力。从"无障碍"这个意义来说,当"可以"表达道义情态[许可]的时候,其实也是发话人向受话人提供了一种无障碍环境,所以当

"可以"与第一、第三人称同现时,常常两种情态意义都可以得到,只是相比较而言,道义意义更难获得。这也正反映出,第二人称与道义情态是无标匹配,其他人称要获得道义情态解读则需要更复杂的情态环境。

3.3 第三人称与认识情态

认识情态表达说话人对命题事实性地位的判断或态度。认识情态与命题相关,关心的是真值、认识、信念等,反映说话人对他所述事件事实性的确信程度。

相对于第一、第二人称,第三人称是会话的非直接参与者。第一、第二人称具有直指性、现场性,第三人称则不具备这些属性。而这一区别直接与事件的"现实性"相关,因此第三人称是用来表达某一现实事件的最佳人称主语。我们认为,第三人称与认识情态是无标匹配的理据和静态情状、现实体、进行体等与认识情态同现的理据具有一致性,因为对"已经实现的事件,说话人无法施展道义、动力来改变,而只能对这类事件的可能性的大小做出认识上的推测或断定"(彭利贞,2007:220)。

"应该"是现代汉语典型的多义情态动词,可以表达道义情态[义务]和认识情态[盖然](彭利贞,2007:144)。在一些中性语境下,当句子中其他因素相同时,"应该"与第三人称同现会得到认识情态的解读,而第一、第二人称则一般不能成立。例如:

(10)a. 他*应该*正在看书。　　[认识:盖然]

　　b. *你*应该*正在看书。

　　c. *我*应该*正在看书。

正在发生的情境,对于在话语现场的听说双方来说是没有必要用认识情态进行推测的,所以此时"你""我"不能和表认识情态的"应该"

同现。

　　此外,还有一种情况是,"应该"与第三人称同现既可以得到认识情态也可以得到道义情态解读,而第二、第一人称只能得到道义情态解读,例如:

　　(11)a. 他应该出发了。　　　　　[认识/道义:盖然/义务]

　　　　 b. 你应该出发了。　　　　　[道义:义务]

　　　　 c. 我应该出发了。　　　　　[道义:义务]

　　以上现象和动词本身的性质有关,这类动词除"出发"外,还有"走""离开""回去"等,它们都属于位移动词,参照点是说话人所在的位置。当主语为第一、二人称时,只是要求行为发生,此时"了"为"了$_2$"——表示"应该"这一情态的出现,而不可能是"了$_1$"——表示行为的完成,第三人称则有两种可能(彭利贞,2007:286—291)。但是,如果我们在句中加上表示完成的"已经",则(11b)(11c)就无法成立了,如果要成立,即表达认识情态,则需要别的情态表达手段进行支持,例如:

　　(12)a. 他应该已经出发了。　　　　　　　　　　　[认识]

　　　　 b. 明天这个时候,你/我应该已经出发了。　　[假设]

　　　　 c. 要不是有事耽误了,这个时候你/我应该已经出发了。

　　　　　　　　　　　　　　　　　　　　　　　　　[反事实]

　　以上现象可以表明,第三人称与认识情态是无标匹配,在相同的句法环境下,第一、二人称若要得到认识情态解读则需要更复杂的情态环境。

　　通过以上论证,我们可以肯定三身代词与三种情态类型之间分别存在着无标同现模式。但复杂的语言事实表明,每个人称代词与每种情态类型,甚至与每种情态类型的下位意义,以及与每个具体情态动词的同现都有不同的表现，不过这并不会影响我们所观察到的基本规律。以下，我们就在无标模式的基础上，进一步观察人称代词与情态动词同现的复杂情况。

4. 人称代词与情态动词的复杂同现模式

在实际语言中，并不是都能像上节讨论的情况一样，三身代词与三种情态类型之间存在着清晰的对应关系，人称代词能够对多义情态动词进行直接的分化。以下，我们要对三种复杂情况进行讨论：

A. 情状与体对多义情态动词的语义解读常常具有决定作用，此时，人称对多义情态动词不再具有分化作用，而是体现为一种配合关系。

B. 道义情态有一种特殊的类型［承诺］，这一类型通常要求主语为第一人称，而这与我们提出的无标同现模式相违背，需要单独讨论。

C. 在第一人称下，多义情态动词的语义解读常常会出现多种可能。

4.1　人称的非直接作用

我们在前文讨论人称与情态的关系时已经指出，相比于情状、时、体等范畴，人称与情态的同现限制较弱。通过上一节的讨论可以明确，人称代词对多义情态动词的语义具有分化作用，但同时需要明确的是，人称的分化作用也是相对有限的。在很多情况下，动词的情状以及体等要素已经确定了多义情态动词的语义，此时人称代词与多义情态动词的同现就不再体现为"限制"关系，而是"配合"关系。例如：

(13) 不过到了这个时候，你应该表明态度。(刘流《烈火金刚》)

（14）她只想要他死心，而他现在<u>应该</u>已经死心了。（张小娴《情人
无泪》）

以上两例，（13）中的"应该"表达道义情态，是由动态动词"表明"
决定的；（14）中的"应该"表达认识情态，是由现实体"了"决定的。这
两例中的"你"和"他"如果替换成另外两个人称代词都是可以成立的。
可见，在这里，人称代词对情态动词的语义解读是没有影响的。

上述情形在语言事实中很常见，但并不是说此时人称代词对情态
动词的使用就不再产生影响，而是所谓的影响从根本上说还是与发话
人的言语目的以及所能够持有的信息量有关。例如，当我们直接发出
指令时，"应该"表达道义情态，三个人称代词都可以与之同现，例如：

（15）<u>你/我/他</u>应该去上海。

但是，我们不能对第二人称接收的道义发问，而第一、第三人称却
可以，例如：

（16）a.　*<u>你</u>应该去上海吗？

　　　b.　<u>我</u>应该去上海吗？　/　<u>他</u>应该去上海吗？

我们认为，这一现象就和发话人的言语目的有关。道义的最主要
类型是指令，指令的发出者即发话人。虽然道义的来源可能是发话人，
也可能是其他环境，但总归都是发话人认定的，发话人要表现自身的权
威，就不会再使用疑问这种表达不确定态度的形式。而当"应该"的道
义目标是第一人称也就是发话人自身，以及第三人称的时候，发话人就
可以对道义来源，或者是否需要发出道义等问题表达出不确定的态度，
使用疑问句就是方式之一。

以上反映的是第二人称与第一、第三人称之间的对立，此外，第一
人称和第三人称之间也会存在差异，例如：

（17）a.　<u>他</u>应该有这本书。

　　　　　　我应该有这本书。

　　b. 他应该有女朋友。

　　　　　　我应该有女朋友。

　　根据彭利贞(2007:185)的研究,"有"从情状概念结构上说是静态动词,所以与之同现的多义情态动词"应该"表现为认识情态。但是,上例(17a)中的"我"和"他"都能够成立,而(17b)中的"我"却不能成立。我们认为,这反映了事件本身与发话人对事件确认能力之间的关系。也就是说,如果发话人对事件是否实现是能够确认的,则第一人称不能和认识情态动词同现;如果发话人不能确认,则可以同现。我们再举一例:

　　(18)你们先休息吧,我跟刘凯去一趟老向家。估摸这个时间他应该已经下班了!(电影《冬至》)

　　以上这例中的"他"就不能换成"我",因为在当前时间,发话人"我"是否"已经下班"自己是很明确的,但如果我们把"这个时间"换成将来时间,句子就可以成立了,如"估摸那个时候我应该已经下班了"。把现在时间换成将来时间,相当于增加了"条件句"这一情态因素。第三人称与认识情态是无标匹配这一规律在此同样得到了表现。

　　通过以上论述可以看到,在很多情况下,人称对多义情态动词的语义解读并没有决定作用,但即便是情状和体等要素已经明确了多义情态动词的语义,在和人称代词同现时仍然会体现出差异,这正是由人称代词本身的性质限定的。然而不管个例的情况如何复杂,都不会违背我们所提出的同现规律,当情态动词与非无标匹配的人称代词不能同现时,只要增加一定的情态环境就可以实现同现。

4.2　第一人称与道义情态[承诺]

[承诺]是[义务]与[许可]之外的另一种道义情态类型。对于[承诺]与指令、道义情态的关系,塞尔(Searle,1979:14)和帕尔默(Palmer,1986:97)分别进行过专门的讨论。[指令]与[承诺]的区别在于,前者是让别人做事,而后者是让自己做事,因此,与[指令]的主语通常为第二人称不同,在现代汉语中,情态动词表达[承诺]这一道义情态时,主语通常要求为第一人称。

根据彭利贞(2007:130—144)的研究,现代汉语普通话中可以表达[承诺]的情态动词有:一定、肯定、准、会。其中,"一定"作为情态动词的地位颇有争议,所以本文暂不予以讨论。"肯定""准""会"这三个情态动词都是多义的,当它们与第一人称代词同现时,会得到[承诺]意义,例如:

(19)放心,<u>我</u>肯定给你找来就是了。(王朔《你不是一个俗人》)

(20)方先生,你说话里都是文章。这样,<u>我</u>准来。明天晚上几点钟?(钱钟书《围城》)

(21)"……你放心,<u>我</u>会保护你的,没有人可以再伤害你了。"乃文有力的保证。(于晴《红苹果之恋》)

以上三个情态动词,除了表达道义情态外,还兼有认识情态意义,例如:

(22)你肯定认错了。(电视剧《编辑部的故事》)

(23)人家准会恼我们。(王朔《顽主》)

(24)要是往日,他会要她们重报的。(毕淑敏《补天石》)

从某种程度上说,[承诺]也可以看作发话人对自己实现该事件的一种必然认识。但是,与典型的认识情态不同,它们"表达的不是发话人的推理过程"(彭利贞,2007:135,142),二者是可以区别开来的。

需要注意的是,并不是只要与第一人称同现,上述情态动词就必然得到[承诺]意义,例如:

(25)我很清醒,总不去开会也会遭到院里反感,万一惹恼他们也
    很麻烦。有些重要的会,比如传达中央文件呀,学习毛主席
    最新指示呀,大会或重要的会呀,我准去。(冯骥才《一百个
    人的十年》)

以上这例"我准去"中的"准"表达的就是认识情态,单独看和表[承诺]的"我准去"在形式上并没有差别。可见,要得到[承诺]意义,还要有别的条件。

我们认为,上述问题首先和承诺这一行为本身有关。既然是承诺,就必然要求存在给予承诺的对象,反映到话语中就是受话人,所以"我肯定"等一定要出现在互动的语境中才可以实现[承诺]意义。例(25)中的"我准去"之所以表达认识情态,就是因为它并没有对受话人产生任何影响。

此外,上述情态动词是表达道义还是认识情态,还有一个区别因素:表达道义情态要针对某一具体事件,这和[承诺]作为一种指令的本质相吻合;而表达认识情态则倾向针对某类事件,这和认识的形成更吻合。例如:

(26)这样的傍晚,她会痴痴地望着远方的小路,等待自己出门在
    外的儿子。(毕淑敏《原始股》)   [认识情态]

(27)我会像望夫石一样等着她!(毕淑敏《硕士今天答辩》)

                                          [道义情态]

对例(26)来说,"这样的傍晚"作为一种条件,显示了"等待自己出门在外的儿子"是"她"的一种惯常行为,上文的例(25)也是如此。而

例(27)则是对"我等着她"这一行为许诺。再比如:

(28) a. 放心吧,每次和他下棋,我都会赢。[认识情态]

b. 放心吧,这次和他下棋,我会赢的![道义情态]

彭利贞(2007:198)发现"会"和动作动词同现时,本应该得到根情态的解读,但却还可以得到认识情态解读。彭利贞认为,这大概是因为这些动作动词,如"'问''跺'等动作不需要'会'表达的那种恒定的能力"。我们认为这一解释是合理的,而"会"这种恒定的能力和它倾向对"类"事件的认识具有一致性。

4.3　第一人称与多义情态动词的歧解

认识情态与第三人称是无标匹配,而与第一、第二人称同现时则需要相对复杂的情态环境,尤其是第一人称,因为此时认识的发出者与认识的对象产生了重合,由于认识的来源不同,就有可能产生动力、道义与认识情态之间的歧解或模糊认识。例如:

(29) 我怎么能听懂鸭子的话呢?(《读者》)

(30) 你就吃吧,我要是外人还能到了这儿?(邓有梅《追赶队伍的女兵们》)

(31) 您对我们的企业发展有功,我怎么能忘老朋友?(《人民日报》1994 年)

以上三例,我们认为就存在着认识与动力、认识与道义情态之间的模糊理解。除了都可以理解为[可能]外,(29)也可以解释为没能力听懂鸭子的话,(30)中"我不是外人"也可以当作"我能到这儿"的能力或条件,(31)中因为"您对我们的企业发展有功",所以也可以从道义上说"我们不能忘了老朋友"。可见,当发话人自己对自己做出推断的时候,依据来源的不同,就可能形成多种不同的理解。

在所有表[意愿]的情态动词中,"要"是唯一可以表达三种情态意义的,而人称恰可以很好地展现"要"的三种情态之间的关系。一些处于情态间比较模糊的实例,我们认为也与人称的使用有关。例如:

(32)我要好好读书。

以上这个形式可以表达三种情态意义:

第一种,如果来自发话人主动的、内在的意愿,则显然表达动力情态[意愿]。我们可以把语境补充完整:

(33)我要好好读书,将来做我喜欢的工作。

第二种,如果来自外在的要求,则倾向表达道义情态[必要],但仍有[意愿]的意味,例如:

(34)a. 我要好好读书,不然家里就不让我上学了。

b. 我要好好读书,否则找不到工作了。

第三种,从反向假定的角度表达认识情态[必然],例如:

(35)a. 当初我要好好读书,现在就不至于没有工作了。

b. 我要好好读书,北大也考得上。

如果"我要"表达正向推定的认识情态,则一般要求句中的主要动词是[-自主][-意愿]的,且要呈现为"变化"的形式,例如:

(36)看来,这下我要后悔了。

如果是[+自主]动词,则一般表现为由外力驱动而导致某些"变化",这点和道义情态类似,且也有可能造成动力情态和认识情态之间的模糊,例如:

(37)这部电影太感人了,我要哭了。

上述各例,如果换成第二人称"你","要"不会表达出动力情态意义;如果换成第三人称"他",则不会出现动力与认识情态之间的歧解。可见,由于第一人称本身和发话人重合,所以会表现出一些相对复杂的情形。

5. 结 论

以上我们讨论了人称代词与情态动词的同现限制。总的来说,在中性或非限定性语境下,两个范畴之间的标记模式表现为:第一人称与动力情态是无标匹配,第二人称与道义情态是无标匹配,第三人称与认识情态是无标匹配。若要获得其他匹配模式,则需要相对复杂的情态环境。也就是说,句子的情态复杂程度越高,对人称的容纳能力也就越强。

人称与情态的同现情况非常复杂,每个人称代词与每种情态类型,甚至与每种情态类型的下位意义,以及与每个具体情态动词的同现都会有不同的表现,然而这些并不会影响本文所观察到的基本规律。但是,因为人称与情态处于不同的概念层次,属于"跨层"性的互动,所以相对于情状、时、体等范畴,人称与情态的同现更多地表现为一种倾向性规律,这也正反映出语义与句法之间的制约关系。

人称与情态之间的同现互动,从根本上说是受到人的认知能力的限制。我们只可能知道自己想什么,所以对于他人的认识就需要通过询问或推断等途径来明确;我们可以自己要求自己做事,我们也可以通过语言要求别人做事,所以会形成指令。可见,语言的法则就是自然法则、社会法则的体现。

把句法范畴的互动观念引入语言研究,可以为观察对象提供更多的观察角度,从而寻求更充分的解释(刘翼斌、彭利贞,2010)。对于人称和情态这两个范畴来说,以上我们只是从实义性人称代词与多义情态动词的同现这一个视角进行了考察,除此以外,我们认为所谓的虚指性人称代词的使用也与情态有着密切的联系。更进一步地说,我们认为还可以通过人称这一线索,窥见三种情态类型间的共时与历时联系,反过来,情态也可以作为考察人称代词共时与历时变化的一个有效视角。

参考文献

刘翼斌、彭利贞,2010,《论情态与体的同现互动限制》,《外国语(上海外国语大学学报)》第 5 期。

吕叔湘(著)、江蓝生(补),1985,《近代汉语指代词》,上海:学林出版社。

彭利贞,2007,《现代汉语情态研究》,北京:中国社会科学出版社。

谢佳玲,2002,《汉语的情态动词》,台湾"清华大学"博士学位论文。

Alleton, V. 1994 Some Remarks about the Epistemic Values of Auxiliary Verbs YINGGAI and YAO in Mandarin Chinese. In Chen, M. Y. & Tzeng, J. L. (eds.), *In Honor of William S -Y. Wang*: *Interdisciplinary Studies on Language and Language Change*. Taipei: Pyramid Press.

Chafe, W. 1995 The Realis-irrealis Distinction in Caddo, the Northern Lroquoian languages and English. In Bybee, J. & Fleischman, S. (eds.), *Modality in Grammar and Discourse*. Amsterdam: John Benjamins.

Coates, J. 1983 *The Semantics of the Modal Auxiliaries*. London & Canberra: Croom Helm.

Givón, T. 2001 *Syntax*. Amsterdam: John Benjamins.

Lowe, I. 1972 On the Relation of Formal to Sememic Matrices with Illustrations from Nambiquara. *Foundations of Language* 8(3).

Lyons, J. 1977 *Semantics* (Vol. 2). Cambridge: Cambridge University Press.

Mithun, M. 1995 On the Relativity of Irreality. In Bybee, J. & Fleischman, S. (eds.), *Modality in Grammar and Discourse*. Amsterdam: John Benjamins.

Palmer, F. R. 1979 *Modality and the English Modals.* New York: Longman.

Palmer, F. R. 1986 *Mood and Modality* (1st edition). Cambridge: Cambridge University Press.

Palmer, F. R. 2001 *Mood and Modality* (2nd edition). Cambridge: Cambridge University Press. (世界图书出版公司 2007 年原文引进版)

Perkins, M. R. 1983 *Modal Expressions in English.* Norwood: Ablex.

Quirk, Randolph et al. 1972 *A Grammar of Contemporary English.* London: Longman.

Searle, John R. 1979 *Expression and Meaning: Studies in the Theory of Speech Act.* Cambridge: Cambridge University Press.

Searle, John R. 1983 *Intentionality.* Cambridge: Cambridge University Press.

Siewierska, A. 2004 *Person.* Cambridge: Cambridge University Press. (北京大学出版社 2008 年影印版)

Timberlake, A. 2007 Aspect, Tense, Mood. In Shopen, T. (ed.) *Language Typology and Syntactic Description* (Vol. 3): *Grammatical Categories and the Lexicon.* Cambridge: Cambridge University Press.

"本来"反事实句与情态共现问题研究[*]

章　敏[*]

1. "本来"的共时用法考察

"本来"在现代汉语中一般认为它有形容词和副词两种词性。形容词指"原有的",修饰名词,如"本来的颜色";也常被用在"本来面目""本来面貌"等一些固定用法中用来修饰抽象名词,常见于书面语和新闻报道中。该类用法不存在反事实解读。"本来"的反事实语义仅存在于它的副词用法中。"本来"的副词词性有两个义项,即"原先""先前"和表示"按道理就该是如此"。"本来"表"原先""先前"是由其表达"万物的最初阶段"的时间名词引申而来,带有明显的时间义。而"本来"的语气副词"按道理就该这样"已经丧失了时间意义。朱新军(2008)认为,"本来"的此种用法才是真正的副词用法,并且"最终形成是在上个世纪末。主要标志是和'应该'之类的词连用"。原因是我们已经很难从该例中得到"本来"的时间意义,仅能得到它的副词意义。例如:

(1)本来应该是他照顾老人的晚年,可年迈的双亲将要侍候他以后的生活了……(转引自朱新军,2008)

---

* 本文原载于《新疆大学学报(哲学·人文社会科学版)》2016年第1期。
** 章敏,河南大学文学院讲师。

　　但是我们认为,这里"本来"本身[+按道理说]的义素并不十分明显,"本来"处于从"原先""原来"的时间意义到"理应如此"的副词义的过渡阶段。之所以认为其具有"按道理就该这样"的意义,一是由于通过其他句法形式,如该句中的"将要""以后"等突显了未来时间,使得整句处于一种非现实情境内,时间义被淡化;二是由于"本来"后的情态动词"应该"具有道义情态上的用法,这使得二者连用时[+按道理说]的语义得到加强。但很难讲这应该归功于"本来"和"应该"的共同语义,还是完全出自"本来"的副词义。另外,从语义上看,在例(1)中,"他"似乎并没有照顾老人的晚年,只是说话人认为"他"是具有照顾老人晚年的义务的,但在现实中没有实现。如果我们将"应该"去掉:

　　(2)本来是他照顾老人的晚年……①

　　那么这里似乎"他"已然照顾了老人的晚年,比如:

　　(3)本来是他照顾老人的晚年,后来他要去外地上班,就改由他的
　　　　妹妹来照顾。

　　这里,"本来"的时间意义依然存在。

　　实际上,"本来"能否表"理应如此"的副词用法并不取决于它是否与"应该"等情态动词连用。只有当句子不突出时间上的前后状况的对比,只是为了说明"事件理应如此"或"情况实际如此"时才能最终形成它的副词用法。如:

　　(4)他指出,这不是真正关心人权的态度。这本来是个常识问题。

　　(5)时间本来是人造的,何不叫它快一点:使生活显得多忙乱一

----

　　①　本文的语料均来自北京大学中国语言学研究中心的CCL语料库,例句不再一一标明出处。

些呢。

(6)马先生没说别的,心里有点要责备自己,可是觉得没有下"罪
己诏"的必要;况且父亲对儿子<u>本来</u>没有道歉的道理。

除此之外,"本来"的此类用法还常和语气词"吗"或"嘛"等连用,
表示事情或状况实际如此或情理上就是这样。如:

(7)他也难受呀。<u>本来</u>吗,活生生的孩子,拉扯这么大,太不容
易啦!

(8)<u>本来</u>嘛,精神不死,浩气长存。

2. "本来"句的反事实语义

"本来"表"原先""先前"时,和过去时间密切相关,并且常常通过
显性或隐性的各种语法手段与现在情况作比较。如果我们以事物的本
来性状为参照,那么其中就具有三种可能情况,即正向关系(递进)、反
向关系(转折)和零向关系,如:

(9)他<u>本来</u>身体很瘦弱,生了一场大病后,越发显得单薄了。

(正向关系)

他<u>本来</u>身体很瘦弱,现在很结实了。　　　(反向关系)

他怎么瘦了?——他<u>本来</u>(身体)就很瘦弱。　(零向关系)

当后句在前句的基础上程度顺向进一步加深(瘦弱→越发单薄)
时,我们把它称为正向关系;当后句在前句的基础上出现逆向转折(瘦
弱→结实)时,我们把它称为反向关系;当后句仅是对前句的进一步解
释说明,前后程度不出现同一纬度上的变化(一直瘦弱)时,我们把它
称为零向关系。

另外,根据我们上文分析,当"本来"作副词"理应如此"讲时,实际

上已经丧失了时间意义,即失去了前后对比的可能,因此这一类用法也自然而然地归入零向关系类,仅表达"事实确实如此"等意义。下面我们就来分别观察一下,这三类不同关系能否产生反事实语义解读,以及情态动词在反事实语义解读中所起到的不同作用。

2.1　正向关系语义

表示正向的递进关系时,"本来"句表示现时情况在原先的基础上程度进一步加深。其中表示现时情况的后句常常出现"更"之类的表程度的副词,如:

(10)<u>本来</u>教堂是沉静的,他干咳一声后,教堂更是寂静无声。

(11)<u>本来</u>就瘦弱,病了两天,他就更不像样子了。

可以看到,在正向关系的句子当中,"本来"引导的小句难以出现反事实解读。同时"本来"引导的句子当中也较难出现情态动词。这是因为,"本来"引导的小句和其后的小句都是现实语义,排斥非现实语义,它们是对某个事物或情况的叙实性描述,只是为了强调现在情况在原先程度基础上的进一步发展。因此不但不能得到反事实语义,连表达非现实语义的情态动词都很难出现。

2.2　零向关系语义

根据上文可以看到,"本来"的前后两句表达零叠加的语义关系时,可分为两种情况。一种情况是作"原先""先前"讲,或是后句只是对前句的解释说明,并不强调程度的加深或降低,如例(12);或是重在对于过去某种情况作客观的描述,如例(13):

(12)他们是香客,也是游客。<u>本来</u>是香客,发财了,也就邀游起来,是阔绰的。

(13)钱先生<u>本来</u>穿着短衣,急忙找到大衫穿上,把钮扣扣错了一个。

由于"本来"前后都是叙事句,因此这种零叠加的情况很难得到反事实的语义解读。

零向叠加的另一种情况是"本来"作"按道理应该"讲,如例(14):

(14)"<u>本来</u>女人是祸水。你也忒爱玩了,眼前又有两个!"这是尚老头子的声音。

由于此类情况都是说话人认定的事实,与反事实的语义相悖,因此也不存在反事实语义解读。这里,"本来"后常常跟表强调的"就"一起连用,是对大家所共享的知识或者说话者主观认定的事实的强调,即构成吕叔湘(1999:70)所说的"本来 + 就 + 动词"的格式,并且"其中动词部分必须用'应该、该、会、能'等助动词"。例如:

(15)当天的功课<u>本来</u>就<u>应该</u>当天做完。(转引自吕叔湘,1999)

(16)使用歌曲,<u>本来</u>就<u>要</u>付版税的。

(17)当然也没必要遗憾,不同文化背景的民族<u>本来</u>就<u>可能</u>有不同的文化需求。

(18)一个人死了几天之后,肌肉已扭曲僵硬,容貌<u>本来</u>就<u>会</u>改变。

(19)他的病没好,<u>本来</u>就<u>不能</u>去。(转引自吕叔湘,1999)

根据吕先生的说法,这里动词部分必须使用助动词。在此基础上我们发现,在"本来 + 就 + 情态动词"结构中,不同情态类型的出现呈现一定的规律性。其中,道义情态出现在里面的可能性最大,频率最高,可以产生反事实解读,如例(15)(16);认识情态出现的频率较低,不易产生反事实解读,如例(17)(18);动力情态的出现受到的限制较多,且难以与其他情态类型区分,如例(19)。下面我们将对此进行一一说明。

2.2.1 本来 + 就 + 道义情态

道义情态的［义务］义与"本来"的"按道理应该"语义契合,二者共现时语义得到加强,所以二者最容易同现。其中,表强调的"就"对道义情态所表达的义务进行进一步强调。上文中例(15)是说话人对听话人具有"当天功课当天做完"这种义务的强调,例(16)是说话人对"使用歌曲具有付版税"的义务的强调。在"本来 + 就 + 道义情态动词"结构中,以"本来就应该"最为常见。

当"本来就"与道义情态的结合由于上下文的语义作用导致非反事实解读时,说话人重在强调道义情态的某种义务是应该的,表明对方完成所述事件是理所应当的,没有什么可大惊小怪的,如:

(20)——你看,我的功课做完了。

　　　——当天的功课<u>本来就应该</u>当天做完。　　　　　(非反事实)

(21)——天哪,这样使用歌曲居然<u>要</u>交版税。

　　　——使用歌曲,<u>本来就要</u>付版税的。　　　　　　(非反事实)

另外,"本来就"与道义情态的结合还可能出现反事实解读,当说话人认为所述事件是有义务、按道理应该被完成却没有被完成时,就会出现反事实解读,这种句子常常带有责备与不满的语气,如:

(22)当天的功课<u>本来就应该</u>当天做完,你为什么没有做完?

　　　　　　　　　　　　　　　　　　　　　　　　　　(反事实)

(23)使用歌曲,<u>本来就要</u>付版税的,你拒不交付是种犯罪行为。

　　　　　　　　　　　　　　　　　　　　　　　　　　(反事实)

可以看到,"本来 + 就 + 道义情态动词"结构的反事实解读主要是通过对道义情态的强调、经过语用推导得到。这种反事实语义是不确定的,是可以通过语境消除的,甚至在实际语料中,非反事实解读比反事实解读更为自然、常见。

2.2.2 本来 + 就 + 认识情态

在"本来 + 就 + 情态动词"结构中,认识情态动词出现的频率较低,主要表明说话人对于某命题为真或事件发生的可能性的确定态度,即说话人认为"某事按道理来讲是怎样的"。如上文中例(17)(18),分别是对"不同民族具有不同文化需求""死人容貌发生改变"的认识,同时说话人对这种认识具有相当的把握。有鉴于"本来 + 就 + 认识情态动词"是说话人对于事件的认识,因此并不能产生反事实解读。

2.2.3 本来 + 就 + 动力情态

动力情态出现在"本来 + 就 + 情态动词"中受限制较多,较难出现,且常常难以与其他情态类型区分。例(19)中,情态动词"能"既可以解释为动力情态,又可以解释为道义情态。比如当说话人为一名医生,说出"他的病没好,本来就不能去"时,是医生对于病人的命令性要求,这里的"能"可以认为是道义情态用法。而当说话人只是在对某人的离去进行说明,说出"他的病没好,腿脚不利索,本来就不能去"时,也可能是对于他不具备离去能力的说明,这里的"能"可以认为是动力情态用法。因此,判定这里的情态动词是否为动力情态动词还需要更多的语境支持,纯粹的动力情态似乎难以出现在"本来 + 就 + 情态动词"的结构中。同时由于动力情态是说话人对于事件主语能力的说明,因此也不能产生反事实解读。

综上所述,在表达零向叠加的语义关系中,一般不能产生反事实语义解读。而在组合成"本来 + 就 + 情态动词"结构后,当其中的情态动词为道义情态用法时,最有可能产生反事实解读;当其中的情态动词为认识情态或动力情态用法时,均难以产生反事实解读。此外,情态动词的动力情态用法本身就很难在该格式中出现。但需要注意的是,即便可以产生反事实语义,这种反事实解读是通过"本来 + 就 + 道义情态动词"中各个成分语义叠加、经过语用推理得到的结果,因此其反事实语义是可以通过语境作用被消除的。

2.3　反向关系语义

表示反向关系时,"本来"句表示现在情况在原先的基础上出现逆转。这里可分为两类,一类是现在情况与原先情况相反,反事实可以解读成"原先为事实,现在为反事实",我们称之为"反事实语义$_1$",如:

(24) <u>本来</u>是多愁善感的,常常沉思空想,现在几乎没有思想! 过去的,她不愿想,将来的,她又不敢想。

(25) 七岁的小军<u>本来</u>是个健康活泼的孩子,可近半年来深沉得像个思想家。

可以看到,以上各例中"本来"后的语义成分是确实存在的现实句,(24)中她原先就是多愁善感的、(25)中小军从前是个健康活泼的孩子,尔后事情或状况发生了变化,后句通过转折强调现在情况已经与原先情况截然不同。这也是其反事实解读产生的原因。由于是通过语境的影响产生的反事实解读,因此我们也能够通过改变语境的方式使该句的反事实意义消除,使前后两句形成正向关系或零向关系,如:

(26) <u>本来</u>是多愁善感的,读了几篇文学作品,心思更加细腻了。

(27) 七岁的小军<u>本来</u>是个健康活泼的孩子,长的也漂亮,大家都很喜欢。

另一类是现在情况与说话人原先设想的情况相反,反事实可以解读成"原先、现在均为反事实",整个反事实完全处于说话人的想象空间内,我们称之为"反事实语义$_2$",如:

(28) 他<u>本来</u>以为大夫必定换上一身洋服,或是洋医生爱穿的一件

　　　　白袍子。可是,这位先生是换上了很讲究的软绸子夹袍,和
　　　　缎子鞋。

(29)<u>本来预备</u>住四年,因为交际与别种工作,论文交不上,所以延
　　　长了一年。

(30)过了一会儿,林小姐从床上坐起来说,她<u>本来打算</u>进一步要
　　　求父亲制一件不是东洋货的新衣,但瞧着父亲的脸色不对,
　　　便又不敢冒昧。

(31)我<u>本来要</u>升他一级,谁知道他思想有问题,下学期只能解聘。

(32)<u>本来可以</u>做大官,现在只好等留长再说了。

(33)一些学习优良的小学生,<u>本来可能</u>考上重点初中,现在要就
　　　近进入较差的中学,学生和家长也感到吃亏了。

　　这类"本来"后的语义成分都是非现实的,都是说话人原先主观
认定的某事物的状况由于各种原因发生了变故,从而造成说话时刻
事物的状况与之前设想相反,因此形成反事实解读。"本来"引导的
小句可用各种语法手段突出句子的非现实性特点,如(28)—(30)句
中"本来"与"以为""预备""打算"等非现实心理动词连用,(31)—
(33)句中"本来"与"要""可以""可能"等情态动词连用。这些表达
非现实语义的词语可以同"本来"一起构成反事实解读,并且参与反
事实心理空间的构建,原因就在于"本来"具有明显表过去时间的意
味,因此当说话人立足于现在,说出自己在过去某段时间内的想法或
者猜测时,那么很有可能是事情发生了变化而没有按照当初预想的
被完成。否则,假如事情或者状况根据说话人的想法发展,那么就没
有必要在说话时刻再说出自己之前对此的猜测。也就是说,以上各
例的反事实语义是通过"本来"的时间意义与具有非现实用法的动词
连用得来的。

同时需要注意的是,由于我们在说话时刻已然是清楚某件事情的现实状况的,因此反事实解读在这里不能被消除。说话人的用意就是要通过叙述自己之前的想法或者猜测与现在的状况形成鲜明的对比。根据上文,我们现将反向关系中两类不同反事实解读的语义特点归纳如表1:

表1　两类反事实语义类型的特点

反事实 语义类型	"原先"是否 与事实相符	"现在"是否 与事实相符	反事实语义是否 可通过下文消除	情态动词是否 参与反事实解读
反事实语义$_1$	+	−	−	−
反事实语义$_2$	−	−	+	+

综上所述,不管是以上哪类反事实语义类型,形成反事实解读的原因都是由于"本来"引导的句子所表现的原有情况与现在情况的冲突造成的。二者不同之处在于:

首先,反事实语义$_1$是通过后句说明现在的情况,并将其与原有的情况作比较得到的;而反事实语义$_2$是利用"本来"与一些具有非现实用法的动词的叠加,来表现说话人在过去时间的猜测或想法,从而说明原有情况与真实情况的差异。

其次,前者可以通过改变语境的方式使该句的反事实意义消除,而后者一般不能。且反事实语义$_2$中的情态动词参与反事实解读,而反事实语义$_1$中的情态动词并不参与。下面我们具体考察一下"本来"反事实句中的情态动词问题。

3. "本来"反事实句中的情态动词

3.1 反事实句与情态的关系

从语言直觉出发,反事实句与情态动词的共现频率远远高于句子中的其他相关句法范畴。另外从本质上看,反事实范畴和情态范畴均是非现实范畴的下位范畴,并且同为非现实范畴下的典型成员,因此二者有着天然的紧密关系。

因此我们大胆推测,反事实句本身具有一种情态黏附性,它能够强烈吸引同为非现实范畴下的情态范畴,并且在此过程中对情态动词内不同情态类型进行选择。"本来"反事实句作为反事实语义范畴的典型成员应该也不例外。

本文选取典型的情态动词①,观察它们与"本来"反事实句的共现情况。我们在 CCL 语料库中筛选了 1065 例符合本文要求的"本来"反事实句,统计出其中情态动词的出现频次及类型,详情见下表 2:

表 2　"本来"反事实句中情态动词不同情态类型的出现频次及类型

情态类型	情态动词										合计
	多义情态动词							单义情态动词			
	会	能	要	定	可以	应该	准	可能	敢	肯	
动力情态	16	132			213			10	6		377

---

① 本文对情态动词的选取主要依据彭利贞(2007)的研究成果。

续　表

情态类型	情态动词										合计
	多义情态动词							单义情态动词			
	会	能	要	定	可以	应该	准	可能	敢	肯	
道义情态						271	2				273
认识情态	58		334	5				18			415

从统计中可知,情态动词在与"本来"共现时,只能位于"本来"后,即情态动词处于反事实辖域内;从数量上看,"本来"后的情态动词数量最多的是认识情态用法,其次是动力情态用法,最后是道义情态用法;从多义情态动词的表义来看,除"应该""准"均为道义情态用法,"能"均为动力情态用法外,其他如"会""要""定"大致都表现为认识情态用法。单义道义情态动词未见用例,单义动力情态"敢"可见用例。由此可知,情态动词与"本来"反事实句的紧密联系主要体现在不同小类与其共现的不平衡上。下面我们分别对其进行说明。

3.2　"本来"反事实句中情态动词的不均衡现象

3.2.1"本来"反事实句与道义情态

经过分析,道义情态中只有"应该"和"准"可以位于"本来"后。其中,"准"不参与反事实构建,为第一种反事实语义。例如:

(34)本来监房里不准放这类东西,但今夜罗盘借口抬死尸摸了两根回来。

"应该"可以参与反事实的语义解读,属第二种反事实语义类型,

例如:

(35)事情迫到眉尖<u>本来应该</u>马上决定,然而他倒迟疑起来了。

不仅如此,"应该"在"本来"后的出现相当自然,它的用例几乎贡献了"本来"反事实句中的全部道义情态动词用法。我们认为,这主要是由于"应该"的道义情态[义务]义与"本来"的词汇意义比较契合的原因。吕叔湘(1999:623)把"应该"的道义情态义解释为"表示情理上必须如此",而"本来"在作副词讲时,也有"按道理应该"的意思,二者语义十分接近,因此能够大量共现,甚至有学者认为"本来"的"按道理应该"的副词用法是与"应该"合用后而来。"本来+应该"二者合用具有"按道理应该如此"的意思,与"本来"和其他情态动词的连用相比,前者连接更为紧密,常常可以直接连用。

3.2.2 "本来"反事实句与动力情态

当情态动词在"本来"反事实句中表达动力情态意义时,"会""敢""肯"均不参与反事实的构建,属第一种反事实语义类型。例如:

(36)红牡丹<u>本来不会</u>骑马,却偏偏充数,一下子弄了个倒栽葱,摔到地上。

(37)<u>本来</u>我<u>不敢</u>接,他说这事傻瓜来了都能办,我就接了。

(38)老人<u>本来不肯</u>离家,耐不住金环又是好话又是拉拉扯扯的,也就出去了。

可以看到,这里的"会""敢""肯"表动力情态时,都是对句子主语能力的某种说明。此时的反事实语义是通过后句的间接描写,与前句形成对比,从而完成反事实解读。它的解读并非由其中动力情态动词得出的,而是与前后语义相关,这里的情态动词"会""敢""肯"均不参与反事实解读。

"能"和"可以"与其他情态动词不同,可以参与反事实的解读,属第二种反事实语义类型。例如：

(39) 你<u>本来能够</u>自食其力，却不思进取，长期心安理得地享用别人的劳动成果，是不道德的。

(40) 这样，<u>本来可以</u>自立养老的小王父母，今后就只能看别人的脸面养老了。

我们认为，原因有二：一是由于"能"和"可以"所表达的动力情态意义的主观性较强；二是由于"能"和"可以"词义虚化程度较高。从情态意义上看，"会""敢""肯"的动力情态分别为［能力］［勇气］和［意愿］，其中，"敢"和"肯"的情态意义中残存有较多词汇意义。"会"表［能力］时，一般是"表示知能、技能、体能等各方面的能力"，即"能力的会"，指主语本身所固有或通过习得所掌握的某种技能；"敢"表达动力情态的［勇气］，"表示有勇气做某事"（吕叔湘，1999：215）；"肯"的动力情态［意愿］"表示愿意、乐意"（吕叔湘，1999：338），它们都是从施事本身出发看其是否具备某种能力。"能"和"可以"的动力情态则不同。在表动力情态时，"能"和"可以"都并非直接从主语本身的能力上进行说明，而是从外界环境出发看条件是否具备，从而说明施事是否具有某种能力。由于理解角度不同，从客观环境出发明显比从施事本身出发主观性更强。另外，从词汇意义上看，与"能"和"可以"相比，"会""敢""肯"的实词意义残留较多，虚化程度较弱。这也造成他们可以参与反事实的建设，而"会""敢""肯"只有在借助后文语义的帮助下才能得到反事实的解读。

3.2.3 "本来"反事实句与认识情态

大部分情态动词在"本来"后表现为认识情态的用法，不仅例子数量众多、用法多样，且为第二种反事实语义类型，参与反事实的解读。例如：

(41)他父母都是高级技术人员,家境富裕,他自己<u>本来也会</u>有着很好的前途,但吸毒使他跌入了可怕的深渊。

(42)历史喜欢开玩笑,<u>本来要</u>进这个房间,结果却进了另一个房间。

(43)<u>本来</u>人家<u>可能</u>准备6点下班了,给你一拖不到晚上7点根本就走不了。

(44)以他的功夫,<u>本来定</u>可觉察到桥底水中伏得有人,但一来雷声隆隆,暴雨大作,二来他心神大乱,直到阿紫自行现身,这才发觉。

可以看到,如果我们将不参与贡献反事实语义的情态动词去除,那么在"本来"后表达反事实语义的动力情态只有"能""可以",道义情态只有"应该",认识情态则有"会""要""可能""定"。那么无论是从数量上还是种类上来看,在反事实辖域内,道义情态的使用最为受限,动力情态的使用相对较少,而认识情态的使用最为自由。

另外上文提到,当"本来"反事实句中没有情态动词时,反事实的语义解读只能为第一种反事实语义类型,"本来"引导小句与事实相符,反事实语义解读主要由后句完成;当"本来"后跟情态动词时,反事实语义的解读则是通过"本来"的时间意义与情态动词联合得来。而"本来"与不同类型情态动词连用时,会生成不同类型的反事实语义。动力情态、道义情态分别涉及能力与意愿、必要与许可(彭利贞,2007:44)的概念,它们在"本来"反事实句中的反事实语义有两种情况:一种是第一种反事实语义类型,"本来"引导小句与事实相符,反事实语义解读由后句完成,情态动词不参与反事实语义构建;另外一种是第二种反事实语义类型,"本来"引导小句与事实不符,反事实语义解读是通过说明现实世界事实与这种义务、许可或能力的描述不符或者相反造成的,情态动词参与反事实语义构建。认识情态涉及可能性的概念(彭利贞,2007:42),它在"本来"反事实句中的反事实语义是现实世界事实与这种推理或判断的描述不符或者相反造成的。另外,由于它对现实世界中认识情态意义的描述完全发生在说话人的想象空间内,即通过想象"原先"与事实不符,从而造成"现在"与事实不符,情态动词必然参与反事实建设,为第二种反事实语义。总而言之,"本来"后有无情态成分以及不同情态成分确实会影响"本来"反事实句的反事实语义解读,规律见下表3:

表3 情态成分对"本来"反事实句的影响规律

	无情态动词	动力情态、道义情态	认识情态
"本来"引导小句是否与事实相符	+	+ / −	−
是否具有反事实语义	+ / −	+ / −	+
反事实语义类型	反事实语义$_1$	反事实语义$_1$/反事实语义$_2$	反事实语义$_2$
是否能够消除	+	+ / −	−

4. 结 语

综上所述,构成"本来"反事实语义解读的因素主要有两方面,"本来"的时间义以及"本来"句受情态动词的影响。"本来"表示"原先"的时间义时,既可以单独通过上下文的反向语义关系,不借助情态动词的帮助得到反事实解读,也可以通过在反向关系的基础上,进一步与非现实意义的动词同现得出;"本来"表示"理应如此"的副词义时,由于丧失了时间义,常常表示说话人的主观认定或看法,这时如果要得到反事实语义解读,必须通过情态动词的帮助,形成"本来 + 就 + 情态动词"的结构。我们将"本来"句的反事实用法归纳如下:

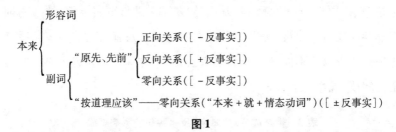

图 1

其中,"本来"所引导的小句与后句形成反向关系时,情态动词最容易出现在其中。并且根据情态动词是否参与反事实语义的解读,"本来"反事实句的反事实语义可能有两种不同类型。

另外,不同类型情态动词出现在"本来"反事实句中的表现也并不均衡:道义情态的使用最为受限,动力情态的使用用例较少,认识情态的使用最为自由。

参考文献

吕叔湘,1999,《现代汉语八百词(增订本)》,北京:商务印书馆。

彭利贞,2007,《现代汉语情态研究》,北京:中国社会科学出版社。

汤廷池,1979,《国语语法研究论集》,台北:台湾学生书局。

朱新军,2008,《"本来"的语法化》,《焦作大学学报》第 1 期。

"要不是"反事实条件句的情态问题研究[*]

章 敏

1. "要不是"反事实条件句

1.1 反事实条件句

反事实范畴(counterfactual category)是一种语义语法范畴,是语言中表达与事实相反语义的总括,具有不同的表达手段和表现形式。反事实条件复句是反事实范畴中的典型成员,它也是学者们研究最多的一种反事实语义表现形式,甚至许多人提到反事实句时就是指反事实条件复句。本文参照前人(Leech & Svartvik,1975;Li & Tompson,1981;Thompson,2007;张雪平,2008)研究成果将条件复句的分类归纳如图1:

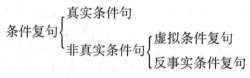

图1 条件复句的分类

我们从最基本的语义特征着手,首先将条件复句分为真实与非真

———————
＊ 本文原载于《中南大学学报(社会科学版)》2016年第2期。

实两大类。反事实条件复句与虚拟条件复句并列于非真实条件复句下,是指能够表达事件没有实现或不可能实现的一类条件复句,又叫反事实条件句。

1.2 "要不是"反事实条件句

关于"要不是"是否为反事实条件句的语法标记、"要不是"条件句是否为反事实条件句的典型成员,不同学者有不同的看法。

蒋严(2000:257—259)指出,条件句没有反事实语法标记,反事实语义只是一个语用解释问题。因此,否定假设词本身并不是反事实的标志,对已然的否定才是导致反事实义的原因。也就是说,在条件句的前件中,如果是用否定假设词来引导,则往往指向已然的事态。当对已然进行否定时,自然会导致反事实解读。尽管我们十分赞同语用推理在反事实解读中起着重要作用的观点,但是如果把反事实语义的解读完全诉诸语用推理,我们认为并不能对问题的解决带来任何益处:既不符合母语者的语感,也不能够说明在脱离语境的时候人们往往也能够对反事实语义进行识解的原因。而且,当人们说出反事实句时,必然是具有说话人已然认定的事实,我们认为对已然的否定导致的反事实义恰恰是反事实的典型结构。另外需要注意的是,汉语中假设词含有否定算子与假设词和否定词的连用并不相同,比如说"要不是"与"如果不是"。尽管"要不是"同"如果不是"具有非常多的相似性,但是从词语之间联系紧密程度以及语音上看,"要不是"语法化程度显然较高,是含有否定算子的假设词,而"如果不是"则是包含一个假设词和一个否定词的词组。

对汉语中反事实标记的心理学实验研究证明,含有"要不是"而被母语者认定为反事实条件句的比例高达91%,仅次于"原来应该"

(Feng & Yi,2006)。

王宇婴(2013:85,151)对于"要不是"的看法则比较谨慎。她认为,"要不是"确实具有非常强的生成反事实寓意解读的能力(cf-generating ability)。当"要不是"出现在条件复句中时,可以产生确定的反事实语义并且不会引起歧义。但她同时特别强调,我们目前无法判断这种反事实语义的产生究竟是出于"要不是"本身作为假设连词的反事实语义的原因,还是出于"要不是"的语义内涵与反事实语境非常一致的原因。

许静芬(Hsu,2014:391—410)通过实验的方法解决了王宇婴的疑问,通过实验证明了"要不是"是现代汉语中表达与过去事实相反假设的语气连接词。实验结果显示,以中文为母语的受试者处理"要不是"条件句时,形成的是语意心理表征,而非句法心理表征,由此证明"要不是"是表示与过去事实相反的语气连接词,而并非只是假设连接词"要是"与否定词"不是"的简单结合。

雍茜(2015:30—41)也注意到,在汉语当中,"当否定管辖域覆盖全句时,则可同句首假设连词联合形成 CF 标记(Counterfactuality Marker)——'如果不是,要不是'。这类 CF 标记能够排他性地标识违事实事件"。

综上所述,根据现有研究,我们认为"要不是"从本质上看是含有否定算子的假设连词,在语义表达上具有较高精度的指示反事实语义的功能和作用。因此在本文的讨论中将其认定为汉语当中的 CF 标记。并且我们认为"要不是"反事实条件句是汉语当中反事实范畴的典型成员。

2. "要不是"反事实条件句中的情态分布

条件句同情态具有非常密切的关系。达尔(Dahl,1997)就曾指出,在条件句的后件中出现指示将来时间的情态动词非常常见。反事实条件句作为条件复句的一类,更是与情态动词有着密不可分的关系。吉冯(Givón,1994:265—337)在跨语言的研究中得出,反事实条件句的构成要素常常包括真实语法手段和非真实语法手段,其中情态就是非真实语法手段中的重要一类。我们认为这是由于,从本质上看,反事实范畴和情态范畴均是非现实范畴的下位范畴,并且同为非现实范畴下的典型成员,因此二者有着天然的紧密关系;另外从语言直觉出发,反事实句与情态动词的共现频率远高于句子中的其他相关句法范畴。因此我们大胆推测:反事实句本身具有一种情态黏附性,它能够强烈吸引同为非现实范畴下的情态范畴共现。为了验证我们的猜测,我们在 CCL 语料库中共筛选了 1584 条"要不是"反事实条件句,其中出现情态动词①用例的共有 764 例,占总数的 48%。可以看到,汉语中情态动词出现在"要不是"反事实条件句中的频率非常高。这还不包括情态副词以及表推测的实义动词或者短语,如果加上这些表情态的词语的用例,那么比例将会更高。由于情态动词是情态最主要的载体(Palmer,1986),并且情态动词语义系统是一个表达情态的相对封闭的功能系统,因此本文仅对"要不是"反事实条件句中的情态动词进行讨论,分别考察情态动词在前件和后件两个句法位置上的表现。

---

① 本文对情态动词的选取主要依据彭利贞(2007)的研究成果。

2.1 前件中的情态动词分布

"要不是"反事实条件句的前件中出现情态动词的用例非常少,现将出现在前件中的三条用例列举如下:

(1)要不是大夫<u>要</u>走,她决想不起这一招儿来。①

(2)我是个一眼能从嘴巴看到屁眼的直肠子……要不是<u>能</u>干活,早让人踹出去了。

(3)要不是西岗的快速进攻没<u>能</u>持续到最后,威拉蓬那次就很难过得了他这一关。

这里的多义情态动词"要""能"均属于动力情态小类,例(1)中"要"表示[意愿],例(2)(3)中"能"表示[能力]。

那么反事实条件句的前件是否只能出现动力情态动词呢?道义情态动词和认识情态动词是否能在前件中出现?我们发现,扩大语料范围,在网络语料中可以发现道义情态动词"要""可以""能"的用法,但是用例数量极少,例如:

(4)要不是<u>可以</u>转专业,我才不上中文系呢。[道义情态]

(5)要不是<u>要</u>上课,我才不早起呢。 [道义情态]

(6)要不是<u>不能</u>带手机,还轮得到你们放肆。[道义情态]

而认识情态动词则完全没有找到相关用例。

综上所述,从数据统计上看,情态动词并不经常在前件中出现;从语义类型上看,动力情态、道义情态可见少量用例,认识情态则完全不被允许出现在反事实条件句的前件中。

---

① 本文的语料均来自北京大学中国语言学研究中心的 CCL 语料库,例句不再一一标明出处。

2.2 后件中的情态动词分布

情态动词出现在反事实条件句的后件中的情况与其出现在前件中的情况完全不同。我们说,如果前件出现情态动词是有标记用法,那么后件出现情态动词则是无标记用法。情态动词常常出现在反事实条件句的后件中。另外,情态副词以及表达说话人主观态度的动词及短语也常出现于该句法位置,例如:

(7)她不敢认我了,要不是我叫她,她<u>也许</u>就又走了。

(8)要不是组织上对我照顾得好,<u>恐怕</u>就已经不在人世了。

(9)今天要不是我们硬压着,<u>我看</u>他自己根本控制不住形势。

(10)特别是小燕,要不是你拉扯养活她,<u>说不定</u>早就流落他乡冻饿而死啦。

我们对不同情态动词在"要不是"反事实条件句后件当中的出现次数进行了统计,见表1:

表1 条件句后件当中情态动词出现频率统计

	会	能	要	可能	定 (一定)	得	敢	可以	应该	准	肯	合计
次数	343	110	86	61	45	28	22	20	18	18	10	761

初步来看,虽然不同情态动词在反事实句后件中分布地相对自由,但出现频率差距较大。其中,"会"出现次数最多,几乎占据情态动词出现总数的一半;其次分别是"能""要""可能""定(一定)";其他情态动词出现频率则相对较低。另外,从情态动词的表义情况看,除单义的道义情态动词在语料中未见用例外,单义动力情态动词(敢、肯)、单义

认识情态动词(可能)和多义情态动词(会、能、要、定、得、可以、应该、准)均可在反事实句后件中出现。如果我们对多义情态动词的不同语义小类进行细分,则会发现不同情态动词的不同情态小类在反事实条件复句后件中的出现情况也不均衡。同时具有"认识""动力""道义"三类情态语义类型的"会""能""要"在反事实条件复句的后件中仅能产生认识情态的解读;同时具有"认识""道义"两类情态语义类型的"准""定""得""应该"也只能表达它们的认识情态用法;根情态内部的多义情态动词"可以"则仅有少数动力情态用例,见表2:

表2　情态动词不同情态类型分布情况

	认识情态	动力情态	道义情态
会	+		
能	+		
要	+		
可能	+		
准	+		
定(一定)	+		
得	+		
应该	+		
可以		+	
肯		+	
敢		+	

2.3　小结

为了更清晰地说明情态动词在"要不是"反事实条件句中的使用情况,我们将其在条件句前件和后件中的语义类型进一步归纳如下,见表3。

表3　情态语义类型在条件句中的分布情况

	前件	后件
动力情态	(＋)	(＋)
道义情态	(＋)	－
认识情态	－	＋

注:"＋"表示实例较多,"－"表示无此实例,"(＋)"表示实例较少。

综上所述,情态动词在"要不是"反事实条件句前件和后件中的分布很不均衡,绝大多数出现在后件当中。同时,道义情态的出现最为受限,动力情态用法的用例较少,而认识情态只能出现在后件当中,但用法最为普遍。

3. 情态类型不均衡分布现象的具体表现及原因

从上节可知,不仅"要不是"反事实条件句的前件和后件中的情态动词分布不均衡,情态动词内部不同情态类型在前件和后件中的分布也不均衡。本节将具体讨论不同情态类型在反事实句的前件和后件中的不均衡分布现象。

3.1 前件中的情态动词

3.1.1 认识情态动词

根据我们的统计分析,认识情态动词仅在"要不是"反事实条件句的后件中出现,前件中没有相关用例。

帕尔默(Palmer,1986)很早就指出,条件句的前件是不能出现 may 和 must 的情态用法的,例如:

(11)*If it *may/*must rain, I'll take an umbrella.*

德吕比格(Drubig)在此的基础上进一步说明,条件句的前件不仅不能出现认识情态动词,例如,当多义情态动词 must 和 may 出现在条件句的前件时只具有道义情态的解读。

(12)*If John must/may leave early tonight.* (*epistemic/deontic)

而且一些表示认识情态的副词也不能出现在前件中,如 probably,possibly,obviously 等。他认为这些情态成分不能出现在前件中的原因在于认识情态不能出现在非断言的句子当中。而条件句的前件同疑问句一样也是非断言句,因此二者不能共现。

当西吉耶(Dancygier,1999)认为,在条件句的前件中加入预测性的表达(predictive expression)是不会引起冗余的。例如在英语中,例(13)这样的句子是合法的:

(13)*If it rains, and I predict it will, the match will be canceled.*

然而在后件中加入预测性的表达则不能被接受,如:

(14)**If it rains, the match will be canceled, and I predict it will.*

原因就是,在条件句中,前件本身是不包含预测功能的,因此我们可以追加某个预测性的表达而不引起冗余;而后件则刚好相反,当加上预测性表达时,会与其本身具有的预测性功能相冲突,从而造成接受度较低的情况。

可以看到,无论是帕尔默和德吕比格所说的"情态",还是当西吉耶所说的"预测性",表达虽然不同,意义却具有相同之处,即二者都是指说话人对于前件的某种主观看法。本文在这里采用前者的情态说法,即在条件句的前件中不能出现认识情态用法。我们认为这一点也适用于反事实条件句,这也与我们上文的统计分析相一致:在典型的反事实条件句"要不是"结构中,前件拒绝认识情态用法。

拜比(Bybee,1994)认为,条件句中不能出现情态动词的原因在于前件本身的句法环境就可以带来句子所需要的情态意义,因此情态动词强制出现在条件句的前件中时,它的情态语义是受到压制的。这种观点也特别适用于我们对于"要不是"反事实条件句的解释。我们认为"要不是"反事实条件句的前件是连接词"要不是"加上对于某事件或某情形的一种叙实陈述,因此常常会利用各种语法手段来保证这种叙述的现实性,从而使前件具有"类现实"(mock-realis)的特性,而这恰恰与情态动词的非现实语义相违背。因此,一般情况下,在"要不是"反事实条件句的前件中二者不能共现。

3.1.2 动力情态动词和道义情态动词

如果我们说反事实条件句的前件具有"类现实"的特性,即采用各种手段突出前件的现实性,因此与情态动词的非现实性相抵触,认识情态动词不能出现在其中。那么为什么在我们的调查之中,会有少量动力情态动词和道义情态动词出现在前件中的用例呢? 我们认为,这是由于它们常常被用来表达现实世界的义务、许可或能力(Palmer,2001),相比于认识情态动词,它们与现实世界的联系更紧密,因此虽然前件的句法环境对情态动词的出现具有某些限制,但少数根情态动词依然能够存在。但是,无论是动力情态动词还是道义情态动词出现在反事实条件句的前件中时,都会受到前件的语义挤压,使得出现于其中的动力情态动词和道义情态动词都具有客观化的倾向,只有一些客观性较强的情态动词或者语义小类才能出现在其中。但毕竟情态动词是典型的非现实语义范畴,因此在我们的实际调查中,用例比较少见。

根据上文的考察,前件中的动力情态主要是表示[能力][意愿]的情态动词,如"能""要"。例(1)到(3)的[意愿]和[能力]都是现实世界当中主语所固有的,这与反事实条件句前件所表达的现实世界中的命题是不相违背的,因此动力情态动词"能""要"可能会出现在其中。

这里特别有意思的一点是,"能"和"可以"本来都是表达[能力]的多义情态动词,通常情况下,二者可以相互替换,句子的语义不发生变化。如:

(15)我可以控制。

　　我能控制。

然而在我们的统计当中,出现在前件中时,"能"可以表达动力情态,而"可以"只能表达道义情态[许可],不能表达动力情态的[能力]。

根据彭利贞(2007:156)的研究,"可以"表达的[能力]与"能"表达的[能力]是不同的,"能"是从主语主动的角度来实现做某事的能力,"可以"则是从无障碍的角度来实现做某事的能力。这里所说的主语主动的角度,其实就是主语所固有的、客观的能力;而这里无障碍的角度,则是指在客观条件没有障碍的情况下,主语是否有能力做某事,反之亦然。我们认为,在这一心理处理过程当中,"可以"的能力将会受到更多主观差异的影响,也就是说,"可以"的能力并不是其本身客观所固有的能力,比"能"更主观。因此,在反事实条件句中,"可以"一般情况下不能替换"能",不能作为动力情态动词出现在前件中。如:

(16)我是个一眼能从嘴巴看到屁眼的直肠子……要不是能干活,早让人踹出去了。

我是个一眼能从嘴巴看到屁眼的直肠子……要不是<u>可以</u>干活，早让人踹出去了。

道义情态能够出现在前件当中的都是表示[许可]的情态动词，如"要""能""可以"。当表示[许可]和其相对应的否定[禁止]时，可以看到，道义的来源常常是客观的，如上文当中的例（4）到例（6），都是表示某些法律法规的规定或者禁止。如果来源于主观的道义情态需要出现在前件中，它也必定失去了其主观色彩，被说话人默认为一种客观的道义来源。比如说：

（17）你<u>可以</u>回去了。

在该例中，很明显是说话人对主语施行某事的[许可]。也就是说，该道义情态的来源是主观的。当我们强制使其出现在"要不是"的句法环境中时，就会变成如下例子：

（18）要不是<u>可以</u>回去，你是不是就饿死在那里了？

在例（18）中，我们似乎很难得出这是说话人对主语施行某事的[许可]义解读。说话人将这里的主观道义情态客观化，抹去对主语表达[许可]的主观性，将整个[许可]或者[禁止]当成客观的背景知识。

然而正如彭利贞（2007：156）所说，"'情理上的许可'与'环境上的许可'有时并不容易分开。"这里的"情理上的许可"的道义来源是出于个人的权威，类似于我们所说的主观道义；"环境上的许可"的道义来源则出于某种法规或是社会规范，类似于我们所说的客观道义。例如：

（19）你不<u>能</u>在这儿抽烟。

这类句子解释为情理上的[禁止]和环境上的[禁止]都有道理。因此，道义情态动词出现在前件中受限较小。相比于动力情态动词，道义情态动词出现在反事实条件句中的频率还稍高一<u>些</u>。

3.2 后件中的情态动词

笔者赞同邢福义(2001)的观点,认为"要不是"反事实条件句的表达功能有二:推理功能和强调功能。例如:

(20)你<u>要不是</u>宴请老同学,我就不会这么热心了!

在例(20)中,从逻辑推理上看,正是从假设"你不是宴请老同学",得到"我不会这么热心"的推断。然而事实上"我是热心"的,所以反证前件的命题,"宴请老同学"为真。该句的最终目的即是运用反证的方法,解释真实的原因。这也是邢福义(2001)所说的"反正释因"。在该过程中可以看到,从前件到后件,正是一种推理的过程。我们知道,说话人依靠前件进行推理时,是以前件为判断的基础,那么该基础必然是断言性语句,即便该断言性语句是种假设情况,也是说话人在假设前件发生的情况下,才能够进行进一步的推理。既然说话人是在对后件进行推理,那么自然的,说话人通常不能够对推理的结果有百分之百的把握。因此,说话人常常会利用一些表主观意义的情态词来反映这只是自己的观点、看法。特别是在反事实条件句中,后件是与现实相违背的、没有真实发生在现实世界中的,这也就使句子更容易出现表现说话人主观意义的词语。另外,人们在对"要不是"反事实条件句的解读中,除了通过利用反证解释真实原因外,还可以强调原因的重要意义,突出前件对后件的关键性影响。这就是"要不是"反事实条件句的强调功能。在例(20)中,"我之所以这么热心"就是因为"你宴请老同学",该原因被特别突出强调,从而使听话人意识到,如果不是这个原因的话,那"我根本不会这么热心"。而这种强调也恰恰可以通过各种情态词来凸显,表达说话人的主观态度。因此我们说,情态动词出现在"要不是"反事实条件句的后件中为无标记现象。同时又由于反事实语义对于句中的情态类型的制约,造成了不同情态动词类型在表现上的不均衡。

3.2.1 认识情态动词

帕尔默指出,认识情态关系到说话人对命题真值或者事实地位的态度。彭利贞(2007)的观点与之类似,他认为认识情态表达说话人对命题为真的可能性与必然性的看法或态度,或者说,它表达说话人对一个情境出现的可能性的判断。也就是说,认识情态的核心是事件的可能性与必然性,即说话人对于某事件发生的可能性的判断。这与反事实条件句后件的语义功能是高度一致的。反事实条件句的后件本身即是说话人基于前件进行的某种可能性推理。因此,认识情态出现在其中非常自然。这也是多义情态动词在后件中出现都倾向于得到认识情态,而非其他情态类型的原因。

3.2.2 动力情态动词和道义情态动词

根据我们的统计,在单义动力情态动词中,表[意愿]的"肯"和表[勇气]的"敢",多义动力情态动词中,表[能力]的"可以"都能够出现在后件当中。

"肯"和"敢"在后件中出现并不是自由的,而是有标记的,均要求特定的句法环境。二者都只能出现于疑问句与否定句当中。正如上文所述,动力情态是具有一定现实意义的,而这恰恰与条件句后件的非现实意义不协调。因此当我们在后件中使用动力情态的"肯"和"敢"时,必须通过特殊的句法手段突显其非现实语义。即便如此,"肯"和"敢"出现在后件中的数量也相当有限。

表[能力]的"可以"出现在条件句的后件当中只能表达主语从事某事的条件。例如:

(21)要不是领导来检查,你(就)<u>可以</u>回去了。[动力情态]

在例(21)中,"你回去"的条件是"领导不来检查",如果具备了此条件,"你就可以回去";如果不具备,那么"你就不能回去"。由于前件假设为假,那么后件所述事件非真,也就是说其实并不具有"实现回去"的条件,所以自然不具有"回去"的能力。在这里,"可以"表示主语具备某种条件去做某事,[能力]的该类下位范畴与条件句的语义本质十分契合。因此,表[能力]的"可以"相比于其他动力情态动词可以相对自然地出现在反事实条件句的后件中。

那么同为表[能力]的动力情态动词"能"为什么不能出现呢? 我们发现,在后件中,如果用"能"去替换"可以"时,"能"直接表达为更为主观的认识情态,而丧失动力情态的解读。例如:

(22)要不是受电力不足的影响,闽西的发展还<u>可以</u>更快些。

[动力情态]

　　要不是受电力不足的影响,闽西的发展还<u>能</u>更快些。

[认识情态]

(23)要不是有个"没文化"的缺点,简直<u>可以</u>做自己的爱人了。

[动力情态]

　　要不是有个"没文化"的缺点,简直<u>能</u>做自己的爱人了。

[认识情态]

(24)要不是你拿去做股票,本来<u>可以</u>赞助我去蜜月旅行的!

[动力情态]

　　要不是你拿去做股票,本来<u>能</u>赞助我去蜜月旅行的!

[认识情态]

可以看到,相对于动力情态的"能",表[能力]的"可以"更具有主观性,因此"可以"可以作为动力情态出现在后件当中,而"能"不行;而又由于"能"具有更为主观的认识情态用法,因此它在后件中只能被表达为认识情态。也就是说,在反事实条件句的后件中,情态类型越主观就越容易被表达。这样一来,后件除了具有对动力情态的语义挤压作用外,还具有加强认识情态语义的作用。

动力情态用法在后件中数量较少的原因在于它与反事实条件句的非现实语义相违背,但是其中对[能力]与[意愿]的推断或者猜测与反事实句的语义并没有冲突。因此当其出现在后件中时,可通过其他语法手段加强非现实性,如"肯""敢";或者通过接受一定的语义制约,使其更符合反事实条件句后件的语义,如"可以"。

我们未发现道义情态用法出现在后件中的用例。道义情态用法完全不能出现的原因,一是与动力情态一样,道义情态与现实联系紧密;二是道义情态动词的语义与反事实句表达功能相违背。在反事实条件句中,我们主要进行某种推理或者推断,这与道义情态所强调的[必要][义务][许可]相差甚远。可以看到,具有根情态内部多义的情态动词"可以"在后件中出现时也只能表达动力情态,而非道义情态。如果"可以"在某句话中具有道义情态解读,那么当其出现在后件中时,这种道义情态就会被消解。如:

(25)你<u>可以</u>回去了。　　　　　　　　　　　[道义情态]

(26)要不是领导来检查,你(就)<u>可以</u>回去了。　　[动力情态]

在例(25)中"可以"表现为道义情态的[许可],表达说话人对于"你回去"这件事的许可。如果我们将其强制放入反事实条件句的后件,如例(26)所示"可以"则转为动力情态的[能力]。也就是说,在反事实辖域内,相比于动力情态,道义情态受制约程度更强。

4. 总　结

综上所述,"要不是"反事实条件句的后件是情态动词出现最普遍最自然的句法位置,并且具有一种情态黏附性,它能够强烈吸引同为非现实范畴下的情态范畴。不仅如此,它还在此过程中对情态动词内部的不同情态类型进行选择,从而造成情态动词的不均衡现象。当具有三种类型的多义情态动词出现在其中时,只具有认识情态的解读,排斥动力情态和道义情态的用法;当具有认识情态和道义情态的多义情态动词出现在其中时,只具有认识情态的解读,排斥道义情态的用法;当具有动力情态和道义情态的多义情态动词出现在其中时,只具有动力情态的解读;单义的道义情态动词则完全不被允许出现。据此我们认定,在"要不是"反事实条件句的后件中,情态类型受约束程度从大到小依次为:道义情态 > 动力情态 > 认识情态,即道义情态的使用最为受限,动力情态的使用用例较少,认识情态最为普遍。

参考文献

蒋严, 2000,《汉语条件句的违实解释》,《语法研究和探索(十)》,北京:商务印书馆。

彭利贞, 2007,《现代汉语情态研究》,北京:中国社会科学出版社。

王宇婴, 2013,《汉语违实成分研究》,北京:中国社会科学出版社。

邢福义, 2001,《汉语复句研究》,北京:商务印书馆。

雍茜, 2015,《违实句的形态类型及汉语违实句》,《外国语(上海外国语大学学报)》第 1 期。

张雪平, 2008,《现代汉语假设句研究》,南开大学博士学位论文。

Bybee, J. , Perkins,R. & Paglinca,W. 1994 *The Evolution of Grammar*: *Tense*, *Aspect*, *and Modality in the Languages of the World*. Chicago: University of Chicago Press.

Ching-fen, Hsu 2014 Semantic-Based Mental Representation of Chinese Counterfactuals: Evidence from a Psycholinguistic Study of Yaobushi. *Language and Linguistics* 15(3).

Dahl, Östen 1997 The Relation between Past Time Reference and Counterfactuality: A New Look. In Athanasiadou, Angeliki & Dirven, René (eds.), *On Conditionals Again*. Amsterdam: John Benjamins.

Dancygier, B. 1999 *Conditionals and Prediction*. Cambridge: Cambridge University Press.

Drubig, H. B. 2000 *On the Syntactic Form of Epistemic Modality*. Unpublished manuscript. http://www. lingexp. uni-tuebingen. de/sfb441/b2/papers/Drubig Modality. pdf.

Feng, Gary & Yi, Li 2006 What if Chinese had Linguistic Markers for Counterfactual Conditionals? Language and Thought Revisited. In Ron Sun & Miyake, N. *Proceedings of the 28th Annual Conference of the Cognitive Science Society*. London: Psychology Press.

Givón, T. 1994 Irrealis and the Subjunctive. *Studies in Language* 18(2).

Leech, G. & Svartvik, J. 1975 *A Communicative Grammar of English*. London: Longman.

Li, C. & Thompson, S. A. 1981 *Mandarin Chinese*: *A Functional Reference Grammar*. Berkeley: University of California Press.

Palmer, F. R. 1986 *Mood and Modality* (1st edition). Cambridge: Cambridge University Press.

Palmer, F. R. 2001 *Mood and Modality* (2nd edition). Cambridge: Cambridge

University Press.

Sweetser, E. 1990 *From Etymology to Pragmatics: Metaphorical and Cultural Aspects of Semantic Structure.* Cambridge: Cambridge University Press.

Thompson, S. A. 2007 Adverbial Clauses. In Shopen, T. (ed.), *Language Typology and Syntactic Description (Vol. 2): Complex Constructions.* Cambridge: Cambridge University Press.

第三编

◆

汉语的情态构式

非意愿与"V 不了"的认识情态表达 *

彭利贞　关　楠*

1. 引　言

情态是说话人对句子表达的命题真值或事件的现实性地位所持的主观态度。情态有表示可能或必然的认识情态,表示义务或必要的道义情态以及表示能力、意愿、勇气等的动力情态(Palmer,1979,1986,2001)。

现代汉语表达情态的手段主要有情态动词、情态副词,一些固定格式也常常是情态的载体。"V 不了"是现代汉语中使用频率较多的情态格式,它可以表达两种情态。

A.动力情态[能力]。表示无[能力]施行 V 表示的动作或行为,无法使 V 表达的事件成真,也就是缺乏使 V 表达事件成真的致能条件(enablements),记为[-能力](即"无能力"),相当于"无法 V"。它表示这样一种语义结构:主语有意愿要施行 V,然而没有[能力]施行 V。所以,"V 不了"表示[能力]这种动力情态意义时,V 还隐含有"意愿"特征。

B.认识情态[可能]。表示从主观上推测 V 的不可能性,可表示为

＊　本文原载于《语言研究集刊(第十三辑)》2014 年。
＊＊　关楠,印尼雅加达慈育大学中文系讲师,慈育大学研究与社会服务处处长。

[-可能]（即"不可能"）。

"V不了"表达认识情态时,有一定的句法要求。总的说来,"V不了"要表达认识情态,V应该是无意愿的。这样,正好与"V不了"表示动力情态形成意愿与非意愿的对立。

下面我们将观察和分析"V不了"表达认识情态时的句法条件。

2. 静态情状

动词或动词短语（这里还包括形容词）的动态与静态的区别,在动词的情状分类中是一对基本的语义特征范畴（Vendler,1967;戴耀晶,1997）。情态表达式在与动词同现时,动词或动词短语的动态与静态特征的对立,会对情态表达式的情态表达产生影响（Coates,1983;彭利贞,2005,2007a,2007b）。

情态格式"V不了"中的V为静态谓词时,这个情态格式一般会有认识情态的解释,"V不了"解释为"不可能",即说话人从主观上推论V表达的静态事件成真的可能性是不存在的。

2.1 形容词

形容词的典型特征是静态,柯理思（2005）从语法化的角度探讨了形容词进入"V不了"格式从表达动力情态到表达认识情态的语法化过程,认为静态形容词进入这个格式并表达认识情态是后起的事。这里有更多静态形容词进入"V不了"格式表达认识情态的例子,说明形容词进入"V不了"而使该格式表达认识情态是一种较普遍的现象。

下面是V为形容词的例子:

（1）鼓楗子比筷子长不了多少。（老舍《鼓书艺人》）

(2) 就是菩萨，玉皇，耶稣，穆哈莫德，联盟来保佑中国，中国也<u>好不了</u>！（老舍《赵子日》）

(3) 这萝卜酒味儿准<u>差不了</u>，你还别说这老同志就是点子多。（电视剧《编辑部的故事》）

除了（1）—（3）中的"长、好、差（chà）"外，我们找到的用例中，"假、真、错、少、长、远、大、短、多、饿、含忽（糊）、好过、好受、红、进步、快、乱、强、舒服、顺利、体面、甜、痛苦、痛快、外行、晚、小、直、值"等形容词也出现在"V 不了"中 V 的位置。

但是，有些特殊的情形会使形容词带上"意愿驱动"的色彩。

形容词虽然表达静态，但是在特别强调有意达到某种状态时，这个形容词便带上了[有意]的特征，而此时的"V 不了"格式也不再取认识情态的语义解释，而会获得动力情态的解读。如：

(4) 你想胖他还<u>胖不了</u>哪。（电视剧《编辑部的故事》）

因为前面出现了"想胖"使得性质形容词虽然表达静态但是却带上了有意"胖"的特征，所以，其后的"胖不了"就成了"无法胖"，即无[能力]实现"胖"的状态。这从一个侧面说明意愿对情态解释的影响。

静态谓词满足一定句法条件而获得使动意义时，因为谓词的情状特征已经改变，所以，静态谓词带上使动意义从而带意愿特征出现在"V 不了"格式中时，该格式也可以表达动力情态[能力]。例如：

(5) a. 这种酒<u>醉不了</u>人。（孟琮等《动词用法词典》）

　　b. 她知道没度数，<u>醉不了</u>。（李佩《在那片天空下》）

(6) a. 一个巴掌拍不响，一个企业<u>富不了</u>民。（《人民日报》）

　　b. 显然，一味消耗资源最终是<u>富不了</u>的。（《人民日报》）

(5) 和 (6) 这两组句子，a 句的形容词带了宾语，成了具有使动意义的谓词，这时"V 不了"得到动力情态[能力]的解释，表达"这种酒"没有让"人""醉"的[能力]，"一个企业"没有让"民""富"的[能力]（其实是一种[物力]）；b 句还是形容词本来的用法，"V 不了"还是表达认识情态[可能]，即不可能"醉"或不可能"富"。

有的形容词在进入"V 不了"格式时，很容易变成使动句式，形容词带上使动意义，而"V 不了"也随之得到动力情态解释。以下句中的"温暖"就是这种例子：

(7)叔叔毕竟是这家里的过客，短暂的太阳温暖不了人的心。（池莉《你是一条河》）

"温暖"本来是性质形容词，进入"V 不了"格式后，很容易带上动态的意义，作使动解释。也就是说，由于格式的驱动，使得"温暖"有一种需要带上宾语的倾向。下文的"端正"与"稳定"与此类似：

(8)跟他谈过许多次，他的工作态度老是端正不了。

(9)那里的局势暂时还稳定不了。

如果形容词本身带有[−积极]的语义特征，即使是变成使动，也会有认识情态的解释，因为[−积极]与人们的[+意愿]是一对矛盾。看来，[+意愿]对这种格式的影响比其他因素大。如下边句子的"苦"：

(10)我也苦不了你：我这儿饭食不苦，这你知道。（老舍《牛天赐传》）

"苦"是性质形容词，它具有性质形容词所有的典型特征。在这个句子中，"苦不了你"成了使动格式。按前边的分析，这个格式也会有认识情态[可能]的解释，但是，因为形容词"苦"的[−积极]意义，在这里"V 不了"还是表示可能，即"让你苦"的[可能]性是不存在的。

2.2 静态动词

前边分析的静态谓词是形容词，而有些具有静态情状特征的动词进入"V 不了"时，"V 不了"也具有同样的语义解释，即解释为认识情态[-可能]。例如：

(11)没那么严重,他们能造谣,咱们还能造谣呢,夏青她一辈子都知道<u>不了</u>真相。(王朔《我是你爸爸》)

(12)一句话包含<u>不了</u>那么多意思。(孟琮等《动词用法词典》)

(13)他买的衣服和你的相同<u>不了</u>。(孟琮等《动词用法词典》)

这些静态动词进入"V 不了"格式的例子,可以作与前文 V 位置为形容词时一样的分析。

3. 非自主动词

"V 不了"是"V 不 C"中较有代表性的一种格式。张旺熹(1999:135—162)的研究表明,"V 不 C"格式有"愿而不能"的语用特点,而进入"V 不 C"的 V 和 C 则分别具有[自主性]和[目标性]语义特征。所谓 V 的[自主性]语义特征,就是"'V 不 C'结构,明确排斥非自主性(主要是被动意义)的动词,像'(手)碰破''(他)撞骨折'之类。同时,它对表达自然变化和客观状态意义的动词,也具有相当大的排斥性"。因此,"V 不 C"结构有"强烈和典型的'企望义'"。这里说的"企望",也就是意愿。张旺熹的研究表明,"V 不 C"中的 V 大都带有[企望]义,所以,该格式普遍表达的意义是[能力]①。

非自主动词(马庆株,1988)的[-自主]特征与[意愿]形成矛盾,也就是说,[-自主]动词一般是无意愿的。因为这种原因,非自主动词进入"V 不了"格式时,"V 不了"一般会得到认识情态解释,即"不可能"。

---

① 张旺熹(1999:136)用"可能性"来说明这种意义,指"整个结构表达由于客观原因而使结果不能实现的意义"。本文把这种与人的主观推理无关的所谓的客观可能性称为[能力],而"可能性"则用来指主观推测,[能力]是动力情态,"可能性"([可能])是认识情态。

张旺熹（1999）也指出，"V 不 C"结构"也有极少数的'V'是不自主的"，这时是"用于描述某种情形或具有被动意味的主语"。但是，我们发现，"V 不了"的情形与众多的"V 不 C"在这一点上不太一样，因为非自主动词进入"V 不了"的情况不在少数。

非自主动词大致可以有这么几类：表示隐现、变化、行为、结果。下面按这种顺序来观察一下非自主动词进入"V 不了"的 V 位置时，"V 不了"表达的情态意义。

3.1 非自主隐现动词

有些表示出现或消失的动词具有[−自主]特征，即这类动词表现的"出现"或"消失"都是主体不能控制的，而主体不能控制，可以推导出主体对这类行为的无意愿。例如：

(14) 咱们之间<u>产生不了</u>什么大矛盾。（孟琮等《动词用法词典》）

(15) 按操作规程办就<u>发生不了</u>事故。（孟琮等《动词用法词典》）

(16) 如果严格按照操作规程办事，这个事故根本<u>出现不了</u>。（孟琮等《动词用法词典》）

这些句子中的"产生、发生、出现"都是非自主隐现动词，表示事物的出现。动词表消失的用例也不少见。这类动词进入"V 不了"结构时，由于这种隐现都是非意愿的，或者说与说话人、句子的主语的意愿无关，所以"V 不了"都只表达认识情态，表示这种隐现是不可能的。

3.2 非自主变化动词

有的非自主动词是表示变化的，这种变化是主语无法控制的，也表现出主语对这些变化的非意愿。如：

(17) 我可<u>成不了</u>那号精。（王朔《浮出海面》）

(18) 唱歌<u>走不了</u>调儿。（孟琮等《动词用法词典》）

(19) 你们的编制一两年内还<u>变化不了</u>。（孟琮等《动词用法词典》）

在这些句子中，"成、走、变化"表示的都是主语自身无法控制的变化，这些动词进入"V不了"中V的位置，表示不[可能]出现这种变化。

但是，变化具有动态性，动态性意味着这些动词表达的事件可以通过外力进行干预，这时容易使这类动词带上意愿意义。下文句子"V不了"中的V虽然跟前边一样也是非自主变化动词，但这些句子中的"V不了"却可以解释为动力情态，表示没有[能力]或[条件]实现动词表现的变化。如：

(20) 看看长眠的战友，假如她们这些幸存者终于<u>成为不了</u>"第一批"，那这牺牲，不是毫无意义了吗？（毕淑敏《补天石》）

(21) 没有这个，……也<u>成不了</u>英雄。（老舍《无名高地有了名》）

这些句子中的非自主变化动词"成"或"成为"在特定的语境中产生了意愿意义，即说话人或句子的主语有"想成为"的意愿。因为这种原因，这些句子中的"V不了"都表达动力情态[能力]。

3.3　非自主行为

有些行为也是非自主的，表现为这种行为的出现不为主语所控制，也就可能不为主语所愿，即表现出非意愿特征。这类非自主行为动词进入情态格式"V不了"，会使该格式表达认识情态，即"不可能"。

(22) 就去，<u>误不了</u>！（老舍《赵子曰》）

(23) 就是说一时半会儿<u>死不了</u>，但也毫无痊愈的可能。（王朔《永失我爱》）

(24) 我怕睡熟了<u>醒不了</u>！（老舍《赵子曰》）

这些句子中的"误、死、醒"等,别的动词如"滚(滚蛋)、赔(亏损)、吃亏、耽误、得病、呕吐、误解"等,表示的行为都具有主语无意发出的意义。这种非意愿特征使得各自的"V不了"都得到"不可能 V"这种认识情态的解释。

下面的"V不了"格式中的 V 同样具有非自主行为的特征,这些"V不了"格式也都表达"不可能 V"这种认识情态。

吃不了亏 | 耽误不了 | 得不了这个病 | 跌不了跟头 | 犯不了困 | 分裂不了 | 隔不了三天 | 化不了 | 恢复不了 | 昏迷不了 | 咳嗽不了 | 拉不了肚子 | 呕吐不了 | 赔不了 | 生不了病 | 生不了气 | 失不了足 | 误解不了 | 醒悟不了 | 锈不了 | 要不了多久

3.4 非自主结果动词

结果动词表示该动词表达的状态一发生即告结束,是一种非持续、非过程动词。许多结果动词也具有非自主的特征。因为这些动词具有的非过程的语义结构与[意愿]存在矛盾,所以,非自主结果动词同时也表现出[-意愿]特征。

非自主结果动词与非自主行为动词有时候有重合之处,如"丢(丢失)、死",从不同的角度看,有时可归入行为动词,有时也可以归入结果动词。

非自主结果动词进入"V不了"格式,也使该格式得出认识情态的意义。如:

(25)我们共同想办法,人是保证丢不了。(张辛欣《北京人》)

(26)只要我们较劲,这个国家就垮不了。(王朔《刘慧芳》)

(27)只要有他,我就砸不了;没他呀,我准玩完!(老舍《四世同堂》)

这种非自主结果动词组成的"V不了"格式还有：

（好烟好茶还）缺不了（你的）｜（太阳还）落不了（山）｜暴露不了｜
爆发不了｜出不了（三四年）｜出不了（名）｜倒不了｜到不了｜掉不了
｜断不了（联系）｜发现不了｜混不了｜烂不了｜裂不了｜漏不了｜落
不了｜灭不了｜破不了｜破裂不了｜散（sǎn）不了｜散不了（伙）｜伤
不了（感情）｜逃不了（这个灾厄）｜吐（tù）不了｜完不了｜亡不了｜
泄露不了｜遗失不了｜炸不了｜知道不了（真相）｜肿不了

至此，我们分析了几类非自主动词进入"V不了"格式时，这个情态格式的情态表达情况：非自主动词一般没有意愿成分包含其中，所以，这个情态格式也一般只解释为认识情态，表达对这个非自主动词表示的事件实现可能性的否定推测。

3.5　[–自主]而[意愿]

要注意的是，非自主动词有时可能带上[意愿]语义要素。即虽然是非自主的，但却可能赋予说话人或句子主语意愿。在这种情况下，"V不了"格式也可能表达动力情态意义，表示无[能力]施行该动词表示的行为。也就是说，在对情态的解释上，事件的[意愿]特征比[自主]特征影响要大。

非自主动词"醒"一般来说是[–意愿]的，但在特定的语境下，也可能获得[意愿]特征，例如：

（28）a. 麻醉后两三个钟头之内<u>醒不了</u>。

　　b. 半夜两点我可<u>醒不了</u>。（孟琮等《动词用法词典》）

在（28a）中，"醒"是[–自主][–意愿]的，这时，"醒不了"是"不可能醒"，表认识情态。但是，有时候，有某种外力会要求某一主体"醒"，这时，"醒"虽然是[–自主]的，却是有[意愿]的，这时说话人（在此句中即指主语)要"醒",但是"无法醒","醒不了"表示的是无[能力]醒,是动力情态,如(28b)。

说(28b)时,有一个前提,即说话人被要求"半夜两点醒",使得[−自主]的"醒"带上[意愿]特征,即因为外力的强迫,使"醒"此时成了一种有意为之的行为,而这个"醒不了"也就成了无[能力]"醒",是动力情态。

再比如说,"毕业"被认为是非自主动词,但是"毕业"却是一个[意愿]动词,所以,"毕不了业"一般都是说"无法毕业","不可能毕业"只是从"无法毕业"推导出来的。如:

(29)成绩不好毕不了业,当不成医生,穿不上四个布袋的军官服,郁臣就亏大了,更不要说寻找漂亮的女孩子了。(毕淑敏《最后一支西地兰》)

从"醒""毕业"两例的分析可以初步看出,虽然是非自主动词,但是只要非自主动词带上[意愿]这种语义特征,"V不了"也能解释为动力情态。

4. 消极事件

与非自主动词相对的是自主动词。自主动词出现在"V不了"格式中时,动词的自主性特征会使动词产生意愿性特征,这种意愿性特征使得"V不了"格式一般取动力情态无[能力]的解释,如"吃不了这么多""喝不了这瓶酒"都是从[能力]的缺失这种动力情态的角度来说的。但是当自主动词具有负向或消极的社会特征时,即使是自主动词也可能解释为认识情态"不可能"。如:

(30)这个人很实在,装不了假。

(31)您放心,我骑车撞不了人。

"装假、撞人"是自主行为,如果有这么一个特定的语境,在这个语境中要求主语"装假、撞人",那么当说话人告诉别人,他"装不了假、撞不了人"时,是说他"无法"实现这两个事件,如"你叫他装假,他也装不了假"。问题在于,在"正常"的语境中,人们不会有[意愿]去实施"装假、撞人"这些可以带上自主性的行为。也就是说,一般说来,人们实施这类行为时,总是违背正常人的意愿的,这些动词也就具有[-意愿]的特征,所以此处的"装假、撞人"也就不会作"无法装假、无法撞人"的动力情态解释,而倾向于作"不可能装假、不可能撞人"的解释。

下面的一些例子是具有明显的[-积极]意义的自主动词生成的"V不了"格式,也都表示"不可能"的认识情态意义,如:

(32)老杨,他坑不了你,都有我呢!(老舍《茶馆》)

(33)我可以拼成被罩,一点都糟蹋不了。(毕淑敏《转》)

(34)老钱是个勤快人,办事偷不了懒。(孟琮等《动词用法词典》)

这些句子的"V不了"格式中的动词都是自主性动词。可是,因为这些动词表达的事件都具有消极的特征,所以在一般的社会情境中,普通人不会有意去施行这类"不好"的行为,从而表现出[-意愿]特征。这也就是消极义动词进入"V不了"格式后会取认识情态解释的原因。也就是说,在一般的情况下,负向义动词进入"V不了"格式,会使这个格式取认识情态的解释。

但是,当这种所谓的负向动词临时带上[意愿]义时,这一格式也会得到动力情态的解释。如:

(35)我告诉你,宁宁这孩子,你让她输她都输不了。(《北京人在纽约》)

与"输"相对的正向义动词"赢"出现在"V不了"格式中时,这个格

式一般表示无力、无法、无条件"赢",是从动力情态上说的,如:

(36)我是想让他赢,可他<u>赢不了</u>,除非我不走子儿了,等着他吃。

(王朔《过把瘾就死》)

因为"赢"是[+积极]义动词,与[意愿]有天然的联系,所以"赢不了"一般取动力情态解释。与此相对应的是,"输不了"一般具有认识情态意义。但在(35)中,因为临时带上意愿意义,所以,这时的"输不了"也可以解释成"无法做到输",即解释为动力情态。

另一个极端的例子是"死"。"死"当然是典型的负向义动词,但是,在某种"求死"的情境中,"死"也是有意愿的,这时,"死不了"也会有"无法'死'"这种动力情态意义的解释,如(37)。

(37)他们都吃了大量的安眠药,好像怕<u>死不了</u>似的,又都吊在了厨房的门梁上。(王朔《许爷》)

5. 无生主语

如果主语是[−有生]的,句子中的"V不了"也容易取认识情态的解释,因为无生主语在一般的语境中与意愿无关。如:

(38)今天<u>下不了</u>雨。(孟琮等《动词用法词典》)

(39)我看明天还<u>晴不了</u>。(孟琮等《动词用法词典》)

(40)你打过预防针,这种病<u>传染不了</u>你。(孟琮等《动词用法词典》)

但是,有时候很难说是说话人在推测什么,如:

(41)节气没到,谷子<u>抽不了</u>穗儿。

也可以说是"谷子"的特性,或者说是这些物质出现某种状态所需要的[条件]还没有出现,从这个角度去理解,这些句子也可解释为动力情态。

即使是"人"，如果说的是此"人"的习性，也会有"无生主语"一样的表现，如：

(42) 在平日，冠家的人起不了这么早。（老舍《四世同堂》）

因为"在平日"的时间定位，所以使这个句子带有表示"习惯"的意义。这时的"V不了"也可呈现为认识情态。

6. 结　语

情态格式"V不了"表达认识情态，有一定的句法要求。最关键的一点是，"V不了"中的V表达的事件一般都有非意愿的特征。

当V为静态动词时，因为静态的均质特征，人们一般无法施以意愿之力来改变这种动词表达的静态事件，表现出无意愿的特征。分析表明，V为形容词或静态动词时，"V不了"格式会表达认识情态。只有特殊的语境使静态的形容词临时表现出意愿特征时，"V不了"才可能表达动力情态。

当V为非自主动词时，动词表达的事件一般也没有意愿特征。我们详细列举了可以出现在"V不了"中的各类非自主动词：隐现动词、变化动词、行为动词、结果动词等，这些动词出现在"V不了"中时，由于它们表达的事件的非意愿特征，"V不了"表达认识情态。在对情态解释的影响上，动词的自主性虽然是一个非常敏感的特征，但动词的意愿性显然在控制力上高于自主性。

当V表达的是消极事件时，"V不了"也会有认识情态的解释，因为在一般的社会环境中，没有人有意愿去使消极事件成真。

句子主语的无生特征同样可以导致"V不了"解释为认识情态，原因在于，无生主语与所谓的意愿无关。

本文的分析表明,事件的意愿特征在"V 不了"情态格式的情态意义呈现过程中有决定性的作用,只要该构式中的句子表达的事件具有意愿特征,"V 不了"就倾向于解释为动力情态,而事件表现出非意愿意义时,"V 不了"则倾向于呈现为认识情态。以上分析还表明,意愿性是高度语境依赖的语义特征,以文化模型为核心的认知语境会对动词的意愿性产生影响,从而使动词带上意愿或非意愿的特征,进而影响该动词所处的"V 不了"情态构式的语义解释。

参考文献

戴耀晶, 1997,《现代汉语时体系统研究》,杭州:浙江教育出版社。

黄文龙, 1998,《"V 不了"的否定焦点与语法意义浅析》,《湘潭师范学院学报》第 5 期。

柯理思, 2005,《[形容词 + 不了]格式的认识情态意义》,《汉语语法化研究》,北京:商务印书馆。

李宗江, 1994,《"V 得(不得)"与"V 得了(不了)"》,《中国语文》第 5 期。

林可, 2001,《析"V 得动/不动"与"V 得/不了"》,《广西大学学报(哲学社会科学版)》第 6 期。

马庆株, 1988,《自主动词和非自主动词》,《中国语言学报》第 3 期。

孟琮等, 1987,《动词用法词典》,上海:上海辞书出版社。

彭利贞, 2005,《现代汉语情态研究》,复旦大学博士学位论文。

彭利贞, 2007a,《现代汉语情态研究》,北京:中国社会科学出版社。

彭利贞, 2007b,《论情态与"着"的分化》,《语言研究》第 2 期。

彭利贞, 2007c,《现代汉语情态认知研究》,浙江大学中国语言文学博士后流动站出站报告。

张旺熹, 1999,《汉语特殊句法中的语义研究》,北京:北京语言文化大学出版社。

Coates, J. 1983 *The Semantics of the Modal Auxiliaries*. London & Canberra: Croom Helm.

Palmer, F. R. 1979 *Modality and the English Modals*. New York: Longman.

Palmer, F. R. 1986 *Mood and Modality* (1st edition). Cambridge: Cambridge University Press.

Palmer, F. R. 2001 *Mood and Modality* (2nd edition). Cambridge: Cambridge University Press.

Vendler, Z. 1967 *Linguistic in Philosophy*. Ithaca: Cornell University Press.

非意愿与"非 Vp 不可"的认识情态表达[*]

彭利贞

1. 引 言

"非 Vp 不可"是现代汉语中使用频率很高的情态构式,它有丰富的表义功能。"非 Vp 不可"是"非……不……"构式中具有代表性的凝固构式。

不少学者(徐复岭,1981;许维翰,1981;邵敬敏,1988b;贾甫田,1990;张谊生,1992;黄永健,1995;朱志平,1995;董金明,2000;程晓明,2001;李卫中,2002;杨玉玲,2002;高晓梅,2003;完权,2006)都对情态构式"非 Vp 不可"表达的意义进行了分析和归纳,并在此基础上进行了分类。综合来看,对这一构式的认识主要有:"非 Vp 不可"格式用"非"否定"Vp",再用"不可"指出"没有这种动作、行为、事物是不行的或不可能的";"非 Vp 不可"一般常有"不是好的结果"等言外之意;"不可"脱落的用法已经渐趋普遍,这时"非"独自承担"必须"之类的意义;"非 Vp 不可"是一种以双重否定表示强调的句子,强调的重点是在"非"字后的第一个语言成分。

程晓明(2001)把"非 Vp 不可"构式的意义归纳为下面几点:A. 表

---

* 本文原载于《华文教学与研究》2020 年第 3 期。

示事态发展将一定会这样；B. 表示客观情况逼迫，不得不如此；C. 表示完成某事所需的必要条件；D. 表示强烈的愿望或不可动摇的决心。

张谊生（1992）的归纳比较简明，我们可以把他归纳的三种意义称为"必欲""必要""必然"。杨玉玲（2002）对张文的这三种意义作了进一步的解释性阐述：A. 表达不可动摇的主观愿望，即强调主观要求的不可更改和主观决心的不可动摇；B. 表达必然发生的推测结果，即指推测结果不可避免，必然发生；C. 表达必不可少的客观要求，即强调从道理、情理上看必须这样做或者做事必须有某人或某物才行。

王灿龙（2008）将"非 Vp 不可"的表达视角区分为"当事人视角"（agent-oriented）和"言者视角"，并进一步区分出三种语义，即"当事人意愿""言者意愿"和"言者推断"，可对应于张谊生（1992）、杨玉玲（2002）的［必欲］（主体意愿）、［必要］（言者发言的道义）和［必然］（言者的必然性推断）。就像王灿龙（2008）文中所言，凡是表示言者意愿的，一般都能用"一定""必须"等来改写，凡是表示言者推断的，一般都能用"肯定""会"等来改写；凡是表示当事人意愿的，一般都能用"一定要""愿意""坚持"等来改写。

我们把"非 Vp 不可"看作一种凝固化的情态构式，而且它与多义情态动词（Palmer，1979，1986，2001；彭利贞，2007）一样，是一个多义的情态构式，它可以表达认识情态［必然］、道义情态［必要］和动力情态［意愿］，不过这种意愿是极度强烈的意愿，可以叫作［必欲］。

已有的文献关注这个构式表达的不同意义，但对表达不同意义时所出现的句法环境较少论及。虽然正如王灿龙（2008）所说，"视角"这种语用因素对"非 Vp 不可"的表义有直接的影响，但是，在语言系统内部，语言符号本身的一些特征还是能在一定程度上决定"非 Vp 不可"的语义表达。

"非 Vp 不可"在表达不同的情态意义时,对句法环境有特定的要求。"非 Vp 不可"构式在表达动力情态和道义情态时,要求其中的动词或句子表达的事件带有[+意愿]特征,而它表达认识情态时,则要求其中的动词或句子表达的事件具有[-意愿]特征。

本文拟考察"非 Vp 不可"构式在表达认识情态时的特殊句法要求,给出"非 Vp 不可"表达认识情态的句法条件,并从[-意愿]与[-意愿]对立的角度来解释这些句法条件。

2. 情状的静态特征

在动词的情状分类(Vendler,1967;戴耀晶,1997)中,动态与静态是一对非常重要的概念。动态情状的内部是异质的,静态情状的内部是均质的。

具有静态情状的谓词表达的事件,因为事件的内部均质性,人们的意愿之力一般对它无可奈何,或者说,具有静态情状特征的谓词表达的事件,人们很难用意愿之力去改变它。表现在"非 Vp 不可"情态构式的情态解释上则是,当"非 Vp 不可"中的主要谓词是静态谓词时,"非 Vp 不可"一般会得出认识情态的解释。如:

(1)广告专贴在公共厕所里,非糟不可。(老舍《开市大吉》)

(2)民主只能逐步地发展,不能搬用西方的那一套,要搬那一套,非乱不可。(《旗帜鲜明地反对资产阶级自由化》)

(3)假使这个海是人海,诗人非耳聋头痛不可。(钱钟书《一个偏见》)

(4)他觉得高第这一声呼叫极有价值,否则他又非僵在那儿不可。(老舍《四世同堂》)

这些例子中的"非 Vp 不可"中的谓词,都是具有静态情状特征的动词或形容词,这些谓词都表达一个静态事件,"非 Vp 不可"在这些句子中都表达对这些静态事件在将来时间的假设情境中必然出现的推断。

值得注意的是,具有静态情状特征的谓词在一定的句法环境中会获得动态意义。比如,下文句子中的"破"本来是静态的,但是后跟宾语时,可作"使动"理解(彭利贞,1993,1995),这时,谓词"破"带上了动态特征,并因此带有意愿义,而"非 Vp 不可"构式也就要作道义情态[必要]解释。如(5a):

(5)a. 看来,非破堤不可。(汪曾祺《岁寒三友》)

　　b. 看来,堤非破不可。

对比一下相应的(5b),可以看得更清楚。(5b)的"破"是静态的,所以在这个句子中,"非 Vp 不可"仍然有认识情态[必然]解释。

这种"自动"与"使动"上的对立,表现在意愿上,"自动"更容易出现非意愿的情形,而"使动"则一般表现为有意愿。在谓词表现为无意愿的情况下,"非 Vp 不可"就会有[必然]的解释。

3. 动词的非自主特征

3.1 [自主]与[意愿]

动词的[+自主]与[−自主]是一对重要的语义特征。马庆株(1988)曾讨论过自主动词与非自主动词出现在助动词之后时对助动词的选择问题。他说,出现在"肯""值得"之后的是自主动词,非自主动词不能出现在"肯""值得"之后。他还说,自主动词和非自主动词出现在"可以、会、能"之后时，这几个助动词的意思会受后面的动词影响，后面的动词是自主动词时，前面的"可以、会、能"既可以表示有可能，又可以表示有能力；后面的动词是非自主动词时，这些助动词就只表示有可能。除了对"可以"这一根情态（Coates，1983：20）动词的认识不够完整外，马庆株（1988）的分析是完全正确的。

非自主动词不能出现在"肯"之后，原因在于"肯"表达的动力情态[意愿]与非自主动词的[-自主]语义成分在语义结构上出现了矛盾，即"肯"是[+意愿]的，而非自主却是[-意愿]的。

"会、能"之后跟非自主动词，"会、能"解释为认识情态[可能]。这是因为"会、能"解释为动力情态[能力]、道义情态[义务][许可]时，也要求其后的动词能接受主体的[意愿]，而非自主动词表现为[-意愿]，也与其存在概念结构上的矛盾。

"可以"并不能像"会、能"一样表示主观推断或推测的"可能"性。马庆株（1988）的举例中，"可以"在"可以忘"中应该解释为道义情态[许可]；在"可以懂""可以考上"中应该解释为动力情态[能力]，即有某种客观的[条件]"懂"和"考上"；"可以病死"这种组合的合法性存疑，即使存在，"可以"也只能解释为[许可]，与"可以忘"一样，一般多以否定形式"不可以病死""不可以忘"出现。马庆株（1988）的举例显示，典型的非自主动词"塌"，可以与"会"组合，但不能与"能"和"可以"组合。看起来"能"与"可以"的表现一样。其实不然，"能"在满足语气条件（比如疑问语气）的情况下，是可以有"能塌吗"这种组合的，而"可以"不管在何种情形之下，都很难出现"可以塌"这种组合。

也就是说，从"可以"与非自主动词组合的实际来看，非自主动词有时候也可以让与之组合的情态动词得出非认识情态，如马庆株（1988）的"考上"：

能考上　　应该考上　要考上　得(děi)考上

必须考上　可以考上

想考上

这些组合表明,非自主的"考上"与多义情态动词同现,"能"表示[能力],"应该"表示[义务],"要"表示[必要],"得(děi)"表示[必要],都是非认识情态。"考上"与"必须""可以"的组合表明,这个非自主动词还可以与只表根情态的情态动词同现。

出现这种组合的原因是,"考上"可以与表示主动[意愿]的"想"同现,也就是说,"考上"虽然具有[-自主]的特征,但也有[+意愿]的语义特征。正是"考上"的这种[+意愿]特征,使得它与情态动词组合时,情态动词可以表达非认识情态的意义。

在解释动词的自主性特征对情态构式的情态表达的影响时,意愿性比自主性更有权重,或者说,意愿性高于自主性。换句话说,有[+自主]特征的动词,蕴含了[+意愿],但具有[+意愿]特征的动词或动词短语,却不一定非有[+自主]特征不可,因为[-自主]动词也可以是[+意愿]的。

比如,"考上"和"考砸"都是非自主的,但前者是[+意愿]的,后者是[-意愿]的,在"考砸"与情态成分结合时,情态成分的情态解释就呈现另一种局面。

能考砸(吗)　应该考砸　要考砸　得(děi)考砸

*必须考砸　*可以考砸

*想考砸

在"考砸"与多义情态动词的组合中,多义情态动词解释为认识情态;"考砸"一般不与只表根情态的情态动词同现;在一般的情境中,不存在"想考砸"的组合。证明"考砸"与[+意愿]相斥,也就是说,"考砸"作为非自主动词短语是[–意愿]的。

"考上"与"考砸"出现在"非 Vp 不可"中,让该情态构式得出的情态解释与前面的分析结果具有平行性:

非考上不可:一般解释为道义情态[必要],有时也可以解释为认识情态[必然]。

非考砸不可:一般解释为认识情态[必然]。

所以,下面的分析,不但要考虑动词成分的[自主]特征对"非 Vp 不可"情态解释的影响,还得考虑动词成分的[意愿]特征。

我们可以将出现在"非 Vp 不可"中的非自主动词或动词短语分成如下几个小类来说明。

3.2　非自主隐现动词或动词短语

有些非自主动词表示某种现象的出现或消失,如:

(6)这小妖精一来,非出事不可。(谌容《献上一束夜来香》)

(7)两人推推搡搡地抢起左轮枪来。要不是小陈发现得及时并不由分说缴了他们的械,那天晚上非出人命不可。(都梁《亮剑》)

(8)再说性别差异有一千个、一万个存在、绵延的理由,却找不到一个、半个让它"消失"的根据,为什么下个世纪它非要"消失"不可呢?(《人民日报》)

这些句子中,"非 Vp 不可"构式中的 Vp 或表示"出现",或表示"消失",具有非自主特征。这些句子中的情态构式"非 Vp 不可"表达认识情态[必然]。

3.3　非自主变化动词

有些动词或动词短语表示变化,这种变化是非自主的,如:

(9)幸亏田雨当时在家,她用水浇灭了火,不然非<u>酿成</u>火灾不可。（都梁《亮剑》）

(10)所以说,我说再弄下去我非<u>成</u>精神病不可。（王朔《玩儿的就是心跳》）

(11)我看小刘你危险啊,你非<u>变成</u>资产阶级不可!"（刘林《瞎老胡》）

这些句子中,"非 Vp 不可"构式中的"成、变成"是非自主的变化动词,这些"非 Vp 不可"构式也都表达认识情态[必然]。

3.4 非自主行为动词

有些行为是非自主的,表现为非自主行为动词,如:

(12)你不知道,今年要是鸦雀无声的过去,他老人家非<u>病</u>一场不可!（老舍《四世同堂》）

(13)叫妹妹看见,她非<u>生气</u>不可。（老舍《小坡的生日》）

(14)往前迈一大步,那支高而碍事的鼻子非<u>碰</u>在老太太的小汗伞上不可。（老舍《二马》）

(15)杨妈深知这一层,如若午睡起床不喝"醒茶",金老爷子非<u>犯</u>半天儿糊涂不可。（陈建功、赵大年《皇城根》）

(16)我把各国使节全杀了,晋国非<u>闹</u>外交危机不可,到时候你们哭来都来不及。（冯向光《三晋春秋》）

这些"非 Vp 不可"构式中的动词或动词短语都表示一种非自主的动作、行为或状态,"得(病)、发疯、后悔、乱撞、闹肚子、闹外交危机、生气、摔跟斗"等词语也是这样。因为这些动词的非自主特征,这些"非 Vp 不可"构式都得到了认识情态[必然]的解读。

3.5 非自主结果动词

有些非自主动词,还具有[结果]的情状特征,即这些动词表示的状态一出现,就表现为某种结果。"非 Vp 不可"中出现这种典型的非自主动词时,这个情态构式一般也会呈现为认识情态[必然]。如:

(17) 工厂再这样办下去非垮不可!(刘春昭《我的故事》)

(18) 作家找作家,非崩不可。(王扶、洪梅《中彩》)

(19) 可是,要是唱的人没有这一门嘴皮子上的功夫,那就八成儿非砸不可。(老舍《鼓书艺人》)

(20) 买件衣服,扣子都得重新钉,否则非得掉不可。(《人民日报》)

(21) 她去了非死不可!(老舍《二马》)

(22) 你不当书记大赵庄非乱套不可。(蒋子龙《燕赵悲歌》)

这类结果动词我们还找到"败、迟到、垮、垮台、漏底、失败、塌、完蛋"等。

以上分析表明,而又无[意愿]特征的非自主动词,进入"非 Vp 不可"构式,会使该情态构式得出认识情态[必然]义。

4. 消极事件

有些事件在一般的语境中具有[负向]或者[消极]义,即在一般的社会环境中、在语言的使用也没有调侃之类的特殊目的时,这些事件被认为是不好的,是应该尽量避免的。这类事件,自然与意愿在概念结构上存在矛盾。也就是说,这类事件都可以认为具有[-意愿]特征。当"非 Vp 不可"中出现这类事件时,这个情态构式一般取认识情态[必然]的解释。如：

 (23)要是潜伏哨兵手里有支可以连发射击的冲锋枪,那特工队非 吃大亏不可。(都梁《亮剑》)

 (24)决不能按照书里讲的操作,否则,非赔钱不可。(《人民日报》)

 (25)连赔偿带手续费,他非破产不可!(老舍《二马》)

 (26)现在到农村去,谁要是凭衣帽断定人家的身分,非上当不可。

  (蒋子龙《燕赵悲歌》)

 其实,前文讨论的"非 Vp 不可"中的非自主动词,很多也可以纳入[+负向]或[−积极]这个语义范畴中。下面是我们在语料中找到的一些这类 Vp:

  板半天脸、暴跳如雷、打起来、斗、堵塞交通、犯错误、搞独裁、进精神病院、骂大街、骂人、抹脖子、闹、闹大(事情)、闹事、弄错、拍着桌子骂、判死刑、破财、屈才、去杀人放火、杀你的头、上吊、生我的气、失眠、捅死几个人、泻肚子、心脏停跳、张冠李戴、找你算账、抓瞎、走过场、自杀

 这些动词或动词短语表达的事件都是消极的,也是一般人无意为之的,而这些动词或动词短语进入"非 Vp 不可"构式时,该构式都会取认识情态[必然]的解释。

5."把"字句

 "把"字句的核心意义是"处置",具有典型的动态特征。"把"字句因为要对"把"的宾语进行"处置",所以典型的"把"字句的动词一般都具有[自主]特征。但是,处置的结果对人们来说可能是积极的,也可能是消极的。当处置的结果具有积极意义时,"非 Vp 不可"构式作道

义情态或动力情态解释；反之，"非 Vp 不可"构式则作认识情态意义。如"非把车修好"一般是[必欲]或[必要]，而"非把车修坏"一般则是[必然]。

下面是一些处置结果呈现[-积极]或[+负向]意义的"把"字构式出现在"非 Vp 不可"构式中的例子：

(27) 他不礼貌，你也来个毫不客气，这样，非把矛盾激化不可。

（李春波《劝导说服的艺术》）

(28) 它只会咬，不会放，非把你的手指咬断不可。（高建群《大顺店》）

(29) 这一枪要是戳中了，非把父亲戳个透心凉不可。（高建群《大顺店》）

(30) 幸亏没穿鞋，不然非把鞋底跑个大窟窿不可！（老舍《小坡的生日》）

(31) 只有等着星星出来才敢往回游，要是天气变坏，就得在石头上过一夜，非把我冷出病来不可……（王小波《绿毛水怪》）

"把矛盾激化、把你的手指咬断、把父亲戳个透心凉、把鞋底跑出个大窟窿、把我冷出病来"等，都是处置的结果不合人们的意愿，这些句子中的"非 Vp 不可"都解释为认识情态[必然]。下面是其他一些在"非 Vp 不可"中 Vp 为处置结果不如意的"把"字构式。

把会闹散、把老本赔光、把你造成艾滋病、把事办砸、把他乐死、把他压"黄"、把胃吐出来、把我推入沟壑、把药柜子翻个个儿

处置结果的不如意，有时候与说话人的视角有关。比如，在下面的句子中，"敌人杀我们"的"把"字构式的处置结构自然是负向的，从而也是非意愿的，因此"非 Vp 不可"有[必然]义，如(32a)。但是，换一个视角，"我们杀敌人"，"非 Vp 不可"情态解释就不会有[必然]义，而会取[必要]或[必欲]义，即(32b)。

(32)a. 我想起小蝎的话:"敌人非把我们杀尽不可!"(老舍《猫
城记》)

b. 我想起小蝎的话:"我们非把敌人杀尽不可!"

所以,处置结果的如意与否,跟句中说话人的视角有密切的关系。

6. 被 动

从主语跟"非 Vp 不可"中的谓词的语义关系来说,在主语为受事
时,主语与动词处于被动的关系之中。这种关系,有时在句法表层上表
现为被动句,可以从中找到被动句的典型标记"被、叫、让、给"等;有
时,谓词短语有[遭受]的语义特征,其中包含有动词"挨、遭、受"等,从
这些动词或谓词性语素也可以识别"被动"义;有时这种"被动"义在句
法表层上无法识别,但从主语的受事角色可以看出这种"被动"意义。

主语处于被动地位,对事件无法施以控制之力,也无从对事件施加
意愿之力,这也是一种[−意愿],即主体无意愿实施这件事。一般认为,
现代汉语典型的被动句都有让主语受损的隐含意义,而这种隐含意义
与此处所谓的[−意愿]在概念结构上是吻合的:让自己受损的事件,一
般人当然无意愿去施行。

6.1 被动句

有些句子的"被动"是由典型的被动句表现出来的,如:

(33)她的功课,已经越来越跟不上了,她知道这样下去,她<u>非得被
淘汰不可</u>。(百合《哭泣的色彩》)

(34)那小子回身抄起一根大木棒就来劈我,吓得我拼命往外跑,
他还紧追不放,要不是把门的老罗头过来拦着,我<u>非给他劈</u>

死<u>不可</u>呀。（徐坤《白话》）

(35) 又一看老方的神气：哼，不跟着他上古洞，今儿个晚上<u>非</u>叫他给解剖了<u>不可</u>！（老舍《旅行》）

(36) 我们的好事<u>非</u>让您弄坏<u>不可</u>。（邹志安《哦，小公马》）

这些句子都是从句法形式上可以得到识别的被动句，被动标记介词"被、给、叫、让"或者引出了施事，或者将施事隐去。这里的"非 Vp 不可"构式表示句子的"受事必然被施行某种行为""受事主语必然有某种不好的遭遇"的意义，它表达的情态是认识情态[必然]。下面是一些别的用例：

非<u>被</u>小舅摔散了架<u>不可</u>、非<u>给</u>唬住<u>不可</u>、非<u>叫</u>敌人兜着脖子打倒<u>不可</u>、非<u>叫</u>小娟<u>给</u>蹬了<u>不可</u>、非得<u>让</u>日本人<u>给</u>灌醉了<u>不可</u>、我家<u>非</u>全<u>给</u>弄死<u>不可</u>

6.2　被动意义的动词短语

有时候，句子的被动意义不是由典型的被动句表现出来，但可以从"非 Vp 不可"构式中的动词的语义成分上看出。如：

(37) 厂长，算了吧，你这话要是让工人听了，非得<u>挨</u>揍不可。（谈歌《大厂》）

(38) 这人真缺德，日后非<u>遭</u>报应不可。

(39) 假若钱少爷和日本人冲突，那就非也<u>被</u>捕不可。（老舍《四世同堂》）

这些句子中，"非 Vp 不可"中的动词或动词短语结构中都含有"挨、遭、被"等词或语素，这些成分具有被动意义的标记作用，从这些语素中，可以读出这些句子的被动意义。这些句子中的"非 Vp 不可"构式，也都表示句子的主语[必然]会有某种被动的遭遇。

6.3 意念被动句

有的句子的被动意义从句法或词汇的形式上无法得到识别,但分析句子的语义结构,可以知道这些句子都是语义上的受事主语句,也就是说,这些句子都是意念上的被动句。如:

(40)现在当然不能去见金老爷子啦,这副模样,<u>非骂出来不可</u>,没准儿还得挨他两拐杖呢。(陈建功、赵大年《皇城根》)

(41)我告诉你,假若他们老占据着这座城,慢慢的那些短腿的医生会成群的往咱们这里灌,我就<u>非饿死不可</u>!(老舍《四世同堂》)

(42)他要知道这表只花了他不到二十块,<u>非气出病来不可</u>。(季宇《县长朱四与高田事件》)

(43)不行,你这样<u>非冻出病不可</u>。(高昑《七个大学生》)

(44)光有路条也不行,还得有老婆和孩子,若是我一个人<u>非扣住不可</u>。(张正隆《雪白血红》)

这些句子都是意念上的被动句,即动作和行为的发出,不是出于主语自身的意愿动力,而是由于某种外力的强迫。这些句子中的被动意义的存在,可以通过添加表示被动的介词得到证明。

下面的句子也是意念被动句,虽然并不一定能补出被动标记。

(45)我的老命<u>非断送在她的手里不可</u>!(老舍《火葬》)

总之,不管是何种形式表达的被动意义,都使"非 Vp 不可"构式表达认识情态[必然]意义。其原因主要是,被动意义与[意愿]在概念结构上是一对矛盾。从被动意义推导出来的[-意愿],是导致"非 Vp 不可"构式得到认识情态[必然]意义解释的内在原因。

6.4 遭受义构式

下面的句子虽然不是被动句,但是"V 你(量 Np)"构式却有让

"你"遭受某种不幸的语用意义,因为这种构式表达的其实是一种"威胁"。所以,如果"非 Vp 不可"中出现这类构式,"非 Vp 不可"也会得到认识情态[必然]的解释。如:

(46)谁要是和他打交道,非粘你一层皮不可!(张植信《道德书简》)

(47)讲不出理,那就算是犯到他手里了,非撸你个茄子皮色不可。

　　　(张正隆《雪白血红》)

(48)他的拳头松开了,胳膊放下了,哼了一声说:"不看我爸爸的

　　　面子,非揍你一顿不可!"(浩然《弯弯的月亮》)

(49)办案人员也有逆反心理,说情的人越多越说明你有问题,非

　　　查你狗日的不可。(张欣《婚姻相对论》)

这些句子中"非 Vp 不可"里的动词应该说都是有[意愿]的。但是这个意愿与说话人和听话人无关,而是来自第三方,对说话人,特别是对听话人来说,这种事件是被第三方意愿强迫的结果。对说话的双方,特别是听话人"你"来说,是被迫遭受的反意愿事件,这也是这种构式具有"威胁"的语用意义的原因。

7. 现实事件

"非 Vp 不可"中的 Vp 为动词短语时,动词短语有时可带上时体标记。

我们发现,"了"出现在这种动词短语中,与它跟情态动词同现时的情形(彭利贞,2007)一样,即出现在此处的"了"有两种情形,一种是标记现实体的"了₁"(戴耀晶,1997),一种是标记动作结果的"了₃"(马希文,1983)。而这两种"了"与"非 Vp 不可"的情态解释大致也有对应:当"了"是"了₁"时,"非 Vp 不可"得到[必然]的认识情态解释;当

"了"为"了₃"时,"非 Vp 不可"则会得到[必欲]的动力情态或[必要]的道义情态解释。

"非 Vp 不可"中的 Vp 出现"了₁"时,因为"了₁"标记了一个现实事件,人们无法再改变这种事件,意愿之力对这类事件不能再施加影响。对于这类事件,从有意和无意的区别看,它们处于无意的状态。这时,"非 Vp 不可"得到认识情态[必然]的解释,说话人认为动词结构表达的现实事件的发生具有必然性。

值得注意的是,这种"非 Vp 不可"中的动词短语表达的事件,虽然以"了"标定为现实事件,但在现实世界中并未真正发生。从这种角度看,"非 Vp 不可"表达认识情态[必然]时,带有反事实的性质。因为这类心理空间的现实事件与现实世界没有必然的对应,所以,表现在时间指向上,这类现实事件可以指向绝对时的将来,也可以指向非将来,还可能是泛时的。例如,下列句子中"非 Vp 不可"构式中的现实事件的时间指向将来。

(50)你这一穿中国衣裳,唱中国曲,她非喜欢坏了不可!(老舍《二马》)

(51)张大哥要是一盘问我,我非说了不可,非说了不可!"(老舍《离婚》)

(52)失去伪装,这个世界非乱了不可。(刘恒《白涡》)

(53)这样下去非成了书呆子不可。(鲁健骥《初级汉语课本》)

(54)再喝,非醉了不可。(卢晓逸等《初级口语》)

(55)再这样"一等战备"下去我精神非得垮了不可。(张欣《梧桐,梧桐》)

以上这些句子中"非 Vp 不可"的 Vp 表示的事件,从时间指向看,指向的是将来,也就是说,以说话时间为参照,在说话时间之前,事件没有成为现实。说话人通过假设，推断在某种假设的条件下，某事件在将来时间中［必然］发生。

下面的句子中，"非 Vp 不可"中事件的时间指向可以看成是非将来的，即在说话时间或说话时间之前，事件已经成为现实。

(56) 那个时候你要有了马列主义，我刘伯承就该倒霉了，非捉了俘虏不可。（权延赤《领袖泪》）

(57) 她特意沏的马先生给的茶叶，要不是看着这点茶叶上面，她非炸了不可。（老舍《二马》）

(58) 我要是不带走他，他也没命了，非给打烂了不可。（冯骥才《一百个人的十年》）

(59) 换了旁的县官，非打断了你的双腿不可。（张健声《评书聊斋志异》）

从语境因素可以知道，这些句子说的都是发生在过去的事件，说话人是在对过去的事件进行回想。实际上，"非 Vp 不可"中 Vp 所表达的事件在现实世界中并未真正发生，说话人是在假定的与过去相反的条件下推断。在这种假定的条件下，某事件的发生具有［必然］性。从这种角度上看，这些句子也都具有反事实的性质。

还有一种情形，与时间没有直接的关系，即说话人认为在某种假设的条件下，不管在哪种场合，"非 Vp 不可"中 Vp 所表达的事件都必然发生。从时间指向的角度考虑，这些事件则是泛时的，带有一种习惯事件的性质。如：

(60) 火候不到便揭锅，非把饭做夹生了不可。（李春波《劝导说服的艺术》）

彭利贞（2007）认为，"了"的不同变体与多义情态动词同现时，会要求与表达某种特定情态的情态成分同现。比如，现实体"了₁"要求与表达认识情态的情态成分同现;"了₂"与情态成分同现时,指向情态本身,表示情态的出现或变化,且"了₂"与多义情态动词同现时,有一种强烈的倾向,即它要求与之同现的情态动词表达根情态;"了₃"附加在动词之后,起着表示动作结果的作用,"V了₃"相当于一个动结式,"了₃"不与"了₁"或"了₂"交叉重合时,要求与之同现的情态成分表达根情态。在这一点上,"了"的变体对情态构式"非Vp不可"的情态解释的影响和对多义情态动词情态解释的影响是一致的。

前文那些句子中的"了"都是标记现实体的"了₁",而那些"非Vp不可"构式都表达认识情态[必然]。下面的"非Vp不可"构式中的"了"都是表示结果补语意义的"了₃",而这些情态构式"非Vp不可"一般都得到动力情态[意愿]([必欲])的解释。

下面句子中的"非Vp不可"构式表达动力情态绝对[意愿],即[必欲]。

(61) 你还撕。等你半夜睡着了,我非给你倒了不可。(曹乃谦《铜瓢铁瓢瓮上挂》)

(62) 不,我非吃了不可,我得回家睡觉去。(曹禺《日出》)

(63) 他想着她,同时恨自己,着急而又后悔:"非忘了她不可!"(老舍《二马》)

(64) 他没想到他父亲就那么软弱,没胆气,非要把铺子卖了不可!(老舍《二马》)

这些句子中的"非Vp不可"构式里的动词"倒、吃、忘、卖"都有所谓的[取除义](邵敬敏,1988a;袁毓林,1993),附加在其后的"了"都是"了₃",表示动作的结果。而这些"非Vp不可"构式,都表达动力情态意义[必欲]。

下面两句中"非Vp不可"构式里的"了"虽然是"了₃",但与"了₁"

的体意义有重合之处，所以，这两例中的"非 Vp 不可"构式也会有认识情态［必然］的解释。

(65) 要不是看在那一大帮土匪的面子上，我刚才非毙了你不可。

（刘林《瞎老胡》）

(66) 拜托，她那个性子，非剪了我不可。（张欣《掘金时代》）

8. 主语的无生特征

"非 Vp 不可"构式的主语如果具有［-有生］特征，该情态构式也可能获得认识情态的解释，如：

(67) 可以预料，它非分裂不可。（《人民日报》2000 年）

(68) 那是，芽儿既已长出，花是非开不可了。（老舍《创造病》）

(69) 近几年苹果越来越多，不创造条件均衡上市，苹果非烂在果农手中不可。（《人民日报》2000 年）

(70) 下午非下雨不可。（李德津、李更新《现代汉语教程》）

这些句子的主语都具有［-有生］的语义特征，即无生命的事物，一般被认为与意志、意愿等有生命体所具有的意识无关。也就是说，由于主语的无生命特征，这些句子中的"非 Vp 不可"构式获得了［必然］的解释。

9. 结　语

我们讨论了情态构式"非 Vp 不可"表达认识情态的句法环境，并从［+意愿］与［-意愿］的对立对这些句法环境作了统一的解释：当"非 Vp 不可"构式处于［-意愿］的句法环境时，该构式一般会得出认识情态

［必然］的解释；否则，就可能得到根情态的解释。

"非 Vp 不可"构式在下列条件下一般表达认识情态［必然］：当构式中的动词具有静态的情状特征时；当构式中的动词是非自主动词而且又具有非意愿特征时；当构式中的事件表现出消极的社会评价意义时；当"把"字句表现的处置意义为消极意义时；当句子表现出被动、遭受等与意愿有矛盾的意义时；当构式中的事件是现实事件，人的意愿之力无法再对这类事件施加任何影响时；当句子的主语具有无生特征而与意愿无关时。

这些句法条件的关键还在于，当"非 Vp 不可"构式中的事件表现出无意愿或非意愿特征时，该构式就会表达认识情态［必然］。

参考文献

程晓明，2001，《关于"非……不可"》，《语文建设》第 1 期。

戴耀晶，1997，《现代汉语时体系统研究》，杭州：浙江教育出版社。

董金明，2000，《"非……不(可)……"句式小议》，《中学语文教学参考》第 6 期。

高晓梅，2003，《"非 X 才 Y"相关格式比较——兼论"非"的词性及意义》，《佳木斯大学人文学院学报》第 1 期。

黄永健，1995，《"非……不……"句式初探》，《深圳大学学报(人文社会科学版)》第 3 期。

贾甫田，1990，《"非……不可"与"不……不行"》，《天津师范大学学报(社会科学版)》第 2 期。

李卫中，2002，《析"非 A 不 B"固定格式》，《黄冈师范学院学报》第 5 期。

马希文，1983，《关于动词"了"的弱化形式/lou/》，载《中国语言学报》第一期。

马庆株,1988,《自主动词和非自主动词》,《中国语言学报》第 3 期。

彭利贞,1993,《论使宾动词》,《杭州大学学报(哲学社会科学版)》第 2 期。

彭利贞,1995,《说使宾动词句的相关句式》,《杭州大学学报(哲学社会科学版)》第 1 期。

彭利贞,2007,《现代汉语情态研究》,北京:中国社会科学出版社。

邵敬敏,1988a,《形式与意义四论》,《语法研究和探索(四)》,北京:北京大学出版社。

邵敬敏,1988b,《"非 X 不 Y"及其变式》,《中国语文天地》第 1 期。

完权,2006,《"非 X 不 K"格式的语义分析》,《现代语文》第 2 期。

王灿龙,2008,《"非 VP 不可"句式中"不可"的隐现》,《中国语文》第 2 期。

徐复岭,1981,《谈"非⋯⋯不可"》,《汉语学习》第 5 期。

许维翰,1981,《谈"非⋯不⋯"》,《语言教学与研究》第 4 期。

杨玉玲,2002,《"非 X 不可"句式的语义类型及其语用教学》,《汉语学习》第 1 期。

袁毓林,1993,《现代汉语祈使句研究》,北京:北京大学出版社。

张谊生,1992,《"非 x 不 y"及其相关句式》,《徐州师范学院学报(哲学社会科学版)》第 2 期。

朱志平,1995,《非⋯⋯不可》,《学汉语》第 4 期。

Coates, J. 1983 *The Semantics of the Modal Auxiliaries.* London & Canberra: Croom Helm.

Palmer, F. R. 1979 *Modality and the English Modals.* New York: Longman.

Palmer, F. R. 1986 *Mood and Modality* (1st edition). Cambridge: Cambridge University Press.

Palmer, F. R. 2001 *Mood and Modality* (2nd edition). Cambridge: Cambridge University Press.

Vendler, Z. 1967 *Linguistic in Philosophy.* Ithaca: Cornell University Press.

唯一选择问句：
一种表示三类情态意义的新兴结构[*]

林刘巍

1. 引 言

选择问句是疑问句的一种类型，朱德熙（1982：203）指出，选择问句要求答话人"在并列的项目里选一项作为回答"。一般情况下，选择问句的几个选择项必须是不同的，例如：

（1）你吃饭吃面？（转引自朱德熙，1982：204）

（2）咱们今天去还是明天去？

但是，近年来出现了这样一类新兴结构，它的形式和选择问句相似，但几个选择项完全相同。例如：

（3）2号选手和3号选手难分伯仲，我看他们二人应该并列冠军，姥爷，你是同意呢，还是同意呢？（转引自迟文敬，2015）

（4）"996工作制"，你是接受呢，还是接受呢？（"中央广电总台中国之声"微信公众号2016年9月21日）

（5）如果一会儿曾小贤真的拿着你给的钥匙开了门，你是欢迎呢，还是欢迎呢，还是欢迎呢？（电视剧《爱情公寓（第四季）》）

* 本文原载于《中南大学学报（社会科学版）》2019年第1期，收录时略有改动。

在此类问句中,说话人实际上只给予答话人唯一的选择项,因此我们将这类句子称为"唯一选择问句"①。从使用范围看,唯一选择问句在网络语言中较为多见,但正如上述例句所示,这类结构的使用范围并不限于网络,在电视剧和综艺节目中也得到使用;从使用主体看,既包括普通网民,也包括中央人民广播电台"中央广电总台中国之声"微信公众号这类官方媒体;从使用时间看,目前我们收集到的用例最早见于2009年12月②,最新用例见于2018年6月③,时间跨度较大。综合上述三个方面,我们有理由认为,唯一选择问句这种新兴结构具有较强的生命力。

前人对这种语言现象已经做了一些研究。迟文敬(2015)认为这类句子具有幽默俏皮、新鲜活泼的表达效果。徐默凡(2016)认为,"关系反语"是网络语言中的一种新的修辞手段,它是一种临时性的用法,有较强的语境制约。本文讨论的"唯一选择问句"是"关系反语"的一个小类,即从"选择关系"到"限定关系"的反语用法,由此带来了无可奈何、不得不如此的情绪效应。我们赞同上述观点。同时我们认为,唯一选择问句较为复杂,可以表达多种语义,目前已有的研究对其中某些类型的语义进行了描述,但尚未完全覆盖所有的语义类型。更重要的

---

① 部分唯一选择问句似乎也可以理解为正反问句(反复问句),只不过它们只有"正项"没有"反项"。我们把这些句子归入选择问句的原因是:在我们找到的唯一选择问句中,"选择项"经常不只两个,而是三个甚至更多,而正反问句的选项被严格限制为正反两项。另外,正反问句常被视为选择问句的一种特殊类型。因此,无论"选择项"数目是两个还是两个以上,把这类句子归入选择问句都是恰当的。

② 凤凰网2009年12月18日"评中评"第321期:"当然,我知道可能许多人不赞同我的观点,正如我不完全赞同王蒙老师的看法一样。我也希望和大家一起讨论。欢迎大家告诉我你对我的观点的态度:<u>你是同意呢还是同意呢还是同意呢?</u>"

③ 中国新闻网2018年06月11日《世界杯未动定律先行,哪些能在俄罗斯再度上演》:"所以面对意大利队送上的这一记'含情脉脉'的助攻,<u>桑巴军团是接受呢还是接受呢还是接受呢?</u>"

是,既有研究主要从修辞手段以及表达效果的角度出发进行观察,我们则尝试从情态语义这一角度进行研究。本文试图将唯一选择问句这一新兴的语言现象与人类语言中普遍存在的情态语义范畴联系起来,将唯一选择问句的多种语义和情态结构的多义性联系起来,将制约唯一选择问句语义解读的因素和能够消解情态歧义的句法环境联系起来。在前人研究的基础上,本文首先总结唯一选择问句的形式特点,然后对唯一选择问句的语义进行分类,进而解释各类语义的成因,最后讨论制约唯一选择问句语义解读的因素。

2. 唯一选择问句的形式特点

唯一选择问句利用了选择问句这种现代汉语中既有的语法形式,表达出有别于常规选择问句的特殊语义。唯一选择问句和常规选择问句在形式上最明显的区别是,唯一选择问句的两个(或更多)选择项是相同的。除此之外,常规选择问句的形式多样,而唯一选择问句的形式较为固定。朱德熙(1982:202)指出,把陈述句的谓语部分换成并列的几项,再加上疑问句调,就可以构成选择问句,例如:

(6)a. 他们打篮球打排球?

这是选择问句的"最简形式",在此基础上可以添加关联词"是……还是"以及语气词"呢"。常规选择问句在这方面具有很大的灵活性。邵敬敏(2014:131)指出,选择问句的前后选择项之间可以有关联词语,也可以不用关联词语;关联词语可以只用于后项,也可以前后用;语气词"呢"可以前后项都不用,也可以都用,还可以只用于某一项。例如:

(6)b. 他们打篮球打排球呢?

    c. 他们打篮球呢,打排球呢?

    d. 他们是打篮球还是打排球?

    e. 他们是打篮球呢,还是打排球?

    f. 他们是打篮球还是打排球呢?

    g. 他们是打篮球呢,还是打排球呢?

也就是说,在常规选择问句中,关联词"是……还是"以及语气词"呢"都是可选的,并非一定要出现。我们注意到,唯一选择问句不能省略关联词"是……还是",否则就很难被理解为唯一选择问句,例如:

(7)a. 你是同意呢,还是同意呢?

    b. *你同意同意?

    c. *你同意同意呢?

    d. *你同意呢,同意呢?

语气词"呢"在唯一选择问句中似乎可以省略,而不影响理解,例如:

(7)e. 你是同意还是同意?

    f. 你是同意呢,还是同意?

    g. 你是同意还是同意呢?

但实际上,在我们收集到的 493 个例句中,"是 VP 呢,还是 VP 呢"这种形式有 484 例,所占比例超过 98%;"是 VP,还是 VP 呢"这种形式仅有 9 例,所占比例不足 2%;"是 VP,还是 VP"和"是 VP 呢,还是 VP"这两种形式没有出现。

由此可见,唯一选择问句在形式上受到的限制远大于常规选择问句。在绝大多数情况下唯一选择问句只能以"是 VP 呢,还是 VP 呢"这种形式出现(选择项的个数可增加)。对常规选择问句来说可以自由隐现的关联词"是……还是"和语气词"呢",在唯一选择问句中几乎都要出现。这说明唯一选择问句在形式上是有标记的。同时,唯一选择问句在语义上也是非常规的。莱昂斯(Lyons,1977:745)指出,疑问句对应的言语行为一般是"询问"。但唯一选择问句显然不表示"询问"。以无标记的形式表达常规语义,以有标记的形式表达非常规的语义,这正是语言中的常态。

3. 唯一选择问句的语义类型及成因

情态是一个语义范畴,表达这种语义的形式有很多。既可以是情态动词(助动词)和副词,也可以是某种结构,如汉语中的可能补语"V得C"和"V不C"。前人在研究中对情态范畴给出过许多不同的定义。彭利贞(2007:39—41)对这些定义进行了分析,归纳出研究者对于情态范畴的一些共识:第一,情态是命题的限制性成分;第二,情态具有主观性;第三,可能性和必然性是情态范畴的核心概念。由于情态范畴本身的复杂性和研究视角的不同,前人对情态范畴做出过多种不同的划分。在汉语研究中,一般将情态分为动力情态、认识情态和道义情态三个下位范畴(丁声树等,1961;胡波、董正存,2004;彭利贞,2007;徐晶凝,2008)①,每个下位范畴又可以划分出更多的语义类型。本文主要涉及三个语义类型,分别是动力情态[意愿],如"我要吃饭";认识情态[必然],如"明天会下雨";道义情态[必要],如"要遵守交通规则"。

---

① 各位学者使用的术语略有不同,动力情态有时也称为"能动情态",认识情态有时也称为"认知情态",道义情态有时也称为"义务情态"。虽然没有使用"情态"这一术语,但早在20世纪60年代,丁声树等已将汉语助动词分为三类,分别表示"意志""可能"以及"情理、习惯或事实上的需要"。这与目前常用的三分方案虽有一定差别,但已经十分相似了。

　　情态动词常常具有多义性,这是一种跨语言的普遍现象(Sweetser,1990:49)。例如,现代汉语中的"要"既可以表示动力情态[意愿],又可以表示道义情态[必要];英语中的 must 既可以表示道义情态[必要],又可以表示认识情态[必然],现代汉语中的"应该"也是如此。除情态动词以外,一些较为复杂的结构也具有情态多义性。例如,洪波、董正存(2004)指出汉语中的"非……不可"结构可以表达动力情态[意愿]、认识情态[必然]和道义情态[必要]三种语义。请看例句:

　　(8)a. 我告诉你,朋友! 我非干点什么不可!

[动力情态:意愿]

　　　　b. 瑞宣若死去,祁家就非垮台不可。

[认识情态:必然]

　　　　c. 他真的不喜欢再到学校去,可是非去不可。

[道义情态:必要]

　　我们认为,与"非……不可"结构类似,唯一选择问句的语义也可以分为三类,分别表示动力情态[意愿]、认识情态[必然]以及道义情态[必要],下面我们分别论述。

3.1　表示动力情态[意愿]的唯一选择问句

　　唯一选择问句可以表示动力情态[意愿],相当于"想"或者"希望",例如:

　　(9)饭后犯困! 是睡呢? 是睡呢? 还是睡呢?(BCC 语料库,下同)

　　(10)心里又想烧鸡了……是吃呢? 吃呢? 吃呢? 还是吃呢?

　　(11)百联奥特莱斯广场在盘龙城,好远,可是好诱惑啊! 我是去呢,还是去呢?

（12）心痒啊，一个针织裙打折下来还要300，我到底是买呢，还是买呢，还是买呢？

（13）同事们不管有没有活儿，下班就是不走，众目睽睽之下，我是走呢，是走呢，还是走呢？

（14）《盗墓笔记》……你说我是看呢，还是看呢，还是看呢？

例（9）中"是睡呢？是睡呢？还是睡呢？"实际上表达了"我想睡"的［意愿］，例（10）表达了"我想吃"的［意愿］，例（11）—（14）也是类似的情况。上述例句中的唯一选择问句"是 VP 呢，还是 VP 呢？"的语义相当于"想 VP"或"希望 VP"。

我们认为，唯一选择问句可以表示动力情态［意愿］的原因是"选择"与［意愿］这两种语义之间存在相关性。为了解释这一点，我们需要使用"可能世界"（possible world）这一概念。王维贤等（1989：137）认为，可能世界就是那些"能够为人们所想象的情况或场合"。具体到语言研究中，可能世界就是说话人在说出一段话语时所能想象的与这段话语有关的各种情境。珀金斯（Perkins，1983：8—9）指出情态范畴与可能世界存在密切联系，这是情态语义的重要特征。［意愿］作为一种动力情态，当然也涉及可能世界。以现代汉语中比较典型的表示［意愿］的情态动词"想"为例：

（15）明天我想去公园玩。

例（15）实际上涉及两个可能世界，在一个可能世界中"明天我去公园玩"这个命题为真，在另一个可能世界中上述命题为假。说话人在说出例（15）时，他表达的意思是"说话人的主观意愿是使'明天我去公园玩'这一命题为真"。这其实就是说话人根据自己的主观判断在两个可能世界中做的"选择"，选取的是符合自己［意愿］的那个可能世界。

如果把唯一选择问句改为常规选择问句,也能发现它们与[意愿]之间的联系。例如:

(16) a. 我到底是买呢,还是不买呢? （常规选择问句）

　　 b. 我到底是买呢,还是买呢? （唯一选择问句）

(17) a. 我是去呢,还是不去呢? （常规选择问句）

　　 b. 我是去呢,还是去呢? （唯一选择问句）

例(16a)和(17a)是常规选择问句,它们分别列出了"我买"和"我不买"、"我去"和"我不去"两个可能世界,让"我"(即说话人自己)进行选择。如果"我"选择了其中一个可能世界,就意味着排除了另一个可能世界。但无论"我"如何选择,选择的结果都反映出自己的[意愿]。在此基础上,如果将上述常规选择问句的某个选择项重复一次或多次,并将其他选择项去掉,就构成了唯一选择问句,如例(16b)(17b)所示。这就造成了"选择了某个可能世界,而排除了其他可能世界"这一理解,而被保留的那个选择项就被理解为说话人"选中"的可能世界,唯一选择问句由此得到[意愿]这一语义。

唯一选择问句和情态动词"想"都可以表示[意愿],但两者还存在一些差别。首先,情态动词"想"可以用来询问他人的[意愿],而唯一选择问句一般只能用来表达自己的[意愿]。例如:

(18) a. 你/他想回家吗?

　　 b. 你/他是回家呢,还是回家呢?

例(18a)表示对[意愿]的询问,但对应的唯一选择问句(18b)并不表示这种语义,而相当于"你/他必须回家"或"你/他一定会回家"(详见下文分析)。

此外,情态动词"想"表示的[意愿]比较单纯,而唯一选择问句表示的[意愿]则较为复杂。试比较:

(19) a. 心里又想烧鸡了……我想吃。

    b. 心里又想烧鸡了……是吃呢？吃呢？吃呢？还是吃呢？

(20) a. 百联奥特莱斯广场在盘龙城，好远，可是好诱惑啊！我想去。

    b. 百联奥特莱斯广场在盘龙城，好远，可是好诱惑啊！我是去呢，还是去呢？

仅就[意愿]的程度而言，由唯一选择问句表达的[意愿]也许更为强烈，这可能是因为"V呢"被重复了多次的缘故。但是，这些句子似乎还暗示着：某些因素使得说话人并未下定决心将[意愿]变为行动，否则就没有必要使用唯一选择问句"自问"。

3.2 表示认识情态[必然]的唯一选择问句

唯一选择问句可以表示认识情态[必然]，相当于"肯定""一定"，例如：

(21) 他是吃醋了呢，还是吃醋了呢，还是吃醋了呢？（百度贴吧2012年10月11日）

(22) 如果再也不能网上约车，你是纠结呢？还是纠结呢？（央视网2016年08月18日）

(23) 你总是大半夜叫起我吃水果，我是困呢？还是困呢？（BCC语料库）

(24) 明天怎么办呀，（股票）是跌呢？还是跌呢？（东方财富网2015年11月18日）

(25) 明天是下雨呢，还是下雨呢，还是下雨呢？（百度贴吧2011年5月1日）

例(21)相当于"他肯定是吃醋了"，例(22)相当于"如果不能网上约车,你肯定会很纠结",其他几例也是类似情况。

唯一选择问句之所以能够表示认识情态,同样也是因为"选择"义和认识情态都涉及可能世界。这一点在常规选择问句中表现得十分明显,例如:

(26)明天股票是涨呢,还是跌呢? (常规选择问句)

(27)他是吃醋了呢,还是没吃醋呢?(常规选择问句)

例(26)的两个选择项分别对应着"明天股票涨"和"明天股票跌"两个可能世界,此时说话人认为"明天股票可能涨,也可能跌",例(27)的两个选择项分别对应着"他吃醋了""他没吃醋"两个可能世界,此时说话人认为"他可能吃醋了,也可能没吃醋"。由此可见,上述常规选择问句和认识情态[可能]相对应。

吕叔湘(1982:255)指出,[可能]和[必然]存在相通性,如果"把可能性缩小",那么[可能]就成了[必然]。比如,在表示[可能]的词前加"只"字。在以下句子中,"只可能"和"肯定"能够互相替换而句子的意义保持不变。

(28)a. 今年的收成只可能比去年多,不可能比去年少。

　　　b. 今年的收成肯定比去年多,不可能比去年少。

正如吕叔湘指出的那样,由[可能]向[必然]转变的关键是"把可能性缩小","只可能"实际上是排除了所有其他的可能世界,而只保留唯一的可能世界,唯一的[可能]就成为了[必然]。和表示限定的"只"类似,唯一选择问句也有着类似的功能。例如:

(29)明天股票是跌呢,还是跌呢?

　　　　　　　(唯一选择问句,相当于"明天股票肯定跌")

(30)他是吃醋了呢,还是吃醋了呢?

　　　　　　　(唯一选择问句,相当于"他肯定吃醋了")

例(26)(27)这类常规选择问句有若干不同的选择项,对应着若干不同的可能世界;而像例(29)(30)这样的唯一选择问句实际上只有一个选择项(虽然重复了多次),因而也只对应着唯一的可能世界,唯一的[可能]就是[必然]。这是"把可能性缩小"的另一种方式,表达效果与"只可能"类似。因此唯一选择问句可以表示认识情态[必然]。

3.3　表示道义情态[必要]的唯一选择问句

唯一选择问句可以表示道义情态[必要],相当于"必须""不得不",例如:

(31)"996 工作制",你是接受呢,还是接受呢?("中央广电总台中国之声"微信公众号 2016 年 9 月 21 日)

(32)燃气价格听证:你是同意涨,同意涨还是同意涨呢?(大众论坛 2014 年 10 月 14 日)

(33)如果一会儿曾小贤真的拿你给的钥匙开了门,你是欢迎呢,还是欢迎呢,还是欢迎呢?(电视剧《爱情公寓(第四季)》)

(34)明知道二胎是个"坑",可你是跳呢,跳呢,还是跳呢?(搜房网 2015 年 11 月 13 日)

(35)股东大会即将召开,审议增发议案,你是同意呢,还是同意呢?(东方财富网 2014 年 04 月 17 日)

(36)回到宿舍看到这尴尬一幕,你说我是进去呢? 还是进去呢? 还是进去呢?(百度贴吧 2014 年 02 月 21 日)

在例(31)中,"996 工作制"其实就是长时间加班的代名词,而"你是接受呢,还是接受呢?"这个唯一选择问句表达出员工很难拒绝公司提出的加班要求,即"不得不接受"这一语义。类似的,例(32)中"你是同意涨,同意涨还是同意涨呢?"表达的是"你不得不同意涨"这一语义。其他几个例句也是同样情况。这些例句中的唯一选择问句"是 VP 呢，还是 VP 呢？"语义都相当于"不得不 VP"。

在表示动力情态［意愿］、认识情态［必然］和道义情态［必要］这三类唯一选择问句中，表示道义情态［必要］的唯一选择问句最早引起研究者的关注。迟文敬（2015）、徐默凡（2016）讨论的唯一选择问句大多属于这一类型。徐默凡（2016）指出，这类句子字面上是可选的，但实际上又无从选择，这种以"选择关系"表示"指定关系"的反语用法，带来了无可奈何，不得不如此的情绪效应。在前人研究的基础上，我们认为，表示道义情态［必要］和表示认识情态［必然］的唯一选择问句成因极为相似，都与排除其他可能世界，保留唯一的可能世界有关。

上文我们提到，有些常规选择问句和认识情态［可能］相对应。实际上，还有一些常规选择问句和道义情态［许可］存在联系，例如：

(37)"996 工作制"，你是接受呢，还是不接受呢？　　（常规选择问句）

前提：你可以接受，也可以不接受。

(38)燃气价格听证：你是同意涨，还是不同意涨呢？

（常规选择问句）

前提：你可以同意涨，也可以不同意涨。

例(37)中的两个选择项分别对应着"你接受"和"你不接受"两个可能世界，例(38)中的两个选择项分别对应着"你同意"和"你不同意"两个可能世界。需要注意的是，以上例句和"股票是涨呢，还是跌呢"这类句子存在区别。当问话人使用选择问句"你接受还是不接受""你同意还是不同意"的时候，其实包含着一个前提，那就是"问话人认为答话人有选择的权力"，即"你可以接受也可以不接受"，"你可以同意也可以不同意"。如果上述前提不成立，那问话人就没有询问的必要。"可以"是现代汉语中典型的表示道义情态［许可］的词。由此可见，上述常规选择问句隐含着道义情态[许可]。吕叔湘(1982:255)指出，[许可]和[必要]之间也存在相通性，在表示[许可]的词前加上表示限定的"只"，就可以得到[必要]义。下列例句中的"只能""只可以"替换为"必须"也不会改变句子的语义。

(39) a. 你只能/只可以留在这里，哪儿也不许去。

　　 b. 你必须留在这里，哪儿也不许去。

和从[可能]向[必然]的转变类似，由[许可]向[必要]转变的关键也是"把[许可]的范围缩小"，唯一的[许可]就成为了[必要]。唯一选择问句是把常规选择问句中的若干个不同选择项去掉，只保留唯一可选项，表达效果与"只能""只可以"类似。唯一选择问句由此得到了道义情态[必要]的解读。

3.4　选择义与情态义相关性的其他例证

通过上文的分析，我们认为，唯一选择问句之所以能够借用选择问，这种形式来表示情态语义，是因为选择义和情态义都涉及可能世界，两者存在相关性。由此引发的一个推测是，既然两种语义存在相关性，那么这种相关性应该不仅表现在唯一选择问句这个形式上，可能还有其他形式兼有选择义和情态义。根据我们的观察情况确实如此，而且选择义与动力、认识和道义三类情态都有某些相关性的证据，下面我们分别论述。

3.4.1 选择义与动力情态

胡敕瑞(2016)指出，许多表示动力情态[意愿]的词发展成了选择问关联词。例如在上古汉语中"将"可以表示"希望"：

(40)将子无怒，秋以为期。(《诗经·卫风·氓》)

同时"将"也可以在选择问句中充当关联词，作用类似于"是……

还是",例如:

(41)将子有亡国之事,斧钺之诛,而为此乎? 将子有不善之行,愧遗父母妻子之丑,而为此乎? 将子有冻馁之患,而为此乎?(《庄子·至乐》)

除了"将"以外,胡敕瑞认为"宁""意""其"等在古代汉语中都可以表示动力情态[意愿],同时也可以充当选择问句关联词。

3.4.2 选择义与认识情态

根据《现代汉语词典》的释义,"或""或者"既可以表示"选择"义,又可以表示认识情态[可能]。例如:

(42)a. 这件衣服是张三或李四的。　　　　["选择"义]

　　b. 慰问团已经启程,明日或可到达。　　[认识情态:可能]

(43)a. 这本书或者你先看,或者我先看。　　["选择"义]

　　b. 这个办法对于解决问题或者能有帮助。

　　　　　　　　　　　　　　　　　　[认识情态:可能]

由"或、或者"连接的若干个选择项分别对应着若干个不同的可能世界。比如,例(42a)涉及两个可能世界,在一个可能世界中,命题"这件衣服是张三的"为真;在另一个可能世界中,命题"这件衣服是李四的"为真。因此句子也可理解为"这件衣服可能是张三的,也可能是李四的"。需要指出的是,"或""或者"连接的是两个或更多真正可能的选项,所以它们对应的是认识情态[可能];而唯一选择问句实际上只有一个可能的选项,所以它对应的是认识情态[必然]。

3.4.3 选择义与道义情态

我们注意到,"别无选择"和本文讨论的唯一选择问句一样,都是用"选择的唯一性"来表示道义情态[必要],例如:

(44)减少温室气体排放,我们别无选择。

(45)我们两国除了合作,**别无选择**。

例(44)相当于"减少温室气体排放,我们<u>不得不</u>如此",例(45)相当于"我们两国<u>必须</u>合作",而"不得不"和"必须"是典型的表示道义情态[必要]的结构。

至此,除唯一选择问句之外,我们又为选择义和每种情态义之间的相关性都至少找到了一个例证。目前我们虽然还不能确定选择义和情态义具有"邻接性",但至少可以认为,在"概念空间"中选择义和情态义是比较接近的。

4. 唯一选择问句情态语义的限制性因素

根据上文的论述,唯一选择问句具有多义性,它可以表示动力情态[意愿]、认识情态[必然]和道义情态[必要]这三种语义。但我们注意到,如果唯一选择问句中存在[非述人][非可控]动词或者体标记"了₁""过",句子就不能表示道义情态[必要]。也即表示道义情态[必要]的唯一选择问句排斥[非述人][非可控]动词以及体标记"了₁""过"。

4.1 [非述人]和[非可控]动词

袁毓林(1999:75—76)根据动词是否可以"用来说明人的动作、行为、变化和状态",将动词分为[述人]和[非述人]两类,又根据"动词表示的动作或行为是否能由动作者有意做出或避免",进一步将[述人]动词分为[可控]和[非可控]两个小类。袁毓林指出,[非述人]和[非可控]动词不能进入祈使句,只有[可控]动词才能进入祈使句。例如:

(46)a.　给我进去!　　[可控]

    b. ﹡给我属猴！　　　［非可控］

    c. ﹡给我发烧！　　　［非可控］

    d. ﹡给我下雨！　　　［非述人］

我们发现,［可控］动词进入唯一选择问句后,句子有可能表示道义情态［必要］,相当于"不得不 VP"。而［非述人］和［非可控］动词进入唯一选择问句后,句子一般无法得到道义情态的解读。例如:

(47)a. 你是进去呢,还是进去呢? =你不得不进去。

    b. 你是属猴呢,还是属猴呢? ≠ 你不得不属猴。

    c. 你是发烧呢,还是发烧呢? ≠ 你不得不发烧。

    d. 明天是下雨呢,还是下雨呢? ≠ 明天不得不下雨。

这种现象不难解释。第一,道义情态表达的是"负有道义责任的施事施行某些行为的必要性与可行性"(彭利贞,2007:45)。显然,只有人能够担负道义责任,对于人以外的事物根本就无所谓道义。因此［非述人］动词和道义情态［必要］在语义上难以兼容。第二,让一个人为他根本无法控制的事情担负道义责任是不合理的。例如"你必须属猴"这种道义责任虽然可以想象,但却很不合理,因为人的属相并不由自己所控制。因此道义情态与［非可控］动词同现是有标记的,道义情态与［可控］动词同现是无标记的。

帕尔默(Palmer,2001:70)指出,"指令"是道义情态中最基本的类型。祈使句表达的正是"指令"。由此可见,祈使句也是表达道义情态的一种手段。正因为如此,袁毓林(1999)从祈使句的角度观察得到的动词类型正好适用于本文的研究需要。他提到的两类不能进入祈使句的动词,如果进入唯一选择问句,句子也不能表示道义情态。

4.2　体标记"了₁"和"过"

上文提到,唯一选择问句中的主要动词如果是[可控]的,整个句子有可能表示道义情态[必要],但这只是唯一选择问句表达道义情态的必要不充分条件。下列唯一选择问句的主要动词都是[可控]的,如 a 组句子所示,这些句子确实可以得到道义情态的理解。但是我们发现,当这些[可控]动词加上词尾"了"(即"了₁")之后,句子就无法被理解为道义情态[必要],通常会被理解为认识情态[必然],如 b 组句子所示。

(48)a. 女朋友让你买,你是买呢,还是买呢?　　[道义情态:必要]

b. 女朋友让你买,你是买了呢,还是买了呢?

[认识情态:必然]

(49)a. 你妈做的饭,你是吃呢,还是吃呢?　　[道义情态:必要]

b. 你妈做的饭,你是吃了呢,还是吃了呢?[认识情态:必然]

例(48a)可以被理解为"女朋友让你买,你<u>不得不</u>买",而(48b)无法得到这种解读,一般会被理解为"女朋友让你买,你<u>肯定</u>买了"。同样,例(49a)一般被理解为"你妈做的饭,你<u>不能不</u>吃",而例(49b)一般被理解为"你妈做的饭,你<u>肯定</u>吃了"。

在[可控]动词后加上"过"也会出现相似的情况,例如:

(50)a. 那个地方你是去呢,还是去呢?　　[道义情态:必要]

b. 那个地方你是去过呢,还是去过呢?[认识情态:必然]

(51)a. 那些书你是看呢,还是看呢?　　[道义情态:必要]

b. 那些书你是看过呢,还是看过呢?　　[认识情态:必然]

以上两例的 a 组句子都可以表示道义情态,即"那个地方你<u>不得不</u>去"和"那些书你<u>不得不</u>看"。但 b 组句子却无法得到道义情态的解读,一般会被理解为认识情态,即"那个地方你<u>肯定</u>去过"和"那些书你<u>肯定</u>看过"。

上述例句反映的现象可以概括为:如果主要动词带有体标记"了₁""过",那么唯一选择问句不能被理解为道义情态,而倾向于得到认识情态的解读。这种现象不是孤立的。彭利贞、刘翼斌(2007)指出,多义的情态动词如果与"了₁""过"同现,那么多义情态动词一般不能获得道义情态的解读。比如"应该"可以表示道义情态和认识情态,但在和体标记"了₁""过"同现时无法获得道义情态的解读。例如:

(52)a. 小王应该去北京。　　[道义情态:必要]

b. 小王应该去了北京。　　[认识情态:必然]

c. 小王应该去过北京。　　[认识情态:必然]

另外,表示道义情态的祈使句也排斥体标记"了₁"和"过"。例如:

(53)a. 你给我回家!

b. ＊你给我回了家!

c. ＊你给我回过家!

可见,无论采用何种表达方式,道义情态与体标记"了₁"和"过"总是难以兼容。这种不兼容是语义因素导致的,与上文我们提到的道义情态排斥[非可控]动词的现象有着类似的成因。戴耀晶(1997:67)指出,"了₁"具有"现实性"特征,即"句子所表达的事件是一个已经实现了的(realized)现实事件";"过"具有"曾然性"特征,它强调的是事件曾经发生并已经终结。无论一个事件是"现实"的还是"曾然"的,它都已经是"既成事实",而对于这些"既成事实",人是没有控制力的。正如上文所述,让一个人为他无法控制的事情担负道义责任是不合理的。因为道义情态和"了₁""过"所表达的体意义不兼容,所以无论是多义情态动词还是唯一选择问句,在与"了₁""过"同现时都难以得到道义情态的解读。

本节我们讨论的现象是:表示道义情态[必要]的唯一选择问句与[非述人][非可控]动词以及体标记"了₁""过"不兼容。这种现象可以从两个角度来看待:从语义角度看,可以认为是道义情态[必要]语义具有限制性,它排斥特定类型的动词和体标记;从句法角度看,可以认为是特定类型的动词和体标记具有限制性,它们限制了唯一选择问句的多义性,只要句法环境中存在这些类型的动词和体标记,唯一选择问句就不能被理解为道义情态[必要],而仅能够被理解为动力情态[意愿]或认识情态[必然]①。这说明句法和语义是紧密联系、相互影响的。

5. 结　语

本文讨论了"唯一选择问句"的形式和语义。形式方面,唯一选择问句和常规选择问句同中有异。首先,唯一选择问句的若干个选择项完全相同;其次,在常规选择问句中关联词"是……还是"和语气词"呢"可以自由隐现,而两者在唯一选择问句中几乎都要出现。可见唯一选择问句形式上是受限的、有标记的。语义方面,唯一选择问句可以表示动力情态[意愿]、认识情态[必然]和道义情态[必要],这是由于选择问句表示的"选择"义和三种情态语义都涉及可能世界,因此有着

---

① 在根据上文所述的规律排除了道义情态[必要]之后,唯一选择问句还可能存在[意愿]和[必然]两种理解。例如,"明天是下雨呢,还是下雨呢? 该死的雨都下了好几天了"表示的是认识情态[必然],相当于"明天肯定还下雨"。而"明天是下雨呢,还是下雨呢? 真不想做操"表示的是动力情态[意愿],相当于"希望明天下雨"。可见表示动力情态[意愿]的唯一选择问句排斥那些"不如意事件"。原因是显而易见的,因为没有人希望不如意的事件发生。

内在联系。不同的选择问句涉及的可能世界存在差异,因此表达的情态意义也有所不同。

表示道义情态[必要]的唯一选择问句与[非述人][非可控]动词以及体标记"了₁""过"不兼容。导致这种现象的原因是人无法为自己不能控制的事件担负道义责任。[非述人][非可控]动词表示的是人无法直接控制的事件;而体标记"了₁""过"表示事件具有"现实性""曾然性",对于这些"既成事实"人也是没有控制力的。因此它们都不能与道义情态兼容。正如本文第四节指出的那样,上述规律不仅适用于唯一选择问句,同时也适用于祈使句和多义情态动词。这说明唯一选择问句、祈使句、情态动词虽然形式不同,但存在一些共性,这些共性源于它们共同具有的情态语义。

参考文献

迟文敬,2015,《幽默的不二选择问》,《语文建设》第 10 期。

戴耀晶,1997,《现代汉语时体系统研究》,杭州:浙江教育出版社。

丁声树等,1961,《现代汉语语法讲话》,北京:商务印书馆。

胡波,2016,《汉语情态助动词的句法分析》,北京:中国社会科学出版社。

胡敕瑞,2016,《将然、选择与意愿——上古汉语将来时与选择问标记的来
    源》,《古汉语研究》第 2 期。

洪波、董正存,2004,《"非 X 不可"格式的历史演化和语法化》,《中国语文》
    第 3 期。

吕叔湘,1982,《中国文法要略》,北京:商务印书馆。

彭利贞,2007,《现代汉语情态研究》,北京:中国社会科学出版社。

彭利贞、刘翼斌,2007,《论"应该"的两种情态与体的同现限制》,《语言教学

与研究》第 6 期。

邵敬敏, 2014,《现代汉语疑问句研究(增订本)》,北京:商务印书馆。

王维贤、李先焜、陈宗明, 1989,《语言逻辑引论》,武汉:湖北教育出版社。

袁毓林, 1999,《袁毓林自选集》,桂林:广西师范大学出版社。

徐晶凝, 2008,《现代汉语话语情态研究》,北京:昆仑出版社。

徐默凡, 2016,《网络语言中的新修辞手段:关系反语》,《当代修辞学》第 4 期。

朱德熙, 1982,《语法讲义》,北京:商务印书馆。

Lyons, J. 1977 *Semantics*. Cambridge:Cambridge University Press.

Palmer, F. R. 2001 *Mood and modality*(2nd edition). Cambridge:Cambridge University Press.

Perkins, M. R. 1983 *Modal Expressions in English*. Norwood:Ablex.

Sweetser, E. 1990 *From Etymology to Pragmatics*:*Metaphorical and Cultural Aspects of Semantic Structure*. Cambridge:Cambridge University Press.

"说好 X 的"构式的违实性与反预期性[*]

姜其文[*]

1. 引　言

　　"说话人使用传信范畴要向听话人传达的是所言信息的来源及信息获取的方式,其中也会暗含说话人对信息可靠度的判断"(乐耀,2013b)。现代汉语中存在一批引述类传信构式,它们从引语标记发展为了传信标记,相关研究已有很多(陈颖、陈一,2010;刘焱,2010;乐耀2013a,2013b;等)。其中部分传信构式常常表达与事实相反的情状或传递言说者的反预期,比如"说是 X"构式(樊中元,2016;方梅,2018;李冬梅、施春宏,2020)。"说好 X 的"构式也是这类构式的典型案例之一。

　　关于"说好 X 的"构式的直接相关研究很少,但"说好的 X"构式的研究成果相对较多,有陈景元(2016)、伍伶俐(2016)、毕晋和肖奚强(2017)、闫坷(2017)、李元瑞(2018)等。以上研究对"说好 X 的"构式的内部结构和表达特点进行了比较深入的探析,但还有诸多问题尚未解决:A.对"说好 X 的"构式的语义表达没有进行全面的总结;B.对它在交际互动中的话轮敏感位置和传信表达之间的关联也没有进行探

　　＊　本文原载于《汉语学习》2021 年第 3 期。
　　＊＊　姜其文,浙江师范大学人文学院讲师。

讨;C. 对与其相关的构式没有进行系统、全面的归纳与分类。

鉴于此,本文拟对"说好 X 的"构式进行全面系统的阐述:A. 分析构式的内部组构成分;B. 探讨构式的情态表达;C. 阐述构式的违实性与反预期倾向;D. 探究该构式的话语序列敏感位置与传信功能之间的关系;E. 归纳相关构式及其疑问形式和反问形式。

2."说好 X 的"构式的内部组构

"说好 X 的"构式是由间接引语标记"说好"、引述内容 X 和"的"构成的。

2.1 间接引语标记"说好"

"说好"是由动词"说"与形容词补语"好"组成的述补结构,"好"表示"应允或答应"。"说好"是表示承诺的间接引语标记,相当于"承诺或约定"。在句法上,"说好"既可以位于句首,也可以处于主谓之间。例如:

(1)说好我们明天请他吃饭。①

(2)小王和小李说好这个暑假去上海玩儿。

例(1)(2)的"说好"是引述标记,充当"说好"宾语的小句或谓词性短语是其承诺的内容。这种承诺刚开始都是客观引述,并未暗含对说话内容的主观评价。它一般是间接转述而非直接引述。它所承诺的内容也多指向将来,如果指向过去时间,常常需要在句尾添加语气词

---

① 本文语料主要来源于北京大学 CCL 语料库和北京语言大学 BCC 语料库,未标明出处部分为作者自拟。

"的"。例如:

(3)我们<u>说好</u>明天去上海玩儿。

(4)我们上次<u>说好</u>昨天去上海玩儿的。(结果没去)

引语标记"说好"在例(3)中与将来时间搭配,在例(4)中与过去时间搭配。如果它指向现在,则两种情况都存在。不加"的"表示情况很可能即将发生,而加"的"则表示该情况很可能不发生了。例如:

(5)他们<u>说好</u>现在去外婆家吃饭。

(6)他们<u>说好</u>现在去外婆家吃饭<u>的</u>。(怎么还没来?)

从语义上看,"说好"的话语内容有些是说话人的单方承诺,有些是双方互相商定之后的约定。例如:

(7)客人<u>说好</u>下午到,岳鹏程跟大勇几个边等候着,边交换着……
   (刘玉民《骚动之秋》)

(8)大家<u>说好</u>了不开手电,黑灯瞎火地在更衣室的隔断两边脱衣服。(王朔《动物凶猛》)

例(7)的"下午到"是说话人单方面对听话人的承诺,例(8)的"不开手电"是听说双方共同的约定。无论是单方面的承诺还是共同的约定,"说好"都具有一定的道义情态和外在约束性。会话双方的商定为引语内容的达成预设了外在条件。除此以外,"说好"的话语内容还可以是社会性的规范或约定。也就是说,约定主体既可以是个体,也可以是社会群体。

2.2 引述内容 X 的性质与类别

X 是承诺标记"说好"的引述内容,它主要用来表达行为事件或具体动作。因而 X 主要是谓词性成分,极少是体词性成分(也可以是时间名词)。例如:

(9)昨夜她和王女士<u>说</u>好,同到南湖去参加第二期北伐誓师典礼。

（茅盾《蚀》）

(10)＊小王和我<u>说</u>好上海。

例(9)的引语是谓词性小句。而例(10)的引语由于是处所名词,所以该句不合语法。从音节上看,X 可以是单音节成分,也可以是双音节或多音节成分。例如:

(11)她们<u>说</u>好来<u>的</u>。

(12)我们<u>说</u>好去旅游<u>的</u>。

以上是"说好 X 的"构式中 X 的性质。而"说好的 X"的 X 则与其有所不同,毕晋、肖奚强(2018)认为,当 X 是多音节谓词性成分或小句时,它们一般可以互换。例如:

(13)你看,<u>说</u>好我们三个人一起去<u>的</u>,现在只剩下你一个人了。

（王旭烽《南方有嘉木》）

(13')你看,<u>说</u>好的我们三个人一起去,现在只剩下你一个人了。

不同之处在于,前者的 X 一般不能是体词性成分,而后者的 X 可以;前者的 X 可以是单音节谓词性成分,而后者的 X 一般不能。例如:

(14)＊ <u>说</u>好周末的怎么又泡汤了。

(14') <u>说</u>好的周末怎么又泡汤了。

(15) 他们今天<u>说</u>好去<u>的</u>,谁知道临时又有事了。

(15')＊他们今天<u>说</u>好的去,谁知道临时又有事了。

2.3 "的"的性质

"说好 X 的"构式中的"的"是语气词,它是对原先话语内容的肯定,具有加强语义确信的作用。"说好 X 的"与"说好的 X"相比而言,前者的"的"是表示确认或肯定的语气词,而后者的"的"既可以是语气词,还可以是结构助词。二者可以通过移位来区分。例如：

(16)嵋很生气,大声抗议："你说好一起回家的,你答应娘的。"（宗璞《东藏记》）

(16')嵋很生气,大声抗议："你说好的一起回家,你答应娘的。"

(17)说好的向对手学习,杜指导的良心不会痛吗?（虎扑网 2018 年 5 月 30 日）

(17')说好向对手学习的,杜指导的良心不会痛吗?

(18)说好的暖冬呢? 怎么会这么冷!（腾讯新闻 2019 年 11 月 27 日）

(18')*说好暖冬的呢? 怎么会这么冷!

例(16)(17)的"的"是语气词,因为它们可以自由移位,如例(16')(17')所示;例(18)的"的"是结构助词,因为结构助词无法移位,所以该句不合语法,如例(18')所示。

而"说好的"构式的内部结构是"[说/好]的","的"既可以是语气词,也可以是结构助词。当"的"是语气词时,"说好的"主要修饰指称化的事件或行为。这些事件或行为突显的是它们的外部整体性,而不是内部的动态过程,因而它们都具有非动态性特征（毕晋、肖奚强,2017）。像"说好的幸福呢""说好的快乐呢"中的"幸福""快乐"也是侧重它们的形容词用法而非名词性用法。当"的"是结构助词时,后接成分 X 主要是体词性成分。以往的研究极少关注到"说好 X 的"与"说好的 X"之间的关系。当"的"是语气词时,"说好的 X"实际上是"说好 X 的"移位形成的。X 作为焦点语义重心发生了后移,"的"附着于引语传信标记"说好"之后,它们一起组构成相对稳固的传信构式"说好的 X"。

"说好的 X"是相对新颖的表达形式,它比框式构式"说好 X 的"结构更凝固,传信义更突显。由于"的"表达的是对承诺事件或行为的确认或肯定,因而往往不能删略。无论该承诺指向的话语或行为事件发生在过去、现在还是将来,该承诺都是已然的。这种已然与现实情状常常相反,因而"的"的添加强化了它的传信功能。例如:

(19)小李和家人说好今天去金华旅游。

(19')小李和家人说好今天去金华旅游的。

在例(19')中,"的"的添加强化了"小李和家人今天去金华旅游"这一事件的肯定性,使得其反预期或违实性概率大大加强,具有突显说话人主观评价的作用。

3. 情态表达

从情态视角来看,"说好 X 的"可以表达两类情态:推断或猜测的认识情态,必要或应该的道义情态。当表前者时,"说好"的事件具有较强的约定性,而约定好的事件具有较高的可能实现概率,因此可以对其进行推测和判断,预估它将来发生的可能性。例如:

(20)三天前她随师父来到虎跑寺,说好今日走的。(王旭烽《南方有嘉木》)

(21)小邦崴正在独木桥边等着他,他们说好了这时候在这里碰头的。(王旭烽《不夜之侯》)

在例(20)中,承诺发生在三天前,而所承诺的行为预计发生的时间是今天,因而是表达推测义,例(21)类同。

当"说好 X 的"表示道义情态时,它常常表达与现在或过去事实相反的情状。"说好"的话语内容对说话人或听说双方具有一定的约定性和规约性,在情态方面就体现为道义上的必要性。"说好"的事情一般来说都是约定好的，一旦约定好就具有了实现或达成的义务。"的"表示确认或确定，"说好 X 的"因而常常表示与现在或过去现实相反的情状。例如：

(22) 说好了<u>嘉平一到北京就给他来信</u>的，结果等了那么些日子也没见他寄回一个字来。（王旭烽《南方有嘉木》）

(23) 土改后杭家送给小撮着的这口台钟，此时已经中午十二点，但杭家人<u>说好十点就要到</u>的。（王旭烽《筑草为城》）

例(22)中的"嘉平一到北京就给他来信"是先前的约定，但是到了北京以后"也没见他寄一个字回来"。现实情状与约定情状相反，它并没有按照约定来实现，因而违反了约定。例(23)中约定的"十点就要到"与现实情状"已经中午十二点（还没到）"不符，这也是已然事实与约定情状相反，因而"说好 X 的"就具有了违实性。这种违实性是通过语用预设和回溯推理机制，推导出约定事件在约定的时间或地点未实现而体现出来的。

当"说好"充当引语标记，并且语义比较客观时，X 才可以是未然事件。例如：

(24) 丁小鲁等得有点不耐烦，哪来那么多说的？<u>说好了中午要给人家还服装</u>的。（王朔《你不是一个俗人》）

(25) 赵京五说："人家<u>说好今日也来我家</u>的，你拿定主意，钱的事你不要提，我要他先交钱再写稿，现在这些个体户暴发了，有的是钱。"（贾平凹《废都》）

例(24)(25)的"中午要给人家还服装""今日也来我家"等都是未然事件，因而也就无法判定它的事实性。

与"说好 X 的"不同，"说好的 X"只能表达义务性的道义情态，不能表达推断性的认识情态。例如：

(26) 说好的十年赚十倍,那些曾经的大牛股如今怎样了?(和讯网 2019 年 5 月 31 日)

(27) 说好的一起健身,昆凌却"打"周杰伦脸! 只有她敢这么干了吧?(凤凰网 2019 年 11 月 19 日)

"说好的 X"既然是约定好的情状,那么对于对话双方来说就产生了外在约束力,而且它已经成为现实,因而不可能也无须对其进行推测。

4. 违实性与反预期倾向

当"说好 X 的"构式表达道义情态时,具有较为明显的违实性和反预期表达倾向。现实性与违实性、预期与反预期之间并不是一一对应的关系。现实和违实反映的是事件的现实属性,与客观事实相关;而预期和反预期突显的是说话人的主观认识,与说话人的主观预期相关。

4.1　违实性倾向

约定事件在约定的时候只是承诺,是否必然发生并不确定,因而话语承诺时间一般要早于行为发生时间。通过回溯推理机制,从行为发生时间来看,它的承诺时间一般指向过去,并且该承诺往往不能兑现。既然允诺无法实现,那么从现在的时间点往前回溯,约定行为并未在规定的时间或地点发生,它就具有违实性。可以印证的是,承诺分句在语篇上往往与转折分句共现。这些承诺分句多数充当背景信息,而转折分句则充当句子的焦点信息。与林若望(2016)和朱庆祥(2019)讨论的"应该 X 的"构式类似,"说好 X 的"构式语义复杂多样,既可以是现实的,也可以是违实的。其中违实性是一种较为强烈的倾向,表达该构

式大多数情况下的语义。我们运用陈振宇、姜毅宁(2019)提出的语篇检验格式,对其进行合理性测试。例如:

(28)a. 小王说好今天来参观浙师大的。

    b. 小王说好今天来参观浙师大的,所以他今天来了。

    c. 小王*说好今天来参观浙师大的,但是他今天来了。

    d. 小王*说好今天来参观浙师大的,所以他今天没来。

    e. 小王说好今天来参观浙师大的,但是他今天没来。

我们通过合理性测试,发现例(28b)和例(28e)可以说,而例(28c)和(28d)不能说。例(28b)反映的是"说好 X 的"构式表达的行为是现实的;例(28)e 中该构式表达的行为没有实现,是违实的。例(28c)和(28d)由于违反了语义的和谐关系,因而是不合格的句子。因为在语用蕴涵强度上,具有完全概率和大概率蕴涵关系的才是和谐的关系(陈振宇、姜毅宁,2019),否则就是不和谐的。所以,小王既然已经事先承诺,那么根据其语义和谐关系,它较大概率蕴含"(小王)今天来参观浙师大",特殊反例就是"小王今天没来参观浙师大"。但是,就信息价值而言,语义关系和谐时,"(小王)今天来了"是低价值信息,它是对旧信息的复述或肯定;当它语义关系不和谐时,反映的是说话人的主观意外情态,传递的是新信息"(小王)今天没来",信息价值大,所以该构式常常具有违实性倾向。

A. 现实型

现实型是指"说好 X 的"构式表达当时事件,其承诺时间正好是事件发生时间。例如:

(29)小张说好今天去医院看病的,一大早就去排队了。

(30)老王一大早就准备好了东西,因为我们说好今天去郊游的。

例(29)(30)中小张和老王承诺的时间与事件发生的时间都是"今

天",因而它是现实的。

B. 违实型

违实型是指"说好 X 的"构式表达的是现实的已然事件,其承诺时间早于行为发生的时间。从现在回溯推理到过去的承诺,由于已然事件与所承诺的事件语义相反,所承诺的事件没有实现,因而表达违实义。例如:

(31)仪儿在的时候,本来是<u>说好</u>了要送到保育院去<u>的</u>。现在仪儿是已经死了。(郭沫若《月光下》)

(32)朋友劝他不必如此,<u>说好</u>是包他茶水饭费<u>的</u>,他却回答,交个朋友嘛!(王安忆《长恨歌》)

例(31)(32)中的承诺时间是过去时间,表达的是与现实相反的情状,因而它们是违实事件。由于已然事实与过去承诺不同,通过回溯推理,承诺的行为没有达成,所以它是违实的。

4.2 反预期表达

"说好 X 的"构式的反预期功能是由其传信义表达的。它的话语内容常常与现实不同,焦点句与引述句在语篇上呈现出转折对比关系。从话语内容看,反预期表达大致有以下两类。

A. 话语与话语之间的反预期

话语与话语之间的反预期是指引述的话语与焦点句之间呈相反关系。标记内的话语是说话人的承诺,体现的是说话人的预期,而转折分句则与预期相反。引语标记的内容揭示预期,而转折对比句则表达与之相反的情境。因而从语篇上来看,整体上是反预期的。无论焦点句出现与否,这种整体上的反预期义并不会改变。例如:

(33)她<u>说好</u>要来<u>的</u>,但她腿断了。(贾平凹《废都》)

(34)黄会有说,你们怎么不讲信用呢,我<u>说好</u>要回头<u>的</u>。(范小青《我们的会场》)

在例(33)中,"她腿断了"导致没办法来,这与先前的承诺"要来"呈现为转折关系,因而可以添加转折标记"但"。与例(33)有所不同的是,例(34)中的引述句是后分句,焦点句是前分句。"不讲信用"表明没有遵守先前的约定,而引述句揭示出先前的承诺。

B. 话语与行为之间的反预期

第二类是引语所标记的动作行为与实际动作行为不一致导致的反预期。承诺某种行为就预示着在约定的时间或地点会施行该承诺约定的行为。如果最终结果不是按照承诺的那样,那么也是反预期。例如:

(35)你看,<u>说好</u>我们三个人一起去<u>的</u>,现在只剩下你一个人了。(王旭烽《南方有嘉木》)

(36)毕刀火了:"这不是拿人开心么? 她<u>说好</u>了来<u>的</u>,怎么变卦?"(毕淑敏《预约财富》)

表达反预期时,"说好 X 的"还可以与其他反预期标记连用,如"原是""原先""明明"等,以加强这种反预期意义。例如:

(37)"人老了,<u>原是说好</u>去串个门<u>的</u>,哪知这一跤就把我摔糊涂了!"老人嗫嚅地说。(《人民日报》1984 年)

(38)<u>原先说好</u>在来双扬这里休养两三天<u>的</u>,一个星期过去,来双元还没有离开的意思。(池莉《生活秀》)

(39)只给他发这么多,我当时就不信,你过去<u>明明说好</u>给他每月五百<u>的</u>,不会只给他三百六,我相信你不会赖他这点钱。(周大新《湖光山色》)

"说好 X 的"自身具有反预期功能,"原是"等反预期标记的叠加强化了反预期效果。

4.3 事理关联与语篇转折

关联关系主要分为情理关联、事理关联和逻辑关联。"说好 X 的"构式反映的是事理关联。这种关联关系对后续行为事件的评价提供了参照,常常引发语篇上的转折。按照事理来说,承诺某行为 X 就应该去实施它,但事实是大部分 X 往往没有实施或没实现,因而就具有了违实性或反预期性。这种事理关联可以分为肯定性关联和否定性关联,二者的语义表达如下:

肯定性关联——应该 X 的,结果没有发生 X(发生了 Y)

否定性关联——不应该 X 的,结果发生 X 了(没发生 Y)

肯定性关联和否定性关联往往都会引发语篇上的转折。例如:

(40)说好天气晴了我们就出去玩儿的,你怎么不想去了?

(41)说好下雨天不出门的,你为什么偷偷跑出去?

在例(40)(41)中,承诺好的事一般来说都是对话双方已经商定的,对说话人或对话双方具有道义上的约束力。承诺一旦没有遵守,该承诺会失去效力,也就违反了双方之间的约定,引发违实性或反预期解读。由于商定的行为事件没有发生,因而对于说话人来说是不期望的,就会产生惊讶或嗔怪的语气。

在对话或语篇上,"说好 X 的"常常充当背景成分。这些背景句主要处于前分句的位置,少部分处于后分句。当"说好 X 的"所在的引述句在前时,该构式提供事理上的背景参照,用以跟焦点句形成对比,因而这些焦点句常常与意外标记、转折标记以及直接表达失望情绪的词语相搭配,李元瑞(2018)对这些词语进行了总结。所以,当"说好 X 的"引述句在前,焦点句在后时,"说好 X 的"构式可以与意外标记、转折标记和结果动词等成分共现。例如:

(42)学生说好今天交作业给我的,怎么还没上交?

(43)你说好开车和我们一起去上海<u>的</u>,<u>可是</u>你却一个人坐高铁走了。

当"说好 X 的"引述句在后,焦点句在前时,它一般只与意外标记共现,极少与转折标记或结果动词共现。例如:

(44)小王<u>竟然</u>睡了一上午的觉,说好早上要上网课<u>的</u>。

(45)[*]<u>可是</u>他没来,说好今天一起去逛街<u>的</u>。

意外标记可以位于前分句,也可以位于后分句。而转折标记和结果动词一般只能位于后续句,不能出现于前分句。因为转折标记和结果动词前面必须有前分句充当背景成分作为预设或前提,所以当焦点成分处于前分句时,转折标记和结果动词一般不出现。

"说好 X 的"在句法上基本不能独立成句,它是个非自足性成分。汉语非自足性成分在句子中往往充当背景信息,作为对焦点句进行评价和说明的参照。"说好 X 的"必须带焦点分句,与之一起构成语义完整和信息突显的句子。"说好"是约定承诺标记,"的"是表确信的语气词。随着语义焦点的后移和信息焦点的突显,整个结构发生句法降级,由独立的句子降级为非自足性小句成分,充当背景信息。X 的发生具有一定的理据性,这个理据性就是说话人的承诺或对话双方的约定。"说好 X 的"就是为了揭示和强化其理据性,明确背景句和焦点句之间的预设关系和语义相关性,以突显对比或转折的意外性。当事理上的关联没有得到应有的回应或实现时,说话人的意外性就越突显。

5. 话语序列敏感位置与传信功能的表达

"说好 X 的"构式在长期使用中逐渐规约化,当它突显说话人的反预期时,出现的语境基本是转折对比语境。这种规约化是通过与焦点句的同现实现的。承诺在常规状态下是处于隐含状态,一旦得到形式上的凸显,则表明该承诺出现了意外情状。"语法结构的塑造和社会交际互动的运作之间是一种天然的互育关系。语法是在互动交际中形成并沉淀下来的。"(乐耀,2016)当"说好 X 的"构式与事理的关联越来越紧密,它的使用频率就会增高。在话语高频互动中,其整体形式和语义会得到固化和定型。"说好 X 的"构式主要出现于对话语境中,它为交谈双方提供了言谈背景。例如:

(46)赵京五说:"人家说好今日也来我家的,你拿定主意,钱的事你不要提,我要他先交钱再写稿,现在这些个体户暴发了,有的是钱。"(贾平凹《废都》)

(47)"不会呀,说好是九点的呀。"端午嘟囔了一句。"你再给他打电话!"(格非《春尽江南》)

话语序列敏感位置与传信功能紧密相关。越是处于句中位置,"说好 X 的"的传信义越强,它的立场表达功能就越显化。在实际言谈会话中,"说好 X 的"一般不处于话轮的起始位置,不直接引出话题,而是处于话轮的后续句中,用以表达对前一话语的主观评价。约定的内容必定是经过说话人的事先承诺或会话双方的事先商定。但当该构式处于话轮的起始位置时,它一般用于对后续句内容进行锚定。例如:

(48)A:上次老师和我们说好今晚上课的。

　　B:好的,那我赶紧把课本预习一下。

当"说好 X 的"处于话轮的起始位置时,它只表示对后续句的规范或道义上的约束,而不表示说话人的反预期倾向。当它处于话轮接续位置时,它就具有表达说话人的主观评价和明显的反预期倾向的作用。可以印证的是,它的后续句往往与引述句呈现为对比或转折关系。例如:

(49)A:今晚我们不上课。

B:老师上次说好今晚上课的,怎么突然改了?

也就是说,"说好 X 的"对话语位置有较强的敏感性,在不同的位置表达的主观性有明显差异。当它处于话轮起始位置时,是引述或复述话语内容;而当它处于话轮接续位置时,则表达较为强烈的反预期。因此它的传信功能与其话语序列位置具有较强的相关性。"立场是言者对信息的态度、情感、判断或者承诺的显性表达。"(方梅、乐耀 2017:3)处于话轮接续位置的"说好 X 的"构式反映的正是说话人的主观立场,即表示对话语的惊讶、意外或嗔怪。

6."说好 X 的"相关构式

"说好"作为引语传信标记,可以扩展成一系列的构式。"说好 X"可以添加"了""的"构成"说了 X""说好了 X""说好的 X""说好了的X"构式,它们同样可以作为引语标记。例如:

(50)说了你别来,怎么又来了。

(51)张健鹏和家人说好了,准备在"五一"期间接老人来京安装心脏起搏器。可是,置身抗非典一线,张健鹏忙得连给家人打电话的时间都没有。(《人民日报》2003 年)

(52)说好的限期完工,到头来却是各种"烂尾"。作为一座养老示范城市,当地养老机构的迟滞与市民期待形成了巨大落差。(《工人日报》2018 年)

(53)说好了的,帮老人扎一个拦羊的棚圈,为老人过一个内地风俗的生日,因为时间关系都没能如愿……(《人民日报》1985 年)

这些构式在表达上有所不同。"说了 X"是说话人单方面的表述,"说好了 X""说好的 X""说好了的 X"都是会话双方的共同约定。

　　表示引述传信义的"说好的 X"由"说好 X 的"移位而成,而表示定中结构关系的"说好的 X"则与之无关。"说好的 X"类属于一般构式,包括"说了 X""说好 X""说好了 X""说好的 X""说好了的 X";而"说好 X 的"类则属于框式构式,包括"说好 X 的""说好了 X 的"。以上几种构式在对话语进行复述或引述时,可以表达说话人的主观意外情态。这些构式还有两种常见的扩展形式:一是反问形式,二是疑问形式。

表 1 　"说好的 X"与"说好 X 的"的扩展式比较

构式		反问形式	疑问形式
一般构式	说了 X	不是说了 X 吗	—
	说好 X	不是说好 X 吗	—
	说好了 X	不是说好了 X 吗	—
	说好的 X	不是说好的 X 吗	说好的 X 呢
	说好了的 X	不是说好了的 X	说好了的 X 呢
框式构式	说好 X 的	不是说好 X 的吗	说好 X 的呢
	说好了 X 的	不是说好了 X 的吗	说好了 X 的呢

　　从以上扩展形式来看,这些构式都存在反问形式,而只有当构式包含语气词"的"时,该构式才具有疑问形式。反问形式和疑问形式实际上都是表达传疑功能,增强说话人对话语信息的怀疑度或传递意外情态。与肯定形式相比,反问和疑问形式都是对已然事件或行为进行怀疑。因为只有发生的已然事实与先前的承诺不同,说话人通过反问或疑问形式所传递的怀疑语气才具有效力。相对来说,"不是……吗"的怀疑度更高,惊讶和责备的语气更强;而"呢"传递的怀疑度相对较低,

主要表达反预期。

"说好的 X 呢"由于网络新媒体的传播而变得非常流行,使用频率颇高。当 X 为否定式时,它一般表达消极事件或负向预期行为;当 X 为肯定式时,它一般表达积极事件或正向预期行为。同样是表达反预期,对前者的反预期是表示不该发生的发生了,对后者的反预期是表示该发生的没有发生。与其否定表达相关联的是反事实,它本来预设的是行为事件不应该发生,但事实是它发生了,与现实相违背;与其肯定形式相关联是反预期,它本来预设的是行为事件应该在商定的时间或地点发生,但事实是它没有发生,出乎说话人的预料,与说话人的主观预期相违背。

7. 结 语

"说好 X 的"是个表达引语传信的构式,它由间接引语标记"说好"、引述内容 X 和确信标记"的"组构而成。在语义上它可以表达认识情态和道义情态。当它表达道义情态时,具有较为明显的违实性和反预期表达倾向。可以印证的是,"说好 X 的"所在的背景句与焦点句之间呈现为转折对比关系。该构式的传信表达还与其所处的话语敏感位置密切相关,当它用于接续话轮时,意在凸显说话人的反预期。它还有一系列的相邻构式。这些构式大多都有反问形式,部分还有疑问形式。具有疑问形式的构式其组构成分必须包含语气词"的"。相对而言,反问形式的反预期性比疑问形式更强烈。

参考文献

毕晋、肖奚强，2017，《"说好的 X 呢"构式的语义演变与语用价值》，《语文研究》第 2 期。

陈景元，2016，《网络流行构式"说好的 X 呢"的动态建构》，《新疆大学学报（哲学·人文社会科学版）》第 3 期。

陈颖、陈一，2010，《固化结构"说是"的演化机制及其语用功能》，《世界汉语教学》第 4 期。

陈振宇，2017，《汉语的指称与命题：语法中的语文学原理》，上海：上海人民出版社。

陈振宇、姜毅宁，2019，《反预期与事实性——以"合理性"语句为例》，《中国语文》第 3 期。

樊中元，2016，《"说是 X"语篇的语义关系及其特征》，《海外华文教育》第 4 期。

方梅、乐耀，2017，《规约化与立场表达》，北京：北京大学出版社。

方梅，2018，《"说是"的话语功能及相关词汇化问题》，《中国语言学报》第 18 期。

李冬梅、施春宏，2020，《跨层词"说是"的多重话语功能及其浮现路径与机制》，《语文研究》第 4 期。

李元瑞，2018，《元话语成分"说好的"探析》，《汉语学习》第 6 期。

林若望，2016，《"的"字结构、模态与违实推理》，《中国语文》第 2 期。

刘焱，2010，《"说是"的功能与虚化》，《宁夏大学学报（人文社会科学版）》第 4 期。

伍伶俐，2016，《现代汉语"不是说好 X 吗"问句研究》，华中师范大学硕士学位论文。

闫坷，2017，《"说好的 X 呢"构式研究》，安徽大学硕士学位论文。

乐耀，2013a，《汉语引语的传信功能及相关问题》，《语言教学与研究》第
　　2 期。

乐耀，2013b，《论北京口语中的引述类传信标记"人说"》，《世界汉语教学》
　　第 2 期。

乐耀，2016，《从互动交际的视角看让步类同语式评价立场的表达》，《中国
　　语文》第 1 期。

朱庆祥，2019，《也论"应该 ø 的"句式违实性及相关问题》，《中国语文》第
　　1 期。